U0512589

知识产权特色小镇：知识产权链条与小镇建设协同创新模式研究

杨莎莎　魏　旭　蒙永亨　著

中国财经出版传媒集团

经济科学出版社
Economic Science Press

图书在版编目（CIP）数据

知识产权特色小镇：知识产权链条与小镇建设协同
创新模式研究/杨莎莎，魏旭，蒙永亨著 . -- 北京：
经济科学出版社，2021.11
ISBN 978 - 7 - 5218 - 3050 - 7

Ⅰ.①知…　Ⅱ.①杨…②魏…③蒙…　Ⅲ.①小城镇
– 城市建设 – 研究 – 中国　Ⅳ.①F299.21

中国版本图书馆 CIP 数据核字（2021）第 230489 号

责任编辑：李晓杰
责任校对：齐　杰
责任印制：张佳裕

知识产权特色小镇：知识产权链条与小镇建设协同创新模式研究

杨莎莎　魏　旭　蒙永亨　著

经济科学出版社出版、发行　新华书店经销
社址：北京市海淀区阜成路甲 28 号　邮编：100142
教材分社电话：010 - 88191645　发行部电话：010 - 88191522
网址：www. esp. com. cn
电子邮箱：lxj8623160@ 163. com
天猫网店：经济科学出版社旗舰店
网址：http://jjkxcbs. tmall. com
北京季蜂印刷有限公司印装
710 × 1000　16 开　21.75 印张　400000 字
2021 年 12 月第 1 版　2021 年 12 月第 1 次印刷
ISBN 978 - 7 - 5218 - 3050 - 7　定价：89.00 元
（图书出现印装问题，本社负责调换。电话：010 - 88191510）
（版权所有　侵权必究　打击盗版　举报热线：010 - 88191661
QQ：2242791300　营销中心电话：010 - 88191537
电子邮箱：dbts@ esp. com. cn）

作 者 简 介

　　杨莎莎，女，1981 年 1 月生，壮族，广西河池人，中共党员，中南财经政法大学法学博士，中央财经大学经济学博士后，经济学二级教授。现任桂林旅游学院副校长，桂林理工大学硕士研究生导师。入选国家旅游局"旅游业青年专家培养计划"、广西教育厅"广西高等学校高水平创新团队及卓越学者计划"、广西教育厅"广西高等学校优秀中青年骨干教师培养工程"、广西教育厅"广西高等学校千名中青年骨干教师培育计划"。杨莎莎教授主要从事城市与区域旅游可持续发展方面的教学与科研工作。主持国家社会科学基金后期资助一般项目 1 项、青年项目 1 项、中国博士后科学基金项目 1 项、省部级科研项目 10 项。出版《桂滇黔乡村旅游业态创新与空心村治理协同模式研究》《西南民族地区旅游城市化进程中的新型城乡形态演化研究（中、英、日、朝鲜四种语言版本)》等著作 4 部（套）；在《社会科学》《自然辩证法研究》《经济问题探索》等中文核心期刊、CSSCI 源期刊、EI 源期刊上发表论文 38 篇，在省级期刊上发表论文 14 篇，在论文集上发表论文 12 篇，在《广西日报》（理论版）上发表论文 3 篇。其中被 EI 检索 7 篇，被 ISTP 检索 2 篇，被 CSSCI 检索 21 篇。学术成果获广西社会科学优秀成果奖一等奖 1 项、二等奖 3 项、三等奖 5 项；团中央全国基层团建创新理论成果奖二等奖 1 项；民政部民政政策理论研究一等奖 1 项、二等奖 1 项、三等奖 2 项、优秀奖 1 项；国家旅游局全国旅游优秀论文奖优秀奖 1 项；广西高等教育自治区级教学成果奖一等奖 1 项、二等奖 1 项；团中央全国社区共青团工作调研活动优秀调研奖一等奖 1 项；桂林社会科学优秀成果奖三等奖 2 项；广西高等教育自治区级教学成果奖二等奖 1 项；广西教育科学研究优秀成果奖三等奖 1 项。

　　魏旭，男，1994 年 4 月生，汉族，河北黄骅人，桂林理工大学商学院经济学硕士，广西民族大学民族学博士研究生，主要从事城市群与区域经济可持续发展方面的研究。曾参与完成或在研的国家社会科学基金项目 4 项（含重重大项目 1 项、重点项目 1 项）、省部级项目 3 项。参与出版专著《珠江－西江经济带城市

1

发展研究（2010－2015）（10卷本）》；在中文核心期刊、CSSCI源期刊上发表论文1篇，在省级期刊上发表论文3篇，在《中国人口报》《广西民族报》等报纸理论版上发表论文2篇；研究成果获广西壮族自治区人民政府颁发的广西社会科学优秀成果奖一等奖1项；中华人民共和国民政部颁发的民政部民政政策理论研究二等奖1项；获国家知识产权局办公室颁发的全国知识产权优秀调查研究报告暨优秀软课题研究成果三等奖1项；硕士期间获"华为杯"第15届中国研究生数学建模竞赛三等奖、第四届中国"互联网＋"大学生创新创业大赛广西赛区银奖等奖励。

蒙永亨，男，1974年5月生，壮族，广西环江县人，中共党员，广西大学金融学硕士，华南农业大学农业经济管理博士，日本广岛修道大学高级访问学者，经济学三级教授，硕士生导师。曾挂任防城港市江山半岛旅游度假区管理委员会副主任，现任桂林理工大学商学院副院长，广西本科高校经济学与财政金融学类专业教学指导委员会，广东农村政策研究中心特聘研究员。蒙永亨教授主要从事欠发达地区经济发展、贫困理论与扶贫政策方面的教学与科研工作。主持及参与省部级以上项目30余项，出版专著2部，发表学术论文50余篇，获得广西第社会科学优秀成果奖二等奖3项，国家民委社会科学优秀成果奖2项。

序 一

山东大学经济研究院院长、长江学者特聘教授、
博士研究生导师 黄少安教授

制度经济学主要研究制度对经济发展的影响以及经济发展如何影响制度变化。从制度经济学角度来看，知识可以被视为一种公共物品，当某人使用知识产品时通常不会影响其他人对该知识产品的消费。同时，知识产品的使用还将推动社会知识总量的增加。因此，知识产品具有非排他性和非竞争性。但是，知识的创造往往需要人类的智慧，因此从个体智慧来看，知识又是私人的财产。所以，知识的这种矛盾性质促使人们构建合理的知识产权制度体系。可见在知识产权保护受社会广泛关注的情况下，从制度经济学视角来探究知识产权保护制度的重要性、作用及影响具有非常重要的意义。《知识产权特色小镇：知识产权链条与小镇建设协同创新模式研究》所讨论的基本内容，符合制度经济学原理，创新性地从知识产权链条打通式服务制度的建立出发，将知识产权创造、运用、保护与知识产权特色小镇的创新产业集聚、创新功能开发、智力成果经济效益协同进行构成维度的划分，在维度划分的基础上使各自内部要素的匹配具备科学性。

知识产权链条具有各环节相互联系、相互作用的特点，相较于知识产权链条某一环节的研究，知识产权链条最为突出的特点就是"一站式"贯通，是对原有的知识产权体系的完善优化。促进知识产权全链条作为创新发展的必由之路，相较于分治管理模式具备明显优势。首先，以往较为传统的知识产权管理模式存在各种急需解决的问题，比如部门管理分散，总体规划机制复杂。许多问题可以从部门

内部协调转变为部门间协调，从一个部门转变为多个部门协调，增加了协调成本，浪费了行政资源。知识产权链条打通式服务体系的构建有助于协调知识产权各环节所对应的各个部门，实现协调发展；其次，传统知识产权运营模式中政出多门阻碍了集成运用知识产权，促进知识产权链条各环节联动，形成打通式服务体系，有助于统筹运营知识产权链条发展中的各个重要环节的协调作用，可以在一定程度上促进各类知识产权在统一的目标导向下进行集成运用，实现效益的最大化；再次，知识产权保护水平在以往的发展过程中很大程度上受到了分头执法制度的限制，在这一情况下对知识产权链条各个环节进行打通式管理，构建新的服务体系，可以帮助相关部门采取更加有效的管理手段，避免专利、商标、版权等执法各成体系，减少执法空白、保护漏洞以及重复执法等现象的出现，使社会对知识产权保护的满意度得到提升；最后，严重脱节是"分散式的传统知识产权公共服务"与"企业对知识产权一体化服务的需求"之间关系的一个主要问题。知识产权链条打通式服务体系的构建将知识产权各环节的服务部门整合在一起统一管理，可以避免企业不断往返于多个政府部门，减少其生产经营成本。

受亟待寻找新发展方向的知识产权现实需求的影响，知识产权特色小镇的扶持力度大幅度提升，极其便利的政府扶植政策在知识产权特色小镇的建设及发展过程中承担了内在动力的重要作用。知识产权特色小镇的出现顺应了知识产权发展变化的需要和城镇化发展模式的趋势，作为一种新兴的知识产权发展模式呈现出蓬勃的发展势头和巨大的发展潜力。与此同时，作为拉动城镇化的重要力量，知识产权特色小镇的出现和不断发展也为单向的城市化进程提供反思，为更具可持续的经济社会发展创造出一种新的模式，具有较高的存在价值和探索研究价值。

杨莎莎教授长期关注中国旅游城镇化和特色小镇建设的重大理论和现实问题，其著作《知识产权特色小镇：知识产权链条与小镇建设协同创新模式研究》对知识产权链条与知识产权小镇建设的协同问题进行了深入的探讨研究。该书围绕知识产权链条的各个环节探讨知识产权特色小镇建设的内在机理、概念模型和创新模式，运用全新的方法和思路对知识产权链条与知识产权特色小镇建设协同创新模式进行探讨，对进一步促进知识产权特色小镇的完善和发展、推进以人为核心的新型城镇化进程及优化打通知识产权链条具有重要的理论价值和实践意义。

这本著作凝聚了杨莎莎教授团队的心血和努力，集中体现了他们求真务实、艰苦探索、脚踏实地的团队精神，具有一定的科研价值和实践价值。

2021 年 8 月

序 二

北京大学城市治理研究院执行院长、教授、
博士研究生导师　沈体雁

　　人类在社会实践过程中所创造的智力劳动成果享有专有权利，这种专有权利则为知识产权。知识产权制度的诞生标志着产权人的利益开始得到保护，随着科学技术的不断发展，这一制度也在不断完善。17 世纪上半叶，现代专利制度诞生；18 世纪，"专利说明书"制度诞生；19 世纪，"权利要求书"制度为满足法院处理侵权纠纷的需要而诞生。如今的 21 世纪，知识产权逐渐在商业竞争、科技创新以及经济发展等多个领域展现出重要作用，人类生活已经开始和知识产权密不可分。

　　从特色小镇的角度看，特色小镇"非镇非区"，不是行政区划单元上的某一个镇，也不是传统的产业园区，而是在深入贯彻"五大发展理念"的前提下，集工业、文化、旅游、社区功能于一体的创新创业发展平台，其中重点发展的新兴产业主要包括环保、信息经济、时尚、健康、金融、旅游、高端装备等。同时，特色小镇的建设也不是物理建设的简单叠加，即简单将博物馆、风景区以及产业园构建起来并不能称之为特色小镇。从内涵特征看，特色小镇具有产业特色强、功能有机、形态小而美、机制新而活四个特点。我国经济目前已经发展至一个新常态，在这样的现实背景中，各种类型的特色小镇均将迎来前所未有的发展机遇，一是在这一过程中小镇农民的收入将提升，二是产业转移为农民工回乡创业带来的机遇，三是高铁、公路、桥梁、机场等重大基础设施建成和完善带来的机遇，四是城市居民生活方式变化带来的机遇。在现代化的发展进程中，城镇化是一个不可或缺的历程，因此在城镇化的发展中应积极探索新的发展模式，以寻求新的突破，这就体现了特色小镇的建设在我国新型城镇化发展过程中的重要价值。

2017 年 12 月 4 日，以国家发改委为首的四个部委联合印发《关于规范推进特色小镇和特色小城镇建设的若干意见》，文件针对特色小镇发展中出现的诸多在没有产业基础的前提下特色小镇"求新"的问题，意见中明确提出，"不能把特色小镇当成筐、什么都往里装。推进特色小镇建设，要坚持创新探索、因地制宜、产业建镇、以人为本、市场主导的原则，要严防政府债务风险，严控房地产化倾向，严格节约集约用地"。因此不难看出，特色小镇的发展急需开辟一条新的道路，知识产权特色小镇的建设，为其提供了思路。杨莎莎教授所著《知识产权特色小镇：知识产权链条与小城镇建设协同创新模式研究》结合新型城镇化建设目标和发展特征，围绕知识产权链条各个环节，提出了通过知识产权创造、保护以及运用与知识产权特色小镇建设协同的路径，有利于知识产权链条的打通式管理体系构建以及新型城镇化建设的加深。

本书以实现民族地区经济社会发展为研究目的，运用科学的研究方法对知识产权创造、保护、运用与知识产权特色小镇的协同模式展开深入的研究。杨莎莎教授长期以来对特色小镇问题十分关注，通过机理分析——实证研究——案例验证——路径规划——实践规划的逻辑架构对知识产权链条与知识产权特色小镇建设之间的关系进行了分析和案例验证。运用定性的研究方法提出知识产权链条与小镇建设协同创新模式的分析框架、布局机理、研究假设、理论模型等，同时运用调查问卷所收集到的数据对知识产权链条与知识产权特色小镇建设之间的关系进行实证分析，建立结构方程模型，对研究假设和理论模型进行检验，做到定量和定性的统一。这是现有的城镇化与知识产权研究上的一个创新点。

为了保证本书的严谨性，在计量的基础上运用 SPS 案例研究的方法进行案例分析，选择天津华明、成都菁蓉以及武汉岱家山作为案例地，集中体现了杨莎莎教授及其团队立足实际、求真务实的科研精神。通过对典型案例的描述与分析，对知识产权链条与小镇建设协同创新模式进行案例验证，做到了理论分析与定量分析的深度切合，使本书在逻辑上具有高度的连贯性和逻辑性。面对范围广、内容复杂的论题，本书所涉及的研究或许还存在着一些值得推敲的地方，有待于进一步深化和完善，但是总体来说不失为一项具有较高学术水平的学术成果。

2021 年 8 月

序 三

广西民族大学研究生院院长、教授、

博士研究生导师　曾鹏教授

随着知识经济的到来，知识产权已经超越有形资产成为推动经济发展的关键因素，知识产权特色小镇作为新型城镇化过程中新形式的小镇建设模式，是我国知识产权的快速发展与城镇化结合的产物。知识产权特色小镇的建设对于我国科技发展以及创新能力的提升具有重要意义，有助于建设社会主义现代化国家，提升经济发展质量。著作《知识产权特色小镇：知识产权链条与小镇建设协同创新模式研究》依托知识产权特色小镇的建设，围绕知识产权链条的各个环节，在新型城镇化的大背景下探讨知识产权链条与知识产权特色小镇建设协同创新模式的优化机理和优化路径，将知识产权链条与新型城镇化相结合进行研究有利于以特色小镇建设为核心，推动区域创新发展。研究有助于推动知识产权专业服务聚集区的形成，推动完整知识产权产业链的形成。

根据近年来各地建设知识产权特色小镇的实践成果可以初步推断，知识产权链条与特色小镇建设相融合已经成为打通知识产权链条的新趋势。对知识产权特色小镇处理小镇建设与知识产权关系的做法应区别于其他类型的特色小镇，即不应只考虑小镇发展中的知识产权某一方面的问题，而是将知识产权链条的各环节与小镇建设相结合放在重点，使知识产权链条各环节与特色小镇建设的各个维度实现协同。一方面，知识产权链条各环节的考虑将有助于知识产权链条打通模式的探索；另一方面，特色小镇作为城镇化建设的重要一环，依托小镇特色的区域优势政策以及发展模式，在小镇内部将知识产权链条的各个环节打通，推动知识产权特色小镇围绕知识产权链条各环节进行建设可以有效激发特色小镇的创新活力，促进我国技术创新与城镇化水平的同步发展。

本书将"知识产权链条的打通"放在城镇规划这一整体的大框架之下进行讨论，结合所研究城镇在发展过程中的性质、规模以及发展方向，确立了"打通知识产权两条"的性质、规模和发展方向。在此基础上，针对城镇总体规划的具体要求进行配合，确保了知识产权特色小镇的运作过程具备科学、可操作的知识产权管理体系，使"知识产权链条各环节打通发展"与"知识产权特色小镇规划"的协同发展模式得以顺利构架，推动围绕二者展开的知识产权特色小镇建设，具有理论意义。

本书将研究机理与知识产权特色小镇的实际情况相结合，将研究的重点放在知识产权链条与知识产权特色小镇建设协同创新模式。为了进一步细分知识产权链条与知识产权特色小镇建设协同创新模式，分别构建出了知识产权创造与知识产权特色小镇创新产业集聚协同、知识产权保护与知识产权特色小镇智力成果经济效益协同及知识产权运用与知识产权特色小镇创新功能开发协同等三种协同模式，强调在知识产权特色小镇发展过程中应通过打通知识产权链条突出小镇特色优势，强调知识产权链条的打通必须依托知识产权特色小镇的建设，具有一定的创新意义。

为了对知识产权特色小镇展开深入的研究，杨莎莎教授团队成员前后三次亲赴武汉岱家山、天津华明以及成都菁蓉等案例地，克服重重困难，不辞劳苦，集中体现了锲而不舍、求真务实的团队精神。在新型城镇化进程不断加深、知识产权制度不断完善的大趋势下，本书的出版对以县域发展推动区域创新水平提升，具有非凡的理论指导价值。

2021 年 8 月

目　录

Contents

第 1 章

绪　　论

1.1　研究背景及问题提出

1.1.1　研究背景

《知识产权综合管理改革试点总体方案》由中央全面深化改革领导小组于2016 年 12 月 5 日召开的第三十次会议中审议通过，领导小组在该方案中重点强调了"正确认识目前创新发展需求"以及"知识产权（版权、商标、专利等）"在开展我国知识产权综合管理改革工作中的重要地位，同时指出在改革中要做到"打通由知识产权的管理、创造、运用、保护和服务这 5 个方面所构成的全链条"。2019 年，财政部、国家知识产权局下达了《关于开展 2019 年知识产权运营服务体系建设工作的通知》（以下简称《通知》），《通知》中提出的"工作思路"为"以习近平新时代中国特色社会主义思想和党的十九大精神为指导，牢固树立和贯彻创新、协调、绿色、开放、共享的发展理念，深入推进供给侧结构性改革，更好发挥知识产权的市场激励机制和产权安排机制作用，强化创新驱动，助推产业高质量发展，不断增强我国经济创新力和竞争力。在已开展的试点工作基础上，以创新资源集聚度高、辐射带动作用强、知识产权支撑创新驱动发展需求迫切的重点城市为载体，开展知识产权运营服务体系建设，加强政策集成和改革创新，促进体系融合和要素互补，强化资源集聚和开放共享，发挥中央和地方两个积极性，用好政府和市场'两只手'，以知识产权全链条运营为牵引，探索知识产权引领创新经济、品牌经济和特色产业高质量发展的全新路径"。《通知》中提出的"工作基本原则"为"中央引导、城市为主。中央明确目标任务，给予资金支持和工作指导，进行绩效考核和经验推广。城市政府是知识产权运营服务体系建设的责任主体，负责制订工作方案，建立工作推进机制，抓好组织实施。围绕制约知识产权运用和保护的瓶颈和短板，坚持企业的市场主体地位和知识产权的市场价值取向，充分发挥有效市场和有为政府作用，深化知识产权领域'放管服'改革，充分释放创新主体知识产权运营活力。发挥财政资金引导作用，加强政策集成和资源集聚，着力打通知识产权运营链条和服务体系，促进知识产权运营平台、机构、资本和产业等要素融合发展，推动知识产权运营与实体产业相互融合、相互支撑"。

改革开放以来，我国经济发展取得了质的飞跃，在这一过程中，我国经济逐渐转向高质量发展，知识产权在其中起到越来越重要的作用，因而引发学界对知识产权越来越多的思考，知识产权链条的理念应运而生，因此中国知识产权发展的关键任务应该是知识产权链条各个环节的建设。

首先，知识产权创造作为知识产权链条的源头，在运行过程中，应注重应用方面的运作机制建设，从而使高价值知识产权产业在"重点把握质量，时刻保障效益"的方针下得到高质量的发展。在发展过程中，我国做出了很大努力：第一，专利质量提升工程不断推进，专利资助以及奖励的相关政策不断优化，专利指标考核以及统计发布机制得到不断完善，产业发展与专利结构的关系在专利申请增长的适度化以及合理化过程中，不断趋于匹配；第二，企业运营类专利导航项目以及产业规划类项目不断实施，在这一过程中，不断对专利的精准布局以及科学规划进行引导，这是通过定向分析以及信息深度挖掘支撑企业运营和产业规划活动来完成的；第三，高价值专利培育计划在关键领域以及重点产业之中不断推进，知识产权创造体系依靠不断深度化融合的"产、学、研、金、介、用"不断完善，从而构建出一批可以支撑和保障我国国际竞争力以及产业发展的重点专利池；第四，鼓励企业运用专利与商标相结合的战略，全面、立体地管理各个领域的知识产权，促进综合效益通过这一机制在知识产权领域得到充分的发挥。

其次，应注重持续加强知识产权保护的实施强度，完成这一目标往往可以通过建立完善相关制度以及贯彻落实严格保护的方针，最终获得相关执法的社会效果最大化的同时进一步在很大程度上提升效率。第一，应在执法方面切实加大力度，深入推动针对知识产权进行保护的专项执法行动的落实，加大对假冒、反复侵权、恶意侵害、团伙侵害的来源的查处力度，加强对于重点领域以及关键商贸环节的保护，如民生、电子商务等领域，进出口、展览等环节；第二，知识产权保护中心的建设逐渐开始注重产业特色，通过知识产权保护中心建设模式的不断进步，知识产权保护效果得到显著提升；第三，社会信用体系开始在知识产权领域进行开展，这有助于联合工作机制可以建立在知识产权损失主体之间；第四，面对涉外知识产权纠纷、风险以及知识产权与相关产业之间的一系列问题，一系列的应对机制应运而生；第五，随着我国国际地位的不断提升，海外知识产权保护得到有效加强，知识产权保护渠道不断扩宽，知识产权援助服务网络不断完善。

最后，知识产权运营服务不断完善，以打通知识产权链条为目标，知识产权运营供给的强化以及创新主体知识产权管理运营水准的不断进步逐渐演变为一项强有力的手段来推动知识产权运营服务的不断完善，具体可以通过两个方面进行分析：第一，知识产权管理的国家标准需要在事业单位中贯彻落实，市场主体的风险管控、知识产权管理以及资本运作需要受到正确引导，建立专业机构集中托管小微企业知识产权，从而使中小企业知识产权战略的实施不断深入，促进建设知识产权强企的进度；第二，通过构建国家级别的知识产权运营公共服务平台，为各地方提供指导思路，突出地方子平台的产业特色，促进服务资源以及交易活动在知识产权领域高度整合，从而构建具有产业特色的知识产权交易运营中心，促进国家与地方在工业专利大数据领域的深度合作。综上可以看出，在目前知识产权的发展环境下，知识产权链条各环节均需要进一步发展。

一般看来，特色小镇更多是聚焦景观旅游或者居住生活功能，然而目前"特色产业"着手培育"特色小镇"也逐渐成为特色小镇建设的一条重要途径。2016年7月，中国首个知识产权改革试验田建立后，全国各地纷纷开始投入知识产权特色小镇这一新型城镇化载体的建设工作中。在对知识产权创新发展模式进行不断开拓并做出积极探索的过程中，知识产权特色小镇为我国新型城镇化的建设开辟了新的道路。这样的现实需求将知识产权链条与小镇建设的新要求有效地结合起来，同时，国家知识产权局局长申长雨提出，在知识产权链条各环节中，知识产权创造是源头，运用是目的，保护是核心，因此，应该构建出一条覆盖知识产权创造、运用、保护的"全链式"综合革新路径，实现知识产权链条的打通。把知识产权链条同小镇的建设结合起来，有助于在创新活力的发展方面促进知识产权特色小镇的进一步发展，有效地推动相关特色产业进一步壮大，形成产业聚集，进而通过产业发展所带动的小镇发展模式得以建立。此外，习近平总书记在中国共产党第十九次全国代表大会上作的报告中明确指出："要贯彻新发展理念，建设现代化经济体系，加快建设创新型国家，倡导创新文化，强化知识产权创造、保护、运用，要更好发挥政府作用，推动新型工业化、信息化、城镇化、农业现代化同步发展。"所以创新知识产权链条与小镇建设的连接作用机制，探究二者协同的创新模式成为了新型城镇化道路、地区产业结构调整和加快创新型国家建设的必经之路。

1.1.2　问题提出

2017 年以来，经国家知识产权局批示同意，全国各地的知识产权特色小镇纷纷成立，如武汉岱家山知识产权特色小镇、成都市郫都区菁蓉镇、天津东丽区华明镇等均从不同的角度实践了知识产权特色小镇，并取得了显著成效。其中武汉岱家山作为我国首家知识产权特色小镇，自其 2017 年建立以来，已经不断发展为一个可以为企业提供全链条孵化服务的"双创"园区，其间共有 200 多家中小微企业入驻小镇。一系列的实践成果以其合理的运营模式，从实践的角度证明了知识产权特色小镇的巨大潜力，因此，从理论层面对于知识产权特色小镇的研究具有重要的学术价值，同时对于建设我国新型城镇化进一步发展也具有重要意义。从城镇化的角度来看，首先，自工业革命以来，经济社会不断发展，通过探究其发展历程可以看出，一个国家的现代化若想得到成功实现，则应该做到城镇化与工业化并重发展。目前我国经过多年的发展实践，已逐渐开始注重农业现代化与信息化、工业化与城镇化之间相辅相成同步发展，这样的发展趋势已成为我国实现现代化建设的核心内容。在现代化建设的发展过程中，占据主导地位的仍然是工业化，工业化的不断发展可以为我国经济提供在发展动力方面的保障；此外农业现代化的进一步发展是重要的奠基环节，为我国经济发展打下根基；具备后发优势的是信息化，在当今信息流通高度发达的时代，发展所需的新活力不断随信息化进程的推进而被注入；承载以上发展的载体便是城镇化，城镇化的发展可以有效加快发展农业现代化，为信息化以及工业化的发展提供空间。其次，城镇化的发展可以为扩大内需提供动力，而我国经济发展的根本动力便在于内需的扩大，农民转移就业的能力会随城镇化水平的提高而提高，更多的转移就业促进了农民收入的提高，农民逐渐转为市民，开始享受更好的公共服务，进而，城镇消费结构、消费群体以及消费潜力均随城镇化所带来的农民转为市民的过程而改变,从而吸引更多资本投入城市公共服务、基础设施等方面,形成经济发展的正反馈循环。再次,在中部崛起和西部大开发战略不断深入的背景下,扩展市场空间的东西、南北梯次,促进经济增长以及区域协调发展成为重要任务,为此,应在加快促进东部沿海地区产业转移的同时不断推进中西部城镇化进程,随着城乡二元体制的逐步消除和城市内部二元结构矛盾的逐步解决,全民将共享现代文明成果。综上所述,在全面建成小康社会的关键时期,五位一体总体布局下的城镇化稳健推进,可以在很大程度上帮助我国实现中国梦,完成社会主义现代化建设。

随着我国城镇化进程的不断深入,中国的新型城镇化逐渐成为我国城镇化发展的方向,我国的城镇化是世界最多人口的城镇化。中国城乡结构发生了历史性变化,这种变化得益于两个因素:一是工业化、信息化、农业现代化的推动;二是有关户籍等政策逐步调整,公平的"城门"在制度层面逐渐打开。城镇化建设质量内涵的不断提升是新型城镇化的要求。内在质量的提升是新型城镇化与传统城镇化的一项重要区别,这表明城镇化的侧重点将从提升城镇化的数量规模逐渐转向提升城镇化的内涵质量。这样的新要求促使我们重新思考新型城镇化的道路:(1)要改变以往粗放的发展模式,从根源上确立节约资源、环境友好的发展思想;(2)要改变中心城市带动发展的模式,注重城市群之间、城市群内部各单位之间的协调发展。同时,"产城融合"以其为农民就业拓宽空间的独特功效,逐渐在新型城镇化的建设中担任重要角色,有赖于这一措施的深入建设,新型城镇化才得以保持高质量发展的态势。基于以上城镇化道路在我国发展中的重要意义可以看出,积极探索新型城镇化的新方式是城镇化发展中的突出问题。

从知识产权的角度看,人类在社会实践过程中所创造的智力劳动成果享有专有权利,这种专有权利则为知识产权。知识产权制度的诞生标志着产权人利益开始得到更好的保护,随着科学技术的不断发展,这一制度也在不断完善。17世纪上半叶,现代专利制度诞生;18世纪,"专利说明书"制度诞生;19世纪,"权利要求书"制度为满足法院处理侵权纠纷的需要而诞生。如今的21世纪,知识产权逐渐在商业竞争、科技创新以及经济发展等多个领域展现出重要作用,人类生活已经与知识产权密不可分。知识产权的权力类型以及知识产权的外延随着科学技术与人类社会的发展与进步不断得到丰富与扩展。近年来,随着各地开始建设知识产权特色小镇的实践成果可以初步推断,知识产权链条与特色小镇建设相融合已经成为打通知识产权全链条的新趋势。对知识产权特色小镇的建设需要区别于其他类型特色小镇建设过程中处理小镇建设与知识产权关系的做法,不是只考虑小镇发展中知识产权某一方面的问题,而是将打通知识产权链条服务体系的建设放在重点，将知识产权链条各个环节与特色小镇建设的各个维度实现协同，一方面将有助于积极探索知识产权全链条的打通模式以及在这一过程中完善新型城镇化建设的新路径；另一方面特色小镇作为城镇化建设的重要一环，依托小镇特色的区域优势以及发展模式，推动知识产权特色小镇围绕知识产权链条各个环节进行科学合理的建设，有效激发特色小镇的发展活力，对于促进我国技术创新与城镇化水平具有重要的理论和现实意义。

从特色小镇的角度看，特色小镇"非镇非区"，不是行政区划单元上的某个镇，也不是传统的产业园区，而是在深入贯彻"五大发展理念"的前提下，集工业、文化、旅游、社区功能于一体的创新创业发展平台，其中重点发展的新兴产业主要包括：环保、信息经济、时尚、健康、金融、旅游、高端装备等。同时，特色小镇的建设也不是物理建设的简单叠加，简单将博物馆、风景区以及产业园构建起来并不能称之为特色小镇。从内涵特征看，特色小镇具有产业特色强、功能有机、形态小而美、机制新而活四个特点。我国目前经济已经发展至一个新常态，在这样的现实背景中，各种类型的特色小镇均将迎来前所未有的发展机遇，一是在这一过程中小镇农民的收入将提高，二是产业转移为农民工回乡创业带来的机遇，三是高铁、公路、桥梁、机场等重大基础设施建成和完善带来的机遇，四是城市居民生活方式变化带来的机遇。在现代化的发展进程中，城镇化是一个不可或缺的历程，因此在城镇化的发展中应积极探索新的发展模式，以寻求新的突破，这就体现了特色小镇建设在我国新型城镇化发展过程中的重要价值。

综上所述，首先，知识产权特色小镇目前处于探索阶段，根据目前实践成果来看，在所有知识产权特色小镇中，以武汉岱家山为主要代表，其前身为科技创业园或者高新技术园区，而知识产权特色小镇则在此基础上挂牌成立，拥有扎实的创新产业基础，可以迅速完善配套设施建设；另一种知识产权特色小镇的建立方式以成都郫都区菁蓉镇为代表，区域内传统特色产业品牌实力较强，知识产权特色小镇的成立可以有效带动传统特色产业稳定可持续发展。虽然知识产权特色小镇的建立依托原有的产业基础，建立过程较为顺利，在不到两年的发展过程中在产业发展、创新经济、知识产权服务等方面均取得了一定成果，但是如何保持知识产权的发展动力持续稳定，并且取得长足有效的发展，是我国知识产权特色小镇所面临的重大难题，这就需要对知识产权特色小镇的发展进行系统的理论研究。其次，在知识产权发展与城镇化共存的迅速发展动态环境中，想要打通知识产权链条，最重要的一点是对"知识产权特色小镇的建设与知识产权链条各个环节对接协同的关系"进行正确的认识与处理，基于这一需求，本书合理结合所研究小镇当地的实际发展情况与理论研究机理，将关注的重心投入到知识产权链条与知识产权特色小镇建设的协同上来。尽管从理论和实践方面都表明知识产权链条与知识产权特色小镇实现协同的重要意义，但在此基础上还应对如下问题进行分析：是哪些重点要素分别构成了知识产权链条与知识产权特色小镇？是什么样的演化过程在知识产权链条各环节内部进行？有哪些影响因素通过内部或者外部影响知识产权特色小镇的发展？知识产权链条各个环节与小镇建设过程的介入模式以及作用机制是什么？在现有的知识产权特色小镇中，知识产权链条与知识产权特色小镇的协同现状到底如何？在上述这些问题没有得到有效地解决之前，构建知识产权链条与知识产权特色小镇的协同作用机制是不科学的，也不能提出知识产权链条与知识产权特色小镇的协同实现路径。因此，本书围绕知识产权链条与知识产权特色小镇建设来展开研究，通过上述问题的提出，引出本书的核心问题。

1.2 研究目的及研究意义

1.2.1 研究目的

本书以实现"知识产权链条"和"知识产权特色小镇建设"的融合发展来推动建成知识产权全链条打通式服务体系和新型城镇化建设为目的，促进我国新型城镇化的进一步发展。在实际调研的基础上结合现有的知识产权特色小镇与知识产权链条一致性和互补性特征的相关文献，将特色小镇的城镇建设和知识产权链条协同具体到知识产权特色小镇与知识产权链条各环节的协同作用上来。通过分别对知识产权链条与知识产权特色小镇的构成维度进行合理的划分，对本书所研究内容进行分析框架的构建、理论模型以及研究假设的建立，在实证检验方面进行结构方程模型的构建以及案例分析，致力于研究知识产权链条与知识产权特色小镇的协同作用。对知识产权链条与知识产权特色小镇协同的研究在一定程度上需要对相关学术理论进行更加深入的研究，可以为知识产权特色小镇打通知识产权全链条提供理论指导，为建设知识产权特色小镇提供规划与方法，促进知识产权管理体系的完善，推动我国新型城镇化向更加健康、快速以及可持续的发展道路迈进。

1.2.2 研究意义

依照目前现有研究来看，对于"知识产权链条与知识产权特色小镇建设"两者关系的研究领域，还没有比较系统的理论体系，以及相对明确的研究结论，相关研究成果极少。本书以知识产权链条与知识产权特色小镇的协同分析框架作为研究基础，系统分析了"知识产权链条构成维度与知识产权特色小镇构成维度的划分""知识产权链条与知识产权特色小镇建设协同关系产生影响的因素""基于理论知识的分析而提出的研究假设""分析研究知识产权链条与知识产权特色小镇建设协同关系的理论模型""知识产权链条与知识产权特色小镇建设协同的作用机制""知识产权链条各环节对知识产权特色小镇建设影响路径的估计"以及"基于全文研究结论的基础上提出的知识产权特色小镇建设规划设计"等方面，这一系列的深入分析将有助于更加深入地探索知识产权链条与知识产权特色小镇的协同发展原理。

本书对于知识产权链条与知识产权特色小镇协同的研究体现出的重要理论意义在于：第一，在进行研究的过程中翔实地分析了"知识产权链条"与"知识产权特色小镇建设"之间相互作用的内在机理，根据对目前已有的相关研究进行分析可以看出，对于知识产权链条以及知识产权特色小镇领域的研究极少，尚无系统分析二者内在机理的理论研究，因此可以看出对于本书的研究，在理论支撑方面较为薄弱。基于这样的研究背景，本书选取的研究角度具有很大的前瞻性，可以在一定程度上为其他学者在进行知识产权链条以及知识产权特色小镇的相关研究提供基础，为后人进行更加深入的研究提供初步的理论支撑。第二，在研究方法上，以定性及定量分析方法相结合。在现有的相关文献中，不仅研究较少且较多分布于定性分析的文献中，同时精确到知识产权链条的整体研究以及知识产权特色小镇的研究极少。因此在本书的研究过程中，首先采用定性的研究方法对研究对象进行分析，其次采用计量方法对知识产权链条与知识产权特色小镇协同作用机理和路径进行定量测度。将两种研究方法合理地结合起来，可以有助于从多个角度理解知识产权链条与知识产权特色小镇协同作用机理和本质。

本书对于知识产权链条与知识产权特色小镇协同的研究具有重要的现实意义。具体表现在：第一，研究对象定位在知识产权特色小镇的建设上，具有较高的前瞻性与现实意义，我国乃至世界各地的优质知识产权资源可以很好地依托这一新型城镇化的成果在某一特定区域内聚集起来，推动知识产权专业服务聚集区的形成，从而在知识产权特色小镇形成完整的知识产权产业链，故而把知识产权的发展同小镇的建设结合起来，是小镇建设的重大创新。第二，关键核心技术在国家发展中具有重要地位，而知识产权特色小镇的主要服务对象便是关键核心技术，因此知识产权特色小镇的建设对于我国科技发展以及创新能力的提升具有重要意义，有助于保障国家安全，提升经济发展质量。通过对知识产权链条与知识产权特色小镇协同的研究，为实现知识产权链条规划建设和知识产权特色小镇设计实施提供了理论依据，为建设知识产权特色小镇提供理论指导，对知识产权产业链的构建有着重要的现实意义。第三，目前我国特色小镇的建设存在诸多问题，鲜有形成特色优势产业的小镇，一味强调环境、文化、旅游等，而忽视了产业和特色。2017 年 12 月 4 日，由国家发改委等四个部委联合印发《关于规范推进特色小镇和特色小城镇建设的若干意见》，针对特色小镇发展中出现的诸多在没有产业基础的前提下特色小镇"求新"的问题，文件中明确提出，"不能把特色小镇当成筐、什么都往里装。推进特色小镇建设，要坚持创新探索、因地制宜、产业建镇、以人为本、市场主导的原则，要严防政府债务风险，严控房地产化倾向，严格节约集约用地"。因此不难看出，特色小镇的发展急需开辟一条新的道路，知识产权特色小镇的建设为其提供了思路。

1.3　知识产权链条与知识产权特色小镇建设的协同现状

1.3.1　知识产权链条打通式服务体系的构建与知识产权特色小镇城镇规划的关系

对城镇规划与知识产权的关系进行梳理和说明，需要结合其他类型的特色小镇的相关研究，借鉴其他类型特色小镇规划的研究，归纳总结，探索在特色小镇建设的整体过程中知识产权的重要作用。知识产权链条打通式服务体系构建的首要方式是对于知识产权链条的统筹管理，知识产权链条的统筹管理是根据知识产权的发展基础、态势以及要素的不同发展特征所选择的特定目标体系。知识产权链条各个环节的管理是一个系统，同时，借鉴其他类型特色小镇"特色"与小镇的关系，可以推断知识产权链条又是指导知识产权特色小镇发展的重要内容。同时，城镇规划一般确定了城镇的性质、发展规模以及未来延伸方向等方面的内容。"知识产权链条打通式服务体系"的构建应该建立在城镇规划这一整体的大框架之下，不能越俎代庖，在构建过程中应充分考虑所研究城镇在发展过程中的性质、规模以及发展方向，基于上述分析，对"知识产权链条打通式服务体系"的性质、规模和发展方向进行确立，在此基础上，还应该针对城镇总体规划的具体要求进行配合，从而确保知识产权特色小镇在运作过程中具备一个科学、可操作的知识产权管理体系，从而使"知识产权链条打通式服务体系"与"知识产权特色小镇规划"的协同发展模式得以顺利构架，推动围绕二者展开的知识产权特色小镇的发展。

另外，在规划内容上，二者的规划模式存在着明显区别。主要体现在以下两方面，首先，在城镇的主要功能定位以及发展方向方面，城镇规划起到了决定性的作用，知识产权链条管理作为打通知识产权链条的手段，其内容主要集中于如何科学合理地构建知识产权全链条打通式服务体系，知识产权特色小镇的良好发展离不开知识产权链条统筹管理的指导。其次，国家和地方政府在推动城镇发展过程中采取的积极调控手段为知识产权特色小镇的规划主体，而知识产权链条管理则是政府通过对知识产权链条各环节与知识产权特色小镇规划建设的协同安排进一步实现打通知识产权链条，形成知识产权产业链而采取的手段。

1.3.2 知识产权链条与知识产权特色小镇协同的可行性

在阐述"知识产权链条"与"知识产权特色小镇建设"协同规划所具有的可行性时，分别从知识产权特色小镇与知识产权链条两个方面展开，同时在此基础上分析两者的协同方式。在可行性分析的角度对建设知识产权特色小镇是否具备可行性这一问题进行分析，首先对创新产业规划进行可行性分析，其次分析知识产权链条各环节的建设，将知识产权链条打通式服务体系构建过程中体现的特点确立之后，对知识产权链条与城镇规划的紧密相关性进行分析，指出知识产权链条各环节建设与知识产权特色小镇的建设具有协同一致性。知识产权全链条的建设存在整体协调的优势特征，知识产权链条作为指导知识产权特色小镇规划的依据具备一定的客观依据，是历史发展与现实需求的结果。知识产权特色小镇的知识产权链条打通式服务体系明显区别于传统的制度模式，更适合服务于小镇的特色产业，这样的发展模式催化了知识产权特色小镇的形成，并在新的规划理念和趋势下具有全新而独特的功能和作用。

第一，知识产权特色小镇创新产业规划具有可行性。知识产权特色小镇建设过程将对知识产权进行规划，就目前政府出台政策而言，能够使资源整合以及相关产业聚集得到有效促进，使各单位科研成果转移转化的实现速度得到加快，从而积极促进地方经济的发展以及知识产权服务水平的全面提升。同时，知识产权特色发展应作为纽带在知识产权特色小镇的建设过程中起到关键作用，这一过程中若要在某一地区凝聚创新力量、推动产业发展，则需要全面加强产业规划和政策引导。在建设知识产权特色小镇的过程中，应时刻围绕知识产权面向人民这一宗旨进行相对全面的建设，有助于将知识产权特色小镇打造为符合要求的产业聚集区。因而，在产业发展方面，知识产权特色小镇应多以新兴或科技类产业为主要抓手，在集合知识产权运营所涉及各环节信息服务等为一体的运营实体信息服务平台，以融资等产业要素为基础，聚集产业需求、创新成果、运营服务，以此来对产业发展过程中起到重要作用的知识产权运营进行更加深入的强化，从而促进知识产权在市场经济中的先导作用。根据对现有知识产权特色小镇建设的初步了解，可以看出知识产权特色小镇一个特点是便利的知识产权交易，说明知识产权特色小镇的建设已经将创新知识产权的管理体制融合在知识产权特色小镇的架构中，使知识产权可以像一般商品或者产品一样进行交易，这意味着知识产权特色小镇的建成并不是简单推动区域内聚集知识产权代理行业的服务。而良好的知识产权交易可以带动区域经济发展，更好地促进专利的价值转化。知识产权特色小镇作为一种新型特色小镇，其与传统知识产权产业园区的重要区别在于前者为"行业 + 社区"的发展模式，而后者为传统的工业化发展模式。具体来看，知识产权服务高度集中的特色是传统产业园所不具备的。知识产权特色小镇的特色文化与氛围是由于小镇聚集了知识产业相关机构，形成了完整的知识产权产业链。因此，基于以上分析，知识产权特色小镇的建设可以使得知识产权这一领域的相关创新资源通过小镇规划的辐射带动作用有效地整合在一起，从而使得知识产权特色小镇带动区域内各类生产要素向小镇进行集中，这一过程不仅有助于相关产业聚集效应的产生，同时还对区域内整体创新意识的进步有重要推动作用，随之而来的将是以知识产权特色小镇为中心辐射带动的创新能力提升，同时各行业内部或行业之间所存在的信息不对称等问题也可以通过知识产权特色小镇这一集中、公开、透明的新型知识产权平台得到很好的解决，从而带动小镇所在区域甚至全国知识产权事业的蓬勃发展与科学进步。

第二，知识产权链条各环节打通具有可行性。通过前文中所列举的政府出台的一系列指导意见文件可以看出，在政府大力支持的大背景下，知识产权全链条打通式服务体系构建的可行性有了坚实基础。同时，在实践方面，上海浦东新区的成功经验为知识产权特色小镇打通知识产权链条奠定基础。上海浦东新区知识产权局作为运行开始于 2015 年 1 月 1 日的全国首家单独设立的知识产权局，运行中不断深化"三合一"管理体制改革，打通知识产权创造、运用、保护全链条，集专利、商标、版权行政管理和综合执法职能于一身，逐步形成改革样板，已经成为知识产权保护的新趋势。

第三，知识产权各环节建设在知识产权特色小镇的实践作用使"知识产权链条"与"知识产权特色小镇建设"的协同创新模式构建具有一定程度的可行性。通过分析我国目前在建的知识产权特色小镇实际情况可以看出，知识产权特色小镇具有较大发展潜力，知识产权链条各环节与岱家山等知识产权特色小镇建设的结合这一实践结果也从实践的角度说明了知识产权链条与知识产权特色小镇的协同具有可行性。在此过程中知识产权特色小镇作为服务于知识产权创新发展的特色小镇，应促进知识产权全链条打通式服务体系的构建。知识产权链条与知识产权特色小镇相辅相成，相互依托，相互协同形成一个有机整体，不断引导企业开展持续技术创新活动，不断提高企业创新能力，推动入驻企业知识产权数量快速增长。

1.3.3 知识产权链条与知识产权特色小镇协同现状

从政策的角度看，《国务院关于新形势下加快知识产权强国建设的若干意见》的主要目标中提出："到 2020 年，要建成一批知识产权强省、强市，知识产权大国地位得到全方位巩固，为建成中国特色、世界水平的知识产权强国奠定坚实基础。"同时，《关于加快建设知识产权强市的指导意见》中明确提出："到 2030 年，在国家主要城市群中全面形成特色鲜明、体制顺畅、集聚融合、充满活力、更加开放的知识产权强市建设发展格局，并且提出要实施知识产权管理能力提升工程，适应创新需求，打造知识产权特色小镇，对各类知识产权创客项目给予资金扶持，打造专利创业孵化链"。《"十三五"国家知识产权保护和运用规划》也提出要建成一批知识产权强省、强市，并"进一步探索建设适合国情的县域知识产权工作机制"。最近发布的《国务院办公厅关于县域创新驱动发展的若干意见》指出：实施创新驱动发展战略，基础在县域，活力在县域，难点也在县域，以特色小镇作为突破口，结合地方资源禀赋和发展基础，发展知识产权密集型产业，知识产权特色小镇将会反过来促进县域特色主导产业绿色化、品牌化、高端化、集群化发展。以上国家政策为知识产权链条与知识产权小镇的协同的政策现状。

从实践的角度看，湖北省武汉岱家山是首家知识产权特色小镇。位于江岸区岱家山科技创业城，规划面积 2000 亩，以引进知识产权源头企业和促进知识产权转化为核心，围绕知识产权的创造、运用、保护、管理和运营，为企业提供全套服务和系列资金扶持。

广东深圳规划打造的"知识产权特色小镇"致力于建设成为全球知识产权高端资源集群和优质知识产权进出口贸易港。该镇以"知识产权产业"为核心，服务内容涵盖了知识产权的管理、知识产权的交易、知识产权的服务、相关的教育、各领域智库的建立、知识产权文化及知识产权金融七个领域。未来还将建立"全球知识产权领袖峰会"和"一带一路"国家知识产权文化博物馆、中国知识产权学院、海外知识产权规划设计中心、互联网知识产权仲裁中心等服务模块，建设知识产权评级中心、知识产权创意孵化基地。

四川省知识产权局经与成都市人民政府通过协商，决定开展知识产权合作，促进成都郫都区创业和创新示范区建设，打造成都郫都区菁蓉知识产权特色小镇。四川知识产权局将引导和支持成都市人民政府在菁蓉知识产权特色小镇建立知识产权服务创新创业中心，从而使知识产权特色小镇建设的总体规划不断完善，推动创新发展的不断探索。

天津市知识产权局经评定，确定天津市东丽区华明街为天津市首家知识产权特色小镇，同意《天津市知识产权特色小镇培育工程工作方案》，将小镇培育工作周期定为 2018 年 11 月至 2020 年 10 月。该小镇的落地是为进一步提升天津街镇知识产权创造、运用、保护能力，落实《关于加快推进知识产权强市建设的实施意见》，全面推动《天津市知识产权"十三五"规划》实施。

同时，知识产权特色小镇将以知识产权为核心，构建一种绿色可持续的产业生态，在这一过程中需要时刻围绕知识产权，把产业、商业、文化、旅游等领域整合在知识产权特色小镇。在这一过程中，与知识产权相关的各类信托、法律、人才等服务要素向知识产权特色小镇进行聚集，知识产权创新管理模式依托知识产权特色小镇这一载体而落地，通过这一举措可以为产业化的知识产权提供一个全新的思路，有助于知识产权领域开拓起一个绿色健康的"线下生态"。

1.4 基于文献计量学的知识产权链条与知识产权特色小镇协同研究综述

文献综述是指一种对所研究领域已有研究进行综合性阐述与介绍的文献研究

方法，具体是指通过阅读，分析在所选课题领域搜集来的大量文献资料，整理提炼出该课题领域的最新进展。但是，随着学术研究的不断发展，传统的叙述性文献综述方法越来越无法满足日益庞大的文献数量，由于所需研究的文献数量越来越庞大，不免产生将时间和精力浪费在权威性不高或者与所研究领域不甚相关的文献上，降低学术研究效率。因此，将以往研究的文献进行量化分析，通过计量手段高效地提取出权威文献、热点领域以及权威期刊等信息变得愈发重要，文献计量学的应用由此逐渐热门。

文献计量分析涉及数学、文献学、统计学等多个学科，是一个注重量化的综合性知识体系，文献计量分析是一个对所有知识载体通过统计学、数学等方法进行定量分析的交叉学科。其中，"以各种出版物为代表的文献量""个人、集体或团队为代表的作者数"以及"各种文献标识为代表的词汇数"作为文献计量的主要对象，共同特征均在于"量"的输出。目前，已有文献表明，1964 年我国首次出现文献计量学领域的文章——由张启玉、王恩光等对美国编辑出版的《科学引文索引》进行了介绍，此后，直至 19 世纪 70 年代末，文献计量学才在我国开始兴起和传播，经历多年发展，我国的文献计量学已经广泛被应用于多个领域的研究之中。

基于上述分析，本书采取文献计量学的研究方法进行"知识产权链条与知识产权特色小镇协同"的研究综述，所用引文分析软件为陈超美教授所开发的CiteSpace 软件。其中，CiteSpace 软件通常被广泛应用于知识领域中的研究热点、演进路径、知识拐点、知识结构的分析中，以及对于所研究领域的前沿新趋势进行分析等方面。用户可以通过 Citespace 软件顺时"截取"某个知识领域并串联这些部分，利用信息可视化技术，生成动态知识图谱。本节对"知识产权链条与知识产权特色小镇协同"的文献分析主要通过对知识产权链条的研究、对知识产权特色小镇的研究以及二者协同的研究三个方面进行。

通过参考其他 Citespace 文献计量的文献，本书将每个方面文献计量的大致步骤确定为：

第一步，数据来源的选择以及检索式的构建。其中，截词检索表达式、逻辑表达式、位置检索表达式等为主要检索表达式。其中，逻辑表达式最为常用。逻辑表达式是指利用布尔逻辑算符，对检索词的关系进行表达，布尔逻辑表达式是计算机检索中最基本、简单的匹配模式，在计算机检索领域也得到了广泛的应用，布尔运算符包括"AND""OR""NOT"等。

第二步，进行相应领域的文献研究。其中包括对所研究领域发文量的分析，对所研究领域国家的分析，对所研究领域文献所属核心期刊的分析，对所研究领域研究团队（包括作者团队及机构团队）的分析以及对所研究领域重要文献的分析。

第三步，对所研究领域热点与前沿进行分析，其中对于所研究领域热点的分析可以通过高被引文献以及高频关键词实现，一方面一段时间内的引文数量可以反映相关领域文献的影响力和重要性。大量的引文表明该文献在该领域占有重要地位或得出重要结论；另一方面，关键词是一篇文章的核心与精髓，是对文章写作主题的高度概括，高频次的关键词常被用来确定一个研究领域的热点问题；此外，对于所研究领域前沿的确定，需要通过膨胀词探测算法提取变化率高的关键词来实现。

第四步，得出结论，为研究选取参考文献，判断研究前沿热点等问题提供指导。

1.4.1 关于知识产权链条研究的文献计量

人们通过智力活动所创造的成果和通过经营智力成果进行的活动中的标记、信誉所享有合法权利，这种依法享有的权利则为知识产权，广义的知识产权包括植物新品种权、商业秘密权、商标权、商号权、专利权、地理标记权、著作权以及集成电路布图设计权等，此外，从狭义的角度来看，知识产权则主要由三个部分组成，即大众所熟知的著作权、专利权以及商标权。

本书对知识产权链条的文献研究包括国内外学者在知识产权领域所涉及的相关文献研究、在知识产权创造领域所涉及的相关文献研究、在知识产权保护领域的文献研究以及在知识产权运用领域的文献研究四个部分。

1.4.1.1 研究数据及发文量的初步分析

英文数据以 WOS（Web of Science）为来源，由于通过所有数据库进行文献收集会存在字段缺失的现象，因此通过核心数据库（Web of Science Core Collection）进行文献收集。构建检索式为：TS =（intellectual property protection）或 TS =（intellectual property rights utilization）或 TS =（intellectual property creation）；语种为英文；文献类型为 Article；时间跨度为 1986 年 1 月至 2019 年 11 月，检索时间为 2019 年 11 月 6 日，对检索出的文献进行筛选，删除不相关的文献，得到 1045 条检索信息并导出相关文献信息，将文献数据导入 Citespace 中对数据进行初步检验，发现字段缺失数据有 4 条，最终进行知识产权链条领域文献计量分析所用有效 Web of Science 数据为 1041 条。

中文数据以中国知网（CNKI）为来源，构建检索式为：主题＝"知识产权保护"或主题＝"知识产权运用"或主题＝"知识产权创造"。时间限定为 1989 年 1 月至 2019 年 11 月，检索时间为 2019 年 11 月 6 日；文献类型为期刊文献；所选取的期刊类型为中文核心期刊及 CSSCI 期刊；在检索出相关文献之后，剔除不相关的文献，得到有效文献数量为 3286 篇，将文献数据导入 Citespace 中对数据进行初步检验，软件运行结果良好，没有数据丢失，最终进行知识产权链条领域文献计量分析所用有效的中国知网文献数据有 3286 条。

将上述知识产权链条领域文献的数据再次导出，按照发文年份以及发文数量将对应信息提取出来并放入 Excel 中进行分析，可以得到 1989 年 1 月至 2019 年 11 月知识产权链条领域英文文献与中文文献的发文数量趋势比较图，如图 1 - 1 所示。

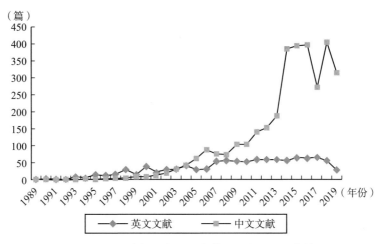

图 1 - 1　知识产权链条领域中英文研究文献分布情况

通过图 1 - 1 可以看出，中英文关于知识产权链条的发文量自 2013 年开始，出现较大差异。1989 ~ 2003 年，英文对知识产权链条各年度的研究发文量均高于中文，说明在这一时期，我国对于知识产权链条领域的研究尚处起步阶段，且发展较为缓慢，急需与国际接轨。2003 ~ 2019 年，中文对知识产权链条各年度的研究发文量均高于英文，说明在这一时期，我国对于知识产权链条领域的研究开始逐渐步入正轨，对于知识产权链条领域的研究在国内学术研究领域中迅速发展起来。1989～2011 年，中英文知识产权链条研究发文量的增长趋势大致相同，均大体呈现缓慢增长的趋势，其中，英文文献发文量的增长较为稳定，中文文献发文量的增长呈现波动状态。2011～2019 年，中英文知识产权链条发文量的增长趋势开始出现明显差异，其中，英文文献发文量逐渐趋向于波动平稳的发展趋势，中文文献发文量呈现迅速增长的趋势，这一趋势在 2013 年开始逐渐稳定，并于 2017 年出现短暂回落，之后于 2018 年发文量再次达到"峰"或"最大"值。2018～2019 年，由于本节检索文献时间为 2019 年 11 月 6 日，因此 2019 年发文量仅为 2019 年 1 月 1 日至 11 月 6 日间的数据，这一情况在一定程度上将导致图 1－2 中 2018～2019 年的折现呈现下降趋势。

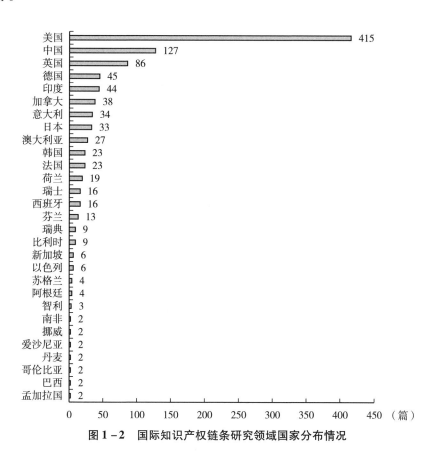

图 1－2　国际知识产权链条研究领域国家分布情况

1.4.1.2 知识产权链条研究的国家分析

在进行文献计量的过程中，对文献国家的分析，可以帮助学者更好地掌握一个国家该研究领域在国际上的地位，一个国家在某一科研领域的发文量以及与其他国家合作的密切程度，反映了该国家在该领域的国际影响力。通过对国家共现网络的可视化研究以及对各国在某一科研领域国家共现网络各节点中心性的分析，可以得到在该研究领域的国家共现网络关键节点，从而得出具有较高国际影响力的国家，在为相关学者在学习方面提供指导的同时，帮助学者正确认识自己国家在其所研究领域的国际地位，为今后的发展提供方向。

将 WOS 数据库文献数据导入 Citespace 软件中，Node Types 设置为 Country，Selection Criteria Top N 设置为 60，其余设置均选用默认值，再将 Citespace 软件所整理的数据表格导入 Excel 中，提取"国家"和"发文量"两个字段下的数据，得到不同国家在知识产权链条研究领域发文量排名如图 1-2 所示。发文量前十的除中国、印度为发展中国家之外，其余均为发达国家。美国发文量 415 篇居发文量第一，约占发文总量的 40.93%；中国发文量约占发文总量的 12.52%，发文量为 127 篇，排名第二；发文量排名第三的国家为英国，发文量为 86 篇，占发文总量的 8.48%。2003 年，香港城市大学的赖艾尔克（LAI ELC）和邱尔德（Qiu LD）在《国际经济学杂志》中发表题为《北方对南方的知识产权标准?》的文章，开启了近 30 年来中国在国际领域中研究知识产权的先河。

将 WOS 数据库文献数据导入 Citespace 软件中，Node Types 设置为 Country，Selection Criteria Top N 设置为 60，其余设置均选用默认值，进行可视化分析，得到知识产权链条研究国家知识图谱，如图 1-3 所示。

由图 1-3 可知，知识产权链条领域的研究国家中，美国居于核心地位，与大部分国家的合作较为紧密。我国地位仅次于美国，与美国、英国、荷兰、印度、意大利、加拿大、法国、新加坡以及韩国等均有合作，表明中国在知识产权链条领域的研究也具有一定地位。

在 Citespace 的分析结果中，中心性的大小表示了该节点的关键性大小，因此对于各国家发文中心性的分析，可以看出各国家所在节点的关键性，从而说明该国家与其他国家的合作是否紧密，在知识产权链条领域的国际研究地位如何。一般认为，中心度大于 0.1 的节点，可以视为关键节点，因此以中心度大于 0.1 为标准，提取关键节点如表 1-1 所示。

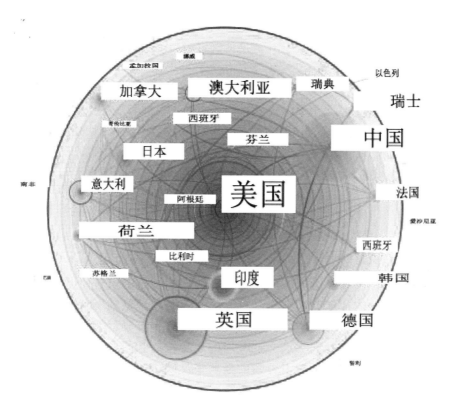

图1-3　知识产权链条研究的国家

表1-1　　　　　　　　知识产权链条领域国家发文中心度排名

发文量（篇）	国家	首次发文年份	中心度
415	美国	1996	0.29
86	英国	1997	0.28
34	意大利	2007	0.17
45	德国	2003	0.14
27	澳大利亚	2008	0.13
9	瑞典	2013	0.13

注：中国发文量为127篇，中心度为0.09。

通过表1-1可以看出，中心度大于0.1的国家为美国、英国、意大利、德国、澳大利亚以及瑞典 6 个国家，说明这 6 个国家在知识产权链条领域国家合作网络中位于关键节点。最早出现中心度的国家为美国，同时美国不仅位于中心度第一，其发文量也位居第一，说明美国作为科技大国，知识产权理念形成较早，通过与各个国家不断合作发展，在知识产权链条研究的国际地位不断提高。反观中国，虽然中国的发文量达到 127 篇，在所有国家中排名第二，但是其中心度的监测值为 0.09，小于 0.1，说明中国在国际上知识产权链条文献的国家影响力还有待进一步提升，同时中心度非常接近 0.1，而且发文量高居第二也说明中国知识产权链条文献的国际影响力具有较大的发展潜力，虽然在国际上知识产权链条文献的国家影响力还有所欠缺，但目前的发展状况较为良好。

1.4.1.3 知识产权链条研究的期刊分析

对文献期刊进行分析可以帮助学者准确把握其研究领域具有权威性的期刊，在一定程度上指导学者有效选择适合的期刊进行参考文献的选择，为后续研究指明方向。而期刊共被引分析方法作为文献计量学和科学计量学中的一种定量研究方法，已被国内外学者广泛应用于多个学科领域的研究。期刊共被引是指两本期刊被同一篇文献引用的现象，期刊间的亲疏关系以及期刊间的内部联系可以通过共被引关系的强弱来反映，通过期刊共被引分析，可以进行分类以及定位期刊，从而确定相关期刊在这一领域的学术地位，进而评价学术期刊。在此过程中，还可以通过对知识产权链条领域期刊共被引网络各节点的中心性进行分析，得出网络中的关键节点，为进一步确定载文质量高的期刊提供帮助。同时，期刊载文量反映了某一期刊在某个时间段内刊载论文数量的多少，载文量的大小在一定程度上反映了一份期刊的信息占有、传递和输出能力。

因此，对期刊进行分析时应通过期刊共被引可视化分析，并综合中心性分析以及载文量分析两方面来确定在这一领域的权威期刊。

首先，对英文知识产权链条研究的期刊进行分析。

将 1.4.1.1 中检索得到的 WOS 的数据导入 Citespace 软件中，Node Types 栏选择 Cited Journal，Selection Criteria Top N 设置为 30。同时，由于数据量较大，涉及期刊较多，直接进行可视化所得图像将不够直观易读，因此需对网络进行修剪，故选中 Pruning 栏下的 Pathfinder 以及 Pruning sliced network，使图像更加简明易读，其余选项均保持默认，点击左侧"GO!"按钮进行可视化分析，得到英文知识产权链条研究期刊共被引可视图，如图 1-4 所示。

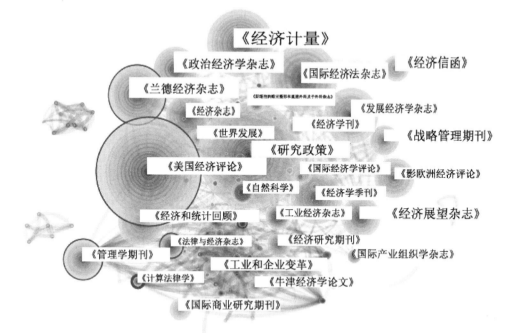

图 1-4 英文研究知识产权链条领域的期刊被引用情况

通过图 1-4 可以看出，《研究政策》被引频次最高，该期刊主要刊发科研政策、技术创新、环境等多学科方面的研究论文，为 SSCI，EI 收录期刊。根据 2013 年期刊引证报告（JCR），该期刊 2013 年影响因子为 2.598、5 年影响因子为 3.989，在 172 种 SSCI 管理学科期刊中排第 27 名，在 55 种计划与发展学科期刊中排第 3 名，在上述两个领域中均属于一区期刊。同时可以发现英文知识产权链条研究的被引期刊还集中在《美国经济评论》《经济计量》《国际经济法杂志》《兰德经济杂志》《发展经济学杂志》等。期刊研究方向多分布在经济学、管理工程、经济法、商业经济以及政府与法律领域中。

从被引期刊中心性的角度分析，将 Citespace 对英文知识产权链条领域期刊共被引分析所得数据导出至 Excel，按照中心度大于 0.1 的标准提取数据，得到英文知识产权链条领域期刊共被引网络的关键节点，如表 1-2 所示。

表 1 - 2 　　　　　　　英文知识产权链条领域期刊共被引网络关键节点

刊物名称	被引频次	首次出现年份	中心度
《耶鲁法学杂志》	50	1999	0.2
《哥伦比亚法律评论》	37	1997	0.17
《美国经济评论》	342	1997	0.14
《法律与经济学杂志》	94	2000	0.13
《管理科学》	144	1999	0.11
《兰德经济杂志》	207	1998	0.1

通过表 1 - 2 可以看出，《美国经济评论》《管理科学》《兰德经济杂志》的中心度以及被引频次均较高，表明这三个期刊所刊载的知识产权链条研究论文质量较高，对知识产权链条领域的学术研究起到支撑作用，因此，从中心性的角度出发，《美国经济评论》《管理科学》《兰德经济杂志》三个期刊在知识产权链条研究领域居于核心地位。

从发文集中情况来看，将 1.4.1.1 中检索得到的 WOS 的数据导入 Citespace软件中，Node Types 栏选择 Source，Selection Criteria Top N 设置为 30，其余选项均选择默认，点击左侧 "GO!" 按钮运行数据，将运行结果导入 Excel 中对期刊名称进行计数，得到 1986 ~ 2019 年英文知识产权链条文献期刊分布，其中载文量排名前十的期刊如表 1 - 3 所示。

表 1 - 3 　　　　　　1986 ~ 2019 年英文知识产权链条文献期刊分布（前十）

刊物名称（简称）	载文量（篇）	占比（%）	刊物名称（简称）	载文量（篇）	占比（%）
《研究政策》	11	1.16	《经济日报》	8	0.85
《国际技术管理杂志》	10	1.05	《世界商业杂志》	8	0.85
《经济快报》	9	0.95	《欧洲经济评论》	7	0.74
《IIC - 知识产权和竞争法国际审查》	9	0.95	《国际产业组织杂志》	7	0.74
《发展经济学杂志》	9	0.95	《国际商业研究杂志》	7	0.74

根据表 1 - 3 显示，知识产权链条领域英文期刊中发文量排在前十位的期刊发文量共计 85 篇，占比约 9%，没有表现出显著高于其他期刊的趋势，说明论文在期刊上的集中度不高，知识产权链条领域的研究在英文期刊中分布较为均匀，

没有形成较为稳定的期刊群和代表性期刊。此外，结合图 1-4 可以看出，在知识产权链条领域发文量排名前十位的英文期刊中只有《研究政策》《经济快报》《发展经济学杂志》《欧洲经济评论》的被引频次明显高于其他期刊，因此从期刊载文量的角度出发，可以认为《研究政策》《经济快报》《发展经济学杂志》《欧洲经济评论》四个期刊在知识产权链条研究领域具有一定的权威性。

下面对中文知识产权链条研究的期刊进行分析。

由于通过中国知网导出的论文文献数据缺少"参考文献"字段，无法通过 Citespace 软件对中国知网导出的论文文献数据进行共被引分析，因此对于中文知识产权链条研究的期刊分析，将从该领域期刊的载文量以及学科研究层次展开研究。

首先，将 1.4.1.1 中检索得到的中国知网的数据导入 Citespace 软件中，Node Types 栏选择 Source，Selection Criteria Top N 设置为 30，其余选项均选择默认，点击左侧"GO!"按钮运行数据，将运行结果导入 Excel 中对期刊名称进行计数，得到 1986~2019 年中文知识产权链条文献期刊分布，其中载文量排名前十的期刊如表 1-4 所示。

表 1-4　　　　　　　1986~2019 年中文知识产权链条文献期刊分布（前十）

刊物名称	载文量（篇）	占比（%）	刊物名称	载文量（篇）	占比（%）
《知识产权》	345	10.39	《科学学研究》	60	1.81
《科技管理研究》	190	5.72	《科学管理研究》	49	1.48
《科技进步与对策》	102	3.07	《人民论坛》	43	1.30
《电子知识产权》	67	2.02	《河北法学》	41	1.24
《中国科技论坛》	60	1.81	《法律适用》	33	0.99

通过表 1-4 可以看出，知识产权链条领域发文量排名前十位的中文期刊共发文 990 篇，占比约 30%，远远高于其他期刊，说明国内知识产权链条领域的论文多重点集中于某些特定的期刊，也就是说，知识产权链条领域的研究在国内可以比较清晰地找到代表性期刊，并且这一趋势比较稳定，已逐渐形成以《知识产权》这一期刊为首的知识产权链条领域期刊群。其中，《知识产权》在该领域刊登的文章最多，为 345 篇，该期刊刊登的现有知识产权链条领域文章主要集中在知识产权保护、知识产权法、知识产权制度、财产权、企业管理等方面，是知识产权领域的最核心期刊。排名第二的期刊为《科技管理研究》，发文量为 190 篇，

该期刊刊登的现有知识产权链条领域文章主要集中在知识产权保护、知识产权战略、企业管理、技术创新、知识产权管理等方面。排在第三位的期刊为《科技进步与对策》，发文量为 102 篇。该期刊刊登现有知识产权链条领域文章主要集中在技术创新和智力成果权等方面。其他期刊发文量均低于 100 篇。因此说明，发文量排名在前三的期刊对于这一领域的研究相对其他期刊具有明显优势，权威性相对明显，说明在对知识产权链条领域的研究趋势及方向选择时这三个期刊关注的重点具备比较高的参考价值。

将发文量位于前十位的期刊按照中国知网期刊检索后的研究层次进行分类，可以进一步确认在知识产权链条研究领域较权威期刊文献的研究层次，为选取参考文献提供意见。分类结果如表 1 - 5 所示。

表 1 - 5　　　　　　　　中文知识产权链条领域研究核心期刊研究层次

研究层次	期刊名称
基础研究（社科）	《知识产权》《电子知识产权》《科学学研究》《人民论坛》《河北法学》《法律适用》
政策研究（社科）	《科技管理研究》《科技进步与对策》《中国科技论坛》《科学管理研究》

通过表 1 - 5 可知，国内知识产权链条研究主要集中分布在社会科学领域的基础研究层次以及社会科学领域的政策研究层次中，其中，《知识产权》《电子知识产权》《科学学研究》《人民论坛》《河北法学》《法律适用》的研究集中在基础研究（社科），因此，在进行关于知识产权链条领域的社会科学基础研究时，可以重点关注这几个期刊进行参考；另外，《科技管理研究》《科技进步与对策》《中国科技论坛》《科学管理研究》的研究主要集中在政策研究（社科），因此在进行关于知识产权链条领域的社会科学政策研究时，可以重点关注这几个期刊进行参考。

综上，通过对中、英文期刊分析可知，在关于知识产权链条的研究方面，外文文献可重点选取《美国经济评论》《管理科学》《研究政策》《经济快报》《欧洲经济评论》等期刊的文章进行参考，中文文献可以重点选取《知识产权》《电子知识产权》《科学学研究》《中国科技论坛》等期刊的文章进行参考。

1.4.1.4　知识产权链条领域的研究团队分析

本书将研究团队分为个人作者研究团队和机构研究团队两类进行研究，其中，根据 WOS 数据库导出数据和中国知网数据库导出数据信息的适用范围，对英文文献的研究，作者团队分析主要通过共被引分析来进行，机构团队分析主要通过合作网络分析来进行，对中文文献的研究，仅通过合作网络进行分析。

首先，对英文知识产权链条领域的作者团队及机构团队进行分析。

英文知识产权链条领域的作者分析：

将1.4.1.1中检索得到的WOS的数据导入Citespace软件中，Node Types栏选择Cited Author，Selection Criteria Top N设置为30，选中Pruning栏下的Pathfinder以及Pruning sliced network，使图像更加简明易读，其余选项均保持默认，点击左侧"GO!"按钮进行可视化分析，得到英文知识产权链条研究作者共被引可视图，如图1-5所示。

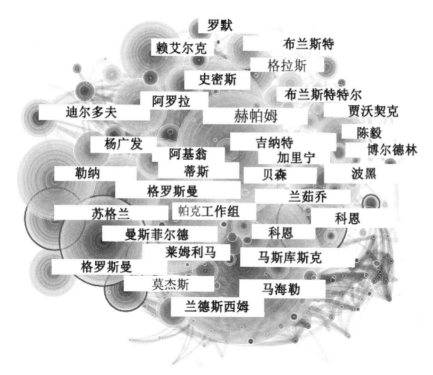

图1-5 英文研究知识产权链条领域的作者被引用情况

通过观察图1-5可以看出，在国际上知识产权链条研究领域的被引频次较高的作者以马斯库斯克、赫帕姆、吉纳特等人为首，将Citespace软件运行结果导出，得到英文知识产权链条作者被引频次排名，因为作者数量过多，同时被引频次高的作者才可被认为在这一领域具有一定权威，所以截取排名前三的作者如表1-6所示。

表 1-6 英文知识产权链条作者被引频次排名（前三）

作者	被引频次	被引频次最高论文
马斯库斯克	191	《知识产权与贸易的关系如何》
赫帕姆	157	《创新、模仿和知识产权》
吉纳特	138	《专利权的决定因素：跨国家研究》

如表 1-6 所示，知识产权链条研究共被引频次最高的是马斯库斯克的论文，被引频次为 191 次，马斯库斯克是美国博尔德科罗拉多大学的艺术与科学杰出教授和经济学教授，他还担任世界银行、世界贸易组织和世界知识产权组织的顾问，同时是我国北京大学中国经济研究中心客座学者，他目前的研究集中在保护知识产权的国际经济方面，出版有《全球经济中的知识产权》《全球化知识产权体制下的国际公共产品和技术转让》等学术著作，是知识产权研究领域的专家。马斯库斯克在过去 30 年知识产权领域被引频次最高的论文是《知识产权与贸易的关系如何》。马斯库斯克在该论文中，针对关于不同的国际专利保护水平是否影响贸易流动，构建了一个经验模型，其中双边部门进口偏离预期水平与收入、贸易壁垒和专利法有关，然后，利用工具变量修正进口国的专利法规的内生性，最终研究结果表明，增加专利保护对发展中经济体的双边制造业进口具有积极影响。知识产权链条研究共被引频次排名第二的是赫帕姆，其被引频次最高的论文为《创新、模仿和知识产权》。被引频次排名第三的作者为吉纳特，其被引频次最高的论文为《专利权的决定因素：跨国家研究》。

按照中心度大于 0.1 则视为关键节点的标准，将英文知识产权链条领域作者共被引网络关键节点提取出来，如表 1-7 所示。

表 1-7 英文知识产权链条领域作者共被引网络关键节点

作者	被引频次	中心度	首次出现时间
萨缪尔森	23	0.14	1998
苏格兰	76	0.12	2002
莱姆利马	50	0.12	2000
曼斯菲尔德	117	0.12	1995
科恩	85	0.11	2002
莫杰斯	57	0.1	1997

通过表1-7可以看出，萨缪尔森、苏格兰、莱姆利马、曼斯菲尔德、科恩、莫杰斯与其他作者的关联程度较高，形成以以上作者为中心的多个学术研究联盟。从这一角度出发，也可认为以上作者在知识产权链条领域的研究具有一定权威性。

英文知识产权链条研究领域的机构团队分析：

将1.4.1.1中检索得到的WOS的数据导入Citespace软件中，Node Types栏选择Institution，Selection Criteria Top N设置为30，其余选项均保持默认，点击左侧"GO!"按钮进行可视化分析，得到英文知识产权链条研究机构合作可视图，如图1-6所示。

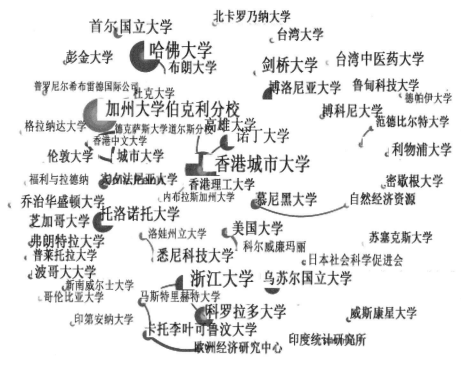

图1-6 英文知识产权链条研究机构合作情况

通过图1-6可以看出，香港城市大学的发文量最高，但也仅与三个机构有所合作，整体来看，机构之间的连线仅有21条，而节点（即发文机构）有70个，贡献网络密度仅为0.0087，说明在国际上，各机构间应加强国际间的研究合作，建立适度规模化的研究机构群体。将Citespace软件运行的数据导出，得到英文知识产权链条研究发文量在5篇以上的机构如表1-8所示。

表1-8   英文知识产权链条研究高频发文机构

机构名称	发文量（篇）	机构性质	地区
香港城市大学	13	高校	中国
加利福尼亚大学伯克利分校	12	高校	美国
哈佛大学	11	高校	美国
多伦多大学	8	高校	加拿大
浙江大学	8	高校	中国
科罗拉多大学	7	高校	美国
博洛尼亚大学	7	高校	意大利
首尔国立大学	6	高校	韩国
诺丁汉大学	6	高校	英国

根据表1-8可以看出，英文知识产权链条领域发文量排名前3位的机构为香港城市大学、加利福尼亚大学伯克利分校以及哈佛大学。通过研究机构类型的角度来看，知识产权链条领域的研究发文多集中于各大高校，机构类型非常单一。表明目前在国际上对知识产权链条研究的主力为世界范围内各大高校。从地域上看，中国与美国对于知识产权链条的研究规模较大，前5位的机构中，中国与美国各有两位，其中，中国的香港城市大学发文量排名第一，说明我国高校在知识产权链条研究领域具有一定国际影响力。

下面，对中文知识产权链条领域的作者团队及机构团队进行分析。

对中文知识产权链条领域的作者分析。将1.4.1.1中检索得到的中国知网的数据导入 Citespace 软件中，Node Types 栏选择 Author，Selection Criteria Top N 设置为30，选中 Pruning 栏下的 Pathfinder 以及 Pruning sliced network，使图像更加简明易读，其余选项均保持默认，点击左侧"GO!"按钮进行可视化分析，得到中文知识产权链条研究作者合作网络可视图，如图1-7所示。

通过观察图1-7可以看出，冯晓青的发文量最高，但也仅与一位学者有所合作，整体来看，机构之间的连线有132条，而节点（即作者）有338个，共现网络密度仅为0.0023，说明在国内，各个作者联系较弱，大多未形成科研合作团队。将 Citespace 软件运行的数据导出，得到中文知识产权链条研究发文量排名前10位的作者如表1-9所示。

图1-7 中文知识产权链条领域作者合作情况

表1-9 中文知识产权链条研究高频发文作者

作者	发文量（篇）	单位
冯晓青	37	中国政法大学
吴汉东	29	中南财经政法大学
顾晓燕	17	金陵科技学院
严永和	13	暨南大学
余长林	12	厦门大学
易继明	12	北京大学
陈伟	12	哈尔滨工程大学
唐保庆	9	南京财经大学
宋伟	9	中国科学技术大学
鲍新中	9	北京联合大学

如表 1-9 中所示，知识产权链条研究领域的重要学者主要有冯晓青、吴汉东、顾晓燕等，因此可以重点选取以上学者的文章进行参考。其中，冯晓青致力于知识产权制度、企业知识产权运营管理、技术创新与知识产权的研究；吴汉东致力于知识产权法、知识产权制度发展、中国特色知识产权的研究；顾晓燕致力于知识产权创造、知识产权贸易的研究；严永和致力于研究传统知识的知识产权保护；余长林致力于知识产权保护的相关研究；易继明在知识产权战略以及知识产权法等领域的研究较为深入；陈伟致力于知识产权管理系统的研究；唐保庆致力于知识产权保护与服务贸易关系的研究；宋伟基于 CSSCI 数据库进行了近十年的中国知识产权研究的知识图谱分析；鲍新中致力于知识产权质押融资的研究。

对中文知识产权链条研究领域的机构团队分析：将 1.4.1.1 中检索得到的中国知网的数据导入 Citespace 软件中，Node Types 栏选择 Institution，Selection Criteria Top N 设置为 30，其余选项均保持默认，点击左侧"GO!"按钮进行可视化分析，得到英文知识产权链条研究机构合作情况，如图 1-8 所示。

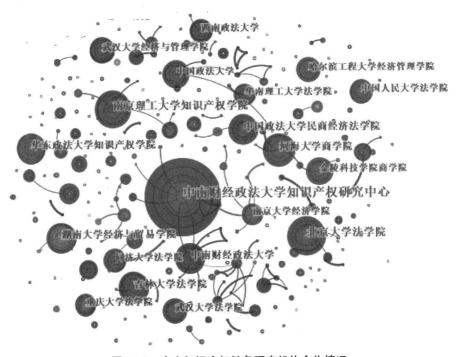

图 1-8　中文知识产权链条研究机构合作情况

通过图 1 - 8 可以看出，中南财经政法大学知识产权研究中心的发文量最高，同时其与多个机构有所合作。整体来看，各机构之间的连线仅有 99 条，而节点（即发文机构）有 289 个，贡献网络密度仅为 0.0024，说明在国内，各机构间应加强国际间的研究合作，建立适度规模化的研究机构群体。但是，与以中南财经政法大学为中心与南京大学经济学院合作，形成小规模研究机构群体相比，中国政法大学民商经济法学院联合河海大学商学院以及金陵科技学院商学院也形成了一定规模的机构群体，还有待进一步发展。将 Citespace 软件运行的数据导出，得到中文知识产权链条研究发文量排名前 10 位的机构如表 1 - 10 所示。

表 1 - 10　　　　　　　　中文知识产权链条研究高发文机构

机构名称	发文量（篇）	机构性质	地区
中南财经政法大学知识产权研究中心	56	科研机构	华中地区
北京大学	28	高校	华北地区
南京理工大学	27	高校	华东地区
河海大学	24	高校	华东地区
吉林大学	23	高校	东北地区
湖南大学	22	高校	华中地区
华东政法大学	22	高校	华东地区
中南财经政法大学	22	高校	华中地区
中国政法大学	22	高校	华北地区

根据表 1 - 10 可以看出，中南财经政法大学知识产权研究中心、北京大学以及南京理工大学为中文知识产权链条领域发文量排名前 3 位的机构。通过研究机构类型的角度来看，知识产权链条领域的研究发文多集中于各大高校，机构类型非常单一。可以看出，目前各大高校为国内对知识产权链条研究的主力，唯一一个科研机构为中南财经政法大学知识产权研究中心。从地域上看，中文知识产权链条研究主要集中在华东、华中地区，西北、华南等地区对知识产权链条的研究规模较小。

1.4.1.5　知识产权链条领域的重要文献分析

对重要文献进行分析，为更加详细的文献综述提供帮助，可以直观地展示知识产权链条领域研究发展过程中的奠基性文献以及核心文献等，从而准确地梳理出知识产权链条领域研究发展过程中的重要研究成果，为后续研究提供重要参考。

按照中心度大于 0.1 则视为关键节点的标准，提取英文知识产权链条研究文献共被引网络的关键节点，得到英文知识产权链条领域研究核心文献，如表 1 - 11 所示。

表 1 - 11 英文知识产权链条领域研究核心文献

中心度	作者	题目
0.57	波黑	《重新审视专利悖论：美国半导体行业专利申请的实证研究》
0.39	钱	《国家专利法在全球专利环境中刺激国内创新？1978～2002 年药品专利保护的跨国分析》
0.37	苏珊娜·斯科奇默	《保护早期创新者：第二代产品是否可以申请专利？》
0.31	莱姆利马	《知识产权法改进的经济学》
0.2	金玉君	《不同发展水平国家的适当知识产权保护和经济增长》
0.13	马斯库斯克	《全球经济中的知识产权》
0.13	波义耳	《萨满、软件和脾脏：法律与信息社会的构建》
0.13	兰德斯	《知识产权法的经济结构》
0.11	布兰斯特	《加强知识产权保护是否会促进国际技术转让？来自美国企业层面面板数据的经验证据》
0.1	陈毅	《发展中国家的知识产权与创新》

由表 1 - 11 可知，中心度最高的文章为波黑和齐多尼斯发表于 2001 年的《重新审视专利悖论：美国半导体行业专利申请的实证研究》；排名第二的为钱于 2007 年发表的《国家专利法在全球专利环境中刺激国内创新？1978～2002 年药品专利保护的跨国分析》；排名第三的为苏珊娜·斯科奇默发表于 1996 年的《保护早期创新者：第二代产品是否可以申请专利？》。

对中文知识产权链条领域重要文献分析：由于中国知网导出文献信息的残缺性，无法使用 Citespace 软件对中文文献做共被引分析，因此对中文的重要文献主要从文献的被引频次进行分析，如表 1 - 12 所示。

表 1-12 中文知识产权链条领域研究核心文献

排名	被引频次	作者	题目
1	492	韩玉雄、李怀祖	《关于中国知识产权保护水平的定量分析》
2	461	冯晓青、刘淑华	《试论知识产权的私权属性及其公权化趋向》
3	431	吴汉东	《知识产权的私权与人权属性——以〈知识产权协议〉与〈世界人权公约〉为对象》
4	394	李平、崔喜君、刘建	《中国自主创新中研发资本投入产出绩效分析——兼论人力资本和知识产权保护的影响》
5	354	冯晓青	《利益平衡论：知识产权法的理论基础》
6	300	张玉敏	《知识产权的概念和法律特征》
7	282	吴汉东	《科技、经济、法律协调机制中的知识产权法》
8	281	吴汉东	《知识产权保护论》
9	278	吴汉东	《知识产权本质的多维度解读》
10	272	冯晓青	《知识产权法的价值构造：知识产权法利益平衡机制研究》

通过表 1-12 可知，被引频次第一的是韩玉雄、李怀祖于 2005 年 6 月发表的《关于中国知识产权保护水平的定量分析》；被引频次第二的是冯晓青和刘淑华于 2004 年 2 月发表的《试论知识产权的私权属性及其公权化趋向》。被引频次排名第三的为吴汉东 2003 年 5 月发表的《知识产权的私权与人权属性——以〈知识产权协议〉与〈世界人权公约〉为对象》。

1.4.1.6　知识产权链条领域的研究热点及前沿分析

通过对文献关键词的供词分析以及突变分析来直观地反映知识产权链条领域的研究热点及前沿，从而准确把握这一领域的学术研究范式，从中发现目前该领域研究中的学术空白，为更好地选择学术研究方向提供帮助。

在聚类图中，通过对关键词提取，并按照时间顺序梳理，如表 1-13 所示，可以清晰地分析英文知识产权链条学术研究热点脉络。

由表 1-13 可以看出各个时期的知识产权链条研究方向。1995 年，知识产权正式成为热点，学者在这一阶段的关注重点多集中于知识产权这一事物的自身研究，世界知识产权组织的发展问题，版权、权利以及知识产权制度的实施等方面；随着研究学者的增多，各个研究学者的研究视角各有不同，学者们开始关注知识产权发展所带来的其他影响；1998 年，学者开始关注知识产权与创新、贸易

表 1 - 13 　　　　　　　　　　**英文知识产权链条领域热点关键词脉络**

年份	关键词
1995	知识产权，版权，强制许可
1996	知识产权，生物多样性
1997	专利
1998	贸易，创新，模仿，数字技术，周期
1999	技术转让，对吧，经济分析
2000	技术，保护，专利保护，法律，国际贸易，知识产权保护，外国直接投资，公司，网络空间，生物技术
2001	直接投资
2002	可视密码，模型，增长
2003	研发，专利范围，合理使用
2004	南方，政策，专利权，信息，印度，合理使用原则，伦理，决定因素
2005	知识，发展中国家
2006	系统，溢出，市场，知识产权，投资，数字版权管理
2007	美国，台湾，战略，公共卫生，绩效，行业，内生增长，经济，经济增长，成本，竞争优势，资本主义，可占有性，准入
2008	美国出口，trips 协议，顺序创新，销售，研发，产品周期，盗版，专利性，教训，信息良好，不平等，治理，全球化，地理标志，外国直接投资，实证分析，经济学，双边交叉
2009	激励，国外专利权
2010	商业秘密，专利法，赔偿，中国
2011	植物品种保护，制度
2012	商标，面板数据，竞争
2013	管理，出口，吸收能力
2014	价值创造，战略联盟，生产力，影响
2015	经验证据
2016	拨款
2019	世界，价格，制药，所有权，组织，开放创新，生命，知识溢出，国际比较，知识产权保护，整合，基于制度的观点，引力模型，发展，合作

的关系，学者逐渐开始通过专利权等细化的知识产权研究创新以及贸易；2007年，内生增长、经济增长、成本等首次成为研究热点，这表示知识产权链条研究逐渐形成了宏观与微观结合的研究视角，在一定程度上反映了国际上知识产权链条领域的研究逐渐开始成熟。在此后的研究中主要集中在知识产权保护的方面，如专利法、专利保护、盗版等方面，2019年研究热点词比往年明显增多，表明知识产权链条的研究目前正受到各个领域学者的重视，涉及创新、医学、模型研究、制度研究等多个领域。

可以看出，英文知识产权链条学术研究正朝着宏观与微观、实践、跨学科研究以及理论等多个角度发展，同时也可以看出这30年虽然对知识产权链条的研究愈发细化，但是仍旧没有对知识产权链条各个环节打通式管理的研究，在这一方面有待开拓。

中文文献方面，通过对关键词提取，并按照时间顺序梳理，得到最近10年中文知识产权链条领域的研究热点，如表1-14所示。

表1-14 中文知识产权链条领域热点关键词脉络

年份	研究热点
2009	gpi 修正指标，反垄断法，反竞争情报，发展中国家，政府，版权保护，现状，知识产权风险，科技出版，管理，经济发展，绩效评价
2010	出口贸易，技术转移，新农村建设，科技成果转化，高技术产品
2011	acta，中小企业，国际贸易，策略，进口贸易
2012	知识产权质押，知识产权质押融资，科技型中小企业，管理模式，融资，质押融资，陕西，高技术产业
2013	战略性新兴产业，科技创新，高校
2014	产权保护，协同创新，知识产权法院，知识产权贸易
2015	tpp，专利法，地理标志
2016	品牌建设，开放式创新，知识产权强国，知识产权能力，茶叶
2017	"一带一路"，体育赛事，侵权，全要素生产率，创新绩效，创新能力，反不正当竞争法，反垄断，损害赔偿，民法典，版权制度，知识产权犯罪，知识产权诉讼，门槛效应
2018	"一带一路"，人工智能，企业创新，供给侧结构性改革，创新驱动，商业秘密，国际化，影响因素，改革开放，现代化，知识产权服务，研发投入，贸易摩擦
2019	"一带一路"，专利制度，中美贸易摩擦，产业升级，仿制药，信息披露，公共利益，公共领域，创新驱动发展，区块链，对外直接投资，技术调查官，新时代，最高人民法院知识产权法庭，服装设计，电子商务，知识产权法庭，知识产权证券化，绿色技术，资产证券化，高校图书馆

由表 1 - 14 可以看出，中文知识产权链条学术研究热点脉络相对于英文较多，这与我国近年来的发展战略不无关系，尤其自加快创新型国家建设这一指导方针被习近平总书记在党的十九大报告中提出之后，知识产权链条各环节的发展开始成为落实这一方针的重要手段，因而 2017 ~ 2019 年每年的热点凸显关键词较 2017 年以前每年热点凸显关键词数量明显增多。同时，可以看出，在过去 10 年间，每年均有热点凸显的关键词出现，说明在过去 10 年间我国的知识产权链条研究持续保持热度，与英文知识产权链条的研究不同，我国在 2009 ~ 2016 年已对知识产权与创新型产业的关系开展了大量研究，同时已开始出现科技成果转化、知识产权贸易与融资、知识产权能力等关于知识产权运用于创造方面的研究，在知识产权链条的研究视角上比国外研究丰富许多，具有一定的前瞻性。此外，还可以看出，中文研究热点的发展也遵循着我国国情的发展，其中"一带一路"这一关键词自 2017 年成为热点关键词以来连续 3 年均为热点凸显关键词，说明随着我国区域发展协调性增强，"一带一路"建设发展取得显著成效，对于这方面知识产权链条的研究也逐渐发展起来。2018 ~ 2019 年则开始更多关注创新驱动发展、技术创新、知识产权服务以及证券化等方面的研究。

下面分析知识产权链条领域的研究前沿：

新的科学研究进展及趋势可以由研究前沿进行反映，同时，研究前沿还可以反映在某一研究领域中具有的发展性、创新性以及学科交叉性等方面。运用 Citespace 软件分析新的研究前沿、趋势以及突变特征，在这一过程中利用软件的膨胀词测算法在数量庞大的主题词中提取出词频变化率突变的关键词，从而将所研究领域的研究前沿确定下来。

英文知识产权链条领域的研究前沿分析：将 1.4.1.1 中检索得到的 WOS 文献数据导入 Citespace 软件中，Node Types 栏选择 Keyword，Selection Criteria Top N 设置为 20，其余选项均保持默认，点击左侧"GO！"按钮并可视化分析，下一步进行突变分析，由于研究时间跨度较大，涉及关键词较多，故将 Burstness 下的 Minimum Duration 设置为 5，提取突变最少保持 5 年的关键词，得到表 1 - 15。

如表 1 - 15 所示，1998 ~ 2004 年英文知识产权链条文献突现关键词为权利、生物技术，说明在知识产权链条在国际上成为热点的初期，学者们重点研究知识产权所代表的权利本身以及生物技术领域的知识产权问题；2002 ~ 2006 年突现关键词在权利和生物技术的基础上出现了法律、信息技术、溢出效应，说明在这一阶段学者开始关注知识产权相关法律的研究以及信息技术中知识产权的应用问题，在这一过程中，对知识产权的研究不断深入，知识产权在各领域带来的溢出效应逐渐明显，2006 年，溢出效应这一关键词开始突变，成为该领域的研究前沿

表 1-15 英文知识产权链条文献前沿术语

关键词	强度	开始年份	结束年份	1999～2019 年
权利	3.5983	1999	2004	
生物技术	3.5774	2000	2004	
法律	7.5834	2002	2006	
信息	4.6396	2004	2009	
溢出	3.7577	2006	2013	
策略	4.151	2007	2012	
模型	5.1965	2007	2012	
政策	3.827	2012	2016	
影响	3.6043	2014	2019	

注:"▄▄▄"为关键词频次突然增加的年份,"▨▨▨"为关键词频次无显著变化的年份,下同。

术语,至 2013 年,突变结束;2006～2012 年,突现关键词分别为溢出效应、战略以及模型,说明在这一时期,在溢出效应之外,对知识产权统筹管理、战略规划以及模型化研究已成为学者们的研究重点;2012 年至今,突现关键词为政策以及影响说明知识产权链条的研究经过多年发展,学者开始基于前人多角度的系统研究对国家知识产权政策以及知识产权在各个领域的影响作用进行重点研究。通过上述分析可知,在国际环境下目前对于知识产权链条的研究前沿在于知识产权政策以及知识产权影响的研究,这也符合目前我国对知识产权发展的战略部署,近年的英文知识产权链条领域文献对我国学者研究我国知识产权链条领域具有参考价值。

中文知识产权链条领域的研究前沿分析:将 1.4.1.1 中检索得到的中国知网文献数据导入 Citespace 软件中,Node Types 栏选择 Keyword,Selection Criteria Top N 设置为 20,其余选项均保持默认,点击左侧"GO!"按钮并选择可视化分析,下一步进行突变分析,由于研究时间跨度较大,将 Burstness 下的 Minimum Duration 设置为 3,提取突变最少保持 3 年的关键词,得到表 1-16。

如表 1-16 所示,2006 年之前没有出现知识产权链条文献突现关键词,说明在 2006 年前,我国对于知识产权链条的研究尚处起步阶段,没有形成较为鲜明的学术前沿。2006～2008 年中文知识产权链条文献突现关键词为自主创新,说明国内知识产权链条产生学术前沿领域产生的初期,学者们重点研究知识产权所反映的自主创新问题;2007～2013 年突现关键词为外商直接投资、经济增长、非物质文化遗产、技术进步,说明在这一阶段学者开始关注知识产权对经济发展的影响,

表1-16　　　　　　　　　中文知识产权链条文献前沿术语

关键词	强度	开始年份	结束年份	1989～2019 年
自主创新	9.883	2006	2008	
外商直接投资	5.9586	2007	2011	
经济增长	5.0826	2008	2012	
非物质文化遗产	4.9972	2008	2013	
技术进步	5.3179	2008	2011	
知识产权战略	4.6449	2011	2015	
国际贸易	5.9386	2011	2013	
科技型中小企业	5.4006	2012	2014	
企业	7.6199	2012	2014	
知识产权强国	4.9767	2016	2019	

在自主创新的基础上开始关注技术进步的研究，同时还开始关注文化知识产权的研究，说明国内对知识产权链条的研究逐渐发展起来，涉及领域逐渐广泛；2011～2015 年，突现关键词分别为知识产权战略、国际贸易、科技型中小企业、企业，说明在这一时期，随着我国知识产权的逐渐发展，国内学者开始把对于知识产权链条的研究目光投向知识产权战略的高度，同时开始关注知识产权在国际贸易与企业发展，尤其是科技型中小企业的发展。这也为本书选取知识产权特色小镇创新型企业作为变量之一提供了思路。2016 年至今，突现关键词为知识产权强国，说明在我国知识产权强国战略的提出得到了广大学者的广泛认可，学者开始基于前人多角度的系统研究对国家知识产权政策以及知识产权在各个领域的影响作用进行重点研究，为知识产权强国战略做出贡献。

1.4.2　关于知识产权特色小镇研究的文献计量

随着全国首个知识产权特色小镇——岱家山知识产权特色小镇的成立，全国各地纷纷成立知识产权特色小镇，不断在实践中探索知识产权特色小镇的建设道路，并且取得了很好的成绩，这就说明在打通知识产权全链条服务的知识产权发展环境下，将知识产权与特色小镇的建设结合起来的建设模式具有很大潜力，对其理论研究具有重要意义。但是由于知识产权特色小镇的建设只有两年的时间，我国对于知识产权特色小镇的建设还处于起步阶段，虽然已经取得了阶段性成效，但是在未来的发展中还需要更多的理论指导。而较短的发展时间导致对于知识产权特色小镇的研究文献极度匮乏，只有王琪在 2017 年对于知识产权小特色小镇的建设模式进行了比较浅显的探析。但是在此前对于其他类型特色小镇的研究已经进入了较为深入的层次，所以对于知识产权特色小镇的理论研究，可以借鉴以往学者对于其他类型特色小镇进行研究的成果。因此本书对于知识产权特色小镇的研究综述将重点放到借鉴其他类型特色小镇的研究中。

1.4.2.1 研究数据及发文量的初步分析

英文数据以 WOS 来源，由于通过所有数据库进行文献收集会存在字段缺失的现象，因此通过核心数据库进行文献收集。因为"特色小镇"的提法在国外并不明确，所以，本书对于英文特色小镇领域研究的文献计量主要通过小城镇发展的理论进行。因此构建检索式：TS =（urbanization AND industry）或 TS =（small town）或 TS =（sub – urbanization）或 TS =（urbanization AND regional Innovation）或 TS =（urbanization AND economics）；语种为 English；文献类型为 Article；时间跨度为 1986 年 1 月至 2019 年 11 月，检索时间为 2019 年 11 月 6 日，对检索出的文献进行筛选，删除不相关的文献，得到 730 条检索信息并导出相关文献信息。

中文数据以中国知网为来源，构建检索式为：主题 = "特色小镇"。时间限定为 1989 年 1 月 ~ 2019 年 11 月，检索时间为 2019 年 11 月 6 日；文献类型为期刊文献；期刊限定为全部期刊；对检索出的文献进行筛选，将不相关的文献剔除之后，得到有效文献数量为 2494 篇，将文献数据导入 Citespace 中对数据进行初步检验，软件运行结果良好，没有数据丢失，最终进行特色小镇领域文献计量分析所用有效的中国知网文献数据有 2494 条。

将上述特色小镇领域文献的数据再次导出，按照发文年份以及发文数量将对应信息提取出来并放入 Excel 中进行分析，可以得到 1989 年 1 月 ~ 2019 年 11 月特色小镇领域外文文献（小城镇）与中文文献（特色小镇）的发文数量趋势比较图，如图 1 – 9 所示。

通过图 1 – 9 可以看出，中英文关于特色小镇的发文量的变化趋势存在较大差异，主要原因是由于在国外没有形成特色小镇的概念，只能借鉴相关性较高的小城镇研究，而国内文献的检索主题为特色小镇。1990 年，出现第一篇关于小城镇的外文文献，1990 ~ 2006 年，仅有外文文献说明在这一阶段我国也尚未提出特色小镇的概念，2006 年，国内出现第一篇特色小镇领域的文章，我国开始进入特色小镇的起步阶段，而国外仍旧没有提出特色小镇的概念。2015～2019 年，中文文献发文量呈现迅速持续增长的趋势，在中文特色小镇领域文献激增的时期，国外在小城镇方面的全部研究数量仍远低于我国在小城镇领域包含下的特色小镇领域的研究，可以初步推断我国城镇化方面的研究水平高于国外。

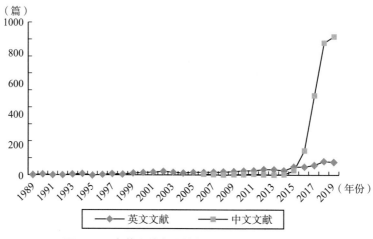

图 1 - 9　中英文特色小镇领域研究文献分布情况

1.4.2.2　特色小镇研究的国家分析

本小节的国家分析基于各国对于小城镇（包括但不限于城市郊区化、城镇化等方面）的研究进行。

将 WOS 数据库文献数据导入 Citespace 软件中，Node Types 设置为 Country，Selection Criteria Top N 设置为 60，其余设置均选用默认值，再将 Citespace 软件所整理的数据表格导入 Excel 中，提取"国家"和"发文量"两个字段下的数据，得到不同国家在特色小镇研究领域发文量排名如图 1 - 10 所示。发文量前十的除中国、南非为发展中国家之外，其余均为发达国家。中国以发文量 198 篇排名第一，约占发文总量的 27.12%；美国发文量约占总量的 24.79%，发文量为 181 篇，排名第二；发文量排名第三的国家为英国，发文量为 47 篇，占发文总量的 6.44%。2002 年，河南大学的梁柳柯、长江等人在《中国地理科学（英文）》中发表题为《中国地理科学中国小城镇建设中的土地制度创新研究》的文章，开启了近 30 年来中国在国际领域中研究小城镇的先河。

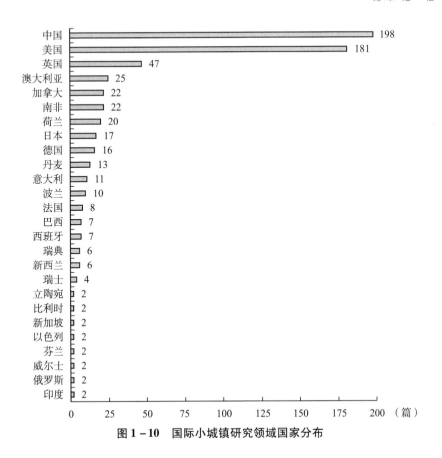

图 1 - 10 国际小城镇研究领域国家分布

将 WOS 数据库文献数据导入 Citespace 软件中，Node Types 设置为 Country，Selection Criteria Top N 设置为 60，其余设置均选用默认值，进行可视化分析，得到特色小镇研究国家知识图谱，如图 1 - 11 所示。

由图 1 - 11 可以初步看出，小城镇领域的研究国家中，中国与美国难分伯仲，均与大部分国家的合作较为紧密。美国地位稍逊于我国，其中，与中国有所合作而未与美国合作过的高发文量国家为日本、澳大利亚、德国，与美国有所合作而未与中国合作过的高发文国家为南非，进一步说明了我国在小城镇领域的研究具有一定地位。

下面，按照中心度大于 0.1 则视为关键节点的标准选取国家共现网络中的关键节点，如表 1 - 17 所示。

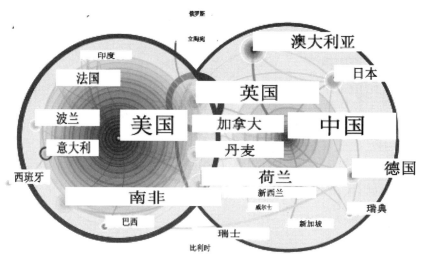

图 1-11 小城镇研究的国家情况

表 1-17 小城镇领域国家共现网络关键节点

发文量（篇）	国家	首次发文年份	中心度
47	英国	2000	0.63
181	美国	1998	0.51
198	中国	2002	0.21
11	意大利	2011	0.14

通过表 1-17 可以看出，只有四个国家的中心度大于 0.1，分别为英国、美国、中国、意大利，说明这四个国家在小城镇领域国家合作网络中位于关键节点。最早出现中心度的国家为美国，同时美国不仅位于中心度第二，其发文量也位居第二，说明美国作为先进大国，小城镇理念形成较早，通过与各个国家不断合作发展，在小城镇研究领域的国际地位不断提高。中国的发文量在所有国家中排名第一，中心度排名第三，为 0.21，也形成了关键节点，直观地展示了我国近 30 年来在小城镇（包括但不限于城镇化等方面）领域的发展成就，与我国 30 年来的发展成就不谋而合，综合以上分析，可以看出，在借鉴特色小镇研究经验来研究知识产权特色小镇的过程中，应重点参考国内的研究经验。

1.4.2.3 特色小镇研究的期刊分析

首先，对英文特色小镇研究期的期刊分析，由于国外没有提出特色小镇的概念，对于英文期刊的分析仍旧通过小城镇研究的文献进行分析。

将 1.4.2.1 中检索得到的 WOS 的数据导入 Citespace 软件中，Node Types 栏选择 Cited Journal，Selection Criteria Top N 设置为 30，选中 Pruning 栏下的 Pathfinder 以及 Pruning sliced network，使图像更加简明易读，其余选项均保持默认，点击左侧 "GO!" 按钮进行可视化分析，得到英文特色小镇研究期刊共被引可视图，如图 1 - 12 所示。

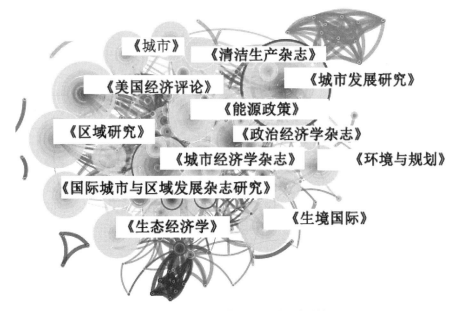

图 1 - 12　英文小城镇领域期刊共被引情况

通过图 1 - 12 可以看出，英文小城镇领域期刊被引频次排名靠前的期刊明显高于其他期刊，其中被引频次最高的期刊为《城市发展研究》，该期刊于 1964 年首次出版，目的是为城市和区域规划领域的社会和经济贡献提供一个国际论坛。自那时以来，该杂志已扩大到包括越来越多的学科和方法，城市和区域问题内容包括原始文章、注释和评论，以及一个全面的书评部分。定期为经济学、规划学、政治学、统计学、地理学、社会学、人口研究和公共管理等领域作出贡献。同时可以发现英文小城镇研究的被引期刊还集中在《美国经济评论》《城市经济学杂志》《区域研究》《政治经济学杂志》《生境国际》《生态经济学》《能源政策》等。期刊研究方向多分布在城市经济、政治经济、生态经济等领域中。

从被引期刊中心性的角度分析，将 Citespace 对英文小城镇领域期刊共被引分析所得数据导出至 Excel 中，按照中心度大于 0.1 的标准提取数据，得到英文小城镇领域期刊共被引网络的关键节点，如表 1 - 18 所示。

表 1 - 18 　　　　　　　英文小城镇领域期刊共被引网络关键节点

刊物名称	被引频次	首次出现年份	中心度
《城市发展研究》	152	1999	0.24
《美国社会学杂志》	36	1998	0.15
《农村研究杂志》	39	2007	0.13
《城市经济学杂志》	99	2001	0.11
《农村社会》	20	1998	0.11
《区域研究》	99	2001	0.1

通过表 1 - 18 可以看出，《城市发展研究》《城市经济学杂志》《区域研究》的中心度以及被引频次均较高，表明这三个期刊所刊载的小城镇研究论文质量较高，对国际上小城镇领域的学术研究起到支撑作用，因此，从中心性的角度出发，《城市发展研究》《城市经济学杂志》《区域研究》三个期刊在小城镇研究领域居于核心地位。

从发文集中情况来看，通过统计 1986～2019 年英文小城镇研究文献期刊分布，其中载文量排名前十的期刊如表 1 - 19 所示。

表 1 - 19 　　　　　　　1986～2019 年英文小城镇文献期刊分布

刊物名称	载文量（篇）	占比（％）	刊物名称	载文量（篇）	占比（％）
《可持续性科学》	25	3.45	《福布斯》	12	1.66
《清洁生产杂志》	21	2.90	《生境国际》	11	1.52
《区域研究》	16	2.21	《欧洲规划研究》	11	1.52
《能源政策》	13	1.80	《城市经济学杂志》	10	1.38
《经济和社会地理学》	12	1.66	《中国地理科学》	10	1.38

根据表 1 - 19 显示，小城镇领域发文量排名前十位的英文期刊共发文 141 篇，占比约 20％，说明论文在期刊上的集中度适中，小城镇领域的研究在英文

期刊中分布较为均匀，没有形成较为稳定的期刊群和代表性期刊。此外，结合图1-12可以看出，在小城镇领域发文量排名前十位的英文期刊中只有《清洁生产杂志》《区域研究》《能源政策》《生境国际》《城市经济学杂志》的被引频次明显高于其他期刊，因此从期刊载文量的角度出发，可以认为《清洁生产杂志》《区域研究》《能源政策》《生境国际》《城市经济学杂志》五个期刊在特色小镇研究领域具有一定的权威性。

下面对中文特色小镇研究的期刊进行分析：由于通过中国知网导出的论文文献数据缺少"参考文献"字段，无法通过 Citespace 软件对中国知网导出的论文文献数据进行共被引分析，因此对于中文特色小镇研究的期刊分析，将从该领域期刊的载文量以及学科研究层次展开研究。

首先，将1.4.2.1中检索得到的中国知网的数据导入 Excel 中对期刊名称进行计数，得到1986~2019年中文特色小镇文献期刊分布，其中属于核心期刊的期刊载文量排名前十如表1-20所示。

表1-20 1986~2019年中文特色小镇文献期刊分布

刊物名称	载文量（篇）	占比（%）	刊物名称	载文量（篇）	占比（%）
《规划师》	28	1.12	《现代城市研究》	10	0.40
《城市发展研究》	14	0.56	《人民论坛》	9	0.36
《体育文化导刊》	13	0.52	《浙江社会科学》	8	0.32
《农业经济》	12	0.48	《建筑经济》	7	0.28
《旅游学刊》	10	0.40	《世界农业》	7	0.28

通过表1-20可以看出，特色小镇领域中文核心期刊发文量排名前十位的中文期刊共发文118篇，占比约5%，说明国内特色小镇领域的论文在期刊上的集中度较低，特色小镇领域的研究在国内没有形成较为稳定的期刊群和代表性期刊，究其原因，可能是因为特色小镇在我国发文量自2016年开始快速发展，发展时间较短。在所有该领域发文的核心期刊中，《规划师》在该领域刊登的文章最多，为28篇，该期刊刊登的现有特色小镇领域文章主要集中在特色小镇发展、新型城镇化、产业规划、可持续发展等方面，涉及学科主要有城乡规划与市政、城市经济、区域经济等学科，是城镇规划领域的核心期刊。排名第二的期刊为《城市发展研究》，发文量为14篇，该期刊刊登的现有特色小镇领域文章主要集中在特色小镇发展、财政管理、可持续主义、茶叶发展、城市分工方面，涉及学

科主要有城市经济、国民经济、农业经济、城乡规划与市政等学科。排在第三位的期刊为《体育文化导刊》，发文量为 13 篇，多为对体育特色小镇、运动休闲特色小镇、体育文化、体育产业的研究，涉及学科主要有体育、城市经济等学科。

将发文量位于前十位的核心期刊按照中国知网期刊检索后的研究层次分组进行分类，可以进一步确认在特色小镇研究领域较权威期刊文献的研究层次，为研究选取参考文献指导意见。分类结果如表 1 – 21 所示。

表 1 – 21　　　　　　　　中文特色小镇领域研究核心期刊研究层次

研究层次	期刊名称
基础研究（社科）	《城市发展研究》《体育文化导刊》《农业经济》《旅游学刊》《现代城市研究人民论坛》《浙江社会科学》《建筑经济》
行业指导（社科）	《规划师》《世界农业》

通过表 1 – 21 可知，国内特色小镇研究主要集中分布在社会科学领域的基础研究层次以及社会科学领域的政策研究层次中，其中《城市发展研究》《体育文化导刊》《农业经济》《旅游学刊》《现代城市研究》《人民论坛》《浙江社会科学》《建筑经济》的研究集中在基础研究（社科），因此，在进行关于特色小镇领域的社会科学基础研究时，可以重点关注这几个期刊所发文章进行参考；另外，《规划师》和《世界农业》的研究主要集中在政策研究（社科），因此在进行关于特色小镇领域的社会科学政策研究时，可以重点关注这两个期刊所发文章进行参考。

综上所述，通过对中、英文期刊分析可知，在关于特色小镇的研究方面，对于外文文献，主要针对小城镇的研究，可着重参考《城市发展研究》《城市经济学杂志》《区域研究》《清洁生产杂志》《区域研究》《能源政策》《生境国际》《城市经济学杂志》等期刊的文章，针对特色小镇研究的借鉴，可着重参考《知识产权》《规划师》《城市发展研究》《体育文化导刊》等期刊的文章。

1.4.2.4 特色小镇领域的研究团队分析

首先，对英文小城镇领域的作者团队及机构团队进行分析。

英文特色小镇领域的作者分析：

将 1.4.2.1 中检索得到的 WOS 的数据导入 Citespace 软件中，Node Types 栏选择 Cited Author，Selection Criteria Top N 设置为 30，选中 Pruning 栏下的 Pathfinder 以及 Pruning sliced network，使图像更加简明易读，其余选项均保持默认，点击左侧"GO！"按钮进行可视化分析，得到英文小城镇研究作者共被引情况，如图 1 - 13 所示。

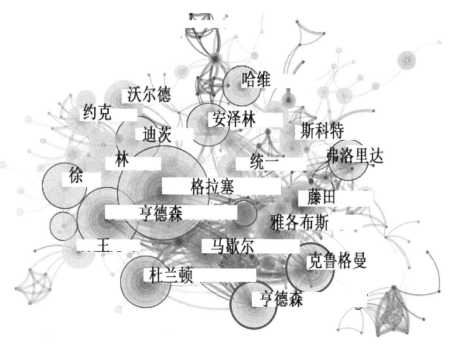

图 1 - 13　英文小城镇领域作者共被引情况

通过观察图 1 - 13 可以看出，国际上小城镇研究领域的被引频次较高的作者以格拉塞、亨德森、杜兰顿等人为首，将 Citespace 软件运行结果导出，得到英文小城镇研究作者被引频次排名，因为作者数量过多，同时被引频次高的作者才可被认为在这一领域具有一定权威，所以截取排名前三的作者如表 1 - 22 所示。

表 1 - 22　　　　　　　英文小城镇作者被引频次排名（前三）

作者	被引频次	被引频次最高论文
格拉塞	59	《改变城市：城市化促进民主变革吗？》
亨德森	41	《城市化进程的政治经济学证据》
杜兰顿	34	《城市的多样性和专业化：为什么、何时何地重要？》

如表 1-22 所示，特色小镇研究共被引频次最高的是格拉塞，被引频次为 59 次，爱德华·格拉塞是曼哈顿研究所的高级研究员、哈佛大学的经济学教授，他从 1992 年开始在哈佛大学任教，其研究集中在城市增长的决定因素和城市作为思想传播中心的作用上。爱德华·格拉塞在过去 30 年间小城镇领域被引频次最高的论文是《改变城市：城市化促进民主变革吗?》。爱德华·格拉塞在该论文中，回顾了城镇化产生政治变革的三种途径，发现城镇化首先可以推动群众协同行动，提高起义实效；其次，相对于独裁，城镇可能会增加对民主的需求；最后，城镇可以产生"公民资本"的发展，使公民能够改善自己的制度，历史和经验为第一个渠道提供了重要的支持，但对其他渠道的证据较少，同时他还认为，城镇化可能会提高贫穷国家政府的质量，但还需要更多的研究来得出这一结论。小城镇研究被引频次排名第二的是亨德森，其被引频次最高的论文为《城市化进程的政治经济学证据》，在该论文中，亨德森认为城镇化本身是对农业基本产业转移的回应，而政府的价格管制、产业贸易保护等政策，对产业构成间接地影响，然而，一个国家的城镇资源集中在一个或两个大城市的程度，而不是更均匀地分布，更直接地受到政策和政治的影响。被引频次排名第三的作者为杜兰顿，其被引频次最高的论文为《城市的多样性和专业化：为什么、何时何地重要?》，在该论文中，杜兰顿探讨了为什么有些城镇是专业化的，而另一些城镇则是多样化的？城镇专业化和多样化的优势和劣势是什么？随着时间的推移，城镇的结构以及城镇中公司和人员的活动在多大程度上发生了变化？城镇的部门构成如何影响其演变？为了回答这些问题，杜兰顿首先从有关城镇及其活动构成的实证文献中提炼出一些关键的风格化事实，然后，研究这些问题的不同理论，并研究了这些理论在多大程度上有助于理解经验规律。

按照中心度大于 0.1 则视为关键节点的标准，将英文小城镇领域作者共被引网络关键节点提取出来，如表 1-23 所示。

表 1-23   英文小城镇领域作者共被引网络关键节点

作者	被引频次	中心度	首次出现年份
亨德森五世	30	0.22	2002
克鲁格曼	32	0.21	2004
亨德森	41	0.18	2002
格拉塞	59	0.17	2002
安瑟林	27	0.17	2005
徐	27	0.14	2016

续表

作者	被引频次	中心度	首次出现年份
奥德雷奇	17	0.14	2009
陈	5	0.14	2012
佛罗里达州	26	0.12	2011
杜兰顿	34	0.11	2004
迪茨	28	0.11	2014
哈维	24	0.11	2010
王思杰	17	0.11	2016

通过表 1 – 23 可以看出，亨德森五世、克鲁格曼、亨德森、格拉塞、安瑟林的中心性均大于 0.15，说明这几位作者与其他作者的关联程度最高，形成由以上作者为中心的多个学术研究联盟。从这一角度出发，也可认为以上作者在小城镇领域的研究具有一定权威性。

对英文小城镇研究领域的机构团队分析：

将 1.4.2.1 中检索得到的 WOS 的数据导入 Citespace 软件中，Node Types 栏选择 Institution，Selection Criteria Top N 设置为 50，其余选项均保持默认，点击左侧"GO!"按钮进行可视化分析，得到英文小城镇研究机构合作情况，如图 1 – 14 所示。

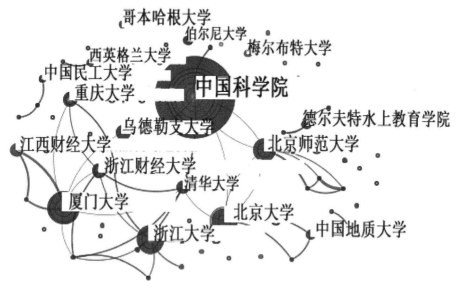

图 1 – 14　英文小城镇研究机构合作情况

通过图 1-14 可以看出，中国科学院的发文量最高，同时其与北京师范大学、北京大学、清华大学、乌得勒支大学、伯尔尼大学，整体来看，机构之间的连线仅有 45 条，而节点（即发文机构）有 62 个，贡献网络密度仅为 0.0238，说明在国际上，各机构间应加强国际间的研究合作，在国内，各研究机构有较好的合作。将 Citespace 软件运行的数据导出，得到英文小城镇研究发文量在 5 篇以上的机构如表 1-24 所示。

表 1-24　　　　　　　　　　　　小城镇研究高发文机构

机构名称	发文量（篇）	机构性质	地区
中国科学研究院	31	研究机构	中国
厦门大学	13	高校	中国
浙江大学	11	高校	中国
北京大学	10	高校	中国
北京师范大学	9	高校	中国
乌得勒支大学	6	高校	荷兰
浙江财经大学	6	高校	中国
重庆大学	6	高校	中国
江西财经大学	5	高校	中国
清华大学	5	高校	中国

根据表 1-24 可以看出，英文特色小镇领域发文量排名前三的机构为中国科学研究院、厦门大学以及浙江大学。通过研究机构类型的角度来看，特色小镇领域的研究发文多集中于各大高校，机构类型非常单一。从地域上看，发文量超过 5 篇的机构中仅有乌得勒支大学不是中国机构，说明中国科学院以及我国各大高校在小城镇研究领域具有一定国际影响力。

下面，对中文特色小镇领域的作者团队及机构团队进行分析。

对中文特色小镇领域的作者分析：

将 1.4.2.1 中检索得到的中国知网的数据导入 Citespace 软件中，Node Types 栏选择 Author，Selection Criteria Top N 设置为 30，其余选项均保持默认，点击左侧 "GO!" 按钮进行可视化分析，得到中文特色小镇研究作者合作网络情况，如图 1-15 所示。

图1-15 中文特色小镇领域作者合作网络情况

通过观察图1-15可以看出，郝华勇的发文量最高，但仅与一位学者有所合作，整体来看，各作者之间的连线仅有124条，而节点有251个，共现网络密度仅为0.004，说明在国内，各个作者联系较弱，大多未形成科研合作团队。将Citespace软件运行的数据导出，得到中文特色小镇研究发文量超过5篇的作者如表1-25所示。

表1-25 　　　　　　　　　中文特色小镇研究高发文作者

作者	发文量（篇）	单位
郝华勇	8	中共湖北省委党校
于新东	6	中共浙江省委
李娜	6	北京体育大学

作者	发文量（篇）	单位
张祝平	6	中共河南省委党校
仇保兴	6	国务院
胡清	6	苏州市职业大学
沈克印	6	武汉体育学院
刘洋	6	沈阳航空航天大学

如表 1 - 25 中所示，在特色小镇领域各学者较为平均。没有明显权威的学者，因此基于作者研究团队的分析，在选取特色小镇领域参考文献时，作者研究团队与重要期刊相比应侧重从重要期刊的角度入手。

中文特色小镇研究领域的机构团队分析：

将 1.4.2.1 中检索得到的中国知网的数据导入 Citespace 软件中，Node Types 栏选择 Institution，Selection Criteria Top N 设置为 30，其余选项均保持默认，点击左侧"GO!"按钮进行可视化分析，得到英文特色小镇研究机构合作情况，如图 1 - 16 所示。

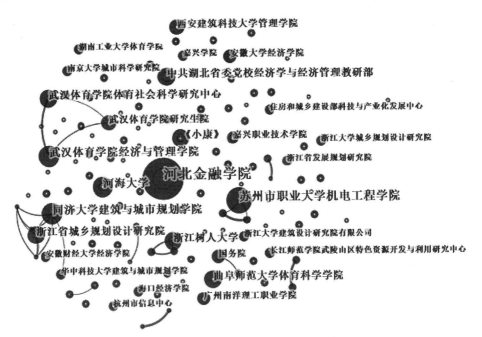

图 1 - 16　中文特色小镇研究机构合作情况

通过图 1 – 16 可以看出，河北金融学院的发文量最高，但是并没有与其他机构有所合作，究其原因可能是因为其发文量虽然较高，但是质量偏低，因此没有与其他机构形成学术联盟。整体来看，各机构之间的连线仅有 26 条，而节点（即发文机构）有 130 个，共现网络密度仅为 0.0031，说明在国内，各机构间应加强国际间的研究合作，建立适度规模化的研究机构群体。同济大学在这一方面已经有所发展，从图 1 – 16 中可以看出，以同济大学建筑与城市规划学院为中心，已经形成多个浙江省城乡规划设计研究院、华中科技大学建筑与城市规划学院等机构合作的小规模学术联盟。将 Citespace 软件运行的数据导出，得到中文特色小镇研究发文量超过 5 篇的机构如表 1 – 26 所示。

表 1 – 26　　　　　　　　　中文特色小镇研究高发文机构

发文量（篇）	机构名称	机构性质	地区
16	河北金融学院	高校	华北地区
10	苏州市职业大学	高校	华东地区
8	同济大学	高校	华东地区
8	武汉体育学院	高校	华中地区
8	河海大学	高校	华东地区
7	中共湖北省委党校经济学与经济管理教研部	政府机关	华中地区
7	曲阜师范大学	高校	华东地区
7	浙江树人大学	高校	华东地区
7	浙江省城乡规划设计研究院	研究机构	华东地区

根据表 1 – 26 可以看出，中文特色小镇领域发文量排名前三的机构为河北金融学院，苏州市职业大学，同济大学、武汉体育学院和河海大学并列第三。通过研究机构类型的角度来看，中文特色小镇领域的研究发文多集中于各大高校，机构类型非常单一。此外高发文量机构还包括一个政府机关（中共湖北省委党校经济学与经济管理教研部）和一个研究机构（浙江省城乡规划设计研究院），这两个机构均属于政府直接管辖，可以说明特色小镇的发展也受到我国政府的高度重视。从地域上看，中文特色小镇研究主要集中在华东地区，其他地区对特色小镇的研究规模较小。

1.4.2.5　特色小镇领域的重要文献分析

英文重要文献的分析从对小城镇的研究中进行：按照中心度大于 0.1 则视为

关键节点的标准，提取小城镇研究英文文献共被引网络的关键节点，得到小城镇研究英文核心文献表，如表1-27所示。

表1-27　　　　　　　　　　　　　小城镇研究英文核心文献

中心度	作者	题目
0.17	龙华楼	《快速城市化导致的土地利用转型对生态系统服务的影响：对中国新兴发展地区城市规划的启示》
0.15	科姆斯	《大城市的生产力优势：区分集聚与企业选择》
0.14	刘延绥	《快速城市化条件下中国农村空心化的过程与驱动力》
0.14	阿舍姆	《构建区域优势：基于相关品种和差异化知识库的平台政策》
0.13	姜志杰	《工业化和城市化进程中的中国能源需求及其特点》
0.13	徐冰	《工业化和城市化进程对中国二氧化碳排放的影响：来自非参数加性回归模型的证据》
0.1	韩立杰	《城市化水平对城市空气质量的影响：以中国城市细颗粒物（PM2.5）为例》

由表1-27可知，中心度最高的文章为龙华楼等人发表于2014年的《快速城市化导致的土地利用转型对生态系统服务的影响：对中国新兴发展地区城市规划的启示》；排名第二的为科姆斯·皮埃尔·菲利普等人于2012年发表的《大城市的生产力优势：区分集聚与企业选择》；并列排名第三的为刘延绥等人发表于2010年的《快速城市化条件下中国农村空心化的过程与驱动力》和阿希姆·比约恩于2011年发表的《构建区域优势：基于相关品种和差异化知识库的平台政策》。

对中文特色小镇领域重要文献分析：

由于中国知网导出文献信息的残缺性，无法使用Citespace软件对中文文献做共被引分析，因此对中文的重要文献主要从文献的被引频次进行分析，如表1-28所示。

通过表1-28可知，被引频次第一的是盛世豪、张伟明于2016年3月发表的《特色小镇：一种产业空间组织形式》，被引频次为314次；被引频次第二的是卫龙宝、史新杰于2016年3月发表的《浙江特色小镇建设的若干思考与建议》；被引频次排名第三的文章为吴一洲、陈前虎、郑晓虹于2016年7月发表的《特色小镇发展水平指标体系与评估方法》。

表 1-28   中文特色小镇领域研究核心文献

排名	被引频次	作者	题目
1	314	盛世豪、张伟明	《特色小镇：一种产业空间组织形式》
2	265	卫龙宝、史新杰	《浙江特色小镇建设的若干思考与建议》
3	264	吴一洲、陈前虎、郑晓虹	《特色小镇发展水平指标体系与评估方法》
4	250	闵学勤	《精准治理视角下的特色小镇及其创建路径》
5	223	赵佩佩、丁元	《浙江省特色小镇创建及其规划设计特点剖析》
6	202	陈立旭	《论特色小镇建设的文化支撑》
7	178	朱莹莹	《浙江省特色小镇建设的现状与对策研究——以嘉兴市为例》
8	168	曾江、慈锋	《新型城镇化背景下特色小镇建设》
9	166	张鸿雁	《论特色小镇建设的理论与实践创新》
10	148	苏斯彬，张旭亮	《浙江特色小镇在新型城镇化中的实践模式探析》

1.4.2.6 特色小镇领域的研究热点及前沿分析

首先对特色小镇领域的研究热点进行分析。

英文文献方面，主要分析小城镇方面的研究热点，通过对关键词提取，并按照时间顺序梳理，如表 1-29 所示，可以清晰地分析小城镇英文学术研究热点脉络。

表 1-29   英文特色小镇领域热点关键词脉络

年份	关键词
1997	生长
1998	社区
1999	移民，城市，城市化
2000	乡村医生，保留，环境，城市，美国，地区
2001	城市增长，生产力
2002	地理集中，制造业，小镇
2003	儿童，政策
2005	选择，溢出，集聚

年份	关键词
2008	全球化，模式
2009	社会资本，规模，地理
2010	南非，家庭，创业，本地化，集聚经济，管理，经济，创新
2011	人畜共患病，秃鹫，红狐，患病率，土地利用变化，家畜范围，多房棘球绦虫，集群，位置，研发，模式，中国，人口
2012	城市发展，州，职位，地点，体育活动，参与，移民，进化，系统，r11，多样性，农业，绩效，经济地理，农村，知识，健康，土地，工业
2013	街道灰尘，物种形成，专业化，o18，感染，增加回报，重金属，贫困，城镇，网络，工业化
2014	上海，区域增长，污染，印度，生态足迹，动态，影响，决定因素，经济
2015	城市化，规模，农村地区，区域发展，产业集群，能源使用，加拿大，协会，世界，城市化经济，技术，政治，本地化经济，发展中国家，民主，排放，效率，二氧化碳排放，气候变化，部门，经济发展，能源消费
2016	向量自回归模型，城市区域，趋势，农村发展，减少，生产力变化，投资，强度，能效改进，实证分析，驱动力，护理，获取，运输，可持续性，战略，信息，实施，粮食安全，欧洲，障碍，时间系列，地区，市场，经济增长，国家，消费
2017	水质，钢铁工业，中小城镇，面板数据，新型城市化，城市，土地利用，库兹涅茨曲线，能源效率，去工业化，补偿，社区问题，城市区域，行为，非洲，吸收能力，价格，土地开发，企业，能源，小城市，前景
2018	转型，区域差异，景观，指标，扩张，环境库兹涅茨曲线，驱动因素，二氧化碳排放，发展，挑战，水服务，斯蒂尔帕特模型，PM25，不平等，治理，可持续发展，碳排放，快速城市化，空气污染
2019	大学，转型，空间，质量，基础设施，影响因素，外国直接投资，建筑，外国直接投资

由表 1 – 29 可以看出各个时期的特色小镇研究方向，1997 年，小城镇发展正式成为热点，研究学者在这一阶段主要对小城镇的发展进行研究；1997 ~ 2003 年，学者主要进行城镇化，城镇人口移动，政策研究、制造业等方面的研究；随着研究学者的增多，各个研究学者的研究视角各有不同，2003 ~ 2011 年学者们主要关注小城镇发展所带来的经济影响、小镇城镇农业以及医疗方面的研究；2013 年，学者开始关注小城镇发展过程中的生态问题、发展中国家城镇发展问题、城镇化规模以及农村发展等问题；经过不断的发展，2015 年开始，研究热点词比往年明显增多，表明小城镇的研究在国外自 2015 年开始比往年更加受到各个领

域学者的重视，2015 年至今，学者主要关注的领域主要涉及新型城镇化、污染问题、可持续发展、企业发展等多个领域。可以看出，英文小城镇学术研究正朝着宏观与微观、实践、跨学科研究以及理论等多个角度发展，同时也可以更加直观地看出国外对特色小镇方面的研究还处于对小城镇发展及小城镇发展所带来影响的研究阶段，对于特色小镇的研究尚未起步。

中文文献方面，通过对关键词提取，并按照时间顺序梳理，得到中文特色小镇领域的研究热点，如表 1 – 30 所示。

表 1 – 30　　　　　　　　　中文特色小镇领域热点关键词脉络

年份	研究热点
2013	特色小镇建设
2015	特色小镇、新型城镇化、浙江、规划、创新、长远计划、旅游、企业管理、财政管理、投资、资源、产业链、产业转型升级、产业集聚区、温州、改造提升
2016	ppp、产城融合、特色产业、规划设计、产业集聚、小镇建设、旅游产业、美丽乡村、供给侧改革、杭州、产业园区、经济、主导产业、资源禀赋、杭州市、创新创业、市场化运作、区域经济、经济转型升级、新型城镇化建设、经济新常态、土地利用、金融资本、创意产业、政策供给、文化特色、质量、浙江特色小镇、治理能力现代化、资产证券化、治理体系、规划编制、总体规划、都市圈、规划创新
2017	体育特色小镇、发展路径、产业融合、全域旅游、发展模式、产业集群、政府、社会资本、城镇化率、融资模式、顶层设计、城乡一体化、空间布局、欠发达地区、孵化器、房地产、新型城镇化小镇建设、民俗文化、互联网＋
2018	乡村振兴、体育产业、运动休闲特色小镇、可持续发展、农业特色小镇、旅游特色小镇、发展策略、影响因素、发展现状、SWOT 分析、体育经济、路径选择、融合发展、规划建设、协同发展、产业特色
2019	高质量发展、建设路径、体育产业特色小镇、供给侧结构性改革、体育小镇、地域文化、城乡融合、产业发展、新时代、文化传承、发展对策

由表 1 – 30 可以看出，中文特色小镇学术研究热点脉络相对于英文出现稍晚，原因是国外没有特色小镇的概念，对热点的研究只能通过分析小城镇的研究进行，而我国自 2013 年开始，特色小镇建设成为研究热点，因此中文特色小镇学术热点脉络集中于 2013 ~ 2019 年，这与我国近年来的发展战略不无关系，这些年来我国新型城镇化的进程不断加深，取得了卓越成就。2015 ~ 2019 年每年的热点凸显关键词增多，可以看出，自 2015 年以来，对于特色小镇的各方面研究开始被各领域学者广泛关注，因此为本书研究知识产权特色小镇的切入点选择等

方面提供了重要的参考依据。具体来看，2015 年，学者主要关注特色小镇的建设在新型城镇化中的作用，以及小镇产业方面的研究。2016 年，供给侧改革首次成为凸显关键词，说明对于特色小镇的研究紧跟我国发展战略的步伐；同时，学者首次开始关注在经济新常态下，特色小镇与创新、金融等方面的关系。2017 年开始有学者关注特色小镇的建设对欠发达地区发展的影响以及产业集群方面的研究。2018~2019 年，通过热点关键词可以看出，近两年学界对于特色小镇的关注重心在经济的高质量可持续发展，各种类型特色小镇广泛研究以及产业发展等方面的研究。

下面对特色小镇领域的研究前沿进行分析。

基于前文的分析可以看出，对于英文文献而言，由于国外对于特色小镇的研究尚未起步，同时结合发文国家分析和机构分析的结果，对于小城镇发展的研究，我国研究比英文文献更具参考价值，虽然英文文献对于小城镇发展的研究对特色小镇的理论基础有一定的借鉴作用，但是对于特色小镇领域的研究前沿分析不具备参考价值，因此本节仅对由中国知网检索得到的中文文献数据进行分析。

将 1.4.2.1 中检索得到的中国知网文献数据导入 Citespace 软件中，Node Types 栏选择 Keyword，Selection Criteria Top N 设置为 50，同时基于前文分析可以看出，我国对于特色小镇的研究开始成为热点的时间是 2013 年，时间跨度较短，因此为便于观察结果，将时间区间设定为 2013~2019 年，其余选项均保持默认，点击左侧"GO!"按钮并选择可视化分析后进行突变分析，得到表 1–31。

表 1–31 中文特色小镇文献前沿术语

关键词	强度	开始年份	结束年份	2013~2019 年
产业	8.8529	2015	2017	
长远计划	13.5709	2015	2016	
旅游	8.4053	2015	2017	
规划	17.0126	2015	2017	
企业管理	6.5202	2015	2017	
投资	4.6451	2015	2017	
产业定位	7.7758	2015	2017	
财政管理	4.6451	2015	2017	
浙江	26.5061	2015	2016	
产城融合	4.1947	2017	2019	

如表 1 - 31 所示,2006 年之前没有出现特色小镇文献突现关键词,说明在 2015 年前,虽然我国特色小镇领域已出现热点关键词,但整体研究仍处于起步阶段,没有形成较为鲜明的学术前沿。2015~2017 年中文特色小镇文献突现关键词为产业、长远计划、旅游、规划、企业管理、投资、产业定位、财政管理、浙江,说明 2015~2017 年国内特色小镇学术前沿领域主要集中于特色小镇的产业发展、企业发展、整体规划等领域,其中浙江成为突现词可能是由于浙江特色小镇在其实践建设过程中逐渐成为特色小镇建设的典型案例,为日后其他类型的特色小镇研究提供思路;2017~2019 年突现关键词为产城融合,说明目前对于特色小镇研究的前沿领域在于特色小镇产业与小镇发展的关系,同时结合往年的突现词可以看出,特色小镇的特色产业、企业发展,是研究特色小镇时的重要方面,这一结论对本书选取知识产权特色小镇的研究切入点提供了重要的启示。

1.4.3 关于知识产权链条与知识产权特色小镇建设协同研究的文献计量

对知识产权链条与知识产权特色小镇建设协同的研究综述的研究中,在精确检索时,未检索到文献,说明在知识产权链条与知识产权特色小镇协同方面的研究处于空白阶段。本书通过"知识产权创造与创新产业聚集的协同""知识产权运用与创新功能开发的协同"以及"知识产权保护与智力成果经济效益的协同"三个方面对"知识产权链条与知识产权特色小镇建设的协同"进行研究,本节文献综述通过分析知识产权链条(包括知识产权创造、运用、保护)与知识产权特色小镇建设(包括创新产业聚集、创新功能开发、智力成果经济效益)之间关系(本节简称"二者关系")的相关文献。

1.4.3.1 研究数据及发文量的初步分析

英文数据以 WOS 来源,由于对所有数据库进行文献收集会存在字段缺失的现象,因此通过核心数据库进行文献收集。针对"知识产权创造与创新产业聚集的协同"方面,选取主题关键词为"intellectual property right""industry";针对"知识产权运用与创新功能开发的协同"反面,选取主题关键词为"intellectual property right""innovative";针对"知识产权保护与智力成果经济效益的协同"方面,选取主题关键词为"intellectual property right""intellectual achievement",

因此构建检索式为 TS =（intellectual property right AND industry）或 TS =（intellectual property right AND innovative）或 TS =（intellectual property right AND intellectual achievement）或 TS =（IPR AND industry）或 TS =（IPR AND innovative）或 TS =（IPR AND intellectual achievement）；语种为 English；文献类型为 Article；时间跨度为 1986 年 1 月 ~ 2019 年 11 月，检索时间为 2019 年 11 月 6 日，对检索出的文献进行筛选，删除不相关的文献，得到 479 条检索信息并导出相关文献信息。

中文数据以中国知网为来源，针对"知识产权创造与创新产业聚集的协同"方面，选取主题关键词为"知识产权""创新产业"，针对"知识产权运用与创新功能开发的协同"方面，选取主题关键词为"知识产权""创新功能"，针对"知识产权保护与智力成果经济效益的协同"方面，选取主题关键词为"知识产权""智力成果"，构建检索式为主题 = "知识产权 AND 创新产业"或"知识产权 AND 创新功能"或"知识产权 AND 智力成果"或"知识产权 AND 城镇"。时间限定为 1989 年 1 月 ~ 2019 年 11 月，检索时间为 2019 年 11 月 6 日；文献类型为期刊文献；期刊限定为全部期刊；对检索出的文献进行筛选，将不相关的文献剔除之后，得到有效文献数量为 647 篇，将文献数据导入 Citespace 中对数据进行初步检验，软件运行结果良好，没有数据丢失，最终进行特色小镇领域文献计量分析所用有效的中国知网文献数据有 647 条。可以初步推断，在知识产权链条与知识产权特色小镇方面的研究（包括知识产权创造与创新产业聚集、知识产权运用与创新功能、知识产权保护与智力成果经济效益）较少，在这一部分的研究相对空白，说明本书的研究具有前瞻性，对我国新型城镇化以及知识产权发展相关研究的完善具有一定贡献。

将上述文献的数据再次导出，按照发文年份以及发文数量将对应信息提取出来并放入 Excel 中进行分析，可以得到 1989 年 1 月 ~ 2019 年 11 月"二者关系"相关研究领域外文文献与中文文献的发文数量趋势，如图 1 - 17 所示。

通过图 1 - 17 可以看出，中英文关于"二者关系"的发文量的变化趋势相似，存在较大波动，同时可以看出相较前文两个方面的文献量而言，"二者关系"的发文量偏低，说明无论国内还是国外，都鲜有对"二者关系"较为系统的研究，因而可以初步说明对于"知识产权链条"与"知识产权特色小镇"协同的研究具有创新性。

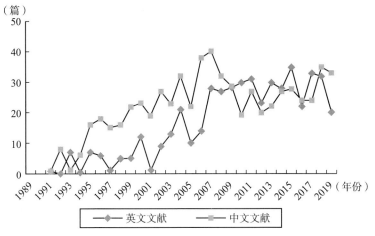

图 1 - 17　中英文"二者关系"领域研究文献分布

1.4.3.2　"二者关系"研究的国家分析

将 WOS 数据库文献数据导入 Citespace 软件中，Node Types 设置为 Country，Selection Criteria Top N 设置为 60，其余设置均选用默认值，再将 Citespace 软件所统计的数据表格导入 Excel 中，提取"国家"和"发文量"两个字段下的数据，得到不同国家在"二者关系"研究领域发文量排名如图 1 - 18 所示。发文量前十的除中国为发展中国家之外，其余均为发达国家。美国发文量 144 篇居发文量第一，约占发文总量的 30.19%；中国发文量约占发文总量的 11.69%，发文量为51 篇，排名第二；发文量排名第三的国家为英国，发文量为 47 篇，占发文总量的 9.85%。2002 年，河南大学的邱玉静、陈玉文人在《数学和计算机建模》中发表题为《层次分析法在专利评估中的应用》的文章，开启了近 30 年来中国在国际领域中研究"二者关系"的先河。

将 WOS 数据库文献数据导入 Citespace 软件中，Node Types 设置为 Country，Selection Criteria Top N 设置为 60，其余设置均选用默认值，进行可视化分析，得到特色小镇研究国家知识图谱，如图 1 - 19 所示。

由图 1 - 19 可以初步看出，"二者关系"领域的研究国家中，美国居于核心地位，与大部分国家的合作较为紧密。我国地位仅次于美国，与多个国家存在合作，说明我国在"二者关系"领域的研究也具有一定地位。

下面，按照中心度大于 0.1 则视为关键节点的标准选取国家共现网络中的关键节点，如表 1 - 32 所示。

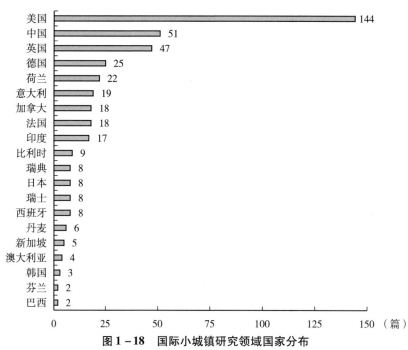

图1-18 国际小城镇研究领域国家分布

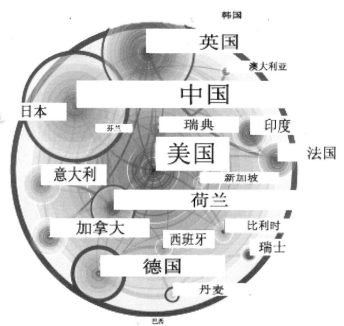

图1-19 "二者关系"研究的国家情况

表 1 - 32　　　　　　　　　　"二者关系"领域国家共现网络关键节点

发文量（篇）	国家	首次发文年份	中心度
144	美国	1995	0.42
25	德国	2004	0.24
51	中国	2007	0.21
47	英国	1999	0.19
6	丹麦	2016	0.18
22	荷兰	2002	0.11

通过表 1 - 32 可以看出，有 6 个国家的中心度大于 0.1，分别为美国、德国、中国、英国、丹麦、荷兰，说明这 6 个国家在"二者关系"领域国家合作网络中位于关键节点。最早出现中心度的国家为美国，同时美国不仅位于中心度第一，其发文量也位居第一，说明美国作为先进大国，"二者关系"的相关研究出现较早，通过与各个国家的合作不断深入，逐渐提高其在这一领域所具备的国际地位。中国的发文量排名第二，中心度排名第三，也形成了关键节点，说明我国在该领域的研究也具有一定国际影响力。

1.4.3.3　"二者关系"相关研究的期刊分析

首先，对英文"二者关系"研究期的期刊分析：

将 1.4.3.1 中检索得到的 WOS 的数据导入 Citespace 软件中，Node Types 栏选择 Cited Journal，Selection Criteria Top N 设置为 30，选中 Pruning 栏下的 Pathfinder 以及 Pruning sliced network，使图像更加简明易读，其余选项均保持默认，点击左侧"GO！"按钮进行可视化分析，得到英文"二者关系"研究期刊共被引情况，如图 1 - 20 所示。

通过图 1 - 20 可以看出，英文"二者关系"领域期刊被引频次排名靠前的期刊明显高于其他期刊，其中被引频次最高的期刊为《研究政策》，同时可以发现英文"二者关系"研究的被引期刊还集中在《美国经济评论》《管理科学》《兰德经济杂志》《管理科学》《经济学季刊》等期刊。期刊研究方向多分布在经济学、运筹与管理科学、管理学等领域中。

从被引期刊中心性的角度分析，将 Citespace 对英文小城镇领域期刊共被引分析所得数据导出至 Excel 中，按照中心度大于 0.1 的标准提取数据，得到英文"二者关系"领域期刊共被引网络的关键节点，如表 1 - 33 所示。

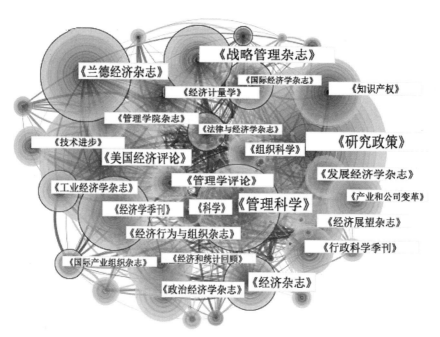

图 1 – 20　英文 "二者关系" 领域期刊共被引情况

表 1 – 33　　　　　英文 "二者关系" 领域期刊共被引网络关键节点

刊物名称	被引频次	首次出现年份	中心度
《管理科学》	132	2003	0.19
《战略管理杂志》	108	2000	0.17
《经济杂志》	86	2000	0.16
《美国经济评论》	140	1998	0.13
《国际经济学杂志》	73	2004	0.12
《法律与经济学杂志》	57	2002	0.12
《国际技术管理杂志》	31	2000	0.12
《技术进步》	2	2002	0.12
《经济学季刊》	113	2002	0.11
《工业经济学杂志》	67	2000	0.11
《经济展望杂志》	80	2000	0.1
《国际产业组织杂志》	47	2000	0.1
《经济文献杂志》	39	2005	0.1

通过表 1 - 33 可以看出，《管理科学》《战略管理杂志》《美国经济评论》《经济学季刊》的中心度以及被引频次均较高，表明这 4 个期刊所刊载的"二者关系"研究论文质量较高，对国际上"二者关系"领域的学术研究起到支撑作用，因此，从中心性的角度出发，《管理科学》《战略管理杂志》《美国经济评论》三个期刊在"二者关系"研究领域居于核心地位。

从发文集中情况来看，通过统计 1986 ~ 2019 年英文"二者关系"研究文献期刊分布，其中载文量排名前十的期刊如表 1 - 34 所示。

表 1 - 34   1986 ~ 2019 年英文"二者关系"文献期刊分布

刊物名称	载文量（篇）	占比（%）	刊物名称	载文量（篇）	占比（%）
《研究政策》	38	7.93	《玛丽女王知识产权杂志》	6	1.25
《技术进步》	11	2.30	《科学与工业研究杂志》	6	1.25
《技术预测与社会变革》	10	2.09	《国际商业研究杂志》	6	1.25
《知识产权》	10	2.09	《产业和公司变革》	6	1.25
《国际技术管理杂志》	8	1.67	《技术分析与战略管理》	5	1.04

根据表 1 - 34 显示，"二者关系"领域发文量排名前十的英文期刊共发文 106 篇，占比约 22%，说明论文在期刊上的集中度适中，"二者关系"作为研究对象进行研究的文献在国际期刊上分布较为平均，尚未有稳定的期刊群和代表性期刊形成。此外，结合图 1 - 20 可以看出，在小城镇领域发文量排名前十的英文期刊中只有《研究政策》的被引频次明显高于其他期刊，因此从期刊载文量的角度出发，可以认为《研究政策》在"二者关系"研究领域具有一定的权威性。

下面对中文"二者关系"研究的期刊进行分析：

由于通过中国知网导出的论文文献数据，缺少"参考文献"字段，无法通过 Citespace 软件对中国知网导出的论文文献数据进行共被引分析，因此对于"二者关系"相关研究的期刊分析，将从该领域期刊的载文量以及学科研究层次展开研究。

首先，将 1.4.3.1 中检索得到的中国知网的数据导入 Excel 中对期刊名称进行计数，得到 1986 ~ 2019 年中文特色小镇文献期刊分布，其中属于核心期刊且期刊载文量排名前十的期刊如表 1 - 35 所示。

通过表 1 - 35 可以看出，"二者关系"领域中文核心期刊发文量排名前十的中文期刊共发文 74 篇，占比约 11%，说明国内"二者关系"领域的论文在期刊上的集中度较低，"二者关系"领域的研究在国内没有形成较为稳定的期刊群和

表 1-35   1986～2019 年中文"二者关系"文献期刊分布

刊物名称	载文量（篇）	占比（%）	刊物名称	载文量（篇）	占比（%）
《知识产权》	17	2.61	《中国法学》	6	0.92
《科技与法律》	13	2	《法学》	5	0.77
《电子知识产权》	8	1.23	《中国科技论坛》	4	0.61
《科技进步与对策》	7	1.08	《现代情报》	4	0.61
《科技管理研究》	7	1.08	《科学管理研究》	3	0.46

代表性期刊，进一步说明在该领域我国的理论研究相对空白，原因可能是由于特色小镇的研究成为热点时间较短，同时知识产权特色小镇出现时间较短。在该领域发文的核心期刊中，《知识产权》在该领域刊登的文章最多，为 17 篇，该期刊刊登的现有"二者关系"领域文章主要集中在知识产权制度、智力成果等方面，涉及学科主要有法学、工商管理等学科，是知识产权领域的核心期刊。排名第二的期刊为《科技与法律》，发文量为 13 篇，该期刊刊登的现有"二者关系"领域文章主要集中在智力成果方面，涉及学科主要有法学、科学学与科技管理等学科。排名第三的期刊为《电子知识产权》，发文量为 8 篇，多为对智力成果经济等方面研究，涉及学科主要有法学、国民经济、科学学与科技管理等学科。

将发文量位于前十的核心期刊按照知网期刊检索后的研究层次分组进行分类，可以进一步确认在"二者关系"研究领域较权威期刊文献的研究层次，为研究选取参考文献指导意见。分类结果如表 1-36 所示。

表 1-36   中文特色小镇领域研究核心期刊研究层次

研究层次	期刊名称
基础研究（社科）	《知识产权》《科技与法律》《电子知识产权》《中国法学》《法学》《现代情报》
政策研究（社科）	《科技进步与对策》《科技管理研究》《中国科技论坛》《科学管理研究》

通过表 1-36 可知，国内特色小镇研究主要集中分布在社会科学领域的基础研究层次以及社会科学领域的政策研究层次，其中，《知识产权》《科技与法律》《电子知识产权》《中国法学》《法学》《现代情报》的研究集中在基础研究（社科），因此，在进行关于"二者关系"领域的社会科学基础研究时，可以重点关注这几个期刊所发文章进行参考；另外，《科技进步与对策》《科技管理研究》《中国科技论坛》和《科学管理研究》的研究主要集中在政策研究（社科）层次，因此在进行关于"二者关系"领域的社会科学政策研究时，可以重点关注这

几个期刊所发文章进行参考。

综上，通过对中、英文期刊分析可知，在关于"二者关系"的研究方面，可着重参考《管理科学》《战略管理杂志》《美国经济评论》等期刊的文章，中文期刊可着重参考《知识产权》《科技与法律》《科技进步与对策》《科技管理研究》等期刊的文章。

1.4.3.4 "二者关系"领域的研究团队分析

首先，对英文"二者关系"领域的作者团队及机构团队进行分析。

对英文特色小镇领域的作者分析：

将 1.4.3.1 中检索得到的 WOS 数据导入 Citespace 软件中，Node Types 栏选择 Cited Author，Selection Criteria Top N 设置为 20，选中 Pruning 栏下的 Minimum Spanning Tree 以及 Pruning sliced network，使图像更加简明易读，其余选项均保持默认，点击左侧"GO!"按钮进行可视化分析，得到英文"二者关系"研究作者共被引情况，如图 1-21 所示。

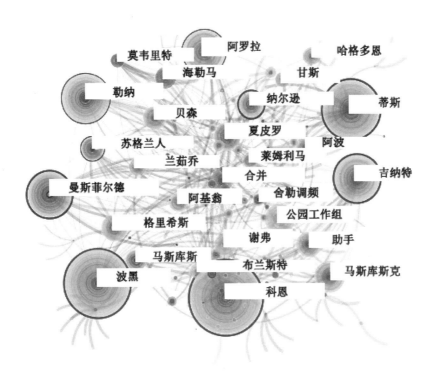

图 1-21 英文"二者关系"领域作者共被引情况

通过观察图 1 - 21 可以看出，国际上"二者关系"研究领域的被引频次较高的作者以科恩、霍尔、蒂斯等人为首，将 Citespace 软件运行结果导出，得到英文"二者关系"研究作者被引频次排名，因为作者数量过多，同时被引频次高的作者才可被认为在这一领域具有一定权威，所以截取排名前三的作者如表 1 - 37 所示。

表 1 - 37   英文"二者关系"作者被引频次排名

作者	被引频次	被引频次最高论文
科恩	102	《创新与学习：研发的两面》
霍尔	97	《商业和金融方法专利、创新和政策》
蒂斯	81	《城市的多样性和专业化：为什么、何时何地重要?》

如表 1 - 37 所示，"二者关系"研究共被引频次最高的是科恩·卫斯理，被引频次为 102 次，科恩·卫斯理是杜克大学福库（Fuqua）商学院经济与管理教授，是国家经济研究局的研究员，并担任福库学院创业与创新中心的院长，科恩·卫斯理在过去 30 年小城镇领域被引频次最高的论文是《创新与学习：研发的两面》，科恩·卫斯理认为，企业投资研发不仅是为了创造创新，也是为了向竞争对手和行业外知识来源（如大学和政府实验室）学习。"二者关系"研究被引频次排名第二的是霍尔·布朗温，其被引频次最高的论文为《商业和金融方法专利、创新和政策》；被引频次排名第三的作者为泰斯·大卫，其被引频次最高的论文为《城市的多样性和专业化：为什么、何时何地重要?》。

按照中心度大于 0.1 则视为关键节点的标准，将英文"二者关系"领域作者共被引网络关键节点提取出来，如表 1 - 38 所示。

表 1 - 38   英文"二者关系"领域作者共被引网络关键节点

作者	被引频次	中心度	首次出现年份
霍尔	97	0.35	2002
吉纳特	65	0.29	2004
蒂斯	81	0.28	1999
科恩	102	0.26	2002
曼斯菲尔德	64	0.21	1998
纳尔逊	38	0.2	2003
勒纳	71	0.17	2002

续表

作者	被引频次	中心度	首次出现年份
苏格兰	36	0.17	2002
梅茨	2	0.13	2002
阿罗拉	62	0.12	2004
威尔金森	2	0.12	2002
帕克工作组	42	0.1	2008
夏皮罗	41	0.1	2000
海勒马	30	0.1	2003
史密斯	12	0.1	2004

通过表1-38可以看出，霍尔、吉纳特、蒂斯、科恩、曼斯菲尔德、纳尔逊的中心性均大于0.2，说明这几位作者与其他作者的关联程度最高，形成由以上作者为中心的多个学术研究联盟。从这一角度出发，也可认为以上作者在"二者关系"领域的研究具有一定权威性。

对英文"二者关系"研究领域的机构团队分析：

将1.4.3.1中检索得到的WOS的数据导入Citespace软件中，Node Types栏选择Institution，Selection Criteria Top N设置为50，其余选项均保持默认，点击左侧"GO!"按钮进行可视化分析，得到英文小城镇研究机构合作情况，如图1-22所示。

通过图1-22可以看出，马斯特里赫特大学的发文量最高，同时其与博洛尼亚大学、鹿特丹伊拉斯姆斯大学以及浙江大学有所合作，整体来看，机构之间的连线仅有6条，而节点（即发文机构）有27个，贡献网络密度仅为0.0171，说明在国际上，各机构间应加强国际间的研究合作，在国内，各研究机构有较好的合作。将Citespace软件运行的数据导出，发现英文"二者关系"研究发文量在5篇以上的机构仅有马斯特里赫特大学，因此在发文机构的角度可以看出，对于"二者关系"的研究有待进一步深入。

下面，对"二者关系"中文领域的作者团队及机构团队进行分析。

对中文特色小镇领域的作者分析：

将1.4.3.1中检索得到的中国知网的数据导入Citespace软件中，Node Types栏选择Author，Selection Criteria Top N设置为50，其余选项均保持默认，点击左侧"GO!"按钮进行可视化分析，得到中文特色小镇研究作者合作网络情况，如图1-23所示。

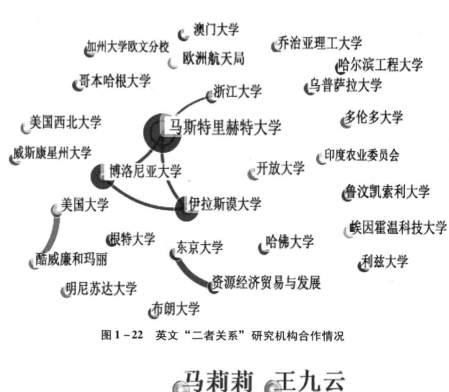

图 1-22　英文"二者关系"研究机构合作情况

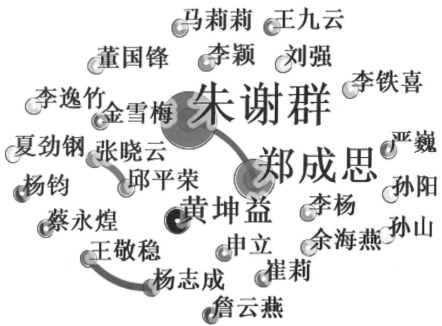

图 1-23　中文"二者关系"领域作者合作网络情况

通过观察图1-23可以看出,朱谢群的发文量最高,但也仅与一位学者有所合作,整体来看,各作者之间的连线仅有3条,节点有26个,共现网络密度仅为0.0092,说明在国内,各个作者联系较弱,大多未形成科研合作团队,软件统计出的作者数量较少也说明了在"二者关系"领域的研究亟待更多学者进行拓展。将Citespace软件运行的数据导出,得到中文"二者关系"研究发文量超过5篇的作者如表1-39所示。

表1-39 中文特色小镇研究高发文作者

作者	发文量(篇)	单位
朱谢群	7	深圳大学

将1.4.3.1中检索得到中国知网的数据导入Citespace软件中,Node Types栏选择Institution,Selection Criteria Top N设置为50,其余选项均保持默认,点击左侧"GO!"按钮进行可视化分析,得到中文"二者关系"研究机构合作情况,如图1-24所示。

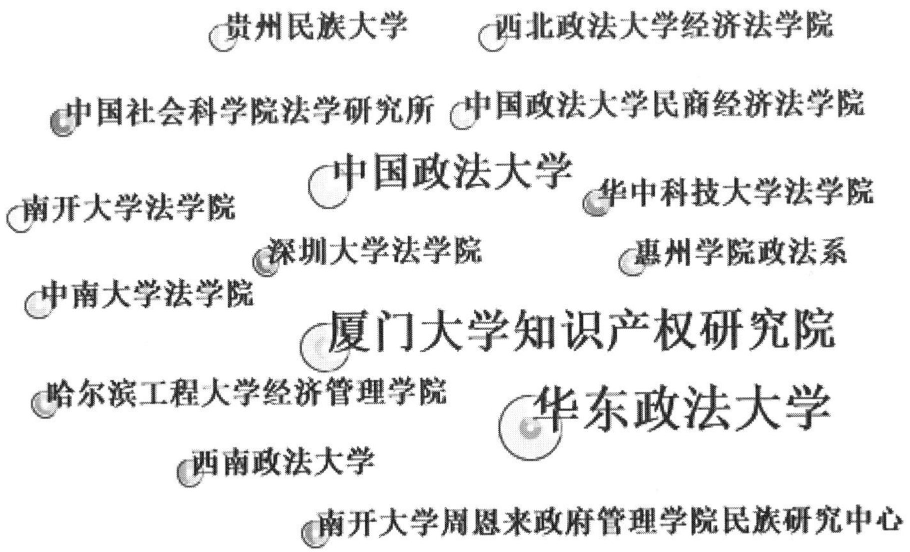

贵州民族大学　西北政法大学经济法学院

中国社会科学院法学研究所　中国政法大学民商经济法学院

中国政法大学　华中科技大学法学院

南开大学法学院

深圳大学法学院　惠州学院政法系

中南大学法学院

厦门大学知识产权研究院

哈尔滨工程大学经济管理学院　华东政法大学

西南政法大学

南开大学周恩来政府管理学院民族研究中心

图1-24 中文"二者关系"相关研究机构合作情况

通过图1-24可以看出,华东政法大学的发文量最高,但是并没有与其他机构有所合作,整体来看,机构之间没有形成任何一条连线,共现网络密度为0,

说明在国内，各机构间应加强研究合作，建立适度规模化的研究机构群体。将 Citespace 软件运行的数据导出，得到中文"二者关系"研究发文量排名前十的机构如表 1-40 所示。

表 1-40　　　　　　　　　中文"二者关系"研究发文机构

发文量（篇）	机构名称	机构性质	地区
5	华东政法大学	高校	华东地区
4	厦门大学知识产权研究院	高校	华东地区
3	中国政法大学	高校	华北地区
2	中国社会科学院法学研究所	研究机构	华北地区
2	南开大学周恩来政府管理学院民族研究中心	研究机构	华北地区
2	哈尔滨工程大学经济管理学院	高校	东北地区
2	贵州民族大学	高校	西南地区
2	深圳大学法学院	高校	华南地区
2	华中科技大学法学院	高校	华中地区

根据表 1-40 可以看出，中文"二者关系"领域发文量排名前三的机构为华东政法大学、厦门大学知识产权研究院、中国政法大学。因此可以看出对于"二者关系"的研究主要集中于我国各大高校之中，研究机构类型十分单一，同时还可以看出，发文量排名前十的机构发文量均较低，说明在这一领域的研究有待得到更多学术机构的重视。

1.4.3.5　"二者关系"领域的重要文献分析

国际上"二者关系"方面的研究极少，需要更多的学者在这一领域开拓研究，在一定程度上反映了本书选题的创新价值与学术价值。同时，基于"二者关系"研究少、研究分散且历史跨度局限性较大等问题，可以认为对文献共被引网络的关键节点进行提取所得文献参考价值较小，因此本节不再对英文关键节点进行提取。

下面，对中文"二者关系"领域重要文献进行分析：

由于中国知网导出文献信息的残缺性，无法使用 Citespace 软件对中文文献进行共被引分析，因此对中文的重要文献主要从文献的被引频次进行分析，如表 1-41 所示。

表 1-41 中文"二者关系"领域研究核心文献

排名	被引频次	作者	题目
1	300	张玉敏	《知识产权的概念和法律特征》
2	235	吴汉东	《财产权客体制度论——以无形财产权客体为主要研究对象》
3	222	韦之	《论不正当竞争法与知识产权法的关系》
4	214	崔国斌	《知识产权法官造法批判》
5	160	缪剑文、刘遭	《知识产权与竞争法》
6	104	程啸	《知识产权法若干基本问题之反思》
7	91	郑成思	《信息、知识产权与中国知识产权战略若干问题》
8	68	朱谢群、郑成思	《也论知识产权》
9	65	高永久、朱军	《城市化进程中少数民族非物质文化遗产的法律保护研究》
10	64	吕岩峰	《知识产权之冲突法评论》

通过表 1-41 可知，被引频次最高的文献均集中在知识产权，综合前文对各方面发文量以及研究团队合作网络的分析，说明在"二者关系"方面的研究，不仅研究较少，而且多侧重于法律角度。因此在中文重要文献分析的角度也可以看出，对"知识产权链条"与"知识产权特色小镇"协同模式进行研究具有较高的创新价值与学术价值。

1.4.3.6 "二者关系"领域的研究热点及前沿分析

首先对"二者关系"领域的研究热点进行分析。

英文文献方面，通过对关键词提取，并按照时间顺序梳理，如表 1-42 所示，可以清晰地分析"二者关系"英文学术研究热点脉络。

表 1-42 英文"二者关系"领域热点关键词脉络

年份	关键词
1998	知识产权，创新
1999	知识产权，合作
2000	专利，技术，市场
2002	研发，电信，创新战略
2003	产业，保护，公司，绩效，技术转让，版权

年份	关键词
2004	模型，药物
2005	权利，投资，影响，国家，可分配性
2006	知识，战略，产权，企业家精神，专利制度
2007	增长，溢出，外国直接投资，贸易，印度，经济，技术变革，美国，专利权，联盟，挑战，生物技术，植物育种，知识产权
2008	生产力，决定因素，全球化，盗版，实证分析，销售，商业，大学，知识产权，治理，研发，能力，知识转移，生物技术产业
2009	政策，经济增长，法律，中国，制药行业，组织，商标，准入，信息，战略联盟，软件，竞争优势，体系
2010	经济，社区，智力资本，市场价值，补充资产
2011	发展中国家，一体化，模仿，进入，网络，制度，外国直接投资，半导体产业
2012	专利保护，市场结构，合理使用，财产
2013	吸收能力，知识产权保护，许可，中小企业，创新管理，动态能力，企业规模，开放式创新，估值，软件行业，金融发展，标准，伙伴关系
2014	竞争，知识溢出，管理，制药，指标，合资企业，尼日利亚，反垄断，外包，垄断，机制，交易成本
2015	经验证据，国际贸易，发明人，扩散，动力学，聚类分析，专利引用，引力，专利战略
2016	专利，主导设计，标准化，模式，就业，知识产权
2017	科学，产品，合作，知识产权，信任，企业，合同，知识共享，产品开发，知识管理
2018	自由化，专利政策，数字化，开源软件
2019	政府研发补贴，知识产权保护

由表1-42可以看出各个时期的"二者关系"研究方向，1998年，知识产权与创新开始成为热点；2000年，专利产品作为智力成果中重要的一项开始成为热点，学者开始技术方面以及市场方面的研究；2002~2006年，学者开始进行知识产权运用中的技术转让、知识产权与产业等方面的研究；2007年开始，在"二者关系"的研究开始多样化，但同时过度分散化的研究也随之而来，说明对于"二者关系"的研究不够系统化，研究角度多为从单一角度进行，其中，2007年开始关注经济增长方面的研究，2011年开始关注发展中国

家在"二者关系"方面的研究，2013 年，开始关注企业、政府、贸易等方面的研究。

中文文献方面，通过对关键词提取，并按照时间顺序梳理，得到中文特色小镇领域的研究热点，如表 1 –43 所示。

表 1 –43　　　　　　　中文"二者关系"领域热点关键词脉络

年份	关键词
1992	智力成果，智力成果权，版权，知识产权，知识产权制度，著作权，谈判，财产权
1994	商标专用权，知识产权保护
1995	企业，企业管理，市场经济，版权法，知识产权法，科技成果权，经济体制，著作权法
1996	侵权损害，侵权行为，法律行为
1997	反不正当竞争法，商业秘密，民法，竞合关系，责任竞合
1998	知识产权法律，经济
1999	专利，产权，在先权利，在后权利，学校，知识产权法律制度，知识经济
2000	专利权，客体，无形财产权，知识产品，许可方
2002	wto，功能，教育，高等院校
2003	专利权法，专利法，信息，商标，权利，物权，经济法
2004	专利战略，产权知识，信息产权，共享性，共享知识，地域性，基本概念，战略联盟，技术措施，权益分割，法律冲突，海外研发实验室
2005	中药品种保护条例，体育竞赛，自主知识产权
2006	保护，创新性，反垄断法，技术创新，自主创新
2007	信息资源共享，域名抢注，法律保护，策略
2008	国防科技
2009	传统知识，公共领域，收益，版权保护，知识产权管理，群体性
2011	主体，信息说，正当性，范围，获得方式
2012	对策，法律属性
2013	利益，商法，民间文学艺术
2014	知识产权，相对权，知识产权许可使用权，诉权
2015	产业聚集区，创新，城镇化，文化创意产业，私权
2016	少数民族传统知识
2017	书法作品，权利冲突，独创性，知识产权客体
2018	人工智能，人工智能创作物，人工智能生成内容，作品，利益冲突，可版权性

由表 1 - 43 可以看出，中文"二者关系"学术研究热点关键词每年出现数量均较少，热点关键词出现较为分散，进一步说明我国在"二者关系"领域的研究并未形成合理体系，通过对各年度热点关键词的梳理可以发现，对于"二者关系"的研究大致分为两个阶段，2009 年之前，侧重点在于法律方面的研究，2009 年之后，在法律研究之外更加侧重于知识产权与创新、城镇化以及产业等多方面的研究，因此可以看出在 2009 年之后的研究，对于本书研究更具备参考价值。

下面对"二者关系"领域的研究前沿进行分析。

首先，对英文"二者关系"领域的研究进行前沿分析：

将 1.4.3.1 中检索得到的 WOS 文献数据导入 Citespace 软件中，Node Types 栏选择 Keyword，Selection Criteria Top N 设置为 30，其余选项均保持默认，点击左侧"GO!"按钮进行可视化分析后进行突变分析，得到表 1 - 44。

表 1 - 44　　　　　　　　　　英文"二者关系"文献前沿术语

关键词	强度	开始年份	结束年份	1995 ~ 2019 年
知识产权	9.4963	1995	2006	
技术转让	3.0105	2003	2008	
模型	2.675	2004	2011	
盗版行为	2.7053	2008	2009	
战略	3.4933	2009	2013	
整合	3.207	2011	2014	
吸收能力	2.9029	2013	2017	
市场	4.1679	2013	2014	
竞争	3.4233	2014	2016	
管理	3.0586	2014	2016	
科学	2.6697	2017	2019	

如表 1 - 44 所示，1995 ~ 2006 年英文"二者关系"文献突现关键词为知识产权，说明在此期间"二者关系"方面的研究在国际上是产生研究前沿术语的初期，学者们的研究更加侧重于知识产权角度；2003 ~ 2011 年突现关键词技术转让、模型，其中技术转让出现在 2003 ~ 2008 年，模型出现在 2004 ~ 2011 年，说明在这一阶段学者开始关注技术转让所带来的影响以及"二者关系"模型相关模型的

构建，2008~2009 年，突现词为盗版，成为该领域的研究前沿术语。2009~2013 年，突现关键词为战略，说明在这一时期，知识产权战略的研究已成为学者们的研究重点。2011~2014 年，突现关键词为整合说明学者开始从知识整合的角度对"二者关系"进行研究。2013~2017 年，突现关键词为吸收能力和市场，说明在这一时期学者主要关注技术创新的吸收能力以及知识产权市场的研究，2014~2016 年，突现关键词为竞争以及管理，说明在这一时期学者主要关注"二者关系"发展过程中企业间竞争以及管理等问题的研究，2017 年至今，突现关键词为科学，说明目前在"二者关系"的领域的研究侧重科技方面的研究，通过以上对英文"二者关系"领域研究前沿的分析，可以看出，在国际环境下目前对于"二者关系"的研究均通过侧重于某个角度进行，说明对知识产权链条与知识产权特色小镇协同的研究具有创新价值与学术价值。

将 1.4.3.1 中检索得到的中国知网文献数据导入 Citespace 软件中，Node Types 栏选择 Keyword，Selection Criteria Top N 设置为 50，其余选项均保持默认，点击左侧"GO!"按钮并选择可视化分析后进行突变分析，得到表 1-45。

表 1-45　　　　　　　中文"二者关系"文献前沿术语

关键词	强度	开始年份	结束年份	1992~2019 年
财产权	9.4424	1992	1998	
知识产权法	3.8503	1997	1999	
知识经济	3.5121	1999	2004	
知识产权制度	3.3049	2006	2008	
自主创新	4.913	2006	2008	
客体	3.2139	2009	2011	
著作权	9.3765	2011	2019	
保护	3.2819	2011	2015	
独创性	6.5615	2017	2019	

如表 1-45 所示，1992 年之前没有出现特色小镇文献突现关键词，说明在 1992 年前，我国学界并没有将知识产权与城镇发展联系起来进行研究。1992~1998 年，突现关键词为财产权，说明在这一阶段，对于知识产权与城镇关系的研究开始起步，并且在这一时期的学术前沿术语为财产权，学者主要从知识产权所具备的财产权属性的角度，对知识产权与小镇关系进行研究；1997~1999 年突

现关键词为知识产权法，说明在这一阶段，学者主要从知识产权所具备的法律属性的角度对知识产权与小镇关系进行研究；1999～2004 年，突现关键词为知识经济，说明在这一时期，在"二者关系"方面的研究学术前沿术语为知识经济，学者主要通过知识产权发展对城镇知识经济的影响方面进行研究；2006～2008 年，突现关键词为知识产权制度和自主创新，说明这一时期，学者开始思考知识产权制度本身的发展与知识产权发展所推动的城镇自主创新发展；2009～2011 年，突现关键词为客体，说明在这一时期，学者开始重点研究知识产权的客体，其中城镇发展作为重要客体之一开始受到关注；2011～2015 年，突现关键词为保护，说明在这一时期学界在"二者关系"方面的研究前沿在于知识产权保护方面的研究；2011～2019 年突现关键词为著作权，2015～2019 年突现关键词为独创性，说明目前研究学术前沿为对于著作权的研究以及对于独创性的研究。同时可以看出，在目前现有的研究文献中，很少有对于知识产权创造或运用的研究，当本书将知识产权的研究放在知识产权链条的系统视角上、将特色小镇的研究具体到知识产权特色研究以及将知识产权链条与知识产权特色小镇建设结合时，研究理论还处于起步阶段。这就表明对"知识产权链条与知识产权特色小镇建设的协同创新模式研究"在研究价值方面有良好的表现，同时还可以为将来进一步深入研究知识产权特色小镇的建设规划机制奠定基础。同时各地纷纷建立知识产权特色小镇的实践结果也表示知识产权特色小镇的建设具有较大发展潜力，表明了知识产权链条与知识产权特色小镇建设协同具有客观性。因此，本书对"知识产权链条与知识产权特色小镇建设的协同创新模式"进行研究，首先深入分析了各学者在相关领域的研究成果并将其借鉴至本研究中，无论是对于知识产权的发展，还是新型城镇化的研究都具有前所未有的开创作用。

1.4.4　文献计量结论

本书通过 CiteSpace 软件，对 WOS 及中国知网数据库中检索 1989～2019 年有关知识产权链条、特色小镇以及"二者关系"方面得到的文献数据进行了不同层次的分析和可视化研究，得出以下结论：

1.4.4.1　知识产权链条研究的文献计量结论

（1）通过对国内外知识产权链条研究发文量进行分析，发现英文文献数量远低于国内文献数量，说明知识产权链条的研究具有一定中国特色，其在目前中国发展中处于重要地位。同时，通过对英文文献的国家发文量进行分析可以看到美国的发文量最高，居于核心地位，与大部分国家学术合作较为紧密；中国发文量为 127 篇，排名第二，但是没有形成关键节点，说明我国知识产权链条领域的研究的国际影响力有待进一步提升。

（2）通过对知识产权领域的载文期刊进行分析，发现英文的知识产权链条研究多分布在经济学、管理工程、经济法、商业经济以及政府与法律领域的期刊中，国内知识产权领域的文献主要集中在国民经济、工商管理、科学学与科技管理、数量经济等学科的期刊，涉及知识产权保护、企业管理、技术创新等领域。

（3）通过对知识产权链条领域的作者团队进行分析，发现英文作者共被引网络构建情况良好，萨缪尔森、苏格兰、莱姆利马、曼斯菲尔德、科恩、莫杰斯与其他作者的关联程度较高，形成以上作者为中心的多个学术研究联盟；通过英文机构发文方面的分析可以发现知识产权链条研究机构十分单一，发文的研究机构集中在高校，表明目前在国际上对知识产权链条研究的主力为世界范围内各大高校，并且中国与美国对于知识产权链条的研究规模较大，说明我国高校在知识产权链条研究领域具有一定国际影响力；通过对中文知识产权链条作者的共现分析可以发现，冯晓青、吴汉东、顾晓燕等学者是知识产权链条研究领域的重要学者，在知识产权链条研究领域具有较强影响力，这些重要学者主要致力于知识产权法、技术创新、中国特色知识产权、知识产权创造、贸易等方面的研究，对中文发文机构进行分析可以发现，各研究机构应加强机构间合作。

（4）对知识产权链条领域重要文献的分析可以发现，国外重要文献多分布在美国北方知识产权、知识产权保护、专利等智力成果的发展等方面；中文重要文献多分布于知识产权法方面的研究。

（5）通过对知识产权链条领域的研究热点及前沿分析可以发现，英文研究的热点侧重于经济内生增长、知识产权、协调化、贫困问题、商业机密、开放创新、与贸易有关的知识产权协议等方面，中文研究的热点侧重于品牌建设、公共利益、供给侧结构性改革、财产权、知识经济、传统知识、TPP、知识产权贸易、科技型中小企业等方面；对学术前沿的发展可以看出，目前国内外对于知识产权链条的研究趋于细化的同时，均开始注重国家政策方面的研究，说明对于知识产权链条的更全面研究对于我国发展具有重要意义。

1.4.4.2 特色小镇研究的文献计量结论

（1）通过对国内外特色小镇研究发文量进行分析，发现英文文献数量远低于中文文献数量，中文文献自 2006 年开始出现，而国外没有特色小镇的概念，检索文献只能从小城镇的研究方面进行，说明目前在特色小镇领域的研究具有强烈的中国特色，对知识产权特色小镇的研究在目前中国发展中处于重要地位；同时，通过对英文文献的国家发文量进行分析可以看到中国的发文量最高，居于核心地位，说明我国在城镇化等方面的研究具有较高的国际影响力。

（2）通过对知识产权领域的载文期刊进行分析，发现英文的小城镇研究多分布在政治经济、生态经济等领域的期刊中，国内知识产权领域的期刊集中度较低，在我国城镇化进程不断推进的背景下，应该形成稳定的期刊群以及代表性期刊，同时该领域文献主要集中在特色小镇发展、新型城镇化、产业规划、可持续发展等领域。

（3）通过对特色小镇领域的研究团队进行分析，发现在小城镇研究方面，国外已形成以亨德森五世、克鲁格曼、亨德森、格拉塞、安瑟林等人为中心的多个学术研究联盟；通过英文机构发文方面的分析可以发现小城镇研究机构十分单一，发文的研究机构集中在高校，表明目前在国际上对特色小镇研究的主力为世界范围内各大高校，同时还可以发现中国机构在小城镇研究的发文机构中占据绝对优势，进一步说明在小城镇研究领域我国具有很高的国际影响力。通过对中文特色小镇作者的共现分析可以发现，各个作者联系较弱，大多未形成科研合作团队，在特色小镇领域各学者较为平均，没有明显权威的学者；对中文发文机构进行分析可以发现，对于特色小镇的研究不仅受到学术研究机构的重视，同时受到政府的重视，说明通过知识产权特色小镇的研究完善特色小镇的研究理论符合我国目前的发展需求。

（4）对特色小镇领域重要文献的分析可以发现，国外重要文献多分布在城镇发展的方面，这是由于国外没有明确的特色小镇的概念，对于小城镇的研究还没有更加细化的各类型小镇的研究；中文重要文献多分布于特色小镇发展水平、产业发展等方面的研究。

（5）通过对特色小镇领域的研究热点及前沿分析可以发现，英文研究的热点侧重于新型城镇化、污染问题、可持续发展、企业发展等方面，中文研究的热点侧重于运动休闲特色小镇、全域旅游、产业链、乡村振兴、产业转型升级、对策、创建、企业管理，主导产业等方面；从学术前沿的发展可以看出，目前对于特色小镇研究的前沿领域在于特色小镇产业与小镇发展的关系，从而可以推理出对于知识产权特色小镇产业方面进行研究具有必要性。

1.4.4.3 "二者关系"研究的文献计量结论

（1）通过对国内外"二者关系"研究发文量进行分析，发现国内外对于

"二者关系"的研究发文量趋势大致相同，且数量均较低，可以初步推断国内外对于"二者关系"的研究不够深入、广泛。同时对外文文献发文国家进行分析可以发现，美国在该领域具有一定国际影响。

（2）通过对"二者关系"领域的载文期刊进行分析，发现英文文献的小城镇研究多分布在经济学、运筹与管理科学、管理学等领域的期刊中，国内"二者关系"领域的期刊集中度较低，该领域文献主要集中在法学、科学学与科技管理等学科以及国民经济等领域的期刊，研究主要涉及知识产权制度以及智力成果等方面，可以看出国内外期刊的关注点存在一定差异。

（3）通过对"二者关系"领域的研究团队进行分析，国外已形成以霍尔、吉纳特、蒂斯、科恩、曼斯菲尔德、纳尔逊等人为中心的多个学术研究联盟；通过英文机构发文方面的分析可以发现小城镇研究机构十分单一，发文的研究机构集中在高校，同时机构间合作不够紧密，这一点与"二者关系"的研究尚未深入有关；通过对中文"二者关系"作者的共现分析可以发现，作者之间联系较弱，大多未形成科研合作团队，在"二者关系"领域各学者较为平均，没有明显的权威学者；对中文发文机构进行分析可以发现，机构类型单一，研究主力为各大高校。

（4）对"二者关系"领域重要文献的分析可以发现，国外重要文献在"二者关系"领域的研究在近几年并未形成聚类，说明在这一领域的研究需要更加深入；所检索到的"二者关系"领域中文文献，多侧重于知识产权的法律属性、城镇化过程中的知识产权问题等方面的研究。

（5）通过对"二者关系"领域的研究热点及前沿分析可以发现，英文研究的热点侧重于知识产权、政府研发补贴、知识资本、知识、知识共享、公共部门、保护、trips协议等方面，在"二者关系"方面的研究，国外主要通过知识产权一侧或者城镇政府一侧进行研究，英文学术研究前沿侧重于市场、企业竞争与管理等方面；中文"二者关系"研究的热点侧重于企业、政府、贸易等方面的研究；从学术前沿的发展可以看出，目前对于"二者关系"研究的前沿术语为知识产权保护、独创性，说明目前在该领域的研究多侧重于知识产权保护的角度。

综上所述，目前国内外对于知识产权保护、知识产权运用、知识产权创造、特色小镇的发展模式、特色小镇产业发展等相关领域进行了较为广泛的研究，并且在上述领域取得了一定的成果，在一定程度上为"知识产权链条"以及"知识产权特色小镇"的协同模式奠定了良好的研究基础。在这一过程中通过国内外研究成果的统计分析可以判断出，关于知识产权链条、知识产权特色小镇以及知识产权链条与知识产权特色小镇建设结合的研究还处于起步阶段，对于知识产权创造和创新产业聚集、知识产权运用和创新功能开发以及知识产权保护和智力成果经济效益之间关系的相关研究尚处于起步阶段且较为分散。

在对知识产权链条各个环节的研究中，在保护环节的研究较为广泛且较为深入，但是对于整体研究知识产权链条各个环节的研究几乎没有，本书将通过对知识产权链条进行维度划分，分别从各个维度对知识产权特色小镇各维度的作用机制进行研究，从知识产权全链条打通的视角对知识产权进行整体把握，研究其在知识产权特色小镇建设中的作用，得出全新的研究结论。

在知识产权特色小镇的研究方面，由于知识产权特色小镇的理论研究处于起步阶段，而知识产权特色小镇的实践工作已经初见成效，本书借鉴对其他类型特色小镇的研究，对知识产权特色小镇的研究维度进行划分。在对其他类型特色小镇的研究内容方面，小镇的发展经营模式、小镇利益相关者分析、小镇的产业资源开发和利用、小镇发展路径等方面受到国内外学者的较多关注，在充分参考分析其他类型特色小镇的研究结论，知识产权特色小镇也应从其内部维度入手，将知识产权特色小镇的建设与各相关要素进行协同机制的研究，这一过程不仅在很大程度上可以推动知识产权特色小镇的发展，更加有助于产业结构的平衡以及区域经济发展。

在知识产权链条与知识产权特色小镇建设协同关系研究方面，就目前理论研究较少的情况来看，将知识产权特色小镇的发展理念、目的和发展动力与知识产权创造、保护、运用相结合从内部实现打通知识产权全链条服务下的知识产权特色小镇建设。这对于提高知识产权特色小镇的发展模式以及知识产权链条打通服务的使用都具备不可替代的价值，在此基础上，从学术理论的角度来看，本书可以在一定程度上对相关领域的学术研究范围的拓展和深入研究奠定基础。知识产权特色小镇的知识产权链条的运营管理如何与知识产权特色小镇发展相协调，将作为一项重要内容被未来知识产权特色小镇的建设发展研究充分重视。

1.5 主要研究内容、技术路线和研究方法

1.5.1 主要研究内容

本书主要研究内容是知识产权链条与知识产权特色小镇建设之间的协同关

系，共分为7章。

第1章绪论。首先，提出了知识产权链条与小镇建设协同的研究背景和问题，将"知识产权链条和特色小镇建设融合"作为研究背景中的突出时代背景进行重点分析，将知识产权链条各个环节与特色小镇建设的各个维度实现协同。其次，对知识产权链条与知识产权特色小镇的协同现状进行分析，在此过程中对包括差异性以及相似性在内的多种特性中的知识产权链条管理与知识产权特色小镇规划之间的关系进行了详细阐述，结合知识产权链条特征和知识产权特色小镇的发展，论述了二者协同的可行性。再次，基于文献计量学对知识产权链条与知识产权特色小镇进行研究综述。

第2章知识产权链条与小镇建设协同关系的分析框架。首先，界定了知识产权链条的内涵和特征，基于界定结果，划分了知识产权链条的构成维度，包括"知识产权创造""知识产权运用"以及"知识产权保护"等三个构成维度。其次，对知识产权特色小镇的构成维度进行划分，将知识产权特色小镇划分为创新产业聚集、创新功能开发和智力成果经济三个维度，对各自的维度划分依据进行了深入的翔实阐述。最后，阐述了知识产权链条与知识产权特色小镇建设的协同关系中，包括主动及被动的演化过程和内部及外部的多种影响因素，并依据知识产权链条与知识产权特色小镇建设的实际发展情况，归纳总结出核心要素：特色产业规划、发展模式、创新资源、知识产权服务优势和带动区域创新。

第3章知识产权链条与知识产权特色小镇协同的研究假设和理论模型。首先，从知识产权链条与知识产权特色小镇的维度构成出发，分别对"知识产权创造与知识产权特色小镇创新产业聚集的协同作用""知识产权运用与知识产权特色小镇创新功能开发的协同作用""知识产权保护与知识产权特色小镇知识成果经济的协同"作用提出相关假设。其次，在提出研究假设的基础上，构建出各维度的理论模型，包括"知识产权创造与知识产权特色小镇创新产业聚集协同作用的理论模型""知识产权运用与知识产权特色小镇创新功能开发协同作用的理论模型"以及"知识产权保护与知识产权特色小镇知识成果运用协同作用的理论模型"。

第4章知识产权链条与知识产权特色小镇协同的结构方程实证研究。首先，根据研究假设构建了三个结构方程模型，分别为"知识产权创造与知识产权特色小镇创新产业聚集协同作用的结构方程模型""知识产权运用与知识产权特色小镇创新功能开发协同作用的结构方程模型"以及"知识产权保护与知识产权特色小镇知识成果运用协同作用的结构方程模型"。其次，按照三个步骤对每个模型进行分析：收集初始数据、对所收集到的相关研究数据进行系统的科学处理、构建结构方程模型。再次，在模型所有路径均通过检验后，则获得最终的结构方程模型，各路径之间的作用强度可以通过标准化后的路径系数来进行估计。最后，将所得出的实证结果与前文提出的研究假设进行对比，验证原假设是否通过显著性检验，得出实证结论以及对知识产权特色小镇建设模式实施路径的启示。

第5章知识产权链条与知识产权特色小镇的 SPS 案例实证研究。首先，需要完成案例地的研究设计工作，在参考协同理论的基础上，测算"知识产权链条"与"知识产权特色小镇建设"各维度之间的协同度。其次，在得出相应的测算结果并对其进行分析的基础上，通过 SPS 案例研究，以湖北岱家山知识产权特色小镇、天津华明知识产权特色小镇以及成都郫都区菁蓉知识产权特色小镇作为案例，在"知识产权链条"与"知识产权特色小镇建设"的协同关系中，以湖北岱家山知识产权特色小镇作为案例地对"知识产权创造"与"知识产权特色小镇创新产业聚集"的协同进行验证，以天津华明镇为例作为案例地对"知识产权运用"与"知识产权特色小镇创新功能开发"的协同进行验证，以成都菁蓉镇作为案例地对"知识产权保护"与"知识产权特色小镇智力成果经济效益"的协同作用进行案例验证。最后，将最终的分析结果通过上述过程应用于理论构建中，从而验证知识产权链条与知识产权特色小镇建设的协同关系。

第6章知识产权链条与知识产权特色小镇协同创新模式的路径规划。首先，规划依托知识产权链条建设的小镇规划模式，包括对知识产权特色小镇的产业规划、知识产权特色小镇的规划重点、小镇建设过程的设计规划体系以及在具体实施过程中所需依照的实施路径。其次，在基于知识产权链条进行合理建设的基础上对知识产权知识产权特色小镇的建设进行规划。再次，基于知识产权特色小镇建设的知识产权链条打通式服务体系规划，包括对知识产权链条各环节规划的战略目标进行定位，知识产权链条各环节的发展定位进行规划以及打通知识产权全链条服务的规划模式构建，分别从知识产权创造、运用以及保护三个方面提出了知识产权特色小镇"知识产权链条规划战略目标（知识产权创造水平的提升，知识产权运用效率的提升以及知识产权保护水平的提升）""知识产权链条的发展定位"以及"知识产权全链条打通服务的规划模式"。

第7章知识产权链条与知识产权特色小镇协同创新模式的路径实施。首先，基于知识产权链条建设的知识产权特色小镇的实施路径，在实证分析和案例验证的基础上将知识产权特色小镇划分为创新产业聚集模式、创新功能开发和知识成果运用三个维度，分别从这三个维度出发提出知识产权特色小镇建设的实施路径。其次，基于知识产权特色小镇建设的发展需求建立知识产权链条各环节打通式发展的实施路径，在此过程中主要通过知识产权创造、知识产权运用、知识产权保护三个方面对各自的实施路径提出合理的方案。最后，通过双方相互协同的角度入手，构建出"知识产权创造与知识产权特色小镇创新产业聚集协同""知识产权运用与知识产权特色小镇创新功能开发协同""知识产权保护与知识产权特色小镇知识成果运用协同"的实施路径。

1.5.2 技术路线

本书对知识产权链条与知识产权特色小镇的协同作用关系研究的技术路线图如图 1 - 25 所示。

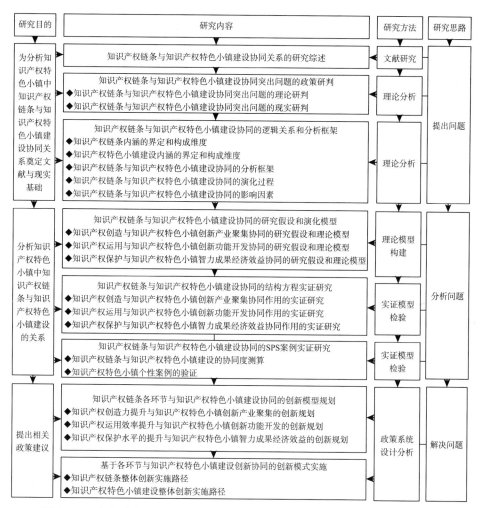

图 1 - 25　知识产权链条与知识产权特色小镇的协同作用关系研究技术路线图

1.5.3　研究方法

本书所涉及的主要研究方法有文献计量法、理论模型、案例分析、实证检验、政策系统设计等方法。

（1）文献计量法。通过文献计量法对国内外关于"知识产权链条与知识产权特色小镇协同"的研究成果、发展趋势和前沿热点进行分析，主要包括国内外相关领域"发文量的初步分析""相关领域研究的国家分析""相关领域研究的期刊分析""相关领域研究的研究团队分析"以及"相关领域研究的热点及前沿分析"。

（2）理论分析法。通过理论与现实的角度分析"知识产权链条与知识产权特色小镇的协同关系"，构建分析"知识产权链条与知识产权特色小镇建设协同"的理论模型。结合文献计量的分析结果，根据"知识产权链条与知识产权特色小镇建设协同"的理论维度划分，得到分析"知识产权链条与知识产权特色小镇协同关系"的理论框架，分析二者关系中的演化过程和关键影响因素。

（3）理论模型构建法。基于制度经济学理论及城镇规划为前提推导出一个新的多元分析框架理论模型，得到知识产权链条与知识产权特色小镇之间存在的内部联系所运行的作用机理，在此基础上，根据分析所得的作用机理对本书所研究的两个变量各个维度的协同关系提出研究假设并构建理论模型。

（4）实证模型检验法。通过基于知识产权链条的创造、运用和知识产权链条保护三个维度的划分，分别与知识产权特色小镇的创新产业聚集、创新功能开发和智力成果经济效益之间的关系进行科学合理的分析，构建出知识产权链条创造与知识产权特色小镇创新产业聚集的结构方程模型、知识产权运用与知识产权特色小镇创新功能开发的结构方程模型和知识产权链条保护与知识产权特色小镇智力成果经济效益的结构方程模型对进行实证分析。在此基础上，测算各子系统之间的协同度，结合 SPS 案例分析，以湖北武汉岱家山知识产权特色小镇、天津华明知识产权特色小镇以及成都郫都区菁蓉知识产权特色小镇作为案例地分别对"知识产权创造与知识产权特色小镇创新产业聚集""知识产权运用与知识产权特色小镇创新功能开发"以及"知识产权保护与知识产权特色小镇智力成果经济效益"三组协同关系进行案例验证。

第 2 章

知识产权链条与小城镇建设
协同关系的分析框架

2.1 知识产权链条内涵的界定和构成维度

2.1.1 知识产权链条的内涵界定

知识产权链条具有各环节相互联系、相互作用的特点，相较于知识产权链条某一环节的研究，知识产权链条最为突出的特点就是"一站式"贯通，是对原有知识产权体系的完善优化。作为体现知识产权链条区别于传统知识产权制度的重要载体，"知识产权链条各环节之间的关系"应作为构建"知识产权链条打通式服务体系"最重要的一点来进行把握，要将每个环节都放在重要位置，协调发展，因此知识产权链条的每个环节都可以界定为知识产权链条的内涵，具体可从以下几点出发：

第一，知识产权链条的源头是知识产权创造，从这一角度出发，知识产权创造一方面可以有效推动知识产权的存量，另一方面知识产权资源的质量也可以通过这一过程得到一定保障。知识产权链条打通式服务体系的构建，有助于对知识产权链条的统筹管理，有助于把握知识产权链条的源头环节，从而提升知识产权链条的运作效率。

第二，知识产权链条的核心是知识产权保护，从这一角度出发，知识产权保护在国际经济秩序中的战略制高点地位得到普遍认可，同时世界各国的竞争在这一环节尤为激烈。因此，知识产权链条的核心内涵可以从以下几个方面阐述：一是知识产权链条打通式服务体系有助于解决传统知识产权制度所面临的挑战，可以统筹区域内知识产权保护范围；二是知识产权链条打通式服务体系所提供的知识产权保护服务为"应对全球专利格局下的中国专利战略"提供新的思路；三是制定面向新世纪的知识产权战略。

第三，知识产权链条的关键是知识产权运用，从这一角度出发，知识产权运用在某种意义上可以被视为知识产权制度的基础，知识产权的运用，具有深刻的社会意义。一方面知识产权链条的运用环节可以实现知识财产权的价值，在一定程度上促进传播知识产权，并获得相应的回报，从而使得知识产品的供给得到很大程度上的保障，保障在这一过程中知识产权的社会及经济价值可以得到很好的发挥。另一方面可以维系创造者、传播者与社会大众利益平衡的关系，通过知识产品运用，创造者享有所有权，传播者享有传播劳动过程中应有的权利，社会大众享有因知识产品传播而得到收益，各自从动态的角度实现利益平衡。

打通知识产权全链条作为创新发展的必由之路，相较于分治管理的模式，其突出优势主要体现在以下几个方面：

第一，在效率提升方面，可以得到显著成效。以往较为传统的知识产权管理模式存在很多急需解决的问题，比如部门管理分散，总体规划机制复杂。许多问题可以从部门内部协调转变为部门间协调，从一个部门转变为多个部门协调，增加了协调成本，浪费了行政资源。知识产权链条打通式服务体系的构建有助于协调知识产权各环节所对应的各个部门，实现协调发展。

第二，实现知识产权集成运用。传统知识产权运营模式中"政出多门"阻碍了集成运用知识产权，打通知识产权链条各环节，形成打通式服务体系，有助于统筹运营知识产权链条发展中的各个重要环节的协调作用，可以在一定程度上促进各类知识产权在统一的目标导向下集成运用，实现效益的最大化。

第三，有助于提升知识产权保护执法效果。知识产权保护水平在以往的发展过程中在很大程度上受到了分头执法制度的限制，在这一情况下对知识产权链条各个环节进行打通式管理，构建新的服务体系，可以帮助相关部门采取更加有效的管理手段，避免专利、商标、版权等执法各成体系，避免执法空白、保护漏洞以及重复执法等现象的出现，使社会对知识产权保护的满意度得到提升。

第四，社会成本得到降低。严重脱节是"分散式的传统知识产权公共服务"与"企业对知识产权一体化服务的需求"之间关系的一个主要问题。知识产权链条打通式服务体系的构建将知识产权各环节的服务部门整合统一管理，可以避免企业不断往返多个政府部门，减少其生产经营成本。

2.1.2　知识产权链条的特征

知识产权链条作为目前发展知识产权的重要方向，其主要特征的界定需要依托知识产权特征的界定。

第一，知识产权第一特征为排他性。即只有在经过相关权利人同意或者相关法律规定允许的情况下，才可享有该权利，否则任何人都没有享有或使用相关知识产权的权利。这表明在严格保护权利人"独占或垄断的专有权利"的情况下，他人不得侵犯权利人的专有权，这种专有权若要变更，则必须通过相关法律程序才可实现，如"征用"以及"强制许可"等。

第二，知识产权具备时间性的特征，只有在规定的期限内，所有权利的保护才有效。各国法律规定的保护期可以相同，也可以不同。只有在参与国际协定或提出国际申请时，某项权利才有一个统一的保护期。知识产权只在法律规定的期限内受法律保护。一旦超过有效期，此项权利将自行依法丧失。知识产权人因其及时取得的知识成果而享有的知识产权的有效性不是永久性的，受法定有效期将对其加以限制。知识产权的时间特性是知识产权与有形产权的一个主要区别。世界各国知识产权立法和相关国际公约普遍采用及时限制知识产权这一原则。

第三，知识产权具备地域性的特征，即受一国法律保护的权利，除签署国际公约或双边互惠协定外，仅在确认和保护的领土上具有法律效力。因此，在一定条件下，知识产权不仅具有区域性，而且具有国际性。知识产权只有在被授予或确认的国家产生，并且只能在受法律保护的国家具有法律效力，而其他国家没有义务对其给予法律保护。知识产权人享有知识产权的空间效应不是无限的，而是受地域的制约。因此可以看出，有形财产与知识产权有很大区别，知识产权所具备的地域性通常是有形财产所不具备的。

第四，知识产权具备法律性的特征。如前文基于文献计量学的研究综述中提到知识产权具有私权的性质，这决定了在法律方面，知识产权应具备排他性的特征，但是在人类社会发展过程中，人类所创造的智力成果往往会在人类的生活或者工作过程中得到相当普遍的使用，这就导致随着人类对知识产权创造出的成果进行使用的普及，逐渐开始密切影响经济社会发展以及工业进步，因此如果这一权利长期维持私权的状态，将导致社会进步的成本不断升高，不利于社会进步与发展，所以对于知识产权的限制成为法律制度的一项重要内容。首先，从权利发生的角度，法律对知识产权及其公示方式作出了各种积极和消极的规定。举例而言，审批制度的建立则对专利权的产生进行了一定程度上的限制。其中，多种条件（专利法）规范了专利权的诸多形式的授予。在著作权方面，虽然对申请、审查和登记没有限制，但《著作权法》第三条和第五条也有限制；其次，知识产权可以区别于所有权的一大重点在于在权利的期限方面受到了法律的特殊限制；最后，在某些特定的情况下，可以通过法律的强制许可制度强制权利人使用知识产权。

第五，创新经济是否发展在很大程度上依赖于知识产权的发展。首先，知识产权的一个重要功能为产权的安排，这一机制界定了创新主体通过赋予创新成果产权，享有对创新成果的支配权和使用权；其次，知识产权作为一种创新激励机制，人们的创新热情被其通过在很大程度上使得创新者在其何方权益方面得到很好的依法保护的状况而激发出来，在这一过程中则使得良性循环在创新投入与回报之间形成；最后，知识产权作为一种市场机制是有效的，它是根据知识产权的无形特征制定的许可规则，知识产权的转化基于这一机制顺利在市场中进行，进而产生效益，促进发展。

第六，知识产权链条打通式服务体系和知识产权特色小镇的建设联系紧密。知识产权链条在知识产权特色小镇建设中的作用已不再仅仅是一种制度功能，不再是对智力成果的单一保护和管理，而是对知识产权特色小镇的引导作用。知识产权特色小镇建设要服务于打通知识产权全链条服务体系的构建，而知识产权链条打通式服务体系的构建应推动知识产权特色小镇的发展。

第七，知识产权链条运作体制不断优化。在知识产权领域，"放管服"改革深入推进，取得丰硕成果。2017 年，首批"知识产权综合管理改革试点"由国家知识产权局在厦门、青岛、广东、深圳、长沙、江苏、苏州、上海徐汇等市（区）开展。"跨区管辖的知识产权专门法庭"由最高人民法院批准在南京、武汉、合肥、成都、济南、苏州、福州、青岛、杭州、深圳、宁波 11 个城市设立。国务院将专利"快速审查—确权—维权"一站式服务和专利质押融资被列入其支持创新改革举措推进的名单；进一步推进"放管服"改革，2017 年专利总成本降低 58 亿元，提交材料减少 269.8 万份；商标注册便利化改革得到不断深化，商标申请渠道得到不断拓宽，2017 年，设立了 105 个地方商标受理窗口和 49 个商标专用权质押登记受理点。

第八，知识产权链条各环节打通式服务体系的构建在我国发展中的地位逐渐重要。尤其通过近年的相关政策可以看出，我国政府对知识产权制度的完善工作给予了持续重视，不断促进相关制度完善，在这一过程中，知识产权链条打通式发展的重要性开始被我国政府放在知识产权发展的首位，主要相关事件见表 2 - 1。

表 2 - 1　　　　　　　　　打通知识产权链条的重要性逐渐提高

时间	事件
2015 年 1 月 1 日	全国首家单独设立的上海浦东新区知识产权局运行，旨在深化"三合一"管理体制改革，打通知识产权全链条，逐步形成改革样板
2016 年 12 月 30 日	国务院下达关于印发"十三五"国家知识产权保护和运用规划的通知
2017 年 10 月 18 日	习近平总书记在中国共产党第十九次全国代表大会中指出要强化知识产权创造、保护、运用
2018 年 6 月 1 日	财政部下达继续开展知识产权运营服务体系建设工作的通知，着力打通知识产权运营链条和服务体系

2.1.3　知识产权链条的构成维度

第一，知识产权创造的界定。知识产权创造是指在以创新为动力的基础上，创造性地发明出具备自主知识产权的核心技术的过程。在此基础上还应该明确的一点：对于知识产权创造水平的衡量问题，知识产权创造的质量要比数量更加具备发言权。知识产权创造能力是知识产权能力的一种，是知识产权的管理、运用和保护等能力的前提和基础。知识产权创造活动可以从国家和企业两个层面进行观察。一个国家的知识产权创造活动主要表现为发明专利申请量、通过《专利合作条约》的国际专利申请量、三方专利总量占世界比重、每万人发明专利拥有量、科技论文数、论文引证数等。企业的知识产权创造活动主要表现为技术研发活动以及通过研发得到的专利。企业的知识产权创造活动通过研发经费占销售收入比例、研发人员占全部职工比例、研发人员中高素质人才比例、专利申请量、专利拥有量、专利授权成功比例等进行体现。至于区域知识产权创造活动，主要包括专利申请量、专利授权量、发明专利申请量、发明专利授权量、每万人就业人员专利申请量等创造活动的产出，以及创造活动的投入。创造活动的投入包括研发经费内部支出、研发人员全时当量、研发经费投入强度、企业科技活动人员、企业科技经费内部支出等。影响知识产权创造能力的因素主要包括人力资本、创新投入、高管团队社会资本、知识产权管理、政府补贴和外部知识产权保护。

第二，知识产权运用的界定。知识产权的运用，指的是在工业技术创新过程中，以知识产权所有人或者依法享有处置权的组织和个人的身份运用知识产权的过程，转移和扩散以寻求或获得相应的竞争优势或利益。因此可以看出，知识产权运用这一环节可以作为直接产生价值的载体在知识产权链条运行过程中起到不可替代的作用。同时，知识产权的行使方式即为知识产权的运用，其中主要包括权利人本人运用以及他人运用，本人运用主要是知识产权权利人积极直接实施知识产权，以及间接实施知识产权、禁止他人侵权使用，保持合法垄断地位，获得超额垄断利润。他人运用主要包括知识产权许可、转让、出资、信托、拍卖、质押、商业特许经营、捐赠、强制执行、破产处分等，其中许可和转让是知识产权最主要、最基本的运用方式。

因此，基于本人运用与他人运用，知识产权运用的主体及方式主要包括以下方面：

知识产权人是知识产权运用的第一类主体，在其运用知识产权的过程中主要包含自我实施、转让、授权、信托以及质权等方式。其中，自我实施是指自己申请商标注册而在生产、服务中实际使用，将自己的专利技术运用到自己的产品生产中，自己发表作品等，都是自我实施知识产权的表现。通过知识产权所有人的实施，知识产品在社会中得以传播，社会大众也就获得了带有知识产权的相应商品或服务；转让是指知识产权作为私权，知识产权具有可转让性，知识产权所有人可以转让知识产权的财产权部分。人身以及财产的双重属性是研究著作权需要重点关注的，因此著作权的财产权是可以转让的，而著作权的人身权（如署名权等）不能转让；授权使用是指知识产权所有人将其知识产权中的全部或者部分权能许可他人利用的法律行为，通常，知识产权所有人与受许可方签订许可合同，向受许可方收取一定的知识产权使用费；此外，人们还可通过指定该机构对其所持有的知识产权进行委托，委托之后，对于知识产权的管理或处分均有其委托的机构代为行使，从而通过委托机构这一媒介实现知识产权的价值，这样的知识产权人行为即为知识产权的信托。质押作为一种融资行为被引入知识产权的运用管理过程中的主要形式体现在知识产权所有人可将其合法持有的各类知识产权作为向银行等机构进行借贷的质押物。

第二类知识产权运用的主体为社会大众。对于这一类运用主体的运用方式主要依托法律，大致分为他人合理使用、法律许可使用以及强制许可使用。其中合理使用是指依据法律规定，他人不必征得知识产权人的同意，也无须向其支付报酬而自由使用知识产品的制度性安排。合理与否，主要可以从三个方面衡量：一是知识传播的客观需要；二是对知识产权人商业利益实现之影响；三是社会大众分享社会文明进步成果的利益平衡。诚然，不同的国家以及在不同的历史时期，对合理范围的界定可能并不完全一致；法律许可是指根据法律的直接规定，以特定方式使用已经公知的知识产品，可不经知识产权人同意但必须支付费用而使用的制度性安排；强制许可是在特定的条件下，由知识产权主管机关应当事人的请求而强行许可他人使用，使用者向知识产权人支付费用的制度性安排。在专利制度中和著作权制度中，强制许可作为一种特殊的制度性安排被保留下来。

第三，知识产权保护的界定。知识产权保护能力在所有知识产权能力中占据核心地位，这也体现在知识产权链条的核心环节也即知识产权保护这一情况上，科学合理的知识产权保护措施，可以依照现行法律法规，制止和打击侵犯知识产权。在知识产权链条打通式服务体系中，知识产权保护应该充分与创造以及运用环节进行科学合理的结合。同时依照《知识产权法》的相关内容可知，知识产权保护基于其所具备的法律效应被视为知识产权创造和应用的基本保障。只有对被创造的知识产权本身及其应用过程加以适当保护，才能创造其应有的价值，促进经济发展中的技术创新。在知识产权保护过程中，人均收入水平、对外贸易和技术创新等因素都会影响知识产权保护水平。

2.1.4　知识产权链条构成维度的划分依据

本节将通过对知识产权链条的内涵及特征的科学分析来科学合理地划分知识产权链条的构成维度。虽然将知识产权链条进行细分，可以分为创造、运用、保护、管理、服务五个环节，但是其中管理与服务侧重知识产权整体的把握，在知识产权链条打通式服务体系的建立过程中，知识产权管理与服务贯穿知识产权链条的各个环节，因此可以看出知识产权管理与服务是知识产权链条的统筹外在组成，而知识产权创造、运用以及保护共同组成了知识产权的内涵，同时在本书的研究过程中，要建立在对充分了解知识产权链条的各个构成维度之后，因此本书认为知识产权链条的构成维度应划分为知识产权的运用、保护以及创造三个维度，具体划分依据如下：

第一，基于知识产权链条的源头环节为知识产权的创造这一情况，可以判断知识产权链条打通式服务体系构建的开端是知识产权创造，无论知识产权保护机制以及运用体制多么完善，没有科学高质量的知识产权创造不具备支撑知识产权链条后续环节进一步发展的基础条件，因此其在知识产权链条中的源头作用不言而喻。

第二，打通知识产权的高效运用应该被视为知识产权链条打通式发展的一个重要目标，只有知识产权得到高效运用，才有助于我国创新能力的不断发展，因此知识产权链条中运用这一环节作为知识产权链条的构成维度是必不可少的。在我国印发的《国家创新驱动发展战略纲要》《深入实施国家知识产权战略行动计划（2014～2020年）》《"十三五"国家知识产权保护和运用规划》以及《国务院新形势下加快知识产权强国建设的若干意见》等一系列重要文件中，均在发展方向上对知识产权运用的发展提出了要求及规划，其中知识产权共享机制的纽带作用需要得到充分重视，通过知识产权运营平台的建设，使得知识产权产业化得到进一步加深，从而使得知识产权的效应在我国经济与社会发展过程中得到最大化实现。

第三，从知识产权链条的核心环节为知识产权保护这一环节的角度出发，可以看出知识产权保护也应该作为知识产权链条的构成维度被充分重视。只有当知识产权保护体制得以科学构建的情况下，知识产权链条的打通才真正得以实施。如今经济全球化已经发展至一个高度深入的阶段，这就对知识产权保护的发展提出了新的要求，使得在这一领域的整体趋势进入一个新的形势，其中，自中国进入世界贸易组织以来，知识产权领域的合理开拓成为了我国融入世界经济体系的一项刚需，对我国的发展来说是一项重大挑战。这种现实需求决定了我国在知识产权保护领域还需要更加系统、完善、科学的深入研究与规划，我国作为发展中国家在知识资源方面的优势较发达国家而言还相对落后，而解决这一问题在很大程度上依赖于一个良好的知识产权保护体制，在此基础上，我国经济与科技才有持续发展的基本保障。

2.1.5 知识产权链条构成维度的解析

通过对知识产权链条构成维度划分依据的阐述，从知识产权链条的源头、目的和核心出发，认为可以将知识产权链条划分为以下几个维度：

第一个维度是链条的源头——知识产权创造。具体来看，知识产权创造服务体系在小镇内部得以有效建立并发展的情况在一定程度上反映了区域内知识产权创造力的大小，知识产权创造能力的提升带动知识产权创造服务体系的不断进步，从而吸引更多知识产权源头企业进入小镇，促进小镇创新型企业的发展。知识产权创造能力提升所带动的区域技术进步也可以为创新产业降低生产成本，促进形成创新产业集群。同时，知识产权创造能力的提升对小镇劳动力水平提出需求，促进吸引更多质量更高的劳动力，最终劳动力水平的提升反过来对知识产权的创造又可以产生正向的带动作用。知识产权创造水平的提升为其运用与保护打下了基础。

第二个维度是链条的目的——知识产权运用。知识产权链条打通式服务体系的建设，首先要明确知识产权链条各环节打通发展的根本目的，在知识产权链条打通式服务体系不断完善的过程中，知识产权的高质量创造与严格保护都是为了更好地运用知识产权，高效的知识产权运用将在很大程度上带动经济的发展和社会的进步，知识产权运用的发展水平在很大程度上说明了该地区创新经济的发展水平。较高的知识产权运用能为知识产权链条打通式服务体系的更好的发展提供未来的发展动力，无论是对个人运用还是他人运用的高效服务，都将很大程度上促进知识产权的转化，在自主创新的持续发展的推动方面，智力成果高质量发展的促进具有重要意义。

第三个维度是链条的核心——知识产权保护。在我国当前的实际背景（加快知识产权保护体系建设）下，知识产权链条打通式服务体系构建的关键是知识产权保护服务体系建设。根据前述分析知识产权链条内涵的结果可以看出，只有知识产权保护能力得到了有效提升，才可以在根本上保障知识产权创造及运用的正常运作。在此基础上，考虑到知识产权影响区域创新发展的实际情况，知识产权特色小镇创新功能布局的合理规划有赖于对知识产权的合理保护，其中社会、制度以及经济功能共同构成了知识产权特色小镇的创新功能布局。在这样的发展过程中，知识产权保护服务体系在知识产权链条打通式服务体系构建的过程中得到进一步创新，在知识产权保护范围以及知识产权保护体制的完善等方面发展得更加合理。

2.2　知识产权特色小镇内涵的界定和构成维度

2.2.1　知识产权特色小镇内涵的界定

知识产权特色小镇作为新型城镇化过程中一个新形式的小镇建设模式，是知识产权随着城镇化进程加快而逐渐城镇化的产物。一方面，新型城镇化进程为创新领域带来了巨大的城市需求，为过剩的产能找到了一个巨大的出口；另一方面，知识产权的发展急需新的平台以求新的突破，知识产权建设在城市发展中少有话语权。在城镇化的过程中，市场对知识产权更加合理的优化体系以及我国在创新领域的突破有了新的需求。正是在这样的背景下，作为我国知识产权快速发展与城镇化结合的产物，知识产权特色小镇应运而生，成为一种非常重要的城镇类型。

受亟待寻找新发展方向的知识产权现实需求的影响，我国对知识产权特色小镇的扶持力度大幅提升，极其便利的政府扶植政策为在知识产权特色小镇的建设及发展过程中承担了内在动力的重要作用。知识产权特色小镇的出现顺应了知识产权发展变化的需要和城镇化发展模式的趋势，作为一种新兴的知识产权发展模式呈现出蓬勃的发展势头和巨大的发展潜力。与此同时，作为拉动城镇化的重要力量，知识产权特色小镇的出现和不断发展也为单向的城市化进程提供反思，为更具可持续的经济社会发展创造出一种新的模式，具有较高的存在价值和探索研究价值。

知识产权特色小镇作为一种重要的城镇规划类型，是一种以知识产权链条为主导，围绕知识产权链条的打通来布局的集中式知识产权服务为主体的全新特色小城镇发展模式。根据现阶段知识产权特色小镇的发展和规划，可以将知识产权特色小镇进行类别划分，见表 2 - 2。

表 2 - 2　　　　　　　　　　知识产权特色小镇的分类

分类标准	城镇类型
主导形式	企业联合型、政府主导型、政企联合型、企业主导型、产品主导型

在知识产权特色小镇的建设过程中，不应只考虑知识产权特色小镇本身的发展，还应当充分考虑小镇的知识产权特色，带动区域知识产权发展以及技术创新能力提升等方面的因素，以全面支撑区域协调发展为根本目的，以服务创新创业为主题，以支撑产业发展为动力，逐步发展壮大。建设知识产权特色小镇从特色打造、上下联动的角度，应把握三大原则：

一是支撑小镇特色主导产业发展，产业"转型"和"创新"借助知识产权得到发展是知识产权特色小镇的最大特色，应该在新兴产业的进一步可持续发展方面以及历史经典产业的创新发展方面进行重点发力，围绕这两个方面创造出一个良好的创新创业大环境，促进知识产权密集型产业的大力发展，从而集聚形成完整产业链或者掌控高端的核心环节。当个人或企业（创新创业）符合落地条件时，政府部门提供一站式服务，优化创新知识产权变现与转移转化方式，促进知识产权在产业层面和企业层面的运用。

二是营造出一种具有区域特色的知识产权特色小镇创新文化氛围，知识产权特色小镇建设的另一个特色是充分考虑产业与社会发展的国际潮流与时代要求，根据小镇资源禀赋、产业基础、发展定位等方面的实际情况，塑造小镇新型创新文化，加强传统知识、遗传资源和民间文艺等历史文化知识产权保护。

三是运用小镇所在区域各类资源，知识产权特色小镇并不能孤立运作，而是要充分运用所在地区的各类资源，促进创新资源开放共享，推动各部门的分工与合作，形成有机协调联动的格局。应注重建立省市之间的沟通联系，创建知识产权领域省市之间协同的创新机制，在这一过程中应充分考虑知识产权特色小镇在省市之间联系的支点，合理利用其所具备的区位优势，进一步促进创新资源向知识产权特色小镇聚集，推动创新活力在区域内得到激发，提升智力成果依托知识产权特色小镇的转化效率，通过一系列的知识产权合理运作，带动创新驱动产业发展。

2.2.2　知识产权特色小镇的特征

第一，创新型产业的核心地位。知识产权的主要产生部门为创新型产业，在知识产权特色小镇的建设中起到了重要作用，创新产业的发展在知识产权特色小镇的建设中有着至关重要的作用。知识产权特色小镇建设主要面向当地特色主导产业，以知识产权服务特色产业发展。这一点上可以借鉴以往其他类型特色小镇的发展经验，以浙江省为例，从产业培育的角度，将浙江特色小镇分为三种类型，分别为：转型升级型、资源依托型和新兴产业型。浙江特色小镇的建设，重点支持高端装备制造、信息经济、旅游、环保、卫生、金融、时尚7个产业的发展，兼顾茶叶、丝绸、黄酒、中药、青瓷、木雕、根雕、石雕、文房等历史经典产业。对于知识产权特色小镇来说，应该进行分类指导小镇在知识产权方面的特色进行打造，这就要求在小镇内将创新型企业、人才等资源汇集起来，高度集中地开展知识产权的相关工作，实现产业发展和人才汇集的"产城融合共生"新型城镇化发展，加快企业与科创平台对接，重点培育一批品牌产品和龙头企业。

发展创新产业聚集首先可以为区域内创新型企业提供良好的生存基地，创新型企业可以在创新型产业聚集过程中获得更好的专业服务。创新型产业聚集的形成与发展可以促进创新型企业的发展，而创新型企业又是区域创新的基本主体；其次，区域内教育科研机构的支持和需求者是创新型产业集群，它可以为创新型人才提供施展的舞台，因此使创新型产业集群的发展成为区域创新的重要动力；再次，创新型产业聚集是区域内研究机构产品的重要市场，因此区域内研究机构的产业化和市场化可以通过发展创新型产业聚集来完成；最后，创新型产业聚集能够整合区域内各种创新主体和创新要素，区域创新体系可以借助创新型产业聚集的发展而发展。从以上四点分析也可以看出，创新型产业在知识产权特色小镇发展过程中是首要的不可忽视的影响要素。

第二，相比于其他特色小城镇所具有的特色。知识产权作为创新发展的一项重要内容，使知识产权特色小镇相比其他特色小城镇应具备独特的创新元素。以特色小镇为基础的传统城镇和县域经济板块与大城市中心区的联系较少。更适合加工型、分散型经济的发展阶段，特别是新兴产业的发展。对于知识产权特色小镇来说，大多具备良好的产业基础，这就有利于企业以新业态、新模式强化创新链，以商业模式创新赢得市场，效益可以通过管理创新的方式进行增强，提高价值链，不断提升品牌形象。同时知识产权特色小镇由于知识产权的集中服务机制，相比传统类型特色小镇更有助于"产、学、研"合作在小镇、所在区域高校以及科研机构之间进行，形成一批知识产权领军企业和产业集群，提高知识产权对小镇经济发展的贡献度。

第三，知识产权链条打通式服务体系的突出地位。知识产权特色小镇是有效打通知识产权链条的重要载体，知识产权链条在知识产权特色小镇的建设中的指导作用尤为突出。知识产权链条各环节的协调具有不可替代的作用，知识产权链条本身就作为知识产权发展中的重要依托形式具有深远的发展空间，其自身的系统协调，统筹兼顾也是在建设知识产权特色小镇过程中所需考虑的基础条件和关键因素。知识产权特色小镇的建设中的重要的一环是主导方向，一方面知识产权小城镇的建设需要根据知识产权链条贯通的现实需求进行规划，另一方面知识产权链条的打通又依托于合理的知识产权特色小镇的建设，二者相互促进最终形成知识产权特色小镇。因而服务知识产权链条则成为知识产权小城镇的一个重要元素，在特色小镇发展过程中，发展的"供给侧"应由政府坚守，在发展之初，通过建立健全各项运行制度来明确指导地方发展方向，使政府在完全市场化的情况下通过制定一系列的相关制度来对特色小镇的发展进行更加有效的保障和支持。由此推论至知识产权特色小镇的建设过程中，也应当适用。在发展之初，产业导向依靠政府不依靠人民群众的自发竞争形成，政府不应单纯发挥收入分配和资源配置的作用，应坚持政府引导、企业主体和市场化运作。因此，加强政府引导和服务保障时，应充分考虑企业主体地位并发挥市场在资源配置中的决定性作用，从而更好地打造知识产权链条打通式服务体系。

第四，文化元素是知识产权特色小镇重要的影响因素之一。首先，特色小镇作为按照"以人为本"为核心理念的新型城镇化载体，为知识产权特色小镇的建设的核心理念提供了参照。因此，此核心理念也应适用于知识产权特色小镇的建设，这就要求小镇在不断吸引小镇外创新创业人才、团队向小镇涌入的同时，同样需要为原住民提供更多、更好的就业岗位，并形成具有"知识产权特色小镇"特色的小镇文化。通过知识产权文化建设，为小镇营造独特的知识产权氛围，改善小镇创新环境，为小镇提供可持续发展动力。

2.2.3　知识产权特色小镇的构成维度

第一，创新产业聚集的界定。熊彼特在创新产业集聚理论的基础上，将技术创新的研究与产业聚集的研究进行了结合。同时，他认为造成经济波动或者经济周期运行的原因除了客观外部因素之外还有"产业集聚"和"技术创新增长的非同期因素"。熊彼特还认为，创新是在时间上分布不均的非孤立事件，创新的发展通常趋向于聚集。此外，创新在整个经济体系中甚至不是随机分布的，而是倾向于集中在一些部门及其邻近部门。

创新产业聚集通常指的是在某一地理空间范围内，同一创新产业集中度较高的过程，这一过程中还伴随着在这一区域内的产业资本要素的汇聚。因此，创新产业聚集可以解释为一种比传统产业聚集更具现代化特征的产业聚集形式，其内部组成的主体通常为创新型企业或者人才，主要内容多涵盖技术、知识密集型产业及其产品，在这样对创新经济发展十分友好的环境下，通过产业内部的创新组织网络和商业模式来支撑这一产业聚集的形成。创新产业集群的主要特征：一是有大量致力于创新、不断开展创新活动的创新型企业、企业家和人才。这里的企业包括供应商、用户企业、竞争性企业和相关企业（互补性企业、关联性企业）等；二是主要产业为知识或技术含量较高的产业，如高新技术产业和其他知识或技术密集型产业（甚至包括转型期的传统产业）。三是创新组织网络体系和商业模式。有许多更好的高等学校、科学研究机构、工业组织（协会和商会等）、中介机构（律师、会计、资产评估等）、金融机构、公共服务机构（政府和机构）、市场组织（要素市场）和集聚区及周边地区的技术基础设施（通信等）创新的商业模式，拥有一个或多个在国内外市场影响力较大的品牌产品。四是有利于企业创新的制度和文化环境，如鼓励企业创新的法律和政策环境、鼓励创新的文化氛围、相互学习、宽容失败、勇于创业、勇于创新等。由于知识产权特色小镇主要服务对象为一般拥有较多知识产权的创新型企业，不断进入小镇的新企业以及小镇原企业的发展，使创新产业聚集成为知识产权特色小镇产业发展的重要趋势。

第二，创新功能开发的界定。创新的三大要素包括环境、思维以及模式，首先创新环境在"创新三要素"中起着不可替代的作用，是创新活动的主体，创新思维是创新环境的服务对象，作为知识产权特色小镇的基本环境条件，决定了创新是否高效，创新模式则是连接创新环境和创新思维的纽带，其功能是以行动的形式增加创新过程在发展中的有效性，促进创新功能开发进一步提升效率。对于知识产权特色小镇创新功能的开发需要从创新环境的角度进行。通过对知识产权的合理运用，构建一个和谐良好的知识产权运用环境，从而优化知识产权特色小镇的创新环境，达到提升知识产权特色小镇创新功能开发的目的。

第三，智力成果经济效益的界定。人们通过智力劳动创造的精神财富或产品即为智力成果。智力成果所产生的权利称为知识产权，是智力劳动者依法享有的权利。广义上主要包括商业秘密权、著作权、集成电路布图设计权邻接权、商号权、商标权、产地标记权、专利权等。狭义上主要包括商标权、专利权、邻接权、著作权等。经济效益是一种社会劳动节约，它是通过商品和劳务的交换来实现的，更加详细的阐述可以是"以尽可能少的或者同样的劳动成本取得尽可能多的经营成果"，它是有用生产成果、成本支出和资本占用的比较。值得一提的是，资金占用少、成本支出少、效益好的经济效益则为良好的经济效益。而知识产权特色小镇智力成果经济效益最大化的过程则代表了通过合理规范的知识产权保护机制，将知识产权特色小镇所产出的智力成果经济效益最大化。

2.2.4　知识产权特色小镇构成维度的划分依据

知识产权特色小镇的构成维度的合理科学划分，一方面要反映知识产权特色小镇的内涵界定和特征，另一方面要突出其区别于其他特色小城镇的独特性，结合前文对知识产权链条维度划分的相关内容，研究认为知识产权特色小镇划分具有以下几个依据：

第一，创新产业聚集。知识产权特色小镇创新产业聚集的表现形式应为创新型产业的发展，这将依赖于科学地引入知识产权源头企业，作为服务于打通知识产权链条的特色小镇，要牢牢把握知识产权链条的源头，保持发展的动力。因为知识产权特色小镇的产业规划应该是知识产权特色小镇规划的核心内容，区域创新发展与创新型产业的聚集之间存在互惠互利的关系。企业的独自发展并不能创造及维持创新，这一过程是一个企业之间竞争合作产生的非孤立行为，需要企业的集聚。同时，在由低级向高级的创新发展过程中，必然走向多种创新主体的协同、互动与集聚，形成创新集群，创新集群是创新由低级向高级发展的必然趋势。基于以上分析，将知识产权特色小镇创新产业聚集作为知识产权特色小镇维度划分的第一个维度。

第二，创新功能开发。知识产权特色小镇区别于普通特色小城镇的最鲜明特点就是其具备不可替代的创新元素，知识产权特色小镇的创新功能如何得到充分发挥，提升其创新功能开发的发展水平则成为知识产权特色小镇建设的第二个重点内容。合理的知识产权运用可以充分利用知识产权特色小镇的创新功能，提升知识产权特色小镇的创新功能利用率。知识产权特色小镇在服务于构建知识产权链条打通式服务体系的基础上，一个重要作用就在于充分发挥其创新功能，带动区域创新，促进创新发展，推动建设创新型国家，进一步深化发展新型城镇化，为新型城镇化开辟新的道路。通过分析以上各个方面，可以将知识产权特色小镇的第二个维度划分设定为创新功能开发。

第三，智力成果经济效益。首先需要明确的一个概念为经济发展水平，它一般是指某一地区的经济发展规模、速度和水平。其中，GDP、人均国民收入、国民收入、经济发展及增长速度通常作为衡量指标来反映一个地区经济发展水平。这其中最常用到的指标为国民生产总值，而知识产权特色小镇作为服务于知识产权链条贯通的特色小镇，其主要产出成果应为依托知识产权链条生产出的智力成果，因此知识产权特色小镇的经济发展水平主要表现形式应为其智力成果的经济效益。同时，有效的知识产权保护机制可以对智力成果进行保护，从而保障知识产权特色小镇智力成果的经济效益。在知识经济时代，科学技术已经成为第一生产力，创新是一个民族兴旺发达的不竭动力。保护知识产权已经成为国家交往中的热门话题，受到了人们的普遍关注。智力成果作为知识产权特色小镇的主要经济来源在小镇发展中占据了重要地位。基于以上分析，将知识产权特色小镇智力成果经济效益作为知识产权特色小镇维度划分的第三个维度。

2.2.5　知识产权特色小镇构成维度的解析

从知识产权特色小镇的产业规划模式、知识产权运用效率和建设发展成果三个方面考虑，知识产权特色小镇建设的构成维度可以划分如下：

第一，产业规划模式——创新产业聚集。知识产权特色小镇由于其知识产权服务的特殊性，创新产业逐渐形成知识产权特色小镇的特色产业，创新产业聚集的形成有助于加强知识产权特色小镇开放创新合作，引领小镇企业在技术进步方面逐渐向世界水平靠拢。与此同时，在不断发展的创新产业聚集过程中所带来的人才、技术引进等创新活动将促进知识产权特色小镇与区域其他地区的创新合作，增强自主创新能力。结合知识产权特色小镇的发展定位以及知识产权链条打通式服务体系构建的实际需求，以创新产业聚集为导向的知识产权特色小镇产业规划模式是大势所趋。

第二，小镇发展目的——创新功能开发。知识产权特色小镇的建立，应将目标定为开发知识产权特色小镇的创新功能，带动区域创新。对于知识产权特色小镇的创新功能开发主要通过以下方面进行，首先，加强知识产权运用，加大知识产权特色小镇对知识产权链条各个环节的集中管理力度，积极推动各类知识产权评议活动的开展以准确分析各行业、产业专利态势，从而在专利拥有量方面促进知识产权特色小镇内企业的进一步发展，在小镇所在区域内培育出在知识产权领域具有显著优势的优质企业；其次，设法使专利导航在产业发展中的作用得到充分发挥，通过对专利信息的深入挖掘和综合分析，全面、准确地揭示相关产业领域的竞争格局和动态，引领和支撑相关产业的进一步持续科学发展。最后，知识产权链条随着小镇创新发展而不断完善，城镇创新功能的合理高效发展，为具有知识产权特色的城镇创新和经济发展提供了可持续的动力。

第三，建设发展成果——智力成果经济效益。我国经济已由高速增长阶段转向高质量发展阶段，正处在转变发展方式、优化经济结构、转换增长动力的攻关期。如何通过实施创新驱动发展战略实现从制造经济向创新经济的转型，是实现经济高质量和高效益发展的基石。依托知识产权特色小镇所建立并完善的知识产权链条打通式服务体系，可以进一步保障知识产权特色小镇的主要产品（智力成果）。进而保障知识产权特色小镇智力成果经济效益稳健提升，促进知识产权特色小镇创新经济的可持续发展，从而带动区域经济发展，推动我国创新经济提升，加快新型城镇化建设。

2.3 知识产权链条与知识产权特色 小镇建设协同的分析框架

2.3.1 分析框架的构建依据

构建知识产权链条与知识产权小城镇建设协同作用机制的分析框架，可以将知识产权链条的源头、目的、核心与知识产权特色小镇的产业规划形式、知识产权运用效率、创新功能开发和智力成果的经济效益维度相结合。

从产业规划及创新经济环境的角度构建知识产权链条对知识产权特色小镇建设影响的综合评价指标体系,从宏观和微观两个层次研究知识产权链条各个环节对知识产权特色小镇产业及创新经济发展所具有的带动作用,其中战略维度为知识产权链条的源头环节、目的环节以及核心环节。在科学界定知识产权特色小镇的基础上,根据知识产权特色小镇发展的实际现状,以产业规划模式、知识产权运用效率以及智力成果经济效益为构成要素,各自的维度及相互关系构建了一个全新的分析框架。

协同理论指出,只有当各个子系统在一个稳定系统中以自己的方式运行时,才能最大化发挥整体的效益。因此,只有当"知识产权链条与知识产权特色小镇建设协同模型"中各子系统不仅发挥自己的作用,还能在与其他子系统合作时,知识产权链条与知识产权特色小镇建设才能实现双赢。知识产权链条打通式服务体系的构建和知识产权特色小镇建设实现协同发展,为知识产权特色小镇建设过程中所遇到的现实问题提供了不同的对策。

借鉴耦合的相关理论。在利用熵值法测算整个区域创新经济综合发展水平的基础上,构建知识产权链条与知识产权特色小镇建设耦合协调度模型评估知识产权发展优势度大小,进而测度知识产权链条对知识产权特色小镇发展的支撑能力。

知识产权作为现代知识经济的核心内容,是推动经济社会变革的重要力量,已成为城镇化建设中强大的软实力,知识产权链条与城镇化系统之间协调发展的作用机制对促进知识产权特色小镇的城市化水平起着举足轻重的作用。

2.3.2 分析框架的构建

本课题是有关知识产权链条与知识产权特色小镇协同的研究,在综合考虑城镇规划学、制度经济学等相关经典成熟理论的基础之上,从正向推导机制上采用协同理论的相关思想。本书按照"知识产权链条可接入性扩大——知识产权特色小镇知识产业活力的提升——知识产权城镇化水平——知识产权特色小镇的可持续发展"的协同理论的观点和方法。结合知识产权链条的三个构成维度的具体作用和知识产权特色小镇的三个重要构成维度的评价标准,可以构建出知识产权链条与知识产权特色小镇协同机制的分析框架,见图2-1。

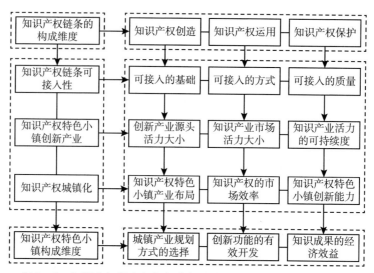

图 2-1　知识产权链条与知识产权特色小镇协同关系的分析框架

从图 2-1 中可以看到，知识产权链条的三个重要维度构成了知识产权链条与知识产权特色小镇建设协同的作用机制框架——知识产权创造、保护、运用，分别研究这三个重要维度对知识产权特色小镇的可接入性、创新产业和知识产权城镇化的融合所产生的影响，再结合影响知识产权链条与知识产权特色小镇协同作用机制的内外部影响因素，研究知识产权链条与知识产权特色小镇相结合的路径。

基于对知识产权链条和知识产权特色小镇的维度划分，结合知识产权链条与知识产权特色小镇协同关系的分析框架的相关内容，基于知识产权链条与知识产权特色小镇的协同现状进行二者内部维度接入性研究，划分出知识产权链条创造与知识产权特色小镇创新产业聚集的协同、知识产权运用与知识产权特色小镇创新功能开发的协同、知识产权保护与知识产权特色小镇智力成果经济效益的协同三种协同关系。其中，在对知识产权创造与知识产权特色小镇创新产业聚集协同关系的分析中，根据知识产权创造与知识产权特色小镇创新产业聚集的接入现状，引入创新型企业、生产成本和劳动力三个中间变量，从知识产权创造、创新型企业、生产成本、劳动力和创新产业聚集等变量之间的相互作用机制入手，研究其内部的直接与间接效应。结合以打通知识产权链条为目的，促进新型城镇化建设为目标，构建出知识产权创造与知识产权特色小镇创新产业聚集协同关系的分析框架，见图 2-2。

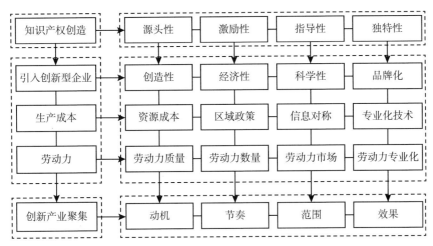

图 2 - 2 知识产权创造与创新产业聚集协同关系的分析框架

在对知识产权运用与知识产权特色小镇创新功能开发协同关系的分析中，根据知识产权运用与知识产权特色小镇创新功能开发的接入现状、引入智力成果、创新经济和知识产权交易市场三个中间变量，从知识产权运用、智力成果、创新经济、知识产权交易市场和知识产权特色小镇创新功能开发等变量之间的相互作用机制入手，研究其内部的直接与间接效应。结合以打通知识产权链条为手段，促进新型城镇化建设为目的，构建出知识产权运用与知识产权特色小镇创新功能开发协同关系的分析框架，见图 2 - 3。

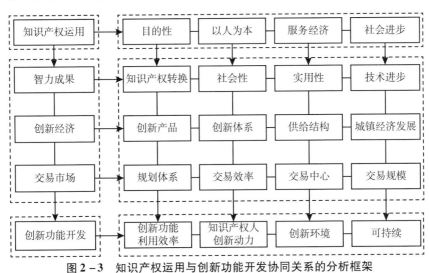

图 2 - 3 知识产权运用与创新功能开发协同关系的分析框架

在对知识产权保护与智力成果经济效益之间的协同作用机制进行分析的框架中，充分考虑前文所提出的构成维度，再根据知识产权保护与智力成果经济效益的接入现状引入创新资源保护系统、创新功能布局和知识产权保护体制的完善三个中间变量，从知识产权保护、创新资源保护系统、创新功能布局、知识产权保护体制的完善和智力成果经济效益这等变量之间的相互作用机制入手，研究其内部的直接与间接效应。结合以打通知识产权链条为手段，促进新型城镇化建设为目的，构建出知识产权保护与知识产权特色小镇知识成果经济效益协同关系的分析框架，见图2-4。

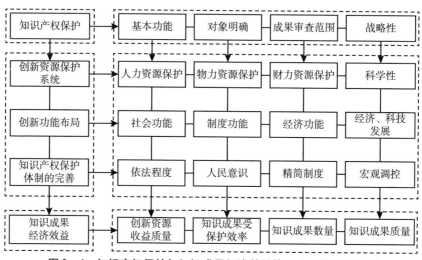

图2-4 知识产权保护与知识成果经济效益协同关系的分析框架

2.3.3 分析框架的解释

知识产权创造、知识产权运用和知识产权保护三个维度主要分别从知识产权链条的源头、目的和核心三个方面对知识产权特色小镇的建设作用机制的影响进行说明。其中，知识产权特色小镇根据其建设理念和形式、建设的最终目的以及经济发展三个主要方面分为知识产权特色小镇创新产业聚集、知识产权特色小镇创新功能开发，以及知识产权特色小镇智力成果经济效益三个维度，分别与知识产权创造、知识产权运用和知识产权保护建设三个维度相互影响、相互协同促进。

从知识产权链条与知识产权特色小镇协同的分析框架来看，知识产权创造、知识产权运用和知识产权保护分别与知识产权特色小镇的知识产权特色小镇创新产业聚集、知识产权特色小镇创新功能开发和智力成果经济效益有着协同作用。首先，知识产权创造、知识产权运用和知识产权保护三个维度分别决定了可接入性的基础、方式以及接入的质量三个方面。通过提高知识产权创造水平、合理地对知识产权运用进行规划以及健全知识产权保护机制来提高知识产权链条打通式服务体系在知识产权特色小镇建设发展中的影响力，包括对产业规划的不断完善，创新功能开发的效率以及知识产权特色小镇特色经济的发展。知识产权链条的打通效率可以由政策规划、资金统筹来完成，从而形成完善的，高度服务于知识产权特色小镇发展的知识产权链条打通式服务体系。其次，知识产权创造、知识产权运用以及知识产权保护三个维度的建设对知识产权特色小镇的创新产业有着明显的作用，知识产权创造水平的提高对知识产权特色小镇创新产业的发展有着较强的影响，从知识产权运用出发，知识产权的科学运用影响着知识产权特色小镇创新产业的智力成果市场活力大小，知识产权保护服务质量对知识产权特色小镇的持续发展建设有着非常显著的影响。再次，知识产权链条的三个维度对知识产权特色小镇产业布局的科学性、知识产权的创新资源利用效率，以及知识产权特色小镇的特色创新经济发展都具有举足轻重的作用。知识产权创造能力的增强能带动创新资源被创新型企业充分利用，促进创新型企业向小镇靠拢，形成创新产业聚集。同时，知识产权的科学合理运用包括了对知识产权交易市场和知识产权运营体系的合理规划，能充分发挥知识产权特色小镇的创新功能。最后，知识产权保护的建设关乎整个知识产权链条的贯通和知识产权特色小镇建设的深度和呈现方式，高水平的服务和管理能够有效促进智力成果的产生以及其可持续发展，从而提升知识产权特色小镇的智力成果经济效益。

从知识产权创造与知识产权特色小镇创新产业聚集协同的分析框架来看，知识产权创造与知识产权特色小镇创新产业聚集有着协同关系。知识产权创造具有源头性、激励性、指导性和独特性，以创新型企业、生产成本和劳动力三个变量为中间桥梁对知识产权特色小镇创新产业聚集产生协同效应。首先，知识产权创造的质量对于创新产业生产成本的资源成本和区域政策都具有基础性作用，生产成本的优化对知识产权特色小镇创新产业集群的形成和发展有着重要的影响作用，从而进一步优化劳动力水平，包括劳动力质量、劳动力数量、劳动力市场优化以及劳动力专业化。其次，知识产权创造与知识产权特色小镇创新产业的结合决定着知识产权特色小镇知识产权创造的独特性，知识产权创造与创新产业的匹配程度越高，其所变现出来的指导性和源头性就越高，知识产权创造体系越发完善；反之，知识产权创造与创新产业的匹配程度越低，知识产权创造的质量就会大幅度降低，从而影响知识产权链条的打通服务体系建设。

从知识产权运用与知识产权特色小镇创新功能开发协同的分析框架来看，知识产权运用与知识产权特色小镇创新功能开发有着协同关系。知识产权运用坚持以人为本、目标明确、服务经济和社会进步的原则，经由发明专利、创新经济发展以及知识产权交易市场影响知识产权特色小镇创新功能开发。首先，发明专利作为知识产权的主要载体，在知识产权特色小镇与知识产权链条的协同中主要作用体现在四个方面：第一，专利授权的统一管理可以有效地提升知识产权运用效率，专利授权高效将有助于创新产品的发展，从而提升创新功能利用效率；第二，发明专利所具有的社会性在以人为本的基础上合理优化交易效率；第三，发明专利作为知识产权运用的主要载体承担了其实用性的特点，有助于构建知识产权交易市场；第四，发明专利所引领的技术进步形成交易规模从而促进知识产权特色小镇的创新功能可持续开发。

从知识产权保护与知识产权特色小镇经济发展协同的分析框架来看，知识产权保护与知识产权特色小镇智力成果经济效益有着协同关系。知识产权链条与知识产权特色小镇建设协同发展得以实现的一个主要依据则是知识产权保护服务体系在知识产权特色小镇这一平台的不断建设下持续创新，形成具有知识产权特色小镇特色的现实、制度以及效率功能，在此之外，创新资源保护系统、创新功能布局和完善的知识产权保护体制的交互作用对知识产权特色小镇的经济发展产生协同作用。首先，知识产权保护的基本功能是建立知识产权链条打通体系的基础性功能，此外，在知识产权保护的商业功能的开发中，现代化知识产权保护体制的完善方式和手段对知识产权起着不可忽视的作用。其次，对知识产权保护的商业功能进行延伸时，重点在于挖掘知识产权保护的科学性，核心在于知识产权保护建立完善系统。再次，在知识产权特色小镇的经济发展中，通过不断推进创新功能布局的进一步合理完善，来推动小镇智力成果经济效益的发展，注重维护智力成果的质量，以发展知识产权保护来促进知识产权特色小镇智力成果经济效益的建设，同时在进行人民意识的唤醒，将智力成果经济效益和知识产权保护进行有机地结合，促进知识产权链条打通式发展的同时注重社会效益的提升，让知识产权保护和知识产权特色小镇的协同作用关系呈现出可持续发展的状态。

从纵向来看，知识产权创造、知识产权运用、知识产权保护的三个构成维度提高了知识产权链条协同知识产权特色小镇建设的可能性和必然性，知识产权创造影响着知识产权链条打通式服务体系接入知识产权特色小镇建设的基础，知识产权创造水平越高，知识产权链条与小镇建设协同的基础越牢固；知识产权运用服务体系的规划和构建对小镇建设的方向产生重要的影响，知识产权的运用对知识产业市场活力的大小以及知识产权市场效率的提升有着深远影响；知识产权链条打通式服务体系与小镇建设融合度的提高影响着知识产权特色小镇的知识产业活力的可持续，相互协调的程度越高，形式越完善，协调水平越高将影响这知识产权特色小镇创新活力的大小、知识产业市场活力大小以及知识产业活力的可持续；知识产权城镇化的快速平稳发展使知识产权特色小镇的整体建设获得更加长远的发展，在这一个过程中，智力成果经济效益和创新功能开发之间的关系逐渐得到有效的科学整合，知识产权特色小镇与知识产权链条各自的构成维度之间也在产业发展方面逐渐得到整合，知识产权链条打通式服务体系逐渐完善，协同知识产权特色小镇带动区域创新经济发展，这样的发展态势可以在很大程度上有助于知识产权特色小镇的建成。

综上所述，知识产权链条建设的知识产权创造、知识产权运用和知识产权保护三个维度走"接入性的扩大——知识产权特色小镇创新产业——知识产权链条的打通——知识产权特色小镇的协同发展"的路线。知识产权创造的延伸提高了可接入性，创新产业源头——企业活力得到促进，创新产业布局有利于知识产权特色小镇产业规划科学性；科学运用知识产权有助于知识产权特色小镇开发创新资源，充分运用智力成果，不断完善知识产权市场；知识产权保护作为现代知识产权链条的重要一环，保护水平的高度和对知识产权链条接入的质量、智力成果经济效益增长都有正向的带动作用。

2.4　知识产权链条与知识产权特色小镇建设协同的演化过程

2.4.1　主动的演化形态

知识产权链条打通式服务体系的构建，是一个动态的演化过程，其中知识产权链条各环节发展与知识产权特色小镇建设的协同作用机制也是一个动态变化的过程，内外部因素都一定程度上影响二者协同发展的状态和趋势。基于知识产权链条与知识产权特色小镇的协同作用机制为一个动态过程的前提可知，知识产权链条打通涉及各方的研究。主要研究的方面包括"知识产权制度的研究"，重点揭示了中国知识产权保护、运用等环节的发展问题。知识产权链条与知识产权特色小镇的协同作用机制定义为：知识产权链条通过知识产权创造的管理来对知识产权链条进行联通，对知识产权运用的规划应该从整体上进行把握并且建立在不断提高的协调水平上，充分考虑知识产权市场中各个组成部分相互补充机制，在知识产权创造质量提升和知识产权运用效率提升的基础上对知识产权保护制度进行建设上的不断完善，在此基础上大力促进管理水平的提高，指定更高的标准来严格要求，通过这样的有效手段使得我国在自主知识产权领域的竞争力得到进一步维持。

主动的协同作用行为在本书所研究的协同关系中是主动的知识产权链条与知识产权特色小镇的协同机制演化的开始，这一过程体现在知识产权特色小镇政府首先主动寻求合理有效的知识产权创造与知识产权特色小镇的产业协同的规划路径之后，还需要在知识产权运用一方面进行更加深入的规划，推动在小镇内建成稳定的知识产权交易市场，营造良好的知识产权运用环境，推动发展知识产权特色小镇的智力成果，当知识产权链条的源头以及目的等先决条件都得到规划和布局以后，知识产权保护体系则开始成为知识产权特色小镇政府的重点关注对象，提高智力成果经济效益。

2.4.2 被动的演化形态

内外部环境变化的压力是知识产权链条与知识产权特色小镇的协同机制演化的开始，这其中包括但不限于国家或地方政策等方面的实际情况变化，这些变化往往会给知识产权特色小镇当地政府的政策推行带来压力，根据地方知识产权链条与知识产权特色小镇建设发展之间的协同态势及机制来评价自身的发展环境及发展阶段，通过这样的评价可以判断当前的发展状态是否适应发展环境的变化。当目前发展状态不能适应环境变化时，需要选择知识产权链建设的重点，重新界定具有知识产权特色的城镇发展的新节点，灵活地调整和匹配原有知识产权链的规模和具有知识产权特征的城镇的组成部分，最终形成一种新的合作与获取方式，从而实现知识产权链的要素与知识产权特色城镇协同机制的战略创新，更好地实现两者之间的对接与协作。

根据演化观点，本书认为知识产权链条与知识产权特色小镇的协同作用机制是一个动态的演化过程，为了进一步说明知识产权链条与知识产权特色小镇的协同作用机制的动态演化过程，本书构建出了知识产权链条与知识产权特色小镇的协同作用机制的演化过程的理论模型（见图2-5）。

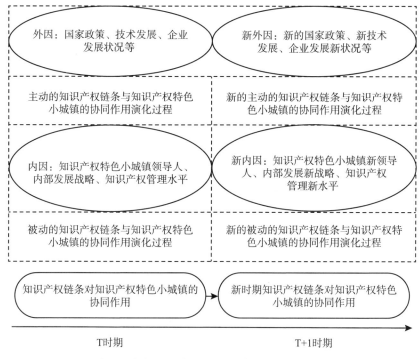

图 2 – 5　知识产权链条与知识产权特色小镇协同作用的演化过程理论模型

从图 2 – 5 可以看出，知识产权链条与知识产权特色小镇协同作用的演化过程由主动和被动的演化过程构成，在知识产权链条与知识产权特色小镇协同作用的不同阶段，具有不同的作用点和作用类型。虽然在这一过程中存在差异，但二者在"知识产权链条与知识产权特色小镇建设协同机制"的演进过程中是统一的，并在这一过程中都发挥着重要作用。

在 T 时期，小镇内部的领导人、发展战略、知识产权链条打通式服务体系建设和小镇知识产权管理水平等诸多内部因素对"知识产权链条与知识产权特色小镇建设的协同作用"产生影响，与此同时，"知识产权链条与知识产权特色小镇建设的协同作用"还受到国家和相关政策、知识产权特色小镇发展自身技术水平的限制以及进驻小镇的创新型企业实际发展状况等多种复杂的外部影响因素的影响，在主动和被动的"知识产权链条与知识产权特色小镇建设的协同作用"演化过程的共同作用下，逐渐演化发展成了新时期，即 T + 1 时期的"知识产权链条与知识产权特色小镇建设的协同作用"。

在 T + 1 时期，知识产权链条与知识产权特色小镇之间的主动与被动协同作用在新的发展背景下面临新的挑战，在这一过程中二者的协同关系将伴随着新内外因素的加入进入一个新时期下的演化阶段。在整个知识产权链条与知识产权特色小镇的协同作用机制下，包括主动和被动两方面的演化过程将贯穿整个发展过程，两个方面各司其职共同作用于知识产权链条对知识产权特色小镇的协同作用机制演化过程。

2.5　知识产权链条与知识产权特色小镇协同的影响因素

2.5.1　知识产权链条与知识产权特色小镇协同的内部影响因素

在知识产权链条对知识产权特色小镇的众多影响因素中，政府在诸多因素中尤为突出。基于"以公有制为主体的多种所有制经济共同发展"为我国基本经济制度这一情况，政府的宏观调控手段的重要性在发展市场经济的过程中尤为突出，因此，政府应为知识产权链条打通式服务体系的构建和知识产权特色小镇的发展制定长期和短期的发展计划和相关对策。从知识产权创造上看，知识产权创造质量的高低和政府引入创新产业的把关水平息息相关；从知识产权运用来看，知识产权运用与小镇创新功能开发的一个关键因素就是政府相关部门对知识产权交易市场的政策影响，进而影响知识产权特色小镇创新功能开发效率；从知识产权保护的维度来看，影响智力成果维权的主要途径为政策上的支持，当依托知识产权特色小镇运作的知识产权保护体系初具规模的时候，智力成果的可持续发展和利润的控制均受到当地政府政策的显著影响。知识产权保护在很大程度上可以弥补使用知识成果的经济损失。它是维护知识产权链条可持续运行，实施知识产权链管理的重要节点。这一过程中应该由政府引导和管理为节点，同时考虑到其对政策的敏感性。

内部发展战略在知识产权特色小镇的发展建设过程中作为一项重要的内部要素影响着知识产权链条与知识产权特色小镇协同。在知识产权特色小镇依托下打通知识产权链条是发展创新经济和新型城镇化建设的一个重要的组成部分，知识产权链条打通以及知识产权链条与知识产权特色小镇的协同必须在统一的发展战略内进行。从这个层面上来说，知识产权链条与知识产权特色小镇的协同机制作用的演化过程是随着内部战略的变化而变化的。不管是对于知识产权链条的创造、运用和保护还是知识产权特色小镇的创新产业聚集的产业规划方式、创新功能开发以及智力成果经济效益，知识产权特色小镇内部区域战略的高度和方向都起着决定性作用。在主动的知识产权链条与知识产权特色小镇的协同作用机制中，知识产权链条与知识产权特色小镇的构成维度的变化和选择受到内部发展战略的影响，基于此，知识产权链条与知识产权特色小镇的协同方式同样受到影响，同样的，在被动的知识产权链条与知识产权特色小镇建设的协同作用机制中也有上述影响。因此，知识产权链条建设和知识产权特色小镇的发展都应该在内部发展战略的框架中进行，知识产权特色小镇内部资源的合理分布和技术支持需要符合内部发展战略才能够逐渐趋于合理化与科学化，从而调动更多的资源来促进知识产权链条与知识产权特色小镇建设的协同性，实现知识产权链条与知识产权特色小镇的协同机制的演化。

知识产权特色小镇引入创新企业的技术与管理水平也是一个重要内部要素。在考虑实现知识产权链条与知识产权特色小镇的接入时，相关部门的技术水平以及管理能力等方面的问题应该是小镇在引入创新企业时需要考虑的因素。知识产权链条与知识产权特色小镇建设协同关系的各时期演化过程将受到创新型企业的技术以及管理水平的影响。从知识产权创造来看，创新型企业作为知识产权创造的输出端，其技术水平和管理水平决定了知识产权创造质量的高低，从而影响知识产权链条与知识产权特色小镇的协同水平；从知识产权的运用来看，知识产权特色小镇知识产权交易市场管理部门技术的高低决定了智力成果运用的科学性和合理性，进而影响着知识产权特色小镇的市场布局与整体规划以及后期管理水平和建设力度；从知识产权保护来看，知识产权保护体系的技术水平决定着知识产权特色小镇智力成果的有效保障，知识产权保护应该在充分考虑知识产权特色小镇以及区域创新经济发展客观需求的基础上，借鉴国际先进管理模式，打造具有特色的现代化知识产权链条管理模式。在主动的知识产权特色小镇协同作用演化过程中，在技术与管理的支持下会产生主动的协同方式的演化，进而影响知识产权链条与知识产权特色小镇的协同作用机制；而在被动的知识产权链条建设与知识产权特色小镇的协同作用机制的演化过程中，政府通过知识产权链条打通式服务体系的完善以及政府政策、产业发展状况、技术发展水平等内外部因素，影响对知识产权链条打通式服务体系服务知识产权特色小镇建设的方式选择。

产业特色、创新资源、市场状况是知识产权链条与知识产权特色小镇协同的内部核心影响要素。产业特色是知识产权链条与知识产权特色小镇协同的首要核心影响要素。创新产业聚集作为知识产权特色小镇的产业特色，充分体现新型城镇化的指导思想，对于知识产权特色小镇创新型产业聚集的分析可以借鉴创新型产业集群的相关理论，其中，创新型产业集群虽有别于创新产业聚集，但是受限于知识产权特色小镇的局限性，创新产业聚集的发展有利于创新型产业集群的发展，同时创新产业聚集的发展过程中可以在一定程度上受到创新型产业集群形成过程的经验指导。随着社会科技与经济的不断发展，包括生物技术、新材料以及电子信息技术等多种产业在内的高新技术产业迅猛发展，各国政府逐渐重视高新技术企业集群，其中最成功的案例即为美国硅谷，由此，美国硅谷的成功促使人们开始关注科技创新集群的发展及其所带来的巨大经济效益。对我国来说，虽然改革开放以来，在工业化方面获得了有目共睹的巨大成就，但我国在国际分工体系中仍处于价值链的中间，在国际竞争中话语权难以控制以及在高端市场缺乏竞争力。因此，不仅需要鼓励科技创新，还需要培育一批科技创新集群。创新型产业聚集作为知识产权特色小镇带动区域创新发展的重要载体，是在创新驱动发展背景下发展区域创新的内生动力以及增强区域经济活力的主要措施。值得一提的是，在《中国制造2025》和《国家创新驱动发展纲要（2050）》中明确指出，培育产业集群和企业群体时要牢牢把握创新、优化和持续发力，使其具备核心竞争力。知识产权特色小镇作为以知识产权为特色的新型城镇，创新资源在小镇成长过程中起到至关重要的影响。知识产权特色小镇作为在区域内主导创新发展的一种新型城镇，创新资源在创新主体间合理流动，不断优化配置，从而进一步促进城市创新过程中的管理水平的稳定提高，进一步加深创新型城市在其创新绩效上的优化。知识产权特色小镇创新能力明显受到小镇创新资源开发效率的影响，知识产权特色小镇创新能力的加强需要高效地聚集大量优质创新资源，充分开发小镇创新功能。由于在这一过程中的各变量间作用机理有所不同，因此各类创新资源需要良好的开发结构来维持知识产权特色小镇创新功能开发绩效的优化，带动了区域创新经济发展。

知识产权交易市场状况是知识产权链条与知识产权特色小镇建设协同的内部核心影响要素。知识产权交易可以在知识经济时代有效促进区域经济发展和产业升级，它是知识产权的有效利用以及科技成果转化的顺利实现过程中的重要一环。国际上发展知识产权交易市场的经验表明，要合理定位政府作用，中介机构要根据客户需求提供服务，不断创新交易市场机制，同时知识产权方面的良好的教育环境也至关重要。此外，在市场方面，随着我国政策法规愈发完善，优质的大环境为构建知识产权特色小镇知识产权交易市场提供了发展土壤。但也应时刻注意面临的诸多问题。我国已总体形成量质并进的多层次知识产权交易市场体系，但距离国家总体目标仍有差距。政府要保持多元化市场建设的积极推进，整合创新知识产权交易市场平台，提供全方位的市场服务，完善知识产权信息公共服务体系，不断促进我国知识产权交易市场的进一步完善，带动相关教育及文化的加强，应坚持市场主导与政府推动相结合，推动形成重点布局与多层次协调发展兼顾的市场结构，采取基于供给侧和需求侧的多元化创新的运营模式。我国非常重视知识产权交易市场的发展，近年来，通过相关政策法规的积极鼓励与科学引导，我国知识产权交易市场的发展在很多方面取得了显著成绩，其中包括交易平台、质押贷款等方面。目前，多家专利技术展示交易中心已然于我国建立，在知识产权交易市场建设完善进程的不断推动下，知识产权交易数量快速增长。知识产权交易所在多个方面取得了相当可观的探索经验，其中包括技术交易数据库的建立方面、一站式服务平台的建立方面、专利拍卖方面以及专利价值系统的开发方面。在知识产权交易市场的形成与发展过程中，不仅市场交易的内在需求是需要具备的，政策法规的外在支撑也相当重要，知识产权交易市场建设与发展应以内在需求和外在支撑相结合为依据。

2.5.2　知识产权链条与知识产权特色小镇协同的外部影响因素

国家的政策是影响知识产权链条与知识产权特色小镇建设关系的重要外部要素。国家的政策泛指国家和区域对于知识产权链条与知识产权特色小镇建设的协同作用机制中涉及的所有法规、政策和指导方针。其中，知识产权链条与知识产权特色小镇建设协同的作用机制将在很大程度上受到小镇外部的国家相关政策的指导，这就使得在国家政策层面上实现知识产权特色小镇建设不断发展的可行性大大提高，阻力大大减少。

技术发展状况的好坏直接决定着知识产权链条与知识产权特色小镇的协同作用的演化，对行业发展状况的准确认知能够帮助知识产权链条与知识产权特色小镇的协同建设在市场定位方面取得显著的成效。在知识产权链条与知识产权特色小镇协同的接入机制中，知识产权的创造、运用、保护以及知识产权特色小镇的创新产业聚集、创新功能开发、智力成果经济效益等构成要素都应该将实际情况作为重要的参考依据，只有准确地评估和把握行业状况，知识产权链条对知识产权特色小镇的协同作用机制才能实现演化。对于知识产权链条与知识产权特色小镇的协同接入机制而言，知识产权链条的创造、运用、保护以及知识产权特色小镇的创新产业聚集、创新功能开发、智力成果经济效益等构成要素均受到当前技术的支持或制约，并不能脱离当前技术的框架，技术发展状况可以直接作用于其演化历程。技术进步和技术创新组成了技术发展状况，技术创新发展所产生的结果为技术进步，也就是说，区域内大幅度上升的技术在一定程度上有助于行业发展水平的提高，进而带技术发展的整体提升。因此，较高的技术水平成为推动城镇调整和升级经济结构的重要依靠。

知识产权相关受益者与小镇建设责任人的关系和利益分配状况也是影响知识产权链条与知识产权特色小镇协同作用机制的重要外部要素。这就要求将相关利益者的分析作为知识产权特色小镇规划的一项重点内容，在这一过程中小镇的发展实际情况应被充分考虑在内。本书将这一过程中涉及的相关利益者大致分为与智力成果利益直接相关的受益者以及小镇发展过程中参与的受益者。知识产权特色小镇由于其特殊的产业结构，其核心利益应为创新产业的智力成果所带来的经济收益。一方面，智力成果经济收益的直接受益者通常为知识产权的创造者，由知识产权创造者产出的智力成果对知识产权特色小镇创新经济发展有重要作用。另一方面，政府、企业、居民等特色小镇经营的主要参与者能否发挥小镇建设责任人的职能作用，是小镇创新经济发展的重要条件，若小镇知识产权管理体系混乱，知识产权创造的服务意识不足，将无法满足知识产权创造者的需求，影响智力成果的产出，进而造成小镇智力成果经济收益低下，不利于小镇创新经济的健康发展。

知识产权链条与知识产权特色小镇
协同的研究假设和理论模型

3.1 知识产权创造水平与创新产业聚集
协同的研究假设和理论模型

3.1.1 知识产权创造水平与创新产业聚集协同的研究假设

3.1.1.1 知识产权创造水平的作用

国家对于知识产权创造的管理可以很好地激发创新产品的制造与技术的创新，从而有助于国家社会的科学、文化以及经济事业发展。因此，知识产权保护对于科技、经济和社会发展都具有高度的战略意义。知识产权的特殊性决定了知识产权对于国家法律法规具有高度的依赖性，因而国家应将知识产权的创造相关法律法规的建设摆在核心的位置，提高我国知识产权的自主创新能力，提高我国知识产权在国际上的核心竞争力，以国家法律的强制作用作为知识产权保护的坚定保护壁垒。总而言之，应通过对知识产权的相关法律法规进行完善，从而形成一个良好的知识产权创造环境，在这一过程中充分体现了国家起到的巨大作用。

技术成本作为生产成本中至关重要的一部分，有效地降低技术成本可以有效降低生产成本，而技术的进步往往伴随着知识产权创造水平的不断进步而来，技术成本随着这一过程的发展将获得不断降低。2016 年 11 月，国家首次提出平等、全面的法律保护应该作用于所有的产权形式，这将在一定程度上合理控制企业家对产权安全的预期，同时有助于降低生产成本，特别是信守承诺在政府工作中的重要性越发突出，意识到知识产权在创新经济的发展中起到重要作用，对于降低生产成本具有显著的正向作用。由此得出假设：

HA1：知识产权创造水平对生产成本的降低有显著正向作用。

企业核心竞争力形成的关键因素为科技创新的加强，具有自主知识产权的核心技术的创建。例如，中国石化集团公司，以 1998 年重组为节点，无论重组前还是重组后，都高度重视研究开发和科技创新，以形成具有自主知识产权的核心技术为科技创新目标。科技创新作为评价科研单位的主要指标，也是评价基层企业的重要指标。

新常态下的一个明显时代特征是以创新驱动发展，而产业转型升级的推动和社会创新活力释放的内在动力之一是知识产权。近年来，我国颁布了一系列政策，加强和鼓励知识产权创造和企业协同发展的协同发展模式逐渐展开。知识产权创造水平的提升就是创新质量的提升，有助于区域创新发展。因此，要重视知识产权的创造对创新型企业发展的影响作用，推动形成知识产权小镇创新型企业蓬勃发展的新局面。社会创造活力可以通过知识产权得以释放，产业转型升级可以将知识产权作为内生动力加以推动。"大众创业、万众创新"依赖于知识产权所具备的激励保护作用。因此，保障知识产权的创造水平就是保障可持续的创新发展，合理、科学的知识产权创造可以有效地激励创新。其中，"双创"在激发全社会创新热情的同时，还旨在通过创业以及市场需求带动创新，因此为了形成"双创"蓬勃发展的新局面，需要牢牢把握知识产权创造水平的稳健提升。

知识产权创造水平推动创新产业的集聚发展是创新产业规模化的必然选择。其中的一个典型案例就是"北京中关村知识产权一条街"。这条由一个水平轴和一条垂直轴组成的区块中，中关村建成了三个承载创新产业集聚的建筑，即知识产权大厦、国际技术转移中心和致真大厦，集聚发展了近千个知识产权服务机构。中关村已然成为中国创新创业的高地，以高水平的知识产权创造活动形成了实体集聚、功能集聚的知识产权服务业"二维一体化"发展模式。

此外，我国还在上海漕河泾、苏州高新区、深圳福田区、郑州等知识产权服务业集群发展示范区，成都、佛山、青岛等试验区还建设了不同区域的集群发展区物理载体，提供免租和租赁服务机构优惠政策，吸引服务机构落户，为知识产权创造活动提供高水平知识产权服务，促进了区域创新型产业的聚集与企业发展。

通过以上分析以及实践成果，可以看出，知识产权创造水平的提高，是推动科技和经济紧密融合的有力手段，在一定程度上提高产业核心竞争力，加快经济结构调整，转变经济发展方式。进而，知识产权创造水平的提升建设将有助于创新型企业的发展，为科技创新水平提升和创新型产业聚集贡献力量。

由此得出如下假设：

HA2：知识产权创造水平对创新型企业发展有显著正向作用。

HA3：知识产权创造水平对创新型产业聚集有显著正向作用。

3.1.1.2　生产成本的作用

生产成本在市场经济条件下作为衡量生产消耗的补偿措施，要求生产过程中的各项支出需要企业用产品的销售收入对其进行补偿，以保障企业的盈利。因此，控制生产成本便成为企业成本管理中一项重要工作。生产成本反映原材料消耗水平、设备利用率、劳动生产率、先进的产品技术等。也就是说，生产成本的控制能够反映企业生产经营的效果。

利益最大化是企业经营的最终目的，而在企业管理中，降低成本也是实现利益最大化的一个重要途径。降低成本在一定程度上可以帮助企业实现利润的增加，当收入处于增加的状态时，企业的利润增长速率也可以通过成本的降低得到提升；当收入处于减少的状态时，企业的利润下降趋势可以通过成本的降低有所抑制。而对于劳动力水平而言，生产成本的降低为企业提供了更多的发展空间，从而不断优化自身的劳动力配置。

在劳动力水平方面，劳动力水平分为劳动力数量和劳动力质量两个构成维度，当小镇创新型企业在生产过程中购买劳动力之外的成本有所降低时，一方面可以扩大生产规模从而提高劳动力数量；另一方面，劳动力竞争加大，有助于提升劳动力质量，同时会提升福利水平，吸引小镇外人才涌入小镇，促进小镇创新产业聚集。在产业集聚方面，由于产业集聚形成的过程可以解释为某些企业或机构在一定范围内通过相互之间存在的共同特性的吸引作用或者相互取长补短的趋向性形成紧密联系的过程。因此，相互竞争与合作的基本关系建立在处于同一产业链的产业之间，因而专业分工的格局便在横纵两向上延伸开来。技术、人才等创新资源将通过上述产业发展过程中产出的溢出效应实现产业要素共享，整个产业群的竞争力通过规模经济效益的区域内企业而获得极大提高。因此，区域内生产成本的不断降低，将吸引企业向小镇聚集，从而形成相互联系共同发展的产业群，由此得出如下假设：

HA4：生产成本的降低对劳动力水平提升具有显著正向作用。

HA5：生产成本的降低对创新产业聚集有显著正向作用。

3.1.1.3　创新型企业的作用

大力引进创新型企业，归根结底，是为了引入核心技术，提供产业转型发展动力，核心技术能为企业的产品结构调整提供坚实的基础，有能力按市场需求开发高附加值高质量新产品，在产业竞争中处于领先优势，提升产业经济效益。在引入核心技术之后还要辅以相应的人才与资本。狭义的引进，只指购买国外新技术、新产品，以填补国内空白；广义的引进，还包括购买国内领先企业的生产创新成果。引进的目的就是为了仿制。生产创新的引进，既包括硬件的引进，如成套设备、关键设备；也包括软件的引进，如技术诀窍、图纸、会计制度、金融创新等。企业自身技术能力薄弱时，宜于引进硬件；具备了足够的消化吸收能力，宜于引进关键软件，从而降低引进成本。

直接引进核心技术的好处在于缩短开发时间，节约开发费用，降低投资风险。无论是国际上还是国内，完全依靠自身的技术发展，都是不科学的。经济发展的促进需要依靠科学地引进先进的技术，在这一过程中不仅仅是一轮的技术引进，某些地区的技术引进是一个持续过程，将相对成熟或即将进入衰退期的技术和产业从本地区转移到其他间接技术引进的地区。虽然此时，这项技术对产出增长的影响有所下降，所能带来的利润率也低于初始水平，但对于引进间接技术的地区来说，这仍然是推动经济增长的重要动力，有利于地区经济增长。可见创新型企业的发展可以通过核心技术的引进为创新产业发展、形成集聚提供动力。

在引入核心技术之后还要辅以相应的人力与资本，产业人才的引入，能够为特色小镇提供科技创新发展智力支撑。人才资源是第一资源，是完成各项工作的根本保证。产业人才包括产业领军人才和产业配套人才，领军人才通过强大的技术及资源优势，拥有强大的创新资源整合能力，国内、国际领先的重大科技成果可以由一个杰出的产业领军人才所创造，这样的人才很有可能促进一个产业或者学科的发展水平产生质的飞跃，进而创造出极具竞争力的企业集团，带动一个全新的产业蓬勃发展；产业配套人才是核心团队人才，包括中高层研发人才、中高层管理人才等，是产业领军人才发挥作用的土壤，也是产业创新发展的重要基础。

产业资本的引入可以为特色小镇提供科技创新发展跨越发展。企业设备购买、厂房建设、技术研发、产品开发、团队建设、产品营销等都需稳定的现金流支撑。

基于上述分析，创新型企业作为知识产权特色小镇的主导产业，其发展水平的提升一方面可以吸引更多的劳动力进入特色小镇，提升特色小镇劳动力数量；另一方面，特色小镇重点发展创新型企业可以对劳动力进行更加严格的筛选，同时辅以更加专业的员工培训等措施，提升劳动力质量，使劳动力专业化发展。创新产业聚集发展的主要表现形式为创新型企业向特色小镇的聚拢，因此创新型企业发展水平的提升可以促进特色小镇企业间的合作与竞争，从而促进特色小镇创新产业聚集发展，带动区域创新发展。因此提出以下假设：

HA6：创新型企业发展水平的提升对小镇劳动力水平提升有显著正向作用。

HA7：创新型企业发展的提升对创新产业聚集有显著正向作用。

3.1.1.4　劳动力水平的作用

在现代社会的生产过程中，劳动者从事生产劳动的能力更多地依靠先进的科学技术来弥补单纯的体力和脑力的不足。因此，从提高劳动力素质的角度出发，还必须充分关注社会环境中的许多其他因素对提高劳动力素质的影响。

借鉴于劳动力对于国家的作用，劳动力的数量和质量是知识产权特色小镇未来可持续发展的重要动力，是促进经济发展的重要手段。我国作为最大的发展中国家，人口红利不明显，而对于知识产权特色小镇而言，通过吸纳相邻地区的劳动力，人口红利应较为明显。劳动力水平不断提升带动创新性劳动力水平的提升，从而促进创新产业聚集。因此得出假设：

HA8：劳动力水平的提升对创新产业聚集有显著正向作用。

3.1.2　知识产权创造水平与知识产权特色小镇创新产业聚集的理论模型

结合知识产权创造水平与知识产权特色小镇创新产业聚集的研究假设，可以较好地分析知识产权创造水平与知识产权特色小镇创新产业聚集的作用路径。由此可以得出知识产权创造水平对知识产权特色小镇创新产业聚集作用的理论模型，见图 3 – 1。

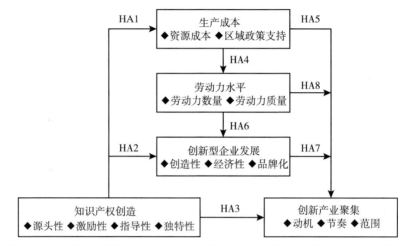

图 3 – 1　知识产权创造水平对知识产权特色小镇创新产业聚集作用的理论模型

在知识产权特色小镇知识产权创造与知识产权特色小镇创新产业聚集的理论模型中，主要存在着五个主要的变量：知识产权创造水平、创新产业聚集、生产成本、劳动力水平、创新型企业。其中，知识产权创造主要由源头性、激励性、指导性和独特性四个方面组成，而创新产业入驻小镇的动机、入驻节奏和产业聚集规模则构成了创新产业聚集，生产成本主要从资源成本和区域政策支持两个维度来进行划分，劳动力水平由劳动力数量以及劳动力质量组成，企业的创造性、经济性和品牌化构成了创新型企业。各变量之间的关系将说明知识产权创造如何与创新产业聚集实现协同。具体来说，知识产权创造与创新产业聚集实现协同的路径主要有两条：一条是直接产生作用的路径，即知识产权创造与创新产业聚集；另一条路径则是通过知识产权创造间接产生。此路径又可细化为以下几条路径：知识产权创造通过劳动力水平作用于创新型产业聚集形成；知识产权创造通过创新型企业协同作用于创新产业聚集；知识产权创造通过生产成本，生产成本作用于劳动力水平，再通过劳动力水平作用于创新产业聚集；知识产权创造通过作用于生产成本对创新产业聚集产生作用。

3.2　知识产权运用与知识产权特色小镇创新功能开发协同的研究假设和理论模型

3.2.1　知识产权运用与知识产权特色小镇创新功能开发协同的研究假设

近年来，国家继续加大对知识产权的扶持力度，但是转化率低、资本运作不足、缺乏大型企业、高层次知识产权人才等问题仍存在于知识产权产业中。若要缓解上述问题，可以通过建设知识产权特色小镇来实现。通过整合各类知识产权创新资源，集中各类生产要素，形成集聚效应，知识产权特色小镇的建设不仅可以提高创新意识在社会中的地位，还可以使企业的创新服务能力得到增强，从而更好地促进知识产权的发展。

3.2.1.1　知识产权运用的作用

知识产权的运用是知识产权制度的基础，具有深刻的社会意义。在有效的时间内充分实现知识产权的社会价值和经济价值，是当今市场经济社会对知识产权制度的一个新要求。

我国知识产权转化方面的发展在很长一段时间内均存在各种阻碍，其中就包括转化平台建设的欠缺以及知识产权运用机制本身等方面的问题。为了解决知识产权转化过程中的困难，国家知识产权局联合财政部于 2014 年开始通过将知识产权运用市场化为基本措施，不断推进建设高度整合相关平台、相关机构、相关产业以及相关资本的新型知识产权运营服务体系。通过这一措施的不断推行实践，很大程度上推进了我国在知识产权运用领域的显著进步，技术交易在市场化的体制下有效推进知识产权转化。加强专利运用、实现专利价值，从而在知识产权的角度助力实体经济的发展。通过查阅《2018 年中国专利调查数据报告》可以获知，2018 年我国有效专利实施率达到 52.6%，其中有效发明专利的实施率为 48.6%。包括质押融资在内的相关服务得到大力发展，从而使得知识产权通过更合理、科学的方式服务与支撑实体经济的发展，进一步促进我国创新驱动发展的新局面。可以看出，知识产权运用水平的提升，知识产权运用服务体系的不断完善，将拉动知识产权交易市场不断发展，提高市场交易效率，节约交易成本，因此可以得出以下假设：

HB1：知识产权运用对小镇知识产权交易市场有显著正向作用。

人类活动之所以可以推动社会发展的重要原因就是具备创造性，在不断实践的物质生产过程中，人类始终在解决人与自然之间的矛盾，这推动了人类借助创造性的特征生产各种形式的智力成果。首先，在人类精神生活方面，智力成果将产生积极影响。在此过程中，知识产权的高效运用不断激励智力成果质量的提升；其次，对于客观的经济发展，智力成果也对生产的进步产生积极影响，这一点实际也体现在对知识产权的高效运用层面，知识产权高效运用促进的生产进步通常是整个社会投入大量极富探索性、连续性尤其是极具创造性劳动的结果，可见知识产权运用推动了智力成果在经济发展过程中的地位逐渐凸显。最后，从智力成果的属性角度分析，知识产权所具备的公共产品属性决定了其广泛运用不会对智力成果造成很大的负面影响，反而可以在一定程度上产生促进作用。随着知识产权运用水平的提高，知识产权运用服务体制不断完善，激发小镇创造性的同时，在最大程度上对知识产权特色小镇的创新功能进行开发。因此，可以得出以下假设：

HB2：知识产权运用对智力成果质量提升有显著正向作用。

HB3：知识产权运用对小镇创新功能开发有显著正向作用。

3.2.1.2 知识产权交易市场的作用

科技创新通过其先进性和科技性在经济发展中占据重要地位，成为引领发展的第一动力和建设现代化经济体系的战略支撑。积极的创新政策、世界领先的研究机构、高科技创业公司都源于对知识产权的重视。创新经济区别于以知识利用为主导的制造业经济，其以知识创造为主导，创新是现实经济中的常规活动。在实体经济中，创新型企业逐渐代替生产型企业成为经济行为主体。持续创新和速度经济逐渐在经济活动中替代对于规模经济的追求。创新的主体不限于企业，高校、政府、中介组织和科研院所也应包含在其中，而新知识的创造和商品化是社会资源配置的重点。创新经济区别于传统经济的一个基本特征是高复杂性，当创新主导经济活动时，知识和技术逐渐代替物质要素和商品成为资源配置的对象。对于创新经济的高度复杂性而言，传统的商品交易市场已经不能满足其发展需求，同时创新功能的开发也不同于传统小镇建设，因此可以看出，构建科学的知识产权交易市场是小镇科技创新带动经济发展的重要途径，其促使创新经济成为未来经济的下一个高速增长点。基于以上分析，可以得出以下假设：

HB4：知识产权交易市场对创新经济发展有显著正向作用。

HB5：知识产权交易市场对创新功能开发有显著正向作用。

3.2.1.3　智力成果的作用

知识产权特色小镇由于其独特的创新性，在开发其创新功能过程中，所产生的智力成果将促进小镇经济的发展，因此对于知识产权特色小镇智力成果的分析，应成为分析知识产权运用与小镇创新功能开发协同机制中的重要环节。以智力成果中的专利为例，一个国家或地区的专利数量以及质量往往展示了该国家或地区的创新能力与技术水平，在所有智力成果类型中，专利是可以称为自主创新基础和衡量指标的较典型的智力成果。经济增长过程中的专利贡献尤为重要，具有较大潜力，我国的经济发展始终准确认识这一现实情况，近30年来，《专利法》的三次修订便足以说明我国对于专利这一智力成果的重视，此外，随着专利制度的不断完善，创新发展战略配合相应的专利推进计划在我国不断落实，全国各级政府为鼓励创新活动普遍采取财政补助等激励措施，经过不断努力，我国以专利授权量为代表的智力成果产出不断增长，极大地促进了我国创新经济的发展。

在智力成果对创新经济影响的数据研究方面，同样以专利为例，根据国务院发展研究中心的研究显示：在经济增长质量的提高以及方式的转变方面，我国的发展已经取得一定成效，专利对经济增长的贡献随着我国逐渐完善的专利制度不断推进，自20世纪90年代开始逐渐凸显。以专利为代表的智力成果对经济增长贡献水平的不断提高，预示着我国的经济增长已经开始进入换挡期，改变了旧的经济增长模式（物质资本增加所驱动），提高了我国经济增长的质量。具体贡献率数据如表3-1所示。

表3-1　　　　　　　　1998～2013年我国专利对经济增长的平均贡献率

时间	我国专利对经济增长的平均贡献率
1998～2013 年	23.32%
1988～1993 年	31.36%
2000～2007 年	17.65%
2008～2013 年	29.51%

资料来源：李志军. 提高专利对经济增长的贡献率 [N]. 中国经济时报，2017-02-07（005）.

因此可以得出以下假设：

HB6：智力成果的发展对小镇创新经济发展有显著正向作用。

HB7：智力成果的发展对小镇创新功能开发有显著正向作用。

3.2.1.4 创新经济发展的作用

通过推动转换新旧动能来促进现代化经济体系的建设，已经成为我国经济发展的必然趋势。国务院于 2018 年 1 月正式批复了山东省提交的《山东新旧动能转换综合试验区建设总体方案》，这一试验区是我国首次以"新旧动能转换"为主题的尝试。转换新旧动能是合理的政策作为外在引导，企业是内在的主体。创造新旧动能转换的条件显得尤为重要，而这个条件实际上就是让市场发挥作用，让企业发挥主导作用，让创新成为主导性因素。为了创新经济的发展，在"大众创业、万众创新"的号召下，全国各地坚持落实创新为经济发展第一推动力的指导思想，千百个科技企业孵化器、大众创新空间以及高新区不断落成，形成了服务数十万科技性中小企业的创新服务环境和生态网络。中国的科技创新水平步入世界前列，这离不开对创新发展的不懈坚持，创新逐渐扩展至多个领域，催生新模式、新业态，创新已在服务实体经济、推动新旧动能转换、解决融资难题等方面发挥着不可替代的作用。因此可以看出，在知识产权小镇建设中，创新经济的发展将起到重要作用，随着创新经济的不断发展，对于小镇创新功能的开发也将进一步加深，因此，可以提出以下假设：

HB8：知识产权特色小镇创新经济发展对创新功能开发有显著正向作用。

3.2.2 知识产权运用与创新功能开发协同的理论模型

结合知识产权运用水平与知识产权特色小镇创新功能开发的研究假设，可以较好地分析知识产权运用水平与知识产权特色小镇创新功能开发的作用路径。由此可以得出知识产权运用水平对知识产权特色小镇创新功能开发作用的理论模型，见图 3 - 2。

在知识产权运用对知识产权特色小镇创新功能开发作用的理论模型中，主要存在着五个主要的变量：知识产权运用水平、创新功能开发、智力成果、知识产权交易市场、创新经济。其中，（1）知识产权运用主要包括目的性、以人为本、服务经济和社会进步四个相关特性；（2）创新功能开发包括创新资源利用效率、创新动力和创新环境；（3）创新经济包括创新体系和供给结构；（4）根据对相关材料的分析，将智力成果分为专利、商标以及版权；（5）知识产权交易市场的特征主要指知识产权交易市场的规划体系、交易效率、交易中心构建和知识产权交易规模。这五个主要变量之间关系可以反映知识产权特色小镇知识产权运用如何与创新功能开发实现协同。具体来说,知识产权运用与创新功能开发实现协同的路径主要有两条:一条是直接产生作用的路径,即知识产权运用与创新功能开发。另一条是通过知识产权运用间接产生的路径。此路径又可细化为如下几条路径:知识产权运用通过智力成果作用于创新功能开发;知识产权运用与创新功能开发之间的作用关系依靠交易市场来搭建;知识产权运用通过智力成果,智力成果通过作用于创新经济,再通过创新经济的发展水平作用于创新功能开发;知识产权运用通过知识产权交易市场作用于创新经济,再通过创新经济对创新功能开发产生作用。

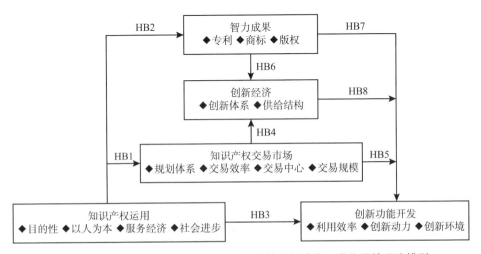

图 3 - 2 知识产权运用对知识产权特色小镇创新功能开发作用的理论模型

3.3 知识产权保护与智力成果经济效益协同的研究假设和理论模型

3.3.1 知识产权保护与智力成果经济效益协同的研究假设

3.3.1.1 知识产权保护的作用

人们进行文艺创作和科技研究的积极性依赖于知识产权的有效保护。知识产权保护制度的建立与发展旨在更好地对权利人在科技文化领域所创造的智力成果进行保护。只有及时、全面地保护权利人的智力成果和合法权益，人们的创造积极性才能被调动，从而促进社会资源的优化配置。知识产权保护可以给企业带来巨大的经济效益，增强企业的经济实力。其中，技术、品牌、商业秘密等无形资产在企业发展中起到了巨大作用，开始有越来越多的企业意识到这一点。而是否进行了合理的知识产权保护，决定了上述无形财产价值是否能够得到最大化效用。可以看出，知识产权保护的重要性可以通过很多方面得到印证，因此可以猜测知识产权保护制度不够完善时，知识产权能力的提高有助于带动知识产权保护制度不断完善。

近年来，在许多涉外知识产权案件中，国外企业胜诉率较高。但是，中国企业在国外申请专利或行使知识产权时，往往缺乏平等保护。目前，中国的对外开放正在开始新的一轮，这就要求中国企业走向世界（"走出去"）的同时，也应该在高端制造业领域占据一席之地（"走上去"），而这些目标都依赖于合格的知识产权保护能力。知识产权保护不仅在国际经济贸易体系中为"标准配置"，也是我国创新发展的"刚性需求"。

因此可以看出，知识产权特色小镇作为以打造知识产权发展高地为目标带动区域创新发展的新型特色小镇，通过提升其知识产权保护能力来配合知识产权特色小镇知识产权保护制度的完善是大势所趋，进而通过知识产权保护制度的科学完善来保障知识产权能力的提升，同时随着知识产权特色小镇知识产权能力的提升，知识产权特色小镇知识产权保护配套服务可以得到进一步发展，因此，知识产权能力的提升对知识产权保护制度的完善存在一定的内在推动力，而不是知识产权保护制度的完善单向作用于知识产权保护能力。因此可以提出以下假设：

HC1：知识产权保护能力的提高对知识产权保护体制的完善有显著正向作用。

创新者权益的保护、创新人才的发展以及创新活力的激发都需要知识产权制度的保障，可以说，知识产权制度是完成上述目标的基本制度。其中，创新发展与知识产权保护存在着密不可分的关系。首先，创新发展作为知识经济的基本特征，成为新时期我国经济发展与世界科技革命和产业变革的融合焦点；其次，知识产权保护制度作为创新发展的核心制度，应始终坚持以保护创新为本质。

随着科技、经济等众多领域对知识产权保护的需求日益增多，在知识产权产业链逐渐形成的情况下，一个地区的知识产权保护能力提升已不仅仅表现为其制度能力的提升，还表现在立法保护能力、执法保护能力以及影响能力等方面，推动围绕知识产权配套产生的资源保护能力的提升。而知识产权配套生产的资源包括人力、物力、财力在内的企业技术创新投入即为创新资源，这些投入的要素不仅作为商品需要流动，同时也作为资源需要得到相应的保护。提高小镇知识产权保护能力，有利于加强知识产权公共服务建设，方便人才和广大群众了解和使用知识产权信息。同时，推进重大经济技术活动知识产权分析评价体系建设，推进产业规划、企业经营等专利导航项目实施，可以使知识产权信息与技术、经济、产业信息得到更好的互联互通，进一步节约人才创新成本，进而提升智力成果经济效益。因此，将知识产权特色小镇的人力、物力以及财力的保护工作设定为知识产权特色小镇"创新资源保护系统"，受到知识产权保护能力的正向影响。

知识产权是当今社会财富的重要来源之一。因为智力创新成果是知识产权的客体，所以知识产权的保护可看作对创新的保护。知识产权保护能力的提升，可以为智力成果的创新保驾护航的同时，保障智力成果可以有效运用，创造经济效益。只有当智力成果的知识产权得到切实保护的时候，创新型人才及企业的创新创业热情才能被真正激发，从而促进创新经济的发展，创造更多智力成果，进而促进知识产权特色小镇智力成果经济效益的提升。

HC2：知识产权保护能力的提升对创新资源保护系统有显著正向作用。

HC3：知识产权保护能力的提升对智力成果经济效益有显著正向作用。

3.3.1.2 知识产权保护制度完善的作用

知识产权制度作为激励创新的基本保障，在我国创新驱动发展战略下具有重要的实际意义。依托知识产权特色小镇而不断完善的知识产权保护制度，可以依靠知识产权特色小镇集中管理、服务知识产权以及知识产权链条打通服务等特性，为知识产权特色小镇提供多种智力成果产出、多种实施手段并行、国家地方互动以及行政司法协调的知识产权保护强大动力，为小镇的各类创新保护提供制度保障，进而实现小镇内创新功能的分类引导。当小镇为每个知识产权链条提供的服务均有相对应的完善制度保障时，小镇的创新功能布局的合理化便得到了制度保障。此时，创新文化深入小镇建设的各个环节，促进小镇知识产权运用效率的提高以及创新的增加，不断推动创新功能开发的合理性及科学性。

同时，知识产权特色小镇知识产权保护制度的完善将有助于国际贸易中知识产权的平等保护，有助于以知识产权小镇为载体推动我国在技术交流与合作领域对中外企业的积极鼓励，对在华外资企业知识产权的合理化保护，这样的知识产权保护制度体系，有助于外国政府在知识产权领域对我国企业进行应有的保护。可见，知识产权保护制度的完善将通过知识产权特色小镇带来更加科学、先进的国际贸易，这将有效促进小镇智力成果经济效益的发展。因此可以提出以下假设：

HC4：知识产权保护体制的完善对创新功能布局有显著正向作用。

HC5：知识产权保护体制的完善对智力成果经济效益有显著正向作用。

3.3.1.3 创新资源保护系统的作用

通过创新资源保护系统的合理构建，可以在很大程度上有效分解简化创新过程的复杂程度，使创新过程的前提与条件得到相对有效的保障。同时，由于创新资源保护系统对创新过程中所需人力、物力以及财力等资源进行细致保护所涉及的领域较广，为知识产权特色小镇人民广泛参与创新提供了条件，使得知识产权特色小镇成为一个将创新从少数专家群体开拓至更广泛的群体的新型媒介，可以促进小镇带动创新驱动的高质量发展。创新资源保护系统的建设可以帮助知识产权特色小镇过程中合理整合相应的创新资源，为知识产权保护的分工提供支持，从而促进知识产权链条打通服务，同时通过对创新资源的合理保护可以在一定程度上保护小镇智力成果经济效益，尤其对于创新所需人力资源进行合理保护，可以有效吸引更多人才入驻小镇，经过创新资源保护体系的引导，知识产权特色小镇相关部门或单位将充分发挥各自在小镇创新过程中的作用，从而优化小镇创新功能布局，同时这一体系的完善还有赖于建议回馈和激励，为公民持续创新注入动力源泉，形成公民创新的良性循环。

创新资源保护体系建设的另外一项重要价值为制度创新，创新资源保护系统依托知识产权特色小镇建设的成功经验将在很大程度上启发其他区域创新经济的发展，创新资源的保护作为知识产权保护与小镇智力成果经济效益之间的重要纽带，无论对小镇通过知识产权保护带动知识产权链条打通式服务体系的构建还是对小镇智力成果经济效应的保障都将起到至关重要的作用。在创新资源保护体系的支持下，小镇人民以及创新型企业参加创新的积极性和主动性将得到持续保障，进而带动知识产权特色小镇的创新功能不断优化，促进知识产权特色创新经济的发展。此外，人民群众物质需求的日益增长与供给质量相矛盾的问题在知识产权特色小镇的建设中也将表现出来，我国经济转型期的多种问题，对于知识产权特色小镇也将成为知识产权特色小镇建设中的重点难点。其中产业层次低、产品优质率差等问题，可以通过知识产权特色小镇建设中科学、高效、集中的创新资源保护体系保障创新效益，推动小镇全要素生产率的提升，科学系统保护创新功能布局各环节的创新资源，是通过合理创新功能布局解决知识产权特色小镇创新产业发展中结构不合理问题的重要手段。

因此，提出以下假设：

HC6：创新资源保护系统对创新功能布局有显著正向作用。

HC7：创新资源保护系统对智力成果经济效益有显著正向作用。

3.3.1.4　创新功能布局的作用

对知识产权特色小镇的创新功能布局进行合理优化可以促进小镇创新资源的整合，优化创新要素在小镇内各部门之间的流动结构，有助于小镇知识产权保护体系、创新资源保护体系等创新体系的构建，从而提高小镇智力成果经济效益的稳定性。知识产权特色小镇的发展需要强调其创新功能，促进创新要素向知识产权特色小镇聚集，有助于围绕知识产权特色小镇打造区域创新平台，将知识产权特色小镇建设成为带动区域创新发展的核心阵地。一方面，知识产权特色小镇创新功能布局的优化意味着知识产权特色小镇相关产业管理机制的优化，使小镇在创新服务功能方面取得进步，使智力成果经济效益得到保障。在创新功能布局的优化过程中还伴随着小镇特色产业的培育工作，以特色产业带动创新发展具有较高的相对优势，能够有效降低成本。另一方面，创新功能布局的优化过程还将不断优化人力等多种创新资源的配置，进而使智力成果的创造活力得到有效激发，提升小镇智力成果经济效益。例如创新功能布局的优化必然带来人才专业化布局，推动人力资本的重新整合。可见，创新功能布局合理化有助于提升产业层次，强化创新能力，创新制造模式。随之而来的产业布局优化将促进知识产权特色小镇形成鲜明的区域特色，带动小镇所在区域实现产业聚集、人才集聚。

因此可以提出以下假设：

HC8：创新功能布局合理化对智力成果经济效益有显著正向作用。

3.3.2　知识产权保护与智力成果经济效益协同的理论模型

结合知识产权保护水平与知识产权特色小镇智力成果经济效益的研究假设，可以较好地分析知识产权保护水平与知识产权特色小镇智力成果经济效益的作用路径。由此可以得出知识产权保护水平对知识产权特色小镇智力成果经济效益作用的理论模型，见图3-3。

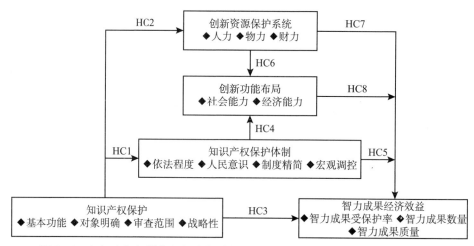

图 3-3　知识产权保护与知识产权特色小镇智力成果经济效益作用的理论模型

在知识产权保护与知识产权特色小镇智力成果经济效益的理论模型中，主要存在着五个主要的变量：知识产权保护水平、智力成果经济效益、创新资源保护系统、知识产权保护体制、创新功能布局。其中，基本功能、对象明确、审查范围和战略性四组变量组成了知识产权保护这一变量，而智力成果受保护效率、智力成果数量和智力成果质量三组变量组成了智力成果经济效益这一变量，创新功能布局主要从社会能力和经济能力两个维度来进行划分，创新资源保护系统应包括人力、物力以及财力等资源的全方位保护，知识产权保护体制包括依法程度、人民意识、制度精简和宏观调控能力。这五个主要变量之间的关系可以反映小镇知识产权保护如何与智力成果经济效益实现协同。具体来说，知识产权保护与智力成果经济效益实现协同的路径主要有两条，一条是直接产生作用的路径，即知识产权保护与智力成果经济效益；另一条路径的作用则是通过知识产权保护间接产生。此路径又可细化为以下几条路径：知识产权保护通过创新资源保护系统作用于智力成果经济效益；知识产权保护通过作用于知识产权保护体制协同于智力成果经济效益；知识产权保护通过创新资源保护系统作用于创新功能布局，再通过创新功能布局的发展水平作用于智力成果经济效益；知识产权保护通过知识产权保护体制作用于创新功能布局，再通过创新功能布局对智力成果经济效益产生作用。在图 3-3 中，前文中所提出的研究假设在图上被表示为每条路径上的字母数字，下一步，则需要通过实证检验来验证前文所提出的研究假设。

第 4 章

知识产权链条与知识产权特色小镇
协同的结构方程实证研究

4.1　问卷设计和数据来源

4.1.1　问卷设计

本章通过调查问卷的形式获得关于"知识产权创造与知识产权特色小镇创新产业聚集协同作用""知识产权运用与知识产权特色小镇创新功能开发的协同作用"以及"知识产权保护与知识产权特色小镇智力成果经济效益的协同作用"三个实证研究所需要的数据，在得到初始数据之后，还要对调查问卷得到的初始数据进行筛选和整理。针对这一部分的需求共设计三组调查问卷（以下简称"调查问卷"），分别为《知识产权创造与知识产权特色小镇创新产业聚集协同分析调查问卷》《知识产权运用与知识产权特色小镇创新功能开发协同分析调查问卷》和《知识产权保护与知识产权特色小镇智力成果经济效益协同分析调查问卷》。

在设计《知识产权创造与知识产权特色小镇创新产业聚集协同分析调查问卷》时，从调查问卷设计的目的出发，研究"'知识产权创造'对'知识产权特色小镇创新产业聚集'的作用机制"，在进行问卷设计时，从知识产权创造、创新产业聚集、引入创新企业、生产成本以及劳动力水平五个方面入手。为了使评价指标和变量能够被科学地观测以及量化，需要对上述几个方面基于其内部联系以及发展现状进行科学规范的处理。在调查问卷的结构设计上，根据所需研究的实际内容，结合目前知识产权小镇发展的现状以及当地受访对象的实际情况，将问卷分成"知识产权创造状况的调查""创新产业聚集发展状况的调查""引入创新企业发展状况的调查""生产成本状况的调查"以及"劳动力水平状况的调查"五个部分。

同理，在设计《知识产权运用与知识产权特色小镇创新功能开发协同分析调查问卷》的时候，从调查问卷设计的目的出发，研究"'知识产权运用'对'知识产权特色小镇创新功能开发'的作用机制"，在进行问卷设计时，从知识产权运用、创新经济发展、智力成果、知识产权交易市场以及创新功能开发五个方面入手。为了使评价指标和变量能够被科学地观测以及量化，需要对上述几个方面基于其内部联系以及发展现状进行科学规范的处理。在调查问卷的结构设计上，根据所需研究的实际内容，结合目前知识产权小镇发展的现状以及当地受访对象的实际情况，将问卷分成"知识产权运用状况的调查""创新经济发展水平的调查""智力成果运用状况的调查""知识产权交易市场状况的调查"以及"创新功能开发状况的调查"五个部分。

在设计《知识产权保护与知识产权特色小镇智力成果经济效益协同分析调查问卷》的时候，从调查问卷设计的目的出发，研究"'知识产权保护'对'知识产权特色小镇智力成果经济效益'的作用机制"，在进行问卷设计时，从知识产权保护、创新资源保护系统建设、创新功能布局、知识产权保护体制以及智力成果经济效益五个方面入手。为了使评价指标和变量能够被科学地观测以及量化，需要对上述几个方面基于其内部联系以及发展现状进行科学规范的处理。在调查问卷的结构设计上，根据所需研究的实际内容，结合目前知识产权小镇发展的现状以及当地受访对象的实际情况，将问卷分成"知识产权保护状况的调查""创新资源保护系统状况的调查""创新功能布局状况的调查""知识产权保护体制完善状况的调查"以及"智力成果经济效益状况的调查"五个部分。

在设计调查问卷的题设时，应该以合理性、科学性以及可操作性的准则设计调查问卷的问题，具体包括以下三项原则：一是采用科学性和有效性已无须被单独证明的问题设计，或者选取的问题设计应在学科领域得到广泛应用；二是在成熟的问卷设计规模的基础上，参考咨询专家的意见结合现有调查目的和实际情况进行设计；三是当所进行的研究领域没有适用的成熟问卷时，应充分参考国内外相关研究文献以及理论，对各类问卷进行严格地筛选与整理，同时根据研究所需的调查目的以及发展地实际情况并结合相关专家的指导意见，进行问题设计。

在调查问卷度量的设计上，所涉及的受访对象对题设中问题的感知结果，均采用主观感知的方法测度来获取相关数据，这就要求被调查者在问卷调查过程中遵循自己的真实感受，对相关问题进行打分。本书运用 Likert – scaled item 五星量表，由 5 分至 1 分来依次表示每项题设被调查者由"非常同意"至"非常不同意"的五种态度。

在调查问卷设计的反馈率上，在内容丰富性得到保证的同时，还应保证调查问卷反馈的成功，可以从以下两个方面入手：一是研究所需的基本题设项目应全部包含在调查问卷问题涵盖面之内；二是保障受访者的积极性，这就要求过于冗长的调查问卷设计是不可取的。因此，在充分参考本领域内成熟的问卷设计经验的同时，应结合上述两方面的标准，将之应用于本书的调查问卷设计中，见附录 1。走访和随机发布问卷为本书采用的主要调查方式，在填写问卷的过程中，调查员积极讲解问卷内容。受访者填写完问卷后，问卷的回收工作应及时有效地完成。同时研究团队每个成员在工作过程中都做到亲力亲为、认真负责。

4.1.2　数据来源

本书所用数据的来源主要通过以下三种途径进行获取：（1）调查问卷是数据来源的第一种途径。在这个过程中，我们始终关注被调查者以及调查形式选择的恰当性。因此调查对象选择了国内那些目前发展比较完善、代表性较强的知识产权特色小镇，为此选择武汉市江岸区岱家山村、天津市东丽区华明镇、成都市郫都区菁蓉镇作为调查目的地。调查对象的真实意愿在很大程度上影响数据来源的真实性，调查对象主要选择在目的地政府相关部门及创新企业的从业人员，是因为在对调查知识产权创造、创新产业聚集等专业领域的感知方面，这些从业人员相对其他人来说对这一领域的观察更加敏锐，感觉更加准确。在调查形式方面应该选择合理的方式，这就要求在实际调查中，针对政府相关部门及创新型企业从业人员，问卷随机发放，收集问卷后进行访谈。通过访谈纠正因被调查者理解偏差或问卷不完整而引起的相关问题。同时还注意回收调查问卷的工作要高效，在回收率上得到应有的保障。（2）实地考察研究所选取的案例地，包括所涉及的武汉市江岸区岱家山村、天津市东丽区华明镇和成都市郫都区菁蓉镇三个知识产权特色小镇，通过实地考察获取相关资料和数据。（3）政府所公开的相关材料是第三类数据来源的途径。

为了得到稳定、准确的参数估计，应将200位以上的被调查者作为样本量的最低要求。此外，要估计的参数总数在要估计的参数数量用于验证时决定样本大小。最后估计的参数范围为5~10，这是大多数学者所公认的，样本量应至少比要估计的参数大10倍。问卷发放及回收结果如表4-1所示。

表4-1   问卷回收情况

地点	发放问卷数（份）	回收问卷数（份）	回收率（%）
岱家山	300	277	92.3
华明	300	289	96.3
菁蓉	300	292	97.3

调研时间为2019年1月，主要的调研地点包括湖北岱家山、天津华明知识产权特色小镇和四川成都菁蓉镇。调研小组于1月3日至1月7日在天津华明知识产权特色小镇进行调研，1月10日至1月13日在湖北岱家山进行调研，1月15日至1月17日在成都郫都区菁蓉镇进行调研，详细的调研情况如表4-2所示。

表4-2   调研详情

地点	时间	发放数量（份）	有效问卷（份）	有效率（%）
天津华明镇	1月3日~1月7日	300	246	82
武汉岱家山	1月10日~1月13日	300	280	93.3
成都菁蓉镇	1月15日~1月17日	300	266	88.6

4.2 知识产权创造质量对创新产业聚集协同作用的实证研究

4.2.1 变量的度量

在知识产权创造对知识产权特色小镇创新产业聚集的协同作用中，知识产权创造质量作为解释变量。本章在解释知识产权创造质量的过程中设计了四个方面的九项题设来测度知识产权创造水平，如表4-3所示。

表4 – 3　　　　　　　　　　知识产权创造质量（OIPC）指标量

潜变量	显变量	变量描述
源头性 （OIPC1）	OIPC11	知识产权创造的源头性与创新企业引入状况结合符合创新产业聚集发展的要求程度
	OIPC12	知识产权创造的源头性与资源成本状况结合符合创新产业聚集发展的要求程度
激励性 （OIPC2）	OIPC21	知识产权创造的激励性带来创新产业生产成本降低符合创新产业聚集发展的要求程度
	OIPC22	知识产权创造的激励性与劳动力数量规模结合符合创新产业聚集发展的要求程度
	OIPC23	知识产权创造的激励性与区域政策结合符合创新产业聚集发展的要求程度
指导性 （OIPC3）	OIPC31	知识产权创造的指导性与引入企业的结合符合创新产业聚集发展的要求程度
	OIPC32	知识产权创造的指导性解决产业链信息不对称问题符合创新产业聚集发展的要求程度
独特性 （OIPC4）	OIPC41	知识产权创造的独特性与创新企业品牌化结合符合创新产业聚集发展的要求程度
	OIPC42	知识产权创造的独特性与专业化技术提升结合符合创新产业聚集发展的要求程度

在知识产权创造对知识产权特色小镇创新产业聚集协同作用中，被解释变量包括创新企业、生产成本、劳动力、创新型产业集群。这四个被解释变量涉及知识产权特色小镇产业规划模式，对于研究知识产权创造对知识产权特色小镇创新产业聚集的影响路径和连接关系具有重要的意义。其中，本书对于知识产权特色小镇创新型产业集群这一被解释变量设计了9个题设，分别从创新产业聚集的动机、节奏和范围三个重要维度对创新产业聚集进行测度，如表4 – 4所示。

表4 – 4　　　　　　　　　　创新产业聚集（IIA）指标量

潜变量	显变量	变量描述
动机 （IIA1）	IIA11	创新产业构成主体的进驻动机的选择符合创新产业聚集发展的要求程度
	IIA12	创新产业构成主体的进驻动机强度符合创新产业聚集发展的要求程度
	IIA13	创新产业构成主体的进驻动机的实施符合创新产业聚集发展的要求程度
节奏 （IIA2）	IIA21	创新产业构成主体的经济性能动力控制符合创新产业聚集发展的要求程度
	IIA22	创新产业构成主体适应区域政策灵活性符合创新产业聚集发展的要求程度
	IIA23	创新产业构成主体的劳动力数量把控符合创新产业聚集发展的要求程度
范围 （IIA3）	IIA31	创新产业构成主体的区域选择符合创新产业聚集发展的要求程度
	IIA32	创新产业构成主体的生产规模符合创新产业聚集发展的要求程度
	IIA33	创新产业主体的人才吸纳效率符合创新产业聚集发展的要求程度

对于创新型企业这一被解释变量主要设计了9指标项，主要从创新型企业的创造性、经济性和品牌化三个方面来进行测度，如表4-5所示。

表4-5 创新型企业（IE）指标量

潜变量	显变量	变量描述
创造性 （IE1）	IE11	创新型企业产品定位符合创新产业聚集发展的要求程度
	IE12	创新型企业的企业文化符合创新产业聚集发展的要求程度
	IE13	创新型企业发展战略符合创新产业聚集发展的要求程度
经济性 （IE2）	IE21	创新企业生产水平符合创新产业聚集发展的要求程度
	IE22	创新企业周边经济符合创新产业聚集发展的要求程度
	IE23	创新企业对经济的拉动作用符合创新产业聚集发展的要求程度
品牌化 （IE3）	IE31	创新企业的品牌策略符合创新产业聚集发展的要求程度
	IE32	创新企业的产品销售符合创新产业聚集发展的要求程度
	IE33	创新产业的技术研发符合创新产业聚集发展的要求程度

对于生产成本这一被解释变量主要设计了三个方面的6项题设来进行测度，主要从资源成本和区域政策支持两个方面进行测度，如表4-6所示。

表4-6 生产成本（EBIA）指标量

潜变量	显变量	变量描述
资源成本 （EBIA1）	EBIA11	固定资产折旧率符合创新产业聚集发展的要求程度
	EBIA12	人力资源成本发展趋势符合创新产业聚集发展的要求程度
	EBIA13	生产维持成本节约符合创新产业聚集发展的要求程度
区域政策支持 （EBIA2）	EBIA21	对于创新型企业的政策符合创新产业聚集发展的要求程度
	EBIA22	对于劳动力的政策符合创新产业聚集发展的要求程度
	EBIA23	对于知道政府工作的政策符合创新产业聚集发展的要求程度

劳动力作为被解释变量之一，为了对劳动力进行详细的测度，设置了4个题设，从劳动力的数量和质量两个方面对知识产权特色小镇劳动力发展水平进行测度，如表4-7所示。

表4-7 劳动力水平（LFL）指标量

潜变量	显变量	变量描述
劳动力数量 （LFL1）	LFL11	劳动力市场规模符合创新产业聚集发展的要求程度
	LFL12	劳动力吸引力符合创新产业聚集发展的要求程度
劳动力质量 （LFL2）	LFL21	劳动力专业化符合创新产业聚集发展的要求程度
	LFL22	劳动力市场优化符合创新产业聚集发展的要求程度

4.2.2 数据信度和效度检验

构建结构方程模型进行分析的一项重要内容是原始数据量表的可靠性，这就要引入信度检验的方法，对原始数据量表的可信度进行检验。只有通过了这一检验，才说明调研得到的数据是可以进行实证模型分析的。本书主要通过 SPSS 软件对所研究数据进行信度和效度检验的统计分析。

知识产权创造与知识产权特色小镇创新产业聚集协同作用研究的整个过程之中所有涉及道德变量在数值上存在怎样的分布情况经由均值进行反映，从而较为准确地把握各指标数据的整体趋势。标准差的计算可以直接观察知识产权特色小镇创新产业集群与知识产权创造协同效应的变量离散度。因此，针对标准差这一指标的分析可以提出，数据离散程度随着变量数据标准差的增大而增大、减小而减小。

因此，运用均值和标准差两个指标对各变量指标进行描述性统计分析，各变量具体计算结果见表4-8。

表4-8 各指标的均值和标准差

指标			均值	标准差	指标			均值	标准差
知识产权创造质量（OIPC）	源头性（OIPC1）	OIPC11	3.675	0.766	创新型企业（IE）	创造性（IE1）	IE11	3.252	0.731
		OIPC12	3.631	0.723			IE12	3.331	0.652
	激励性（OIPC2）	OIPC21	3.213	0.724			IE13	3.045	0.721
		OIPC22	3.324	0.656		经济性（IE2）	IE21	3.156	0.723
		OIPC23	3.762	0.785			IE22	3.432	0.687
	指导性（OIPC3）	OIPC31	3.524	0.803			IE23	3.635	0.711
		OIPC32	3.921	0.823		品牌化（IE3）	IE31	3.543	0.643
	独特性（OIPC4）	OIPC41	3.001	0.726			IE32	3.085	0.621
		OIPC42	3.203	0.735			IE33	3.462	0.574
创新产业聚集（IIA）	动机（IIA1）	IIA11	3.452	0.755	生产成本（EBIA）	资源成本（EBIA1）	EBIA11	3.241	0.723
		IIA12	3.212	0.655			EBIA12	3.023	0.716
		IIA13	3.251	0.769			EBIA13	3.292	0.765
	节奏（IIA2）	IIA21	3.200	0.753		区域政策支持（EBIA2）	EBIA21	3.562	0.774
		IIA22	3.192	0.756			EBIA22	3.745	0.766
		IIA23	3.378	0.652			EBIA23	3.698	0.753

指标			均值	标准差	指标			均值	标准差
创新产业聚集（IIA）	范围（IIA3）	IIA31	3.265	0.765	劳动力水平（LFL）	劳动力数量（LFL1）	LFL11	3.452	0.802
		IIA32	3.632	0.664			LFL12	3.592	0.787
		IIA33	3.335	0.554		劳动力质量（LFL2）	LFL21	3.695	0.765
							LFL22	3.594	0.812

通过表4-8可以比较清晰地判断出，在反映知识产权创造质量的指标均值都大于3.0，说明样本中的创新产业及政府相关部门从业人员均认为知识产权创造包括源头性、激励性、指导性以及独特性在内的整体发展态势良好，知识产权链条打通式服务体系构建的发展趋势与知识产权特色小镇的建设的正相关关系较为显著，创新产业的发展极大地带动了知识产权创造的效率和质量的提升。在知识产权创造这一指标数据的计算结果中，指导性这一维度计算结果的均值最大，说明在从业人员的眼中，当地的知识产权创造在指导知识产权特色小镇产业规划方面具有较大的进步空间，从侧面反映出知识产权特色小镇产业朝着创新型产业集群的方向发展，知识产权的创造质量将稳步提升。同时，通过上述描述性统计的分析结果可以看出，知识产权创造与知识产权特色小镇创新产业聚集协同作用的所有变量指标的标准差都小于1，这一点说明了知识产权创造的测量在本次调查结果中有一定的可信度，可以初步推断所使用数据的分析价值和可行性有一定保障。

在创新产业聚集的测量指标中，创新产业聚集范围呈现出均值最大的特征，反映出在知识产权特色小镇产业规划中，创新产业的主导地位推动了知识产权特色小镇创新产业聚集。在对知识产权特色小镇进行产业规划时，时刻关注并准确判断创新型企业的发展动向，为创新型企业提供足以吸引其入驻小镇的激励政策。

在创新型企业的测量指标中，均值大于3.3的指标占比较大，但仍存在低于3.0的指标。数据表明在知识产权特色小镇产业经济发展中，创新型企业的发展协调性较差，尚未充分发挥其发展潜力，这就反映出在发展创新产业聚集的过程中，对于引入的创新型企业进行的统筹管理力度还不够，没有充分地将多样化和特色化的各企业做好联动，其中，创新型企业的创造性和品牌化问题相对明显，未来知识产权特色小镇的发展可以进一步加快企业品牌文化建设。

在生产成本的各项指标中，区域政策支持的均值明显高于资源成本的均值，说明区域政策的传达效率与执行效率较高，知识产权特色小镇创新型企业可以高效地享受政府的扶植政策，从而降低生产成本，进而降低知识产权特色小镇创新型企业的进入门槛，有助于形成创新型产业集群。而资源成本的均值明显弱于区域政策支持，说明企业进入知识产权小镇后，在依托区域政策支持的情况下，往往忽视了自身内部的资源整合与技术创新，导致资源成本没有得到很好的控制。

在劳动力水平的各项指标中，劳动力质量的均值比劳动力数量的均值较大，这反映随着大量创新型企业的涌入，以及知识产权特色小镇为服务知识产权创造而设立相应的政府部门，大量的高质量人才不断涌入小镇的人才市场，劳动力数量不断壮大，选拔制度不断严苛，更能筛选出更高质量的人才，同时由于创新型产业集群的逐渐形成，创新产业内部分工逐渐优化，促进知识产权小城镇劳动力质量显著提升。

本章采用组合信度来检验数据的可靠程度，从而保证结构方程模型的可靠性和复合值的高精度。具体公式如下：

$$CR = \frac{(\sum \lambda)^2}{(\sum \lambda)^2 + \sum \theta} \qquad (4-1)$$

其中，CR 为组合信度；λ 为观测变量在潜在变量上的标准化参数（因子负载量）；θ 为指标变量的误差变异量。

在组合系数信度值的评判方面，虽然没有一定的评判准则，但是相当多的专家学者都采用一个判断标准，如表4-9所示。

表4-9　　　　　　　　　　　　　组合信度检验标准

组合信度系 ρ_{CR} 数值	接受程度
$\rho_{CR} \geq 0.90$	最佳
$\rho_{CR} \in [0.80, 0.90)$	很好
$\rho_{CR} \in [0.60, 0.80)$	适中
$\rho_{CR} < 0.50$	不可接受

本章通过运用组合信度系数对相关数据进行分析和检验，分别得出知识产权创造、知识产权特色小镇创新产业聚集、创新型企业、生产成本以及劳动力水平的组合信度系数，如表4-10所示。在得出上述组合信度系数之后，根据表4-9列出的标准来判断知识产权创造对知识产权特色小镇创新产业聚集的潜在变量的组合信度系数的接受程度，从而判断出各变量是否符合检验要求，知识产权创造、知识产权特色小镇创新产业聚集、创新型企业、生产成本以及

劳动力水平的组合信度系数值都高于0.50，说明内部一致性检验可以在这一项上通过，进而说明本书通过量表进行调研所得的数据在信度检验的层面上具有样本的可信性。

表4－10 知识产权创造对创新产业聚集协同作用各变量组合信度检验系数

变量名	组合信度系数 CR 值	接受程度
知识产权创造	0.942	最佳
创新产业聚集	0.916	最佳
创新型企业	0.768	很好
生产成本	0.866	很好
劳动力水平	0.901	最佳

目前存在很多种方法可以用来进行效度分析，以下几种效度检验方法多用于调查问卷数据的分析。

方法一：表面效度。对于这一效度检验方法的解释如下：从"表面"上看，在对研究数据进行测量时，目标测量内容与实际测试内容十分相似。例如，现有一份调查问卷，其调查内容为篮球运动员的训练情况，问卷的问题内容涉及运动员训练的方法、时间长短以及训练次数等内容，从"表面"上看，该问卷的内容均与篮球训练相关，因此这一份问卷的表面效度则成立。因此，表面效度只能处理文本简单的变量组成，局限性较大，同时由于内容效度的有效性难以保证，在处理较复杂文本时会产生较大误差。

方法二：准则效度。对于这一效度检验方法的解释如下：将通过量表所获取的数据与准则变量放在一起进行比较，判断其是否有意义的方法即准则效度检验。按照不同的时间跨度，准则效度可以分成两类，分别为预测效度和同时效度。准则效度的准则（校标）确定需要在已经确定某个特定的理论的基础上，选择某一特定测量工具或指标，进而对准则与问卷题项的联系进行分析，判断有效题项的准则与问卷题项的相关性显著。差异显著性检验或相关分析是对准则效度进行评价的方法。然而，对调查问卷进行效度分析的过程中存在的常见问题是找到合适的准则是非常困难的，正是因为存在这样的困难，使得准则效度这一方法在应用的过程中受到了限制。

方法三：结构效度。对于这一效度检验方法的解释如下：这一效度是指测值与某种结构之间的对应程度，其中某种程度由测量结果所体现，它包括了语意逻辑效度、异质效度以及同质效度。在进行分析时，研究人员往往需要对"为什么该量表是有效的"这一理论问题进行解释，同时还需要从中分析出相应的推论。因子分析作为在具体操作时用于分析结构效度的一种方法被部分学者视为最理想的效度分析方法。其中，对于量表变量公因子的提取是因子分析的主要功能，而量表的基本结构便由这些与特定变量具有高关联度的公因子所代表。因此，进行因子分析之后，可以通过分析结果判断问卷设计时的结构假设是否能被实际测量。其中，共同度（反映公因子解释原变量的有效度）、累积贡献率（反映公因子对量表的累积有效度）和因子负荷（反映某个公因子与原变量的相关度）是因子分析结果中的重要指标，这些指标主要用于评价结构效度。

由于前两种方法存在明显的局限性，结合本书量表效度检验的实际情况，采用因子分析法对多个指标对应潜在变量的结构效度进行检验。在本书进行测量工具的因子分析这一过程之前，还需要注意的是确定待分析的原始变量是否适合因子分析，这也是在进行因子分析的过程中首先要进行的一步。变量间简单相关系数和偏相关系数可以通过 KMO 检验统计量来进行比较。当各变量间偏相关系数的平方和远小于简单相关系数的平方和时，具有较大的变量间相关性，此时的 KMO 值接近于 1，由此判断其适合进行因子分析；当具备接近 0 的各变量间简单相关系数时，具有较弱的变量间相关性，此时 KMO 值越接近 0，由此可以判断原始变量不适合进行因子分析。具体判断标准见表 4 – 11。

表 4 – 11　　　　　　　　　　　　　KMO 检验标准

检测类别	值的范围	因子分析适合情况
KMO 值	> 0.9	非常适合
	0.8 ~ 0.9	很适合
	0.7 ~ 0.8	适合
	0.6 ~ 0.7	勉强适合
	0.5 ~ 0.6	不太适合
	< 0.5	不适合

变量之间的独立性应在进行因子分析之前通过 KMO 检验以及 Bartlett 球形检验来检验，在这个过程中需要运用线性代数的计算方法对所构建的变量相关系数矩阵进行计算，只有当数据量表通过 KMO 检验以及 Baetlett 球形检验的情况下，才可以继续依照因子分析应有的步骤进行下一步的分析，在构造因子变量后运用

极大方差法使因子变量具有可解释性。以特征值大于1作为因子提取的标准。计算出的知识产权创造、知识产权特色小镇创新产业聚集、创新型企业、生产成本以及劳动力水平的效度检验值如表4-12所示，可以看出各变量均通过了效度检验，说明可以运用研究前所获取的数据构建结构方程模型。

表4-12　　　　　　　　　　　各变量的效度检验值

变量	KMO值	Bartlett卡方值	因子负载				累计方差解释率（%）	显著性水平
知识产权创造质量（OIPC）	0.912	3250.652	OIPC11	0.899	OIPC31	0.912	80.011	0.001
			OIPC12	0.901	OIPC32	0.876		
			OIPC21	0.910	OIPC41	0.830		
			OIPC22	0.876	OIPC42	0.853		
			OIPC23	0.847				
创新产业聚集（IIA）	0.869	998.784	IIA11	0.754	IIA23	0.654	63.415	0.000
			IIA12	0.732	IIA31	0.753		
			IIA13	0.687	IIA32	0.792		
			IIA21	0.590	IIA33	0.711		
			IIA22	0.724				
创新型企业（IE）	0.901	1154.327	IE11	0.687	IE23	0.698	67.333	0.000
			IE12	0.740	IE31	0.601		
			IE13	0.716	IE32	0.613		
			IE21	0.669	IE33	0.719		
			IE22	0.671				
生产成本（EBIA）	0.912	884.756	EBIA11	0.597	EBIA21	0.811	59.315	0.000
			EBIA12	0.731	EBIA22	0.654		
			EBIA13	0.729	EBIA23	0.701		
劳动力水平（LFL）	0.832	501.548	LFL11	0.607	LFL21	0.633	73.261	0.000
			LFL12	0.741	LFL22	0.612		

4.2.3　结构方程模型分析

结构方程模型（Structural Equation Modeling，SEM）是社会科学研究中的一个非常好的方法。这一方法可以很好地对因果关系模型进行建立、估计以及检验。区别于传统计量模型，由显变量（可观测）与潜变量（不可观测）共同构成的结构方程模型，可以代替很多传统计量模型，通过这一模型可以分析单项之间及其对总体的作用关系。本章使用 Amos 软件进行结构方程模型检验。

根据结构方程模型的相关内容和结构方程模型在各个领域的应用，本书选择了一个相对简单易懂的结构方程模型范式过程，分为以下几个步骤：

第一步是构建科学合理的理论模型。这一步需要通过查阅相关文献及研究成果，对各变量之间的联系进行理论分析，依照分析结果提出研究假设。根据理论分析结果推断各类型变量间关系，建立理论模型，可以用路径图来表示。

第二步是模型识别。这一步需要判断数据是否满足参数估计的条件，并确定测量变量。其中，样本容量的选择是结构方程结果估计和解释的一个重要因素，虽然对样本量没有明确要求，但通常样本量选取 200 为临界点的基础上将范围区间控制在 100~200。同时要求样本数量应该远大于估计参数，通常应不少于其 5 倍的数量。

第三步是分析以及处理数据。首先通过数据的描述性统计来分析量表数据的稳定性以及变量的特征，需要计算和比较各个变量的均值以及方差。然后进行信度和效度检验，验证研究所用数据的科学性。

第四步是模型参数的估计。这一步需要对收集的样本数据进行计算，得出估计模型中的参数大小，研究所构建的结构方程模型与实际数据的拟合程度。

第五步是拟合模型的拟合检验。这一步需要对第四步中计算得到的路径系数进行观察，从而对理论模型与数据的一致性进行判断。

第六步是模型修改。由于样本数据是通过实地问卷调查收集而来，而所构建的理论模型是建立在对相关理论的分析上，这就导致了实际测量与研究过程中所构建的模型之间存在误差，所以应通过修正指标以及期望改善值来修改初步建立的结构方程模型。

结构方程模型中的变量可以分为能够被直接观测的显式变量以及不可以被直接观测的隐式变量。在知识产权特色小镇知识产权创造与创新产业集聚协同效应研究中，可以直接观察的显性变量可以直接通过调查问卷所得数据代表，在结构方程模型图中标识为矩形。知识产权创造、创新产业集聚、创新企业、生产成本和劳动力水平都是不可直接观察的潜在变量。除了这五个潜在变量外，所有残值都是潜在变量。同时，显性变量和隐性变量又可分为内生变量和外生变量。在一组"因果"关系中，内生变量是"因"变量，外生变量是"果"变量。介于两者之间还存在一种中介变量，它既可以是"因"变量，又可以是"果"变量。

根据变量性质的确定标准，可以将知识产权创造水平对知识产权特色小镇的创新产业聚集作用中的各项变量进行归类。其中，知识产权创造水平是外生变量，创新型企业、生产成本和劳动力水平是中介变量，创新产业聚集则是内生变量。

图 4-1 为知识产权创造与知识产权特色小镇创新产业聚集协同作用的初始结构模型，变量中有 5 项为外生潜变量（OIPC、OIPC1～OIPC4），有 14 项为内生潜变量（IE、IE1～IE3、LFL、LFL1、LFL2、EBIA、EBIA1、EBIA2、IIA、IIA1～IIA3），有 28 项为内生显变量（IE11～IE33、LF11～LF22、EBIA11～EBIA23、IIA11～IIA33），有 9 项为外生显变量（OIPC11～OIPC42）。

通过逐一建立结构方程模型的测量方程和结构方程，更进一步地对"知识产权创造与知识产权特色小镇创新产业聚集协同"进行实证研究。首先依据构建结构方程模型通常使用的一般模型来完成观测模型的构建环节，公式如下：

$$\begin{cases} X = \Lambda_X \xi + \delta \\ Y = \Lambda_Y \eta + \varepsilon \end{cases} \qquad (4-2)$$

其中，X 为外生显变量；Y 为内生显变量；ξ 为外生潜变量，与 X 的误差项 δ 和 Y 的误差项 ε 均无关；η 为内生潜变量，与 Y 的误差项 ε 和 X 的误差项 δ 也均无关；ε 与 δ 为显变量的误差项；Λ_X 为显变量 X 的因子载荷；Λ_Y 为显变量 Y 的因子载荷。

在知识产权创造对知识产权特色小镇创新产业聚集的协同作用的测量模型构建中，知识产权创造水平（OIPC）、源头性（OIPC1）、激励性（OIPC2）、指导性（OIPC3）、独特性（OIPC4）是外生的潜变量，分别用 ξ_{OIPC}、ξ_{OIPC1}、ξ_{OIPC2}、ξ_{OIPC3}、ξ_{OIPC4} 来表示。知识产权特色小镇创新产业聚集（IIA）、创新型企业（IE）、生产成本（EBIA）、劳动力水平（LFL）、动机（IIA1）、节奏（IIA2）、范围（IIA3）、源头性（IE1）、经济性（IE2）、品牌化（IE3）、资源成本（EBIA1）、区域政策支持（EBIA2）、劳动力数量（LFL1）、劳动力质量（LFL2）是内生潜变量，分别用 η_{IIA}、η_{IE}、η_{EBIA}、η_{LFL}、η_{IIA1}、η_{IIA2}、η_{IIA3}、η_{IE1}、η_{IE2}、η_{IE3}、η_{EBIA1}、η_{EBIA2}、η_{LFL1}、η_{LFL2} 来表示。基于前文所设定的变量，将观测模型的表达式构建如下：

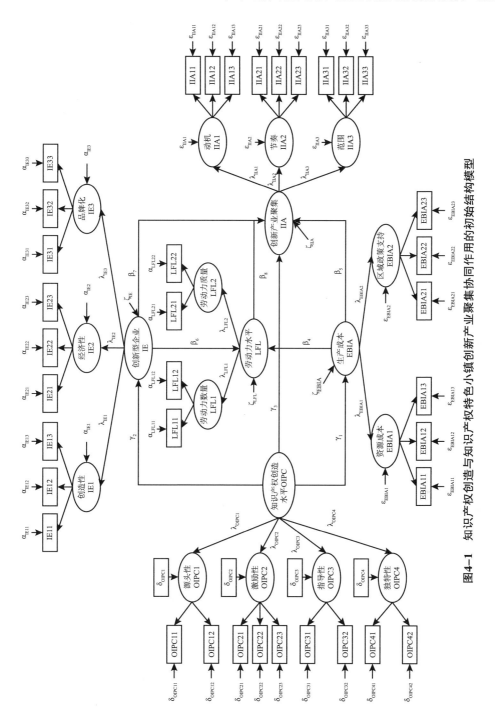

图4-1 知识产权创造与知识产权特色小镇创新产业聚集协同作用的初始结构模型

$$
\left\{
\begin{aligned}
&X_{OIPC1} = \lambda_{OIPC1}\xi_{OIPC} + \delta_{OIPC1} && X_{OIPC2} = \lambda_{OIPC2}\xi_{OIPC} + \delta_{OIPC2} \\
&X_{OIPC11} = \lambda_{OIPC11}\xi_{OIPC1} + \delta_{OIPC11} && X_{OIPC12} = \lambda_{OIPC12}\xi_{OIPC1} + \delta_{OIPC12} \\
&X_{OIPC22} = \lambda_{OIPC22}\xi_{OIPC2} + \delta_{OIPC22} && X_{OIPC23} = \lambda_{OIPC23}\xi_{OIPC2} + \delta_{OIPC23} && X_{OIPC3} = \lambda_{OIPC3}\xi_{OIPC} + \delta_{OIPC3} \\
&X_{OIPC32} = \lambda_{OIPC32}\xi_{OIPC3} + \delta_{OIPC32} && X_{OIPC41} = \lambda_{OIPC41}\xi_{OIPC4} + \delta_{OIPC41} && X_{OIPC21} = \lambda_{OIPC21}\xi_{OIPC2} + \delta_{OIPC21} \\
&Y_{IIA1} = \lambda_{IIA1}\eta_{IIA} + \varepsilon_{IIA1} && Y_{IIA2} = \lambda_{IIA2}\eta_{IIA} + \varepsilon_{IIA2} && X_{OIPC31} = \lambda_{OIPC31}\xi_{OIPC3} + \delta_{OIPC31} \\
&Y_{IIA11} = \lambda_{IIA11}\eta_{IIA1} + \varepsilon_{IIA11} && Y_{IIA12} = \lambda_{IIA12}\eta_{IIA1} + \varepsilon_{IIA12} && X_{OIPC42} = \lambda_{OIPC42}\xi_{OIPC4} + \delta_{OIPC42} \\
&Y_{IIA21} = \lambda_{IIA21}\eta_{IIA2} + \varepsilon_{IIA21} && Y_{IIA22} = \lambda_{IIA22}\eta_{IIA2} + \varepsilon_{IIA22} && Y_{IIA3} = \lambda_{IIA3}\eta_{IIA} + \varepsilon_{IIA3} \\
&Y_{IIA31} = \lambda_{IIA31}\eta_{IIA3} + \varepsilon_{IIA31} && Y_{IIA32} = \lambda_{IIA32}\eta_{IIA3} + \varepsilon_{IIA32} && Y_{IIA13} = \lambda_{IIA13}\eta_{IIA1} + \varepsilon_{IIA13} \\
&Y_{IE1} = \lambda_{IE1}\eta_{IE} + \varepsilon_{IE1} && Y_{IE2} = \lambda_{IE2}\eta_{IE} + \varepsilon_{IE2} && Y_{IIA23} = \lambda_{IIA23}\eta_{IIA2} + \varepsilon_{IIA23} \\
&Y_{IE11} = \lambda_{IE11}\eta_{IE1} + \varepsilon_{IE11} && Y_{IE12} = \lambda_{IE12}\eta_{IE1} + \varepsilon_{IE12} && Y_{IIA33} = \lambda_{IIA33}\eta_{IIA3} + \varepsilon_{IIA33} \\
&Y_{IE21} = \lambda_{IE21}\eta_{IE2} + \varepsilon_{IE21} && Y_{IE22} = \lambda_{IE22}\eta_{IE2} + \varepsilon_{IE22} && Y_{IE3} = \lambda_{IE3}\eta_{IE} + \varepsilon_{IE3} \\
&Y_{IE31} = \lambda_{IE31}\eta_{IE3} + \varepsilon_{IE31} && Y_{IE32} = \lambda_{IE32}\eta_{IE3} + \varepsilon_{IE32} && Y_{IE13} = \lambda_{IE13}\eta_{IE1} + \varepsilon_{IE13} \\
&Y_{EBIA1} = \lambda_{EBIA1}\eta_{EBIA} + \varepsilon_{EBIA1} && Y_{EBIA2} = \lambda_{EBIA2}\eta_{EBIA} + \varepsilon_{EBIA2} && Y_{IE23} = \lambda_{IE23}\eta_{IE2} + \varepsilon_{IE23} \\
&Y_{EBIA11} = \lambda_{EBIA11}\eta_{EBIA1} + \varepsilon_{EBIA1} && Y_{EBIA12} = \lambda_{EBIA12}\eta_{EBIA1} + \varepsilon_{EBIA11} && Y_{IE33} = \lambda_{IE33}\eta_{IE3} + \varepsilon_{IE33} \\
&Y_{EBIA21} = \lambda_{EBIA21}\eta_{EBIA2} + \varepsilon_{EBIA21} && Y_{EBIA22} = \lambda_{EBIA22}\eta_{EBIA2} + \varepsilon_{EBIA22} && Y_{EBIA13} = \lambda_{EBIA13}\eta_{EBIA1} + \varepsilon_{EBIA13} \\
&Y_{LFL1} = \lambda_{LFL1}\eta_{LFL} + \varepsilon_{LFL1} && Y_{LFL2} = \lambda_{LFL2}\eta_{LFL} + \varepsilon_{LFL2} && Y_{EBIA23} = \lambda_{EBIA23}\eta_{EBIA2} + \varepsilon_{EBIA23} \\
&Y_{LFL11} = \lambda_{LFL11}\eta_{LFL1} + \varepsilon_{LFL11} && Y_{LFL12} = \lambda_{LFL12}\eta_{LFL1} + \varepsilon_{LFL12} \\
&Y_{LFL21} = \lambda_{LFL21}\eta_{LFL2} + \varepsilon_{LFL21} && Y_{LFL22} = \lambda_{LFL22}\eta_{LFL2} + \varepsilon_{LFL22}
\end{aligned}
\right.
$$

$$(4-3)$$

通过构建结构方程模型通常所用的一般模型来反映内外生潜变量之间的关系，通式如下：

$$\eta = \beta\eta + \Gamma\xi + \zeta \tag{4-4}$$

其中，η 为内生潜变量；β 为内生潜变量之间的关系系数；Γ 为内生潜变量受外生潜变量的影响系数；ξ 为外生潜变量；ζ 为表示残差项。

本书在研究知识产权创造水平对知识产权特色小镇创新产业聚集协同作用的过程中，构建知识产权创造水平对知识产权特色小镇创新产业聚集的协同作用的结构模型中，用 γ_1、γ_2 和 γ_3 来分别表示知识产权创造水平对生产成本、知识产权创造水平对创新型企业、知识产权创造水平对劳动力水平的影响作用；用 β_4 表示劳动力水平是如何受到生产成本影响的，生产成本可以通过 β_5 来表示其对创新产业聚集产生的影响；分别用 β_6 和 β_7 表示劳动力水平以及创新产业聚集是如何受到创新型企业影响的；用 β_8 来表示劳动力水平对创新产业聚集的影响作用。

通过设定以上变量，构建结构模型如下：

$$\eta_{EBIA} = \gamma_1 \xi_{OIPC} + \varsigma_{EBIA}$$

$$\eta_{IE} = \gamma_2 \xi_{OIPC} + \varsigma_{IE}$$

$$\eta_{LFL} = \beta_4 \eta_{EBIA} + \beta_6 \eta_{IE} + \varsigma_{LFL} \qquad (4-5)$$

$$\eta_{IIA} = \gamma_3 \xi_{OIPC} + \beta_5 \eta_{EBIA} + \beta_7 \eta_{IE} + \beta_8 \eta_{LFL} + \varsigma_{IIA}$$

成功建立"知识产权创造与知识产权特色小镇创新产业聚集"的初始结构方程模型之后，应通过拟合指标的指数、参数以及决定系数三个方面对初始模型进行检验。通过不同评价方法对上述指标进行检验，进而判断是否需要修正原始模型。

通过拟合指数对原模型的状况进行判断。只有测算结果符合标准时，原模型的构造才与实际情况相符。一般通过 χ^2/df、CFI、IFI、TLI、AGFI、PNFI、RMSEA、RMR 等八种拟合指标进行判断，具体标准如表 4-13 所示。

表 4-13   八种拟合指标检验方法

指标	性质	拟合标准	样本容量影响	简介
χ^2/df	绝对指标	<3	易受影响	多用于多个模型的比较分析；接受模型的类型取决于样本容量的大小
GFI	绝对指标	>0.90	受影响	稳定性主要在最小二乘法与最大似然中体现；因子载荷及样本容量高时或者参数估计值高时，倾向于拒绝模型
AGFI	绝对指标	>0.90	受影响	GFI 可以通过参数估计总数进行调整；AGFI 会随估计参数相对与数据点总数的减少或者自由度增大而接近接近 GFI
RMSEA	绝对指标	<0.08	受影响	基于总体差距；较为敏感
CFI	相对非中心性指标	>0.90	不易受影响	稳定性在不同模型估计方法运用的情况下较好；可用于小样本及嵌套模型比较
TLI	相对性指标	>0.90	样本容量小时一般低估	稳定性在极大似然估计方面表现较好，可以对不同模型进行准确区分；但是在最小二乘法方面稳定性较差；可用于比较嵌套模型；具有估计值变化大的劣势
IFI	相对性指标	>0.90	样本容量小时一般低估	在应用最小二乘法估计模型的情况下，稳定性比 TLI 指标强；在最大似然估计时，在小样本和偏差大的模型估计中，较易出现偏差
PNFI	调整指标	越接近1越好	同时受样本容量和估计的参数比率影响	属于依照简约原则调整后的指数，为原来的指数乘以省俭比率；模型越简单，越不被惩罚；受样本容量同以上相对应的指标，同时受到估计参数与饱和参数值的影响
RMR	绝对指标	<0.05	易受影响	

χ^2/df 是第一种拟合指标，其中 χ^2 表示卡方值，df 表示自由度。理论情况下，这一拟合程度越高的时候，χ^2 所表现出来的值就越小，当这一拟合程度较小时，该值便会较大。以两者比值的形式来构建一个规范卡方，规范卡方值越小，说明拟合程度越高。一般情况下通常认为 χ^2/df 小于 2 的情况下模型拟合程度较好，最低可接受值为 3。

GFI（适配度指数）和 AGFI（调整后适配度指数）为第二种拟合指标，适配度指数越大表示模型的拟合度越高，因为适配度指数的取值区间在 0~1，因而模型的适配度随着适配度指数接近 1 而提高。通常情况下，只有当适配度指数大于 0.9 时，才认为实际数据与所构建模型之间的拟合程度可以接受。而调整后的适配度指数只是运用假设模型的变量个数及自由度来对适配度指数进行修正，因而并不会受到其他影响，所以越接近 1 拟合程度越好。

RMSEA 为第三种拟合指标，这一指标是渐进残差均方和平方根，具备不需要基准线模型的特征，是一种绝对性指标。实际数据与所构建模型之间的拟合程度随着 RMSEA 这一指标的值变小而变大，通常情况下，将 0.8 作为临界标准，小于这一标准时，模型拟合程度可以被接受。

CFI（比较适配指标）是第四种拟合指标，这一指标是一种相对拟合指数，在 NFI 指标的基础上改良而来。当模型从约束度最高的状态逐渐转变为饱和度最高时，非集中参数将得到一定程度上的改善，而这种改善的具体情况如何，则可以通过比较适配指标来进行测度。实际数据与所构建模型之间的拟合度随着比较适配指标的增大而增大，取值区间在 0~1，通常情况下取值大于 0.9 时，模型拟合程度可以被接受。

TLI（非规范适配指标）是第五种拟合指标，这一指标在整体模型的适配指标中是一种增值适配统计量。实际数据与研究所构建模型之间的拟合度随着非规范适配指标的增大而增大，取值区间在 0~1，通常情况下取值大于 0.9 时，模型拟合程度可以被接受。

IFI（递增拟合指数）是第六种拟合指标。假设模型与真实模型之间的适配度随着递增拟合指数取值的增大而增大，取值区间在 0~1，通常情况下取值大于 0.9 时，模型拟合程度可以被接受。

PNFI（简约调整规范适配指标）是第七种拟合指标，所构建模型的精简程度可以通过简约调整规范适配指标进行测度。拟合程度随着简约调整规范适配指标的取值增大而变好。通常认为简约调整规范适配指标的取值高于 0.50 时，假设构建模型可以被接受。

RMR（误差均方和平方根）是第八种拟合指标。通常情况下，误差均方和平方根的取值低于 0.05 是保证依假设构建模型被接受的临界条件。

将图 4-1 知识产权创造对知识产权特色小镇创新产业聚集协同作用的初始结构模型录入 AMOS17.0 中，通过对相关参数进行估计，获得了知识产权创造对知识产权特色小镇创新产业聚集协同作用的初始结构模型中各项反映拟合关系的拟合指标值（见表 4-14）。

表 4-14　　　　知识产权创造对知识产权特色小镇创新产业聚集
协同作用的初始结构模型适配度检验结果

拟合指标	χ^2/df	AGFI	RMSEA	CFI	TLI	IFI	PNFI	RMR
观测值	2.12	0.811	0.032	0.921	0.934	0.945	0.698	0.013
拟合标准	<3.00	>0.80	<0.80	>0.90	>0.90	>0.90	>0.50	<0.05

通过表 4-14 可以看出，各观测值均符合适配度检验的 8 个指标标准，表明所构建的"知识产权创造与知识产权特色小镇创新产业聚集协同"的初始结构模型与本书在构建模型之前通过问卷获取的原始数据之间存在较好的拟合程度。

在完成知识产权创造对知识产权特色小镇创新产业聚集作用的初始结构模型的拟合检验之后，对知识产权创造对知识产权特色小镇创新产业聚集协同作用的初始结构模型进行路径系数的测定来对各路径的合理性和数据的一致性进行更进一步的估计和检验。

根据表 4-15 可以看出，在知识产权创造对知识产权特色小镇创新产业聚集协同作用的初始结构模型构建过程中，EBIA 对 LFL 这条路径未能通过显著性检验，说明 EBIA 对 LFL 没有产生显著作用，此外，其余路径均通过了路径显著性检验，所以知识产权创造对知识产权特色小镇创新产业聚集协同作用的初始结构模型基本符合研究需求，但距离研究目的的达成还需进一步调整未能通过显著性检验的路径。

表 4-15　　　　知识产权创造与知识产权特色小镇创新产业聚集
协同作用的初始结构模型的路径估计

路径	结构方程模型路径	标准化路径系数	C. R.	p
γ_1	EBIA←OIPC	0.650	8.301	0.002
γ_2	IE←OIPC	0.890	8.124	0.003
γ_3	IIA←OIPC	0.520	5.454	***

路径	结构方程模型路径	标准化路径系数	C. R.	p
β_4	LFL←EBIA	0.120	1.105	0.120
β_5	IIA←EBIA	0.210	2.985	***
β_6	LFL←IE	0.690	5.442	***
β_7	IIA←IE	0.350	3.452	0.003
β_8	IIA←LFL	0.280	3.150	0.002

注：*** 表示 $p < 0.01$。

通过表 4 - 15 可知，生产成本、创新型企业和劳动力水平对于知识产权特色小镇创新产业聚集的路径系数都呈现出较小的状态，所以需要通过调整"知识产权创造对知识产权特色小镇创新产业聚集协同作用"使结构方程模型能够得到更好的拟合和测度。通过综合本书的相关理论基础以及对相关的文献查找和进行实地调研的结果分析，得出初步结论如下：在知识产权特色小镇创新产业聚集的形成和发展过程中，创新型企业作为创新产业重要组成部分，直接对创新产业据及产生了正向作用。生产成本对于创新产业聚集有着直接的正向效应。劳动力水平作为劳动力质量和数量的统一体，作为创新产业聚集发展的内在影响因素，对知识产权特色小镇创新产业聚集的发展具有显著的影响作用。知识产权创造水平作为知识产权链条的内在组成部分，其对于知识产权特色小镇创新产业聚集的影响呈现出典型的间接影响作用。因此，在知识产权创造对知识产权特色小镇创新产业聚集协同作用的初始结构模型调整过程中，应当保留除路径 β_4 之外的所有路径。进而，构建出如图 4 - 2 所示调整后的"知识产权创造与知识产权特色小镇创新产业聚集协同"结构方程模型。

运用 AMOS17.0 软件再次对最新模型的路径系数进行计算，此时的多项拟合指标值如表 4 - 16 所示。

表 4 - 16　　　　知识产权创造与知识产权特色小镇创新产业聚集
协同作用的初始结构模型适配度检验结果

拟合指标	χ^2/df	AGFI	RMSEA	CFI	TLI	IFI	PNFI	RMR
观测值	2.11	0.811	0.032	0.921	0.934	0.945	0.699	0.014
拟合标准	<3.00	>0.80	<0.80	>0.90	>0.90	>0.90	>0.50	<0.05

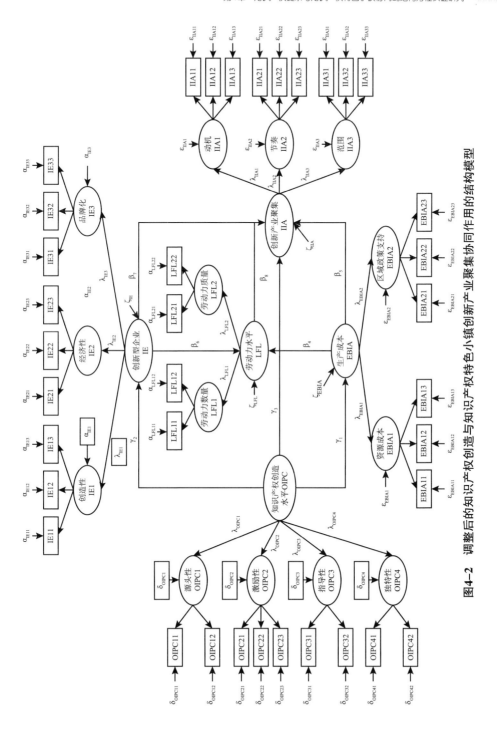

图4-2 调整后的知识产权创造与知识产权特色小镇创新产业聚集协同作用的结构模型

　　将表4－16中的知识产权创造对知识产权特色小镇创新产业聚集协同作用的各项观测值与拟合标准进行对比，发现经过调整后的知识产权创造与知识产权特色小镇创新产业聚集作用的模型可以通过拟合度检验。因此最新的知识产权创造与知识产权特色小镇创新产业聚集协同作用结构方程模型整体通过了拟合度的检验。然后，计算最终的路径系数，进一步对所建立的结构模型进行最优化选择，具体见表4－17。

表4－17　　　　　　知识产权创造与知识产权特色小镇创新产业聚集
协同作用调整后结构模型的路径估计

路径	结构方程模型路径	标准化路径系数	C. R.	p
γ_1	EBIA←OIPC	0.750	9.301	***
γ_2	IE←OIPC	0.880	8.104	***
γ_3	IIA←OIPC	0.421	5.254	***
β_5	IIA←EBIA	0.510	5.985	***
β_6	LFL←IE	0.598	5.322	***
β_7	IIA←IE	0.320	3.352	0.002
β_8	IIA←LFL	0.380	4.150	0.002

注：*** 表示 $p < 0.01$。

　　根据表4－17显示，"知识产权创造与知识产权特色小镇创新产业聚集协同"经过调整之后的个路径系数均通过显著性检验，因此得到最终的"知识产权创造与知识产权特色小镇创新产业聚集协同"结构方程模型，如图4－3所示。

　　由于较为复杂的最终"知识产权创造与知识产权特色小镇创新产业聚集协同"的结构方程模型不便于直观地对各变量关系进行研究，因此需要总结纳出最终结构方程模型的主要部分，便于直观的研究各变量之间关系。所以将最终的"知识产权创造与知识产权特色小镇创新产业聚集协同"的结构方程模型进行简化，得到如图4－4所示简化模型。

　　在得到最终模型之后，整体模型和各变量之间的关系还需要进行更加深入的探讨，这就需要分解分析每条路径的影响。也就是说，可以通过直接与间接两个方面的效应来对上述路径进行分解。其中，一个变量作为解释变量直接影响另一个作为被解释变量的变量时为直接效应，这种效应反映了变量间的直接影响。另外，当一个变量作为原因没有对另一个变量产生直接的作用的两条路径之间的影

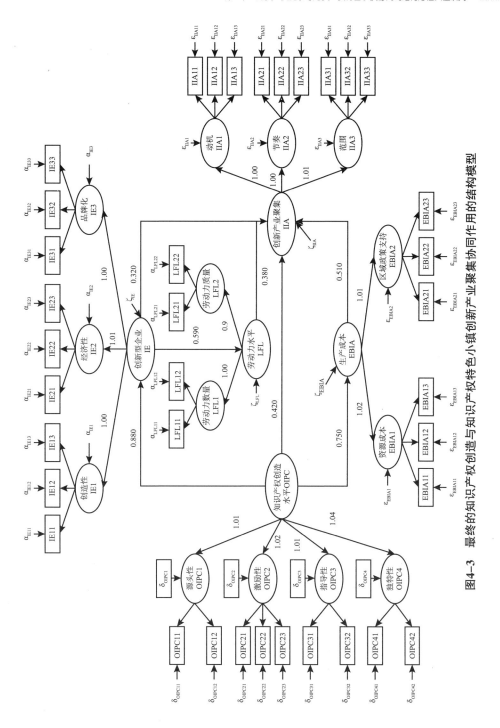

图4-3 最终的知识产权创造与知识产权特色小镇创新产业聚集协同作用的结构模型

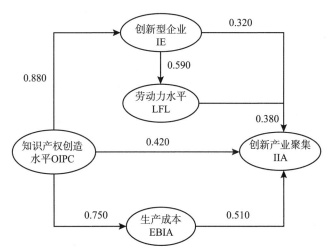

**图4-4 知识产权创造与知识产权特色小镇创新产业
聚集协同作用的结构方程模型简化形式**

响效应即为间接效应。为了使知识产权创造与知识产权特色小镇创新产业聚集协同作用的主要变量能够被有效测度，需要对知识产权创造水平（OIPC）、创新型企业（IE）、劳动力水平（LFL）和生产成本（EBIA）四个变量作用知识产权特色小镇创新产业聚集的效应进行分解（见表4-18）。

**表4-18　　知识产权创造与知识产权特色小镇创新产业聚集
协同作用模型的原因变量效应分解**

变量作用关系	直接效应	间接效应	总效应
IIA←OIPC	0.421		0.421
IIA←IE	0.320		0.320
IIA←LFL	0.380		0.380
IIA←EBIA	0.510		0.510

表4-18显示，在知识产权创造与知识产权特色小镇创新产业聚集协同作用变量中，知识产权创造水平、生产成本、劳动力水平以及创新型企业都对知识产权特色小镇创新产业聚集产生了直接的影响作用，其中知识产权创造水平和生产成本对小镇创新产业聚集的直接作用效应较大，分别为0.421和0.510，创新型企业对小城镇创新产业聚集的直接效应最低，为0.320。适中的直接效

应产生在劳动力水平与小城镇创新产业聚集之间，为 0.380。可见，在知识产权特色小镇创新产业聚集的影响变量当中，知识产权创造水平和生产成本是重点控制的对象。

4.2.4 假设检验与结果讨论

各路径作用强度的估计将通过统计显著性分析，采用标准化路径系数来进行。标准化处理可以将路径系数的取值控制在 −1 到 1 的取值区间内。"知识产权创造与知识产权特色小镇创新产业聚集协同"在理论部分提出的大部分假设都可以通过调研获取的数据得到证实。表 4 − 19 较为全面地归纳和总结了"知识产权创造与知识产权特色小镇创新产业聚集协同"模型的路径系数和假设验证情况。

表 4 − 19　　　　　知识产权创造与知识产权特色小镇创新产业聚集
协同作用结构方程模型路径系数与假设检验

路径	变量间关系	标准化路径系数	显著性水平.	对应假设	检验结果
γ_1	EBIA←OIPC	0.750	***	假设 1	支持
γ_2	IE←OIPC	0.880	***	假设 2	支持
γ_3	IIA←OIPC	0.421	***	假设 3	支持
β_4	LFL←EBIA			假设 4	不支持
β_5	IIA←EBIA	0.510	***	假设 5	支持
β_6	LFL←IE	0.598	***	假设 6	支持
β_7	IIA←IE	0.320	0.002	假设 7	支持
β_8	IIA←LFL	0.380	0.002	假设 8	支持

注：*** 表示 $p < 0.01$。

由表 4 − 19 可以看出，在知识产权创造与知识产权特色小镇创新产业聚集作用机制的路径系数中，$\gamma_1 = 0.750$，$p < 0.01$，p 值说明了显著性效果明显。基于这一结果可以判断出"知识产权创造水平的提升对生产成本的降低有显著正向作用"的结论。

知识产权创造水平到创新型企业的路径系数 $\gamma_2 = 0.880$，显著性水平 $p < 0.01$，表明其通过了显著性检验。因此，可以得出"知识产权创造水平对创新型企业发展有显著正向作用"的结论。

知识产权创造水平到知识产权特色小镇创新产业聚集之间关系的路径系数计算结果为 $\gamma_3 = 0.420$，$p < 0.001$。因此，可以得出"知识产权创造水平对创新产业聚集有显著正向作用"的结论。

生产成本的降低到劳动力水平提升的路径不能通过显著性检验，因此在结构方程与数据匹配的过程中将其删除。不能得出"生产成本的降低对劳动力水平提升具有显著正向作用"的结论。

生产成本的降低到知识产权特色小镇创新产业聚集的路径系数 $\beta_5 = 0.510$，表明其可以通过显著性检验。因此，可以得出"生产成本的降低对创新产业聚集有显著正向作用"的结论。

创新型企业发展水平的提升到小镇劳动力水平的之间关系的路径系数计算结果为 $\beta_6 = 0.590$，$p < 0.01$。因此，可以得出"创新型企业发展水平的提升对小镇劳动力水平提高有显著正向作用"的结论。

创新型企业发展对知识产权特色小镇创新产业聚集的之间关系的路径系数计算结果为 $\beta_7 = 0.320$，$p < 0.05$。在此基础上，可以得出"创新型企业发展水平的提升对创新产业聚集有显著正向作用"的结论。

劳动力水平对知识产权特色小镇创新产业聚集的之间关系的路径系数计算结果为 $\beta_8 = 0.380$，$p < 0.05$。因此，可以得出"劳动力水平的提升对创新产业聚集有显著正向作用"的结论。

通过以上结论，可以分别验证假设 HA1、HA2、HA3、HA5、HA6 和 HA7 的合理性以及假设 HA4 的不合理性。

本章通过构建知识产权创造与知识产权特色小镇创新产业聚集协同作用的结构方程模型，得出知识产权创造对知识产权特色小镇创新产业聚集的路径系数和假设检验，进一步对路径系数进行显著性估计，从而判断模型计算结果的科学性。其中，研究结果表明，创新型企业、劳动力水平、生产成本以及知识产权创造对知识产权特色小镇创新产业聚集的发展具有显著的正向作用，直接效应依次为 0.320、0.380、0.510、0.420，这就能够说明在知识产权特色小镇发展创新产业聚集的过程中，创新型企业的入驻和发展、劳动力水平的不断提升和生产成本的降低都在很大程度上影响着小镇的创新产业聚集。在此基础上，通过对直接与间接效应的分析可以看出创新型企业与劳动力水平对小镇创新产业聚集的影响具有一致性，知识产权创造与生产成本的直接效应超过 0.4，说明了创新型企业、知识产权创造、劳动力水平以及生产成本这四个方面的影响因素都是知识产权特色小镇的创新产业聚集应当重点关注的领域，通过重点把握这些方面来进行创新产业规划的合理布局。

通过总结和分析上述的路径系数的计算结果，可以得出两个重要启示：一是知识产权创造应该作为一个重要因素在研究知识产权链条与小镇建设协同的过程中被深入分析和探究，强化对知识产权创造的重要性的认识，牢牢把握知识产权创造在知识产权链条中源头地位，从知识产权创造入手打通知识产权链条一站式服务模式规划，应将其与产业规划相结合；二是要加强对创新型企业、劳动力水平和生产成本的重视和规划，通过不断地为创新型企业进行服务，吸引更多优质企业入驻小镇，不断培养知识产权专业人才以及创新人才，通过区域政策不断为入驻企业降低生产成本，从而促进创新产业聚集发展。

4.3　知识产权运用与创新功能开发协同的实证研究

4.3.1　变量的度量

本章通过目的性、以人为本、服务经济以及社会进步四个层面展开设计，对知识产权运用进行解释，具体测度如表4-20所示。

表4-20　　　　　　　　　　知识产权运用（AIPR）指标量

潜变量	显变量	变量描述
目的性 （AIPR1）	AIPR11	知识产权运用的目的性符合小镇创新功能开发的要求程度
	AIPR12	知识产权的滥用程度造成的社会影响符合小镇创新功能开发的要求程度
以人为本 （AIPR2）	AIPR21	知识产权运用对其创造者产生的经济效益符合小镇创新功能开发的要求程度
	AIPR22	知识产权运用对其使用者产生的经济效益符合小镇创新功能开发的要求程度
	AIPR23	知识产权运用产生的社会效益符合小镇创新功能开发发展的要求程度
服务经济 （AIPR3）	AIPR31	知识产权运用为小镇企业带来的经济效益符合小镇创新功能开发的要求程度
	AIPR32	知识产权运用对提高小镇创新经济符合小镇创新功能开发的要求程度
社会进步 （AIPR4）	AIPR41	知识产权运用为社会提供新技术符合小镇创新功能开发的要求程度
	AIPR42	知识产权运用带动小镇周边技术进步符合小镇创新功能开发的要求程度

在知识产权运用对知识产权特色小镇创新功能开发协同作用中，被解释变量包括四个：智力成果、知识产权交易市场、创新经济、创新功能开发。这四个被

解释变量涉及知识产权特色小镇智力成果管理方式、知识产权运用环境、创新经济发展状态以及小镇创新功能开发状况，对于研究知识产权运用对于知识产权特色小镇创新功能开发的影响路径和连接关系具有重要的意义。

知识产权特色小镇创新功能开发包含如表 4 – 21 所示 DIF1 ~ DIF3 在内三个方面的 9 个题设。

表 4 – 21 创新功能开发（DIF）指标量

潜变量	显变量	变量描述
利用效率 （DIF1）	DIF11	小镇创新功能利用效率的提高符合小镇创新功能开发的要求程度
	DIF12	小镇创新功能利用稳定符合小镇创新功能开发的要求程度
	DIF13	小镇战略发展方向符合小镇创新功能开发的要求程度
创新动力 （DIF2）	DIF21	小镇扶持创新政策符合小镇创新功能开发的要求程度
	DIF22	小镇创新动力与智力成果交易符合小镇创新功能开发的要求程度
	DIF23	创新动力提升对于小镇产业规划符合小镇创新功能开发的要求程度
创新环境 （DIF3）	DIF31	创新经济发展带动创新环境符合小镇创新功能开发的要求程度
	DIF32	创新环境对于改善知识产权交易市场符合小镇创新功能开发的要求程度
	DIF33	创新环境对于智力成果合理运用符合小镇创新功能开发的要求程度

智力成果包含如表 4 – 22 所示 KA1 ~ KA3 在内三个方面的 9 个题设。

表 4 – 22 智力成果（KA）指标量

潜变量	显变量	变量描述
专利 （KA1）	KA11	专利的申请数量符合小镇创新功能开发的要求程度
	KA12	专利的交易数量符合小镇创新功能开发的要求程度
	KA13	专利本人或他人运用带来的经济效益符合小镇创新功能开发的要求程度
商标 （KA2）	KA21	商标的合理注册数量符合小镇创新功能开发的要求程度
	KA22	商标本人运用带来的经济效益符合小镇创新功能开发的要求程度
	KA23	商标他人运用带来的经济效益符合小镇创新功能开发的要求程度
版权 （KA3）	KA31	版权运营合理性符合小镇创新功能开发的要求程度
	KA32	版权保护合理性符合小镇创新功能开发的要求程度
	KA33	版权运营带来的经济效益符合小镇创新功能开发的要求程度

知识产权交易市场设计了 11 个指标题设,从四方面对知识产权交易市场进行测度:小镇规划体系、知识产权交易效率、交易中心合理规划以及交易规模,见表 4-23。

表 4-23　　　　　　　　知识产权交易市场(IPM)指标量

潜变量	显变量	变量描述
小镇规划体系(IPM1)	IPM11	知识产权交易市场与小镇规划体系结合符合小镇创新功能开发的要求程度
	IPM12	小镇规划体系完善符合小镇创新功能开发的要求程度
	IPM13	小镇规划体系与小镇发展现实需求结合符合小镇创新功能开发的要求程度
知识产权交易效率(IPM2)	IPM21	知识产权交易成功率提升符合小镇创新功能开发的要求程度
	IPM22	知识产权交易效率对交易市场合理化影响符合小镇创新功能开发的要求程度
交易中心(IPM3)	IPM31	交易中心有效运营符合小镇创新功能开发的要求程度
	IPM32	交易中心对知识产权合理利用的影响符合小镇创新功能开发的要求程度
	IPM33	交易中心合理管理制度影响合理运用知识产权符合小镇创新功能开发的要求程度
交易规模(IPM4)	IPM41	交易规模增大对于促进创新经济增长符合小镇创新功能开发的要求程度
	IPM42	交易规模增大对于完善小镇知识产权运营制度符合小镇创新功能开发的要求程度
	IPM43	交易规模增大对于带动小镇周边技术进步符合小镇创新功能开发的要求程度

创新经济包含如表 4-24 所示 CE1~CE2 在内两个方面的 4 个题设。

表 4-24　　　　　　　　创新经济(CE)指标量

潜变量	显变量	变量描述
创新体系(CE1)	CE11	创新经济发展对于完善小镇创新体系符合小镇创新功能开发的要求程度
	CE12	创新经济发展对于提高小镇创新效率符合小镇创新功能开发的要求程度
供给结构(CE2)	CE21	知识产权供给结构改善对于提高智力成果质量符合小镇创新功能开发的要求程度
	CE22	知识产权供给结构改善促进小镇技术资源整合符合小镇创新功能开发的要求程度

4.3.2　数据信度和效度检验

运用均值和标准差两个指标对知识产权运用对知识产权特色小镇创新功能开

发作用的研究过程中所涉及的每个变量指标进行描述性统计分析，相关计算结果如表4-25所示。

表4-25　　　　　　　　　　　各指标的均值和标准差

指标			均值	标准差	指标		均值	标准差
知识产权运用（AIPR）	目的性（AIPR1）	AIPR11	3.604	0.667	智力成果（KA）	商标（KA2）	KA21	3.012	0.687
		AIPR12	3.612	0.711			KA22	3.311	0.679
	以人为本（AIPR2）	AIPR21	3.698	0.733			KA23	3.087	0.709
		AIPR22	3.601	0.784		版权（KA3）	KA31	3.136	0.719
		AIPR23	3.641	0.758			KA32	3.321	0.675
	服务经济（AIPR3）	AIPR31	3.581	0.800			KA33	3.131	0.731
		AIPR32	3.496	0.723	知识产权交易市场（IPM）	规划体系（IPM1）	IPM11	3.220	0.685
	社会进步（AIPR4）	AIPR41	3.532	0.645			IPM12	3.179	0.706
		AIPR42	3.622	0.724			IPM13	3.352	0.769
创新功能开发（DIF）	利用效率（DIF1）	DIF11	3.163	0.659		知识产权交易效率（IPM2）	IPM21	3.563	0.793
		DIF12	3.325	0.675			IPM22	3.598	0.752
		DIF13	3.184	0.653		交易中心（IPM3）	IPM31	3.403	0.752
	创新动力（DIF2）	DIF21	3.224	0.688			IPM32	3.511	0.718
		DIF22	3.301	0.751			IPM33	3.601	0.762
		DIF23	3.205	0.758		交易规模（IPM4）	IPM41	3.331	0.751
	创新环境（DIF3）	DIF31	3.112	0.765			IPM42	3.622	0.711
		DIF32	3.394	0.664			IPM43	3.605	0.735
		DIF33	3.199	0.731	创新经济（CE）	创新体系（CE1）	CE11	3.440	0.762
智力成果（KA）	专利（KA1）	KA11	3.211	0.695			CE12	3.511	0.613
		KA12	3.351	0.732		供给结构（CE2）	CE21	3.344	0.766
		KA13	3.203	0.747			CE22	3.495	0.748

由表4-25可知，所有指标均值大于3.0，说明样本中的创新产业及政府相关部门从业人员均认为知识产权运用的目的性、以人为本、服务经济以及社会进步都较好，知识产权链条的发展趋势与知识产权特色小镇的建设具有一定的正向关系，创新产业可以推动知识产权运用的效率和质量的提升。在知识产权运用的测

量指标中，均值最大的指标是以人为本，反映在当地从业人员的眼中，知识产权运用在为知识产权受益人的切身利益方面具有较大的进步空间，也反映出知识产权的运用水平稳步提升。同时，通过对标准差大小的判断可以看出，本次测量具有一定程度的可信度，初步说明实证研究所依据的数据是具有分析价值和可行性的。

在测量创新功能开发的所有计算结果中，均值最大的指标是创新动力，这可以初步说明知识产权特色小镇产业规划中，小镇的创新动力推动了知识产权特色小镇创新功能开发、创新功能利用效率以及创新环境的提升，也启示我们在对知识产权特色小镇战略定位进行规划时，要以小镇创新动力为重点。

在智力成果的测量指标中，大部分的指标都大于 3.3，但均值小的指标接近 3.0。数据表明在知识产权特色小镇创新功能开发中，智力成果的发展还具备很大的潜力。在过去的发展过程中存在不协调的现象，初步说明在发展创新功能开发的过程中，对于智力成果没有合理的运营模式，没有将智力成果的经济效益发挥到最大，其中，智力成果的商标问题相对明显，知识产权特色小镇作为知识产权发展的主力军之一，应该在内部构建严格的审核机制，提升商标权益的保护力度，避免小镇内出现"商标流氓"影响小镇智力成果的发展。

在对知识产权交易市场的各项指标中，知识产权交易规模以及交易效率的均值明显高于规划体系以及交易中心发展的均值，知识产权交易规模以及交易效率的均值只有一项指标低于 3.5。在小镇知识产权交易市场发展中，由于特色小城镇所具有的特殊优势，大量优质知识产权进行有效交易，从而提高了知识产权交易效率以及交易规模。而规划体系以及交易中心发展的均值明显弱于知识产权交易效率以及交易规模，面对知识产权的发展态势，小镇对于知识产权交易市场的调控不够及时，交易中心发展以及交易市场规划体系完善的进度落后于小镇知识产权的交易需求，因此政府应重视宏观调控知识产权交易市场，加快对应机构以及设施的建设与管理进程。

通过对创新经济各项指标进行统计描述之后，可以看出各项指标的均值差别不大，集中在 3.5，初步说明了在知识产权特色小镇的创新经济发展中，由于知识产权特色小镇创新体系的不断改善以及供给结构的合理优化，小镇创新经济的发展逐渐步入正轨。知识产权特色小镇发挥其优势，建立了比小镇外效率高的知识产权交易市场，大量优质智力成果在小镇交易，使创新经济成为主流。

通过组合信度系数对知识产权运用与知识产权特色小镇创新功能开发的协同作用进行分析和检验，分别得出关系双方以及各自构成维度的组合信度，得到计算结果，见表 4－26。与前文表 4－9 所列标准进行对照，可以得到各项指标均可通过检验的结论。

表 4 – 26　　　知识产权运用对创新功能开发协同作用各变量组合信度检验系数

变量名	组合信度系数 CR 值	接受程度
知识产权运用	0.971	最佳
创新功能开发	0.906	最佳
智力成果	0.890	很好
知识产权交易市场	0.929	最佳
创新经济	0.737	适中

　　基于数据已经通过信度检验，需要对数据进行下一步操作，即进行效度检验，大致流程为先进行 KMO 检验和 Bartlett's 球型检验，通过检验之后进行因子分析，本书以特征值是否大于 1 为标准提取主因子。

　　通过上述的操作流程和方法计算，可以计算出各个维度的效度检验值，见表 4 – 27，其中包括知识产权运用、智力成果、创新经济发展、知识产权交易市场以及创新功能开发等方面，通过计算结果可以进一步判断出本章在实证检验过程中所使用的数据是可靠的，因为这些数据均通过了效度检验。

表 4 – 27　　　　　各变量的效度检验值

变量	KMO 值	Bartlett 卡方值	因子负载				累计方差解释率（%）	显著性水平
知识产权运用（AIPR）	0.932	2530.136	AIPR11	0.899	AIPR31	0.867	79.112	0.000
			AIPR12	0.881	AIPR32	0.907		
			AIPR21	0.901	AIPR41	0.892		
			AIPR22	0.886	AIPR42	0.874		
			AIPR23	0.870				
创新功能开发（DIF）	0.918	936.824	DIF11	0.680	DIF23	0.687	63.777	0.000
			DIF12	0.688	DIF31	0.754		
			DIF13	0.709	DIF32	0.698		
			DIF21	0.760	DIF33	0.678		
			DIF22	0.813				
智力成果（KA）	0.898	730.599	KA11	0.591	KA23	0.643	68.685	0.000
			KA12	0.687	KA31	0.665		
			KA13	0.787	KA32	0.681		

续表

变量	KMO 值	Bartlett 卡方值	因子负载				累计方差解释率（%）	显著性水平
智力成果（KA）	0.898	730.599	KA21	0.661	KA33	0.748	68.685	0.000
			KA22	0.723				
知识产权交易市场（IPM）	0.901	1643.810	IPM11	0.482	IPM32	0.798	65.176	0.000
			IPM12	0.543	IPM33	0.873		
			IPM13	0.723	IPM41	0.787		
			IPM21	0.776	IPM42	0.752		
			IPM22	0.759	IPM43	0.821		
			IPM31	0.743				
创新经济（CE）	0.834	501.876	CE11	0.611	CE21	0.633	69.254	0.000
			CE12	0.719	CE22	0.601		

4.3.3　结构方程模型分析

根据知识产权运用与知识产权特色小镇创新功能开发的协同作用关系建立原始结构方程模型。根据变量性质的确定标准，可以将知识产权运用对知识产权特色小镇的创新功能开发作用中的各项变量进行归类。其中，知识产权运用是外生变量，智力成果、知识产权交易市场和创新经济是中介变量，创新功能开发则是内生变量。

通过逐一建立结构方程模型的测量方程和结构方程，更进一步地对"知识产权运用与知识产权特色小镇创新功能开发协同"进行实证研究。首先是构建观测模型部分，按照结构方程模型构建的一般模型：

$$\begin{cases} X = \Lambda_X \xi + \delta \\ Y = \Lambda_Y \eta + \varepsilon \end{cases} \tag{4-6}$$

其中，X 为外生显变量；Y 为内生显变量；ξ 为外生潜变量，与 X 的误差项 δ 和 Y 的误差项 ε 均无关；η 为内生潜变量，与 Y 的误差项 ε 和 X 的误差项 δ 也均无关；ε 与 δ 为显变量的误差项；Λ_X 为显变量 X 的因子载荷；Λ_Y 为显变量 Y 的因子载荷。

图 4-5 是知识产权运用与知识产权特色小镇创新功能开发协同的初始结构模型，变量中有 5 项为外生潜变量（AIPR、AIPR1~AIPR4），16 项为内生潜变量（DIF、DIF1~DIF3、KA、KA1~KA3、IPM、IPM1~IPM4、CE、CE1~CE2），33 项为内生显变量（DIF11~DIF13、DIF21~DIF23、DIF31~DIF33、KA11~KA13、KA21~KA23、KA31~KA33、IPM11~IPM13、IPM21~IPM22、IPM31~IPM33、

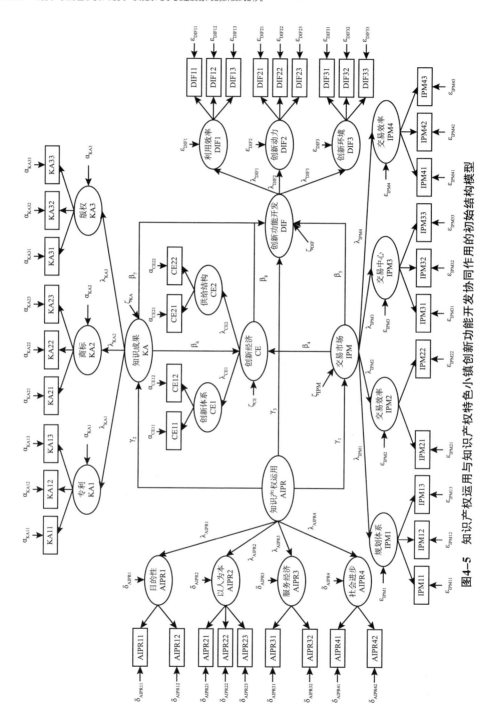

图4-5 知识产权运用与知识产权特色小镇创新功能开发协同作用的初始结构模型

IPM41～IPM43、CE11～CE12、CE21～CE22），9 项为外生显变量（AIPR11、AIPR12、AIPR21、AIPR22、AIPR23、AIPR31、AIPR32、AIPR41、AIPR42）。

在知识产权运用与知识产权特色小镇创新功能开发协同作用的测量模型构建中，知识产权运用（AIPR）、目的性（AIPR1）、以人为本（AIPR2）、服务经济（AIPR3）、社会进步（AIPR4）是外生的潜变量，分别用 ξ_{AIPR}、ξ_{AIPR1}、ξ_{AIPR2}、ξ_{AIPR3}、ξ_{AIPR4} 来表示。知识产权特色小镇创新功能开发（DIF）、智力成果（KA）、知识产权交易市场（IPM）、创新经济（CE）、利用效率（DIF1）、创新动力（DIF2）、创新环境（DIF3）、专利（KA1）、商标（KA2）、版权（KA3）、规划体系（IPM1）、知识产权交易效率（IPM2）、交易中心（IPM3）、交易规模（IPM4）、创新体系（CE1）、供给结构（CE2）是内生潜变量，分别用 η_{DIF}、η_{KA}、η_{IPM}、η_{CE}、η_{DIF1}、η_{DIF2}、η_{DIF3}、η_{KA1}、η_{KA2}、η_{KA3}、η_{IPM1}、η_{IPM2}、η_{IPM3}、η_{IPM4}、η_{CE1}、η_{CE2} 来表示。基于前文所设定的变量，将观测模型的表达式构建如下：

$$
\begin{cases}
X_{AIPR1} = \lambda_{AIPR1}\xi_{AIPR} + \delta_{AIPR1} & X_{AIPR2} = \lambda_{AIPR2}\xi_{AIPR} + \delta_{AIPR2} & X_{AIPR3} = \lambda_{AIPR3}\xi_{AIPR} + \delta_{AIPR3}\\
X_{AIPR11} = \lambda_{AIPR11}\xi_{AIPR1} + \delta_{AIPR11} & X_{AIPR12} = \lambda_{AIPR12}\xi_{AIPR1} + \delta_{AIPR12} & X_{AIPR21} = \lambda_{AIPR21}\xi_{AIPR2} + \delta_{AIPR21}\\
X_{AIPR22} = \lambda_{AIPR22}\xi_{AIPR2} + \delta_{AIPR22} & X_{AIPR23} = \lambda_{AIPR23}\xi_{AIPR2} + \delta_{AIPR23} & X_{AIPR31} = \lambda_{AIPR31}\xi_{AIPR3} + \delta_{AIPR31}\\
X_{AIPR32} = \lambda_{AIPR32}\xi_{AIPR3} + \delta_{AIPR32} & X_{AIPR41} = \lambda_{AIPR41}\xi_{AIPR4} + \delta_{AIPR41} & X_{AIPR42} = \lambda_{AIPR42}\xi_{AIPR4} + \delta_{AIPR42}\\
Y_{KA1} = \lambda_{KA1}\eta_{KA} + \varepsilon_{KA1} & Y_{KA2} = \lambda_{KA2}\eta_{KA} + \varepsilon_{KA2} & Y_{KA3} = \lambda_{KA3}\eta_{KA} + \varepsilon_{KA3}\\
Y_{KA11} = \lambda_{KA11}\eta_{KA1} + \varepsilon_{KA11} & Y_{KA12} = \lambda_{KA12}\eta_{KA1} + \varepsilon_{KA12} & Y_{KA13} = \lambda_{KA13}\eta_{KA1} + \varepsilon_{KA13}\\
Y_{KA21} = \lambda_{KA21}\eta_{KA2} + \varepsilon_{KA21} & Y_{KA22} = \lambda_{KA22}\eta_{KA2} + \varepsilon_{KA22} & Y_{KA23} = \lambda_{KA23}\eta_{KA2} + \varepsilon_{KA23}\\
Y_{KA31} = \lambda_{KA31}\eta_{KA3} + \varepsilon_{KA31} & Y_{KA32} = \lambda_{KA32}\eta_{KA3} + \varepsilon_{KA32} & Y_{KA33} = \lambda_{KA33}\eta_{KA3} + \varepsilon_{KA33}\\
Y_{DIF1} = \lambda_{DIF1}\eta_{DIF} + \varepsilon_{DIF1} & Y_{DIF2} = \lambda_{DIF2}\eta_{DIF} + \varepsilon_{DIF2} & Y_{DIF3} = \lambda_{DIF3}\eta_{DIF} + \varepsilon_{DIF3}\\
Y_{DIF11} = \lambda_{DIF11}\eta_{DIF1} + \varepsilon_{DIF11} & Y_{DIF12} = \lambda_{DIF12}\eta_{DIF1} + \varepsilon_{DIF12} & Y_{DIF13} = \lambda_{DIF13}\eta_{DIF1} + \varepsilon_{DIF13}\\
Y_{DIF21} = \lambda_{DIF21}\eta_{DIF2} + \varepsilon_{DIF21} & Y_{DIF22} = \lambda_{DIF22}\eta_{DIF2} + \varepsilon_{DIF22} & Y_{DIF23} = \lambda_{DIF23}\eta_{DIF2} + \varepsilon_{DIF23}\\
Y_{DIF31} = \lambda_{DIF31}\eta_{DIF3} + \varepsilon_{DIF31} & Y_{DIF32} = \lambda_{DIF32}\eta_{DIF3} + \varepsilon_{DIF32} & Y_{DIF33} = \lambda_{DIF33}\eta_{DIF3} + \varepsilon_{DIF33}\\
Y_{IPM1} = \lambda_{IPM1}\eta_{IPM} + \varepsilon_{IPM1} & Y_{IPM2} = \lambda_{IPM2}\eta_{IPM} + \varepsilon_{IPM2} & Y_{IPM13} = \lambda_{IPM13}\eta_{IPM1} + \varepsilon_{IPM13}\\
Y_{IPM11} = \lambda_{IPM11}\eta_{IPM1} + \varepsilon_{IPM1} & Y_{IPM12} = \lambda_{IPM12}\eta_{IPM1} + \varepsilon_{IPM11} & Y_{IPM23} = \lambda_{IPM23}\eta_{IPM2} + \varepsilon_{IPM23}\\
Y_{IPM21} = \lambda_{IPM21}\eta_{IPM2} + \varepsilon_{IPM21} & Y_{IPM22} = \lambda_{IPM22}\eta_{IPM2} + \varepsilon_{IPM22} & Y_{IPM3} = \lambda_{IPM3}\eta_{IPM} + \varepsilon_{IPM3}\\
Y_{IPM4} = \lambda_{IPM4}\eta_{IPM} + \varepsilon_{IPM4} & Y_{IPM41} = \lambda_{IPM41}\eta_{IPM4} + \varepsilon_{IPM41} & Y_{IPM31} = \lambda_{IPM31}\eta_{IPM3} + \varepsilon_{IPM31}\\
& & Y_{IPM32} = \lambda_{IPM32}\eta_{IPM3} + \varepsilon_{IPM32}\\
Y_{CE1} = \lambda_{CE1}\eta_{CE} + \varepsilon_{CE1} & Y_{CE2} = \lambda_{CE2}\eta_{CE} + \varepsilon_{CE2} & Y_{IPM33} = \lambda_{IPM33}\eta_{IPM3} + \varepsilon_{IPM33}\\
Y_{CE11} = \lambda_{CE11}\eta_{CE1} + \varepsilon_{CE11} & Y_{CE12} = \lambda_{CE12}\eta_{CE1} + \varepsilon_{CE12} & Y_{IPM42} = \lambda_{IPM42}\eta_{IPM4} + \varepsilon_{IPM42}\\
Y_{CE21} = \lambda_{CE21}\eta_{CE2} + \varepsilon_{CE21} & Y_{CE22} = \lambda_{CE22}\eta_{CE2} + \varepsilon_{CE22} & Y_{IPM43} = \lambda_{IPM43}\eta_{IPM4} + \varepsilon_{IPM43}
\end{cases}
$$

$$(4-7)$$

通过构建结构方程模型通常所用的一般模型来反映内外生潜变量之间的关系，通式如下：

$$\eta = \beta\eta + \Gamma\xi + \zeta \qquad (4-8)$$

其中，η 为内生潜变量；β 为内生潜变量之间的关系系数；Γ 为内生潜变量受外生潜变量的影响系数；ξ 为外生潜变量；ζ 为表示残差项。

在构建知识产权运用水平与知识产权特色小镇创新功能开发的协同作用的结构模型中，用 γ_1、γ_2 和 γ_3 分别表示知识产权运用对知识产权交易市场、知识产权运用对智力成果、知识产权运用对创新经济的影响作用；知识产权交易市场可以分别通过 β_4 和 β_5 来显示其对创新经济和创新功能开发的影响；智力成果可以分别通过 β_6 和 β_7 显示其对创新经济和创新功能开发的影响；创新经济可以通过 β_8 来显示对创新功能开发的影响。

通过设定以上变量，构建结构模型如下：

$$\begin{cases} \eta_{EBIA} = \gamma_1\xi_{OIPC} + \varsigma_{EBIA} \\ \eta_{IE} = \gamma_2\xi_{OIPC} + \varsigma_{IE} \\ \eta_{LFL} = \beta_4\eta_{EBIA} + \beta_6\eta_{IE} + \varsigma_{LFL} \\ \eta_{IIA} = \gamma_3\xi_{OIPC} + \beta_5\eta_{EBIA} + \beta_7\eta_{IE} + \beta_8\eta_{LFL} + \varsigma_{IIA} \end{cases} \qquad (4-9)$$

在成功建立知识产权运用与知识产权特色小镇创新功能开发的初始结构方程后，应通过拟合指标的指数、参数以及决定系数三个方面对初始模型进行检验。通过不同评价方法对上述指标进行检验，进而判断是否需要修正原始模型。

将图 4-5 知识产权运用与知识产权特色小镇创新功能开发协同作用的初始结构模型录入 AMOS 17.0 中，通过对相关参数进行估计，获得了初始结构模型适配度检验结果（见表 4-28）。

表 4-28　　　　　　知识产权运用对知识产权特色小镇创新功能开发
协同作用的初始结构模型适配度检验结果

拟合指标	χ^2/df	AGFI	RMSEA	CFI	TLI	IFI	PNFI	RMR
观测值	1.862	0.802	0.052	0.912	0.901	0.911	0.756	0.032
拟合标准	<3.00	>0.80	<0.80	>0.90	>0.90	>0.90	>0.50	<0.05

通过表 4-28 可以看出，各观测值均符合适配度检验的 8 个指标标准，表明所构建的"知识产权创造与知识产权特色小镇创新产业聚集协同"的初始结构模型与通过问卷获取的原始数据之间存在较好的拟合程度。

基于完成"知识产权运用与知识产权特色小镇创新功能开发协同"的初始结

构模型进行拟合度检验，在完成拟合度检验的基础上对"知识产权运用与知识产权特色小镇创新功能开发协同"的初始结构模型进行路径系数的测定，从而进一步检验各路径的合理性和数据一致性。

根据表4-29可以看出，在知识产权运用对知识产权特色小镇创新功能开发协同作用的初始结构模型构建中，KA对DIF的作用未通过显著性检验，其余路径均通过了显著性检验，所以知识产权运用与知识产权特色小镇创新功能开发协同作用的初始结构模型基本符合研究需求，但距离研究目的的达成还需进一步调整未能通过显著性检验的路径。

表 4 - 29　　　　"知识产权运用"与"知识产权特色小镇创新功能开发"
协同作用的初始结构模型的路径估计

路径	结构方程模型路径	标准化路径系数	C. R.	p
γ_1	IPM←AIPR	0.740	11.678	***
γ_2	KA←AIPR	0.750	9.794	***
γ_3	DIF←AIPR	0.260	2.932	0.004
β_4	CE←IPM	0.380	4.413	***
β_5	DIF←IPM	0.780	3.192	0.034
β_6	CE←KA	0.810	6.482	***
β_7	DIF←KA	0.060	0.821	0.422
β_8	DIF←CE	0.390	4.325	***

注：*** 表示 $p < 0.01$。

在表4-29中可以看出，知识产权运用、知识产权交易市场和创新经济对于知识产权特色小镇创新功能开发的路径系数都较小，所以需要调整知识产权运用对知识产权特色小镇创新功能开发协同作用的初始结构模型，使结构方程模型能够得到更好的拟合和测度。通过综合本书的相关理论基础以及对相关的文献查找和进行实地调研的结果分析，得出初步结论如下：在知识产权特色小镇创新功能开发过程中，创新经济和知识产权交易市场都对知识产权特色小镇创新功能开发具有直接的促进作用，而知识产权特色小镇创新功能开发不受智力成果的显著影响。进而构建出如图4-6所示调整后的知识产权运用与知识产权特色小镇创新功能开发协同结构方程模型。

运用AMOS17.0软件再次对最新模型的路径系数进行计算，此时多项拟合指标值如表4-30所示。

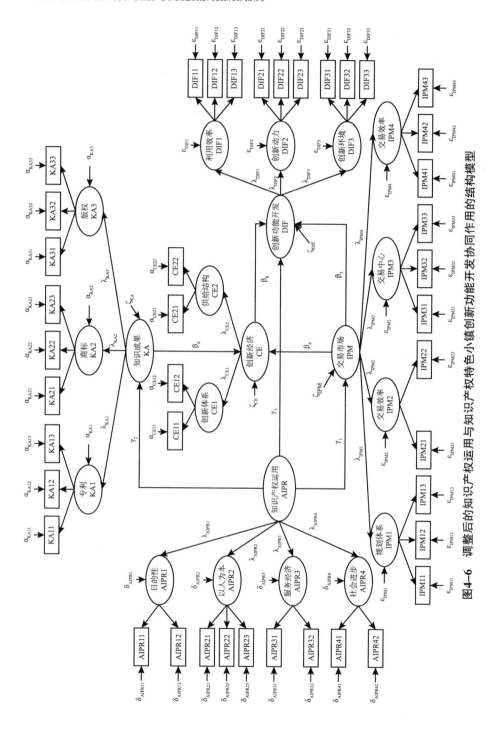

图4-6 调整后的知识产权运用与知识产权特色小镇创新功能开发协同作用的结构模型

表 4 - 30　　　　　知识产权运用对知识产权特色小镇创新功能开发
协同作用的初始结构模型适配度检验结果

拟合指标	χ^2/df	AGFI	RMSEA	CFI	TLI	IFI	PNFI	RMR
观测值	1.861	0.804	0.052	0.912	0.904	0.911	0.757	0.031
拟合标准	<3.00	>0.80	<0.80	>0.90	>0.90	>0.90	>0.50	<0.05

将表 4 - 30 中的知识产权运用与知识产权特色小镇创新功能开发协同作用的各项观测值与拟合标准进行对比，发现经过调整后的知识产权运用与知识产权特色小镇创新功能开发作用的结构方程模型的各项拟合指标值都在可以接受的范围内。可以通过这一点判断出，调整后的"知识产权运用与知识产权特色小镇创新功能开发协同"的结构方程模型可以通过拟合度的检验。然后，计算最终的路径系数，进一步对所建立的结构模型进行最优化选择，具体见表 4 - 31。

表 4 - 31　　　　　知识产权运用与知识产权特色小镇创新功能开发
协同作用调整后模型的路径估计

路径	结构方程模型路径	标准化路径系数	C. R.	p
γ_1	IPM←AIPR	0.740	11.678	***
γ_2	KA←AIPR	0.750	9.793	***
γ_3	DIF←AIPR	0.270	2.982	0.004
β_4	CE←IPM	0.370	4.303	***
β_5	DIF←IPM	0.760	3.292	0.001
β_6	CE←KA	0.790	6.492	***
β_8	DIF←CE	0.490	4.325	***

注：*** 表示 p < 0.01。

根据表 4 - 31 显示，知识产权运用与知识产权特色小镇创新功能开发协同调整后模型中的各项路径的作用系数均显著，由此可以判定调整后的结构方程模型为最终的知识产权运用与知识产权特色小镇创新功能开发协同结构方程模型，见图 4 - 7。

由于最终的"知识产权运用与知识产权特色小镇创新功能开发协同"的结构方程模型较为复杂，不便于直观地对各变量关系进行研究，因此需要总结归纳出其主要部分，便于直观的研究各变量之间关系。所以将最终的"知识产权运用与知识产权特色小镇创新功能开发协同"的结构方程模型进行简化，得到如图 4 - 8 所示简化模型。

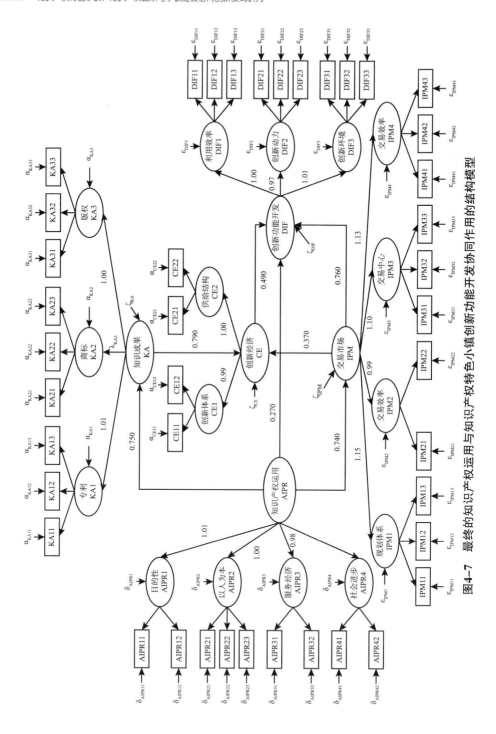

图4-7 最终的知识产权运用与知识产权特色小镇创新功能开发协同作用的结构模型

为了使知识产权运用对知识产权特色小镇创新功能开发协同作用的主要变量能够被有效测度，需要对知识产权运用（AIPR）、智力成果（KA）、创新经济（CE）和知识产权交易市场（IPM）四个变量作用于知识产权特色小镇创新功能开发的效应进行分解（见表4-32）。

表4-32　　　　知识产权创造与知识产权特色小镇创新功能开发
协同作用模型的原因变量效应分解

变量作用关系	直接效应	间接效应	总效应
DIF←AIPR	0.270		0.270
DIF←CE←KA		0.387（0.790×0.490）	0.387
DIF←CE	0.760		0.490
DIF←IPMF	0.760		0.760

表4-32显示，在知识产权运用与知识产权特色小镇创新功能开发协同作用变量中，知识产权运用、知识产权交易市场、创新经济都对知识产权特色小镇创新功能开发产生了直接的影响作用，其中知识产权交易市场影响小镇创新功能的效果最大，作用系数为0.760且为直接效应，知识产权运用对小镇创新功能开发的直接作用效应为0.270。创新经济对小镇创新功能开发的直接效应为0.490。智力成果对知识产权特色小镇创新功能开发不产生直接的作用效应，但是可以经过作用于创新经济的发展对知识产权特色小镇创新功能开发间接产生效应，且其间接效应为0.387。可见，在知识产权特色小镇创新功能开发的影响变量当中，知识产权交易市场是重点建设的对象。图4-8为知识产权运用与知识产权特色小镇创新功能开发协同作用的结构方程模型简化形式。

4.3.4　假设检验与结果讨论

各路径作用强度的估计将依据统计显著性分析，采用标准化路径系数来进行。标准化处理可以将路径系数的取值控制在 -1~1。"知识产权运用与知识产权特色小镇创新功能开发协同"在理论部分提出的大部分假设都可以通过调研获取的数据得到证实。表4-33较为全面地归纳和总结了"知识产权运用与知识产权特色小镇创新功能开发协同"模型的路径系数和假设验证情况，见表4-33。

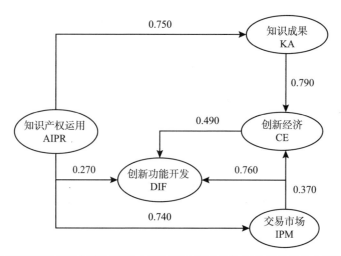

图 4 - 8　知识产权运用与知识产权特色小镇创新功能开发协同作用的结构方程模型简化形式

表 4 - 33　　　　知识产权运用与知识产权特色小镇创新功能开发
协同作用结构方程模型路径系数与假设检验

路径	变量间关系	标准化路径系数	显著性水平	对应假设	检验结果
γ_1	IPM←AIPR	0.740	***	假设 1	支持
γ_2	KA←AIPR	0.750	***	假设 2	支持
γ_3	DIF←AIPR	0.270	0.04	假设 3	支持
β_4	CE←IPM	0.370	***	假设 4	支持
β_5	DIF←IPM	0.760	0.01	假设 5	支持
β_6	CE←KA	0.790	***	假设 6	支持
β_7	DIF←KA			假设 7	不支持
β_8	DIF←CE	0.490	***	假设 8	支持

注：*** 表示 $p < 0.01$。

由表 4 - 33 可以看出，在知识产权运用与知识产权特色小镇创新功能开发协同作用机制的路径系数中，$\gamma_1 = 0.740$，$p < 0.01$，说明显著性效果明显。基于这一结果可以判断出"知识产权运用水平的提升对知识产权交易市场的发展有显著正向作用"的结论。

知识产权运用到智力成果的之间关系的路径系数计算结果为 $\gamma_2 = 0.750$，$p <$ 0.01，因此，可以得出"知识产权运用水平对智力成果质量的提高有显著正向作

用"的结论。

知识产权运用到知识产权特色小镇创新功能开发的之间关系的路径系数计算结果为 $\gamma_3 = 0.270$，显著性水平 $p < 0.05$。因此，可以得出"知识产权运用水平对创新功能开发有显著正向作用"的结论。

知识产权交易市场对创新经济的提升的之间关系的路径系数计算结果为 $\beta_4 = 0.370$，显著性水平 $p < 0.01$。因此，可以得出"知识产权交易市场的发展对创新经济提升具有显著正向作用"的结论。

知识产权交易市场的提升到知识产权特色小镇创新功能开发之间关系的路径系数计算结果为 $\beta_5 = 0.760$，显著性水平 $p < 0.05$。因此，可以得出"知识产权交易市场的发展对创新功能开发有显著正向作用"的结论。

创新型企业发展对知识产权特色小镇创新产业聚集之间关系的路径系数计算结果为 $\beta_6 = 0.790$，显著性水平 $p < 0.01$。在此基础上，可以得出"智力成果质量的提升对创新功能开发有显著正向作用"的结论。

智力成果对知识产权特色小镇创新功能开发的路径不能通过显著性检验，因此在结构方程与数据匹配的过程中将其删除。可以得出"智力成果对知识产权特色小镇创新功能开发没有直接的显著正向作用"的结论。

创新经济对知识产权特色小镇创新功能开发的之间关系的路径系数计算结果为 $\beta_8 = 0.490$，显著性水平 $p < 0.01$。因此，可以得出"创新经济的提升对创新功能开发有显著正向作用"的结论。

通过以上结论，可以分别验证假设 HB1、HB2、HB3、HB4、HB5、HB6 和 HB8 的合理性以及假设 HB7 的不合理性。

本书通过构建知识产权运用与知识产权特色小镇创新功能开发协同作用的结构方程模型，得出知识产权运用对知识产权特色小镇创新功能开发的路径系数和假设检验，进一步对路径系数进行显著性估计，从而判断模型的科学性。研究结果表明，知识产权交易市场、创新经济和知识产权运用对知识产权特色小镇创新功能开发的发展具有显著的正向作用，直接效应依次为 0.760、0.490、0.270，这说明在知识产权特色小镇发展创新功能开发的过程中，知识产权交易市场的科学构建、创新经济的发展和知识产权运用服务体系的构建都是创新功能开发中不可或缺的重要因素，也反映了前文中依照理论知识所构建的分析机制是合理的。在此基础上，在创新功能开发不断深入的过程中，知识产权交易市场的直接效应最高，超过 0.7，这说明在未来知识产权特色小镇创新功能开发中应重点把握知识产权交易市场的科学构建，营造良好的知识产权运用环境，服务小镇创新经济发展，促进知识产权交易市场的发展，进一步推进知识产权特色小镇创新功能开发。

本书另外一个非常重要的结论在于：小镇智力成果中的专利、商标、版权的利用和转化虽然没有对小镇创新功能的发展产生直接的显著影响，但是智力成果的发展可以通过创新经济作为桥梁对创新功能开发产生间接效应，作用的相关数为 0.387。这说明在进行创新功能开发的发展规划中要注重智力成果在创新经济中的重要作用。

通过总结和分析上述路径系数的计算结果，获得两个启示：一是在研究知识产权链条与知识产权特色小镇建设协同作用的过程中，应该深入分析知识产权运用的重要作用，强化对知识产权运用重要性的认识，要把握好知识产权运用在知识产权链条中的位置，充分发挥其作用，更多地与知识产权特色小镇知识产权交易市场的构建、智力成果以及创新经济结合起来；二是要加强对知识产权交易市场中知识产权交易中心、交易效率以及规划模式的重视，通过不断地改善知识产权交易市场，为小镇创新功能开发提供良好的市场环境，不断促进知识产权特色小镇创新功能开发的深入。

4.4　知识产权保护与小镇智力成果经济效益协同的实证研究

4.4.1　变量的度量

在知识产权保护与知识产权特色小镇智力成果经济效益协同作用中，被解释变量包括四个：创新资源保护系统、知识产权保护体制、创新功能布局、小镇智力成果经济效益。这四个被解释变量涉及知识产权特色小镇创新资源保护系统管理方式、知识产权保护环境、创新功能布局发展状态以及小镇智力成果经济效益状况，对于研究知识产权保护对于知识产权特色小镇智力成果经济效益的影响路径和连接关系具有重要的意义。表 4 - 34 为知识产权保护指标量表，包含了基本功能、对象明确、成果审查范围、战略性四方面 9 个题设。

小镇智力成果经济效益分别从小镇智力成果经济效益的智力成果受保护效率、智力成果数量和智力成果质量三个维度对小镇智力成果经济效益进行测度，共设计了 9 个题设，见表 4 - 35。

表 4-34　　　　　　　　知识产权保护（IPP）指标量

潜变量	显变量	变量描述
基本功能 （IPP1）	IPP11	知识产权保护对小镇智力成果的影响符合小镇智力成果经济效益的要求程度
	IPP12	知识产权保护对知识产权人的影响符合小镇智力成果经济效益的要求程度
对象明确 （IPP2）	IPP21	知识产权保护对象的明确程度符合小镇智力成果经济效益的要求程度
	IPP22	对优势产业的保护力度符合小镇智力成果经济效益的要求程度
	IPP23	对吸收、创新引进技术企业的保护符合小镇智力成果经济效益发展的要求程度
成果审查范围（IPP3）	IPP31	专利审查范围的合理扩大符合小镇智力成果经济效益的要求程度
	IPP32	智力成果审查的地域限制符合小镇智力成果经济效益的要求程度
战略性 （IPP4）	IPP41	知识产权保护对小镇经济发展的制胜作用符合小镇智力成果经济效益的要求程度
	IPP42	知识产权保护对小镇发展的重要性符合小镇智力成果经济效益的要求程度

表 4-35　　　　　　　小镇智力成果经济效益（EBKA）指标量

潜变量	显变量	变量描述
智力成果受保护效率（EBKA1）	EBKA11	发明专利受保护效率的提高符合小镇智力成果经济效益的要求程度
	EBKA12	商标受保护效率的提高符合小镇智力成果经济效益的要求程度
	EBKA13	版权受保护效率的提高符合小镇智力成果经济效益的要求程度
智力成果数量（EBKA2）	EBKA21	发明专利数量的提升符合小镇智力成果经济效益的要求程度
	EBKA22	商标注册数量的提升符合小镇智力成果经济效益的要求程度
	EBKA23	版权数量的提升符合小镇智力成果经济效益的要求程度
智力成果质量（EBKA3）	EBKA31	发明专利质量的提升符合小镇智力成果经济效益的要求程度
	EBKA32	新注册商标对应商品质量的提升符合小镇智力成果经济效益的要求程度
	EBKA33	正版商品占市场比例的提高符合小镇智力成果经济效益的要求程度

创新资源保护系统包含人力、物力、财力三方面的9个题设，见表4-36。

表 4-36　　　　　　　创新资源保护系统（IRPS）指标量

潜变量	显变量	变量描述
人力 （IRPS1）	IRPS11	知识产权人的权益保护符合小镇智力成果经济效益的要求程度
	IRPS12	创新型人才的引进政策符合小镇智力成果经济效益的要求程度
	IRPS13	服务知识产权人对智力成果产出的影响符合小镇智力成果经济效益的要求程度

续表

潜变量	显变量	变量描述
物力 （IRPS2）	IRPS21	创新企业对投入物力管理模式符合小镇智力成果经济效益的要求程度
	IRPS22	政府对物力创新资源的管理模式符合小镇智力成果经济效益的要求程度
	IRPS23	创新企业与政府配合程度符合小镇智力成果经济效益的要求程度
财力 （IRPS3）	IRPS31	政府对创新项目资金投入管理符合小镇智力成果经济效益的要求程度
	IRPS32	创新项目资金与知识产权保护结合符合小镇智力成果经济效益的要求程度
	IRPS33	创新项目资金的投入规划符合小镇智力成果经济效益的要求程度

知识产权保护体制包含依法程度、人民意识、制度精简、宏观调控四个方面的 11 个题设，见表 4 - 37。

表 4 - 37　　　　　　　　知识产权保护体制（IPPS）指标量

潜变量	显变量	变量描述
依法程度 （IPPS1）	IPPS11	小镇知识产权保护体制依托国家法律符合小镇智力成果经济效益的要求程度
	IPPS12	知识产权保护体制实施依托法律符合小镇智力成果经济效益的要求程度
	IPPS13	依法程度与知识产权保护的需求结合符合小镇智力成果经济效益的要求程度
人民意识 （IPPS2）	IPPS21	政府相关从业人员保护知识产权意识的提升符合小镇智力成果经济效益的要求程度
	IPPS22	企业相关从业人员保护知识产权意识的提升符合小镇智力成果经济效益的要求程度
制度精简 （IPPS3）	IPPS31	制度精简有对知识产权保护效果的影响符合小镇智力成果经济效益的要求程度
	IPPS32	精简制度实施与小镇实际情况结合符合小镇智力成果经济效益的要求程度
	IPPS33	精简制度的有效性符合小镇智力成果经济效益的要求程度
宏观调控 （IPPS4）	IPPS41	政府相关部门在知识产权保护中的作用符合小镇智力成果经济效益的要求程度
	IPPS42	企业相关部门在知识产权保护中的作用符合小镇智力成果经济效益的要求程度
	IPPS43	知识产权保护体制的完善符合小镇智力成果经济效益的要求程度

创新功能布局包含社会功能、经济功能两个方面的 4 个题设，见表 4 - 38。

表 4 - 38　　　　　　　　创新功能布局（ILF）指标量

潜变量	显变量	变量描述
社会功能 （ILF1）	ILF11	创新功能布局促进创新资源的合理分布符合小镇智力成果经济效益的要求程度
	ILF12	创新功能布局促进知识产权保护环境符合小镇智力成果经济效益的要求程度
经济功能 （ILF2）	ILF21	创新功能布局与完善知识产权保护制度结合符合小镇智力成果经济效益的要求程度
	ILF22	创新功能布局与增加创新经济收入结合符合小镇智力成果经济效益的要求程度

4.4.2 数据信度和效度检验

本节通过分析均值和标准差来对知识产权保护对知识产权特色小镇智力成果经济效益协同作用中各变量指标进行描述性统计分析，可以很直观地获得知识产权保护、小镇智力成果经济效益、创新资源保护系统、知识产权保护体制以及创新功能布局相关测量指标的均值和标准差（见表4-39）。

表4-39　　　　　　　　　各指标的均值和标准差

指标			均值	标准差	指标		均值	标准差
知识产权保护（IPP）	基本功能（IPP1）	IPP11	3.641	0.659	创新资源保护系统（IRPS）	物力（IRPS2）	IRPS21	3.319	0.691
		IPP12	3.621	0.719			IRPS22	3.321	0.687
	对象明确（IPP2）	IPP21	3.612	0.742			IRPS23	3.411	0.733
		IPP22	3.576	0.776		财力（IRPS3）	IRPS31	3.210	0.712
		IPP23	3.602	0.797			IRPS32	3.253	0.698
	成果审查范围（IPP3）	IPP31	3.586	0.761			IRPS33	3.143	0.742
		IPP32	3.581	0.732	知识产权保护体制（IPPS）	依法程度（IPPS1）	IPPS11	3.323	0.687
	战略性（IPP4）	IPP41	3.446	0.803			IPPS12	3.212	0.721
		IPP42	3.519	0.759			IPPS13	3.374	0.796
小镇智力成果经济效益（EBKA）	智力成果受保护效率（EBKA1）	EBKA11	3.163	0.692		人民意识（IPPS2）	IPPS21	3.381	0.821
		EBKA12	3.321	0.711			IPPS22	3.314	0.765
		EBKA13	3.213	0.673		制度精简（IPPS3）	IPPS31	3.121	0.741
	智力成果数量（EBKA2）	EBKA21	3.692	0.652			IPPS32	3.213	0.752
		EBKA22	3.512	0.751			IPPS33	3.123	0.734
		EBKA23	3.612	0.786		宏观调控（IPPS4）	IPPS41	3.512	0.771
	智力成果质量（EBKA3）	EBKA31	3.151	0.743			IPPS42	3.543	0.701
		EBKA32	3.298	0.691			IPPS43	3.540	0.871
		EBKA33	3.312	0.769	创新功能布局（ILF）	社会功能（ILF1）	ILF11	3.621	0.738
创新资源保护系统（IRPS）	人力（IRPS1）	IRPS11	3.201	0.676			ILF12	3.545	0.611
		IRPS12	3.365	0.742		经济功能（ILF2）	ILF21	3.485	0.765
		IRPS13	3.202	0.765			ILF22	3.483	0.763

由表4-39可知，知识产权保护的指标均值都大于3.0，说明样本中的创新产业及政府相关部门从业人员认为知识产权保护的基本功能、对象明确、成果审查范围以及战略性都较好，知识产权链条的发展趋势显著正向影响着知识产权特色小镇的建设发展，智力成果经济效益的增长极大地带动了知识产权保护水平的提升。在知识产权保护的测量指标中，不难看出知识产权保护的基本功能均值最大，反映出在小镇相关从业人员的眼中，当地在发挥知识产权保护的基本功能方面有较大的进步空间，从侧面反映出知识产权特色小镇智力成果经济效益在向好的方向发展，知识产权的保护水平稳步提升。同时，通过对标准差大小的判断可以看出，本次测量具有一定程度的可信度，初步说明实证研究所依据的数据是具有分析价值和可行性的。

在小镇智力成果经济效益的测量指标中，智力成果数量均值最大，反映出知识产权特色小镇智力成果经济效益的增长过程中，小镇的智力成果数量起到了比较大的作用。在对知识产权特色小镇智力成果经济效益进行分析时，要以抓住小镇智力成果数量为重点关注对象，促进智力成果受保护效率以及智力成果质量的提升，提高创新活力加大智力成果数量。

在创新资源保护系统的测量指标中，创新资源保护系统还具备很大的发展潜力，在过去的发展过程中存在不协调的现象，这反映出在发展小镇智力成果经济效益的过程中，对于创新资源保护系统没有形成较为完善协调的体系，没有将创新资源保护系统的经济效益发挥到最大，其中，创新资源保护系统的财力资源保护问题相对明显，知识产权特色小镇政府以及企业应对所投入的创新资金进行严格把关，不断完善财政支出政策以及政府资金扶持政策。

在知识产权保护体制的测量指标中，均值突出的变量为宏观调控，明显高于依法程度、人民意识以及制度精简发展的均值，知识产权宏观调控的均值高于3.5。较高的均值说明知识产权保护体制在小镇中的运作具有较高的执行力度，因而知识产权保护体制对小镇知识成果的宏观调控作用得以发展。依法程度、人民意识以及制度精简发展的均值明显弱于宏观调控，说明面对知识产权的发展态势，小镇对于知识产权保护体制的调控不够及时，制度精简建设慢于小镇知识产权的需求，同时在知识产权保护体制与我国法律结合的程度以及对于当地人民知识产权保护意识的培养相对不足，因此政府应注意，重视知识产权保护体制的精简，提高制度实施效率，加大知识产权保护的普及力度。

在创新功能布局的测量指标中，社会功能指标均值大于3.5，说明在知识产权特色小镇的创新功能布局的发展中，由于知识产权特色小镇社会功能的不断改善以及经济功能的合理优化，小镇创新功能布局的发展逐渐步入正轨。

本章运用组合信度系数对知识产权保护与小镇智力成果经济效益的协同作用进行分析和检验，分别得出关系双方以及各自构成维度的组合信度，得到计算结果，见表4-40与前文表4-9所列标准进行对照，可以得到各项指标均可通过检验的结论。

表4-40   知识产权保护与小镇智力成果经济效益协同作用各变量组合信度检验系数

变量名	组合信度系数 CR 值	接受程度
知识产权保护	0.961	最佳
小镇智力成果经济效益	0.891	很好
创新资源保护系统	0.885	很好
知识产权保护体制	0.927	最佳
创新功能布局	0.728	适中

基于数据已经通过信度检验，需要对数据进行下一步操作，即进行效度检验，大致流程为先进行 KMO 检验和 Bartlett's 球型检验，通过检验之后进行因子分析，本书以特征值是否大于1为标准提取主因子。

通过上述的操作流程和方法计算，可以计算出各个维度的效度检验值，见表4-41，其中包括知识产权保护、创新资源保护系统、创新功能布局发展、知识产权保护体制以及知识产权特色小镇智力成果经济效益等方面，通过计算结果可以进一步判断出本章在实证检验过程中所使用的数据是可靠的，因为这些数据均通过了效度检验。

表4-41   各变量的效度检验值

变量	KMO 值	Bartlett 卡方值	因子负载				累计方差解释率（%）	显著性水平
知识产权保护（IPP）	0.896	2143.587	IPP11	0.811	IPP31	0.819	80.101	0.000
			IPP12	0.812	IPP32	0.912		
			IPP21	0.911	IPP41	0.842		
			IPP22	0.867	IPP42	0.875		
			IPP23	0.855				

变量	KMO 值	Bartlett 卡方值	因子负载				累计方差解释率（%）	显著性水平
小镇智力成果经济效益（EBKA）	0.921	954.320	EBKA11	0.665	EBKA23	0.656	68.124	0.000
			EBKA12	0.624	EBKA31	0.712		
			EBKA13	0.699	EBKA32	0.619		
			EBKA21	0.743	EBKA33	0.664		
			EBKA22	0.819				
创新资源保护系统（IRPS）	0.867	729.267	IRPS11	0.598	IRPS23	0.642	65.298	0.000
			IRPS12	0.625	IRPS31	0.649		
			IRPS13	0.781	IRPS32	0.698		
			IRPS21	0.665	IRPS33	0.728		
			IRPS22	0.711				
知识产权保护体制（IPPS）	0.897	1622.152	IPPS11	0.497	IPPS32	0.782	65.165	0.000
			IPPS12	0.554	IPPS33	0.833		
			IPPS13	0.779	IPPS41	0.775		
			IPPS21	0.769	IPPS42	0.756		
			IPPS22	0.723	IPPS43	0.812		
			IPPS31	0.743				
创新功能布局（ILF）	0.946	758.572	ILF11	0.619	ILF21	0.619	71.201	0.000
			ILF12	0.721	ILF22	0.568		

4.4.3 结构方程模型分析

根据知识产权保护与知识产权特色小镇智力成果经济效益的协同作用关系建立原始结构方程模型。根据变量性质的确定标准，可以将知识产权保护与知识产权特色小镇的小镇智力成果经济效益作用中的各项变量进行归类。其中，知识产权保护是外生变量，创新资源保护系统、知识产权保护体制和创新功能布局是中介变量，小镇智力成果经济效益则是内生变量。

通过逐一建立结构方程模型的测量方程和结构方程，更进一步地对"知识产权运用与知识产权特色小镇创新功能开发协同"进行实证研究。首先需要进行构建的一个部分为观测模型，根据结构方程模型的相关研究可以构建出如下通式：

$$\begin{cases} X = \Lambda_X \xi + \delta \\ Y = \Lambda_Y \eta + \varepsilon \end{cases} \tag{4-10}$$

其中，X 为外生显变量；Y 为内生显变量；ξ 为外生潜变量，与 X 的误差项 δ 和 Y 的误差项 ε 均无关；η 为内生潜变量，与 Y 的误差项 ε 和 X 的误差项 δ 也均无关；ε 与 δ 为显变量的误差项；Λ_X 为显变量 X 的因子载荷；Λ_Y 为显变量 Y 的因子载荷。

图 4-9 是知识产权保护与知识产权特色小镇智力成果经济效益协同的初始结构模型，变量中有 5 项为外生潜变量（IPP、IPP1~IPP4），有 16 项为内生潜变量（EBKA、EBKA1~EBKA3、IRPS、IRPS1~IRPS3、IPPS、IPPS1~IPPS4、ILF、ILF1~ILF2），有 33 项为内生显变量（EBKA11~EBKA33、IRPS11~IRPS33、IPPS11~IPPS43、ILF11~ILF22），有 9 项为外生显变量（IPP11~IPP42）。

在知识产权保护与知识产权特色小镇智力成果经济效益的作用的测量模型中，知识产权保护（IPP）、基本功能（IPP1）、对象明确（IPP2）、成果审查范围（IPP3）、战略性（IPP4）是外生的潜变量，分别用 ξ_{IPP}、ξ_{IPP1}、ξ_{IPP2}、ξ_{IPP3}、ξ_{IPP4} 来进行外生的潜变量的表示。知识产权特色小镇智力成果经济效益（EBKA）、创新资源保护系统（IRPS）、知识产权保护体制（IPPS）、创新功能布局（ILF）、智力成果受保护效率（EBKA1）、智力成果数量（EBKA2）、智力成果质量（EBKA23）、基本功能（IRPS1）、有效界定（IRPS2）、地域限制（IRPS3）、规划体系（IPPS1）、人民意识（IPPS2）、制度精简（IPPS3）、宏观调控（IPPS4）、创新能力智力成果受保护效率（ILF1）、创新能力智力成果受保护效率（ILF2）是内生潜变量，分别用 η_{EBKA}、η_{IRPS}、η_{IPPS}、η_{ILF}、η_{EBK1}、η_{EBK2}、η_{EBK3}、η_{IRPS1}、η_{IRPS2}、η_{IRPS3}、η_{IPPS1}、η_{IPPS2}、η_{IPPS3}、η_{IPPS4}、η_{ILF1}、η_{ILF2}。基于前文所设定的变量，将观测模型的表达式构建如下：

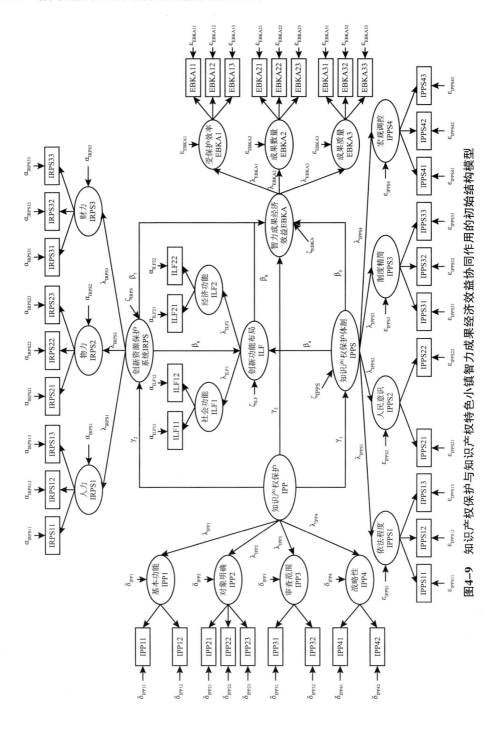

图4-9 知识产权保护与知识产权智力成果经济效益协同作用的初始结构模型

$$
\left\{
\begin{aligned}
&X_{IPP1} = \lambda_{IPP1}\xi_{IPP} + \delta_{IPP1} & &X_{IPP2} = \lambda_{IPP2}\xi_{IPP} + \delta_{IPP2} & &X_{IPP3} = \lambda_{IPP3}\xi_{IPP} + \delta_{IPP3}\\
&X_{IPP4} = \lambda_{IPP4}\xi_{IPP} + \delta_{IPP4} & &X_{IPP12} = \lambda_{IPP12}\xi_{IPP1} + \delta_{IPP12} & &X_{IPP21} = \lambda_{IPP21}\xi_{IPP2} + \delta_{IPP21}\\
&X_{IPP11} = \lambda_{IPP11}\xi_{IPP1} + \delta_{IPP11} & &X_{IPP23} = \lambda_{IPP23}\xi_{IPP2} + \delta_{IPP23} & &X_{IPP31} = \lambda_{IPP31}\xi_{IPP3} + \delta_{IPP31}\\
&X_{IPP22} = \lambda_{IPP22}\xi_{IPP2} + \delta_{IPP22} & &X_{IPP41} = \lambda_{IPP41}\xi_{AIPR4} + \delta_{AIPR41} & &X_{IPP42} = \lambda_{IPP42}\xi_{IPP4} + \delta_{IPP42}\\
&X_{IPP32} = \lambda_{IPP32}\xi_{IPP3} + \delta_{IPP32} & &Y_{EBKA2} = \lambda_{EBKA2}\eta_{EBKA} + \varepsilon_{EBKA2} & &Y_{EBKA3} = \lambda_{EBKA3}\eta_{EBKA} + \varepsilon_{EBKA3}\\
&Y_{EBKA1} = \lambda_{EBKA1}\eta_{EBKA} + \varepsilon_{EBKA1} & &Y_{EBKA12} = \lambda_{EBKA12}\eta_{EBKA1} + \varepsilon_{EBKA12} & &Y_{EBKA13} = \lambda_{EBKA13}\eta_{EBKA1} + \varepsilon_{EBKA13}\\
&Y_{EBKA11} = \lambda_{EBKA11}\eta_{EBKA1} + \varepsilon_{EBKA11} & &Y_{EBKA22} = \lambda_{EBKA22}\eta_{EBKA2} + \varepsilon_{EBKA22} & &Y_{EBKA23} = \lambda_{EBKA23}\eta_{EBKA2} + \varepsilon_{EBKA23}\\
&Y_{EBKA21} = \lambda_{EBKA21}\eta_{EBKA2} + \varepsilon_{EBKA21} & &Y_{EBKA32} = \lambda_{EBKA32}\eta_{EBKA3} + \varepsilon_{EBKA32} & &Y_{EBKA33} = \lambda_{EBKA33}\eta_{EBKA3} + \varepsilon_{EBKA33}\\
&Y_{EBKA31} = \lambda_{EBKA31}\eta_{EBKA3} + \varepsilon_{EBKA31} & &Y_{IPRS2} = \lambda_{IPRS2}\eta_{IPRS} + \varepsilon_{IPRS2} & &Y_{IPRS3} = \lambda_{IPRS3}\eta_{IPRS} + \varepsilon_{IPRS3}\\
&Y_{IPRS1} = \lambda_{IPRS1}\eta_{IPRS} + \varepsilon_{IPRS1} & &Y_{IPRS12} = \lambda_{IPRS12}\eta_{IPRS1} + \varepsilon_{IPRS12} & &Y_{IPRS13} = \lambda_{IPRS13}\eta_{IPRS1} + \varepsilon_{IPRS13}\\
&Y_{IPRS11} = \lambda_{IPRS11}\eta_{IPRS1} + \varepsilon_{IPRS11} & &Y_{IPRS22} = \lambda_{IPRS22}\eta_{IPRS2} + \varepsilon_{IPRS22} & &Y_{IPRS23} = \lambda_{IPRS23}\eta_{IPRS2} + \varepsilon_{IPRS23}\\
&Y_{IPRS21} = \lambda_{IPRS21}\eta_{IPRS2} + \varepsilon_{IPRS21} & &Y_{IPRS32} = \lambda_{IPRS32}\eta_{IPRS3} + \varepsilon_{IPRS32} & &Y_{IPRS33} = \lambda_{IPRS33}\eta_{IPRS3} + \varepsilon_{IPRS33}\\
&Y_{IPRS31} = \lambda_{IPRS31}\eta_{IPRS3} + \varepsilon_{IPRS31} & &Y_{IPPS2} = \lambda_{IPPS2}\eta_{IPPS} + \varepsilon_{IPPS2} & &Y_{IPM13} = \lambda_{IPM13}\eta_{IPM1} + \varepsilon_{IPM13}\\
&Y_{IPPS1} = \lambda_{IPPS1}\eta_{IPPS} + \varepsilon_{IPPS1} & &Y_{IPPS12} = \lambda_{IPPS12}\eta_{IPPS1} + \varepsilon_{IPPS11} & &Y_{IPPS23} = \lambda_{IPPS23}\eta_{IPPS2} + \varepsilon_{IPPS23}\\
&Y_{IPPS11} = \lambda_{IPPS11}\eta_{IPPS1} + \varepsilon_{IPPS11} & &Y_{IPPS22} = \lambda_{IPPS22}\eta_{IPPS2} + \varepsilon_{IPPS22} & &Y_{IPPS3} = \lambda_{IPPS3}\eta_{IPPS} + \varepsilon_{IPPS3}\\
&Y_{IPPS21} = \lambda_{IPPS21}\eta_{IPPS2} + \varepsilon_{IPPS21} & &Y_{IPPS41} = \lambda_{IPPS41}\eta_{IPPS4} + \varepsilon_{IPPS41} & &Y_{IPPS31} = \lambda_{IPPS31}\eta_{IPPS3} + \varepsilon_{IPPS31}\\
&Y_{IPPS4} = \lambda_{IPPS4}\eta_{IPPS} + \varepsilon_{IPPS4} & &Y_{ILF2} = \lambda_{ILF2}\eta_{ILF} + \varepsilon_{ILF2} & &Y_{IPPS32} = \lambda_{IPPS32}\eta_{IPPS3} + \varepsilon_{IPPS32}\\
&Y_{ILF1} = \lambda_{ILF1}\eta_{ILF} + \varepsilon_{ILF1} & &Y_{ILF12} = \lambda_{ILF12}\eta_{ILF1} + \varepsilon_{ILF12} & &Y_{IPPS33} = \lambda_{IPPS33}\eta_{IPPS3} + \varepsilon_{IPPS33}\\
&Y_{ILF11} = \lambda_{ILF11}\eta_{ILF1} + \varepsilon_{ILF11} & &Y_{ILF22} = \lambda_{ILF22}\eta_{ILF2} + \varepsilon_{ILF22} & &Y_{IPPS42} = \lambda_{IPPS42}\eta_{IPPS4} + \varepsilon_{IPPS42}\\
&Y_{ILF21} = \lambda_{ILF21}\eta_{ILF2} + \varepsilon_{ILF21} & & & &Y_{IPPS43} = \lambda_{IPPS43}\eta_{IPPS4} + \varepsilon_{IPPS43}
\end{aligned}
\right.
$$

$$(4-11)$$

通过构建结构方程模型通常所用的一般模型来反映内外生潜变量之间的关系，通式如下：

$$\eta = \beta\eta + \Gamma\xi + \zeta \tag{4-12}$$

其中，η 为内生潜变量；β 为内生潜变量之间的关系系数；Γ 为内生潜变量受外生潜变量的影响系数；ξ 为外生潜变量；ζ 为表示残差项。

在构建知识产权保护水平与知识产权特色小镇智力成果经济效益的协同作用的结构模型中，用 γ_1、γ_2 和 γ_3 来分别表示知识产权保护对知识产权保护体制、知识产权保护对创新资源保护系统、知识产权保护对创新功能布局的影响作用；用 β_4 表示知识产权保护体制对创新功能布局的影响作用，用 β_5 表示小镇智力成果经济效益是如何受到知识产权保护体制所产生的影响的；分别用 β_6 和 β_7 表示来创新功能布局和小镇智力成果经济效益是如何受到创新资源保护系统带来的影响的；用 β_8 来表示小镇智力成果经济效益是如何受到来自创新功能布局产生的影响的。

185

基于设定以上变量的基础上，构建模型如下：

$$\begin{cases} \eta_{IPPS} = \gamma_1 \xi_{IPP} + \varsigma_{IPPS} \\ \eta_{IRPS} = \gamma_2 \xi_{IPP} + \varsigma_{IRPS} \\ \eta_{ILF} = \beta_4 \eta_{IPPS} + \beta_6 \eta_{IRPS} + \varsigma_{ILF} \\ \eta_{EBKA} = \gamma_3 \xi_{IPP} + \beta_5 \eta_{IPPS} + \beta_7 \eta_{IRPS} + \beta_8 \eta_{ILF} + \varsigma_{EBKA} \end{cases} \quad (4-13)$$

在成功建立"知识产权创造与知识产权特色小镇创新产业聚集"的初始结构方程模型之后，应通过拟合指标的指数、参数以及决定系数三方面对初始模型进行检验。通过不同评价方法对上述指标进行检验，进而判断构建的知识产权保护水平对知识产权特色小镇智力成果经济效益的协同作用的原始模型是否需要进行修正。

将图4-9知识产权保护与知识产权特色小镇智力成果经济效益协同作用的初始结构模型录入 AMOS 17.0 中，通过计算和对相关参数进行估计，获得了知识产权保护对知识产权特色小镇智力成果经济效益协同作用的初始结构模型中各项反映拟合关系的拟合指标值，见表4-42。

表4-42　　　　知识产权保护与知识产权特色小镇智力成果经济效益
协同作用的初始结构模型适配度检验结果

拟合指标	χ^2/df	AGFI	RMSEA	CFI	TLI	IFI	PNFI	RMR
观测值	1.850	0.806	0.048	0.908	0.906	0.910	0.765	0.033
拟合标准	<3.00	>0.80	<0.08	>0.90	>0.90	>0.90	>0.50	<0.05

由表4-42可知，各观测值均符合适配度检验的8个指标标准，表明所构建的"知识产权保护与知识产权特色小镇智力成果经济效益协同"的初始结构模型与通过问卷获取的原始数据之间存在较好的拟合程度。

在完成知识产权保护与知识产权特色小镇智力成果经济效益作用的初始结构模型的拟合检验之后，对知识产权保护与知识产权特色小镇智力成果经济效益协同作用的初始结构模型进行路径系数的测定来对各路径的合理性和数据的一致性进行更进一步的估计和检验，见表4-43。

根据表4-43可以看出，IRPS 对 EBKA 这条路径未能通过显著性检验，说明 IRPS 对 EBKA 没有产生显著作用，其余路径均通过了路径显著性检验，所以知识产权保护与知识产权特色小镇智力成果经济效益协同作用的初始结构模型基本符合研究需求，但距离研究目的的达成还需进一步调整未能通过显著性检验的路径。

表4-43　　　　　知识产权保护与知识产权特色小镇智力成果经济效益
协同作用的初始结构模型的路径估计

路径	结构方程模型路径	标准化路径系数	C. R.	p
γ_1	IPPS←IPP	0.745	11.322	***
γ_2	IRPS←IPP	0.780	8.867	***
γ_3	EBKA←IPP	0.280	3.221	0.002
β_4	ILF←IPPS	0.465	4.977	***
β_5	EBKA←IPPS	0.353	2.520	0.010
β_6	ILF←IRPS	0.660	5.787	***
β_7	EBKA←IRPS	0.120	1.120	0.213
β_8	EBKA←ILF	0.310	3.110	***

注：*** 表示 $p < 0.01$。

通过表4-43可知，知识产权保护、知识产权保护体制和创新功能布局对于知识产权特色小镇智力成果经济效益的路径系数都较小，因此需要对知识产权保护与知识产权特色小镇智力成果经济效益协同作用的初始结构模型进行适当的调整。通过相关理论基础以及对相关文献和实地调研结果的分析，得出初步结论：创新功能布局和知识产权保护体制都对知识产权特色小镇智力成果经济效益具有直接的促进作用，创新资源保护系统对于知识产权特色小镇不具有显著的直观性。由此获得知识产权保护与知识产权特色小镇智力成果经济效益协同作用调整后的结构方程模型，见图4-10。

运用AMOS17.0软件再次对最新模型的路径系数进行计算，此时的多项拟合指标值如表4-44所示。

表4-44　　　　知识产权保护与知识产权特色小镇智力成果经济效益
协同作用的初始结构模型适配度检验结果

拟合指标	χ^2/df	AGFI	RMSEA	CFI	TLI	IFI	PNFI	RMR
观测值	1.852	0.802	0.050	0.908	0.906	0.910	0.773	0.034
拟合标准	<3.00	>0.80	<0.08	>0.90	>0.90	>0.90	>0.50	<0.05

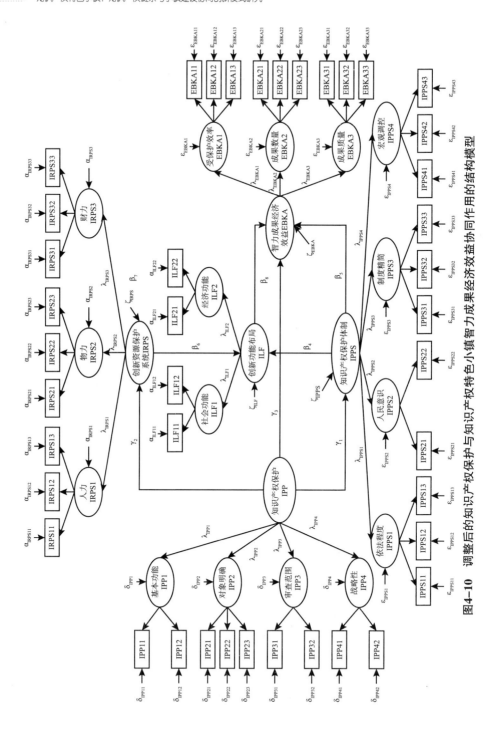

图4-10 调整后的知识产权保护与知识产权特色小镇智力成果经济效益协同作用的结构模型

将表4-44中的知识产权保护与知识产权特色小镇智力成果经济效益协同作用的各项观测值与拟合标准进行对比，发现经过调整后的知识产权保护与知识产权特色小镇智力成果经济效益作用的模型可以很好地通过拟合度检验。因此最新的知识产权保护与知识产权特色小镇智力成果经济效益作用的结构方程模型整体通过了拟合度的检验。然后，计算最终的路径系数，进一步对所建立的结构模型进行最优化选择，具体见表4-45。

表4-45　　　　　知识产权保护与知识产权特色小镇智力成果经济
效益协同作用调整后模型的路径估计

路径	结构方程模型路径	标准化路径系数	C. R.	p
γ_1	IPPS←IPP	0.780	11.540	***
γ_2	IRPS←IPP	0.790	8.998	***
γ_3	EBKA←IPP	0.340	4.003	***
β_4	ILF←IPPS	0.520	4.101	***
β_5	EBKA←IPPS	0.380	2.320	0.001
β_6	ILF←IRPS	0.360	3.870	***
β_8	EBKA←ILF	0.420	3.288	***

注：*** 表示 $p < 0.01$。

表4-45显示，经过调整之后的知识产权保护与知识产权特色小镇智力成果经济效益作用的结构方程模型各路径系数均通过显著性检验，因此得到最终的"知识产权保护与知识产权特色小镇智力成果经济效益作用"的结构方程模型，见图4-10。

同时，根据标准化路径系数的测度标准确定的高于0.50为效果明显、0.10~0.50为效果适中、低于0.10为效果较小，可以确定知识产权保护对知识产权特色小镇智力成果经济效益协同作用调整后的结构方程模型中所有的路径作用效果都在适中和明显的级别上，由此可以判定调整后的结构方程模型为最终的知识产权保护与知识产权特色小镇智力成果经济效益协同作用的结构方程模型，见图4-11。

考虑到最终的知识产权保护与知识产权特色小镇智力成果经济效益协同作用的结构方程模型图形过于复杂，为了研究的直观、简洁和方便，将最终的结构方程模型的主体部分进行归纳和提炼，得到最终的知识产权保护对知识产权特色小镇智力成果经济效益协同作用的结构方程模型简化形式，具体见图4-12。

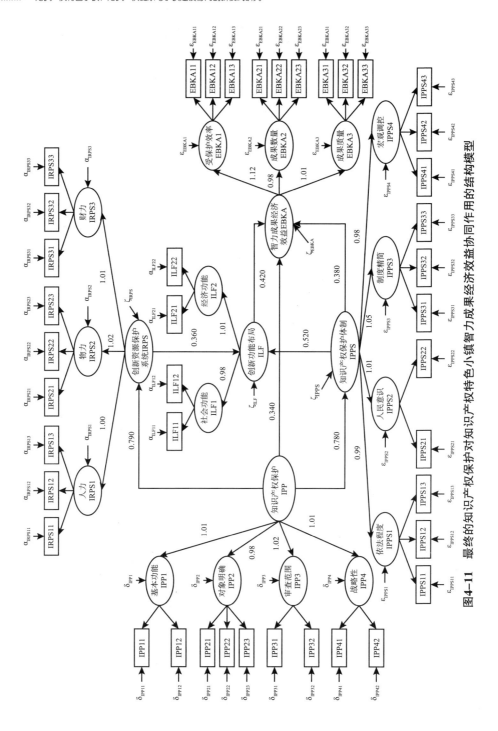

图4-11　最终的知识产权保护对知识产权特色小镇智力成果经济效益协同作用的结构模型

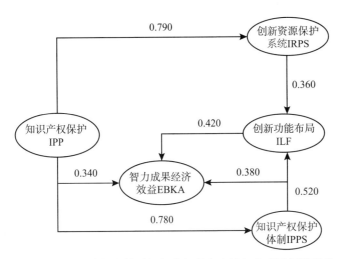

图 4 – 12 知识产权保护对知识产权特色小镇智力成果经济效益
协同作用的结构方程模型简化形式

为了使知识产权保护对知识产权特色小镇智力成果经济效益协同作用的主要变量能够被有效测度，需要对知识产权保护（IPP）、创新资源保护系统（IRPS）、创新功能布局（ILF）和知识产权保护体制（IPPS）四个变量作用知识产权特色小镇智力成果经济效益的效应进行分解，见表 4 – 46。

表 4 – 46 知识产权创造对知识产权特色小镇智力成果经济效益
协同作用模型的原因变量效应分解

变量作用关系	直接效应	间接效应	总效应
IPP→EBKA	0.340		0.340
IRPS→ILF→EBKA		0.151（0.360×0.420）	0.151
ILF→EBKA	0.420		0.420
IPPS→EBKA	0.380		0.380

表 4 – 46 显示，在知识产权保护与知识产权特色小镇智力成果经济效益协同作用变量中，知识产权保护、知识产权保护体制、创新功能布局都直接影响着知识产权特色小镇智力成果经济效益，其中产生最大影响的为创新功能布局，其直接效应为 0.420，其次是知识产权保护体制，效应为 0.380，最低的为知识产权保护，效应为 0.340。创新资源保护系统对知识产权特色小镇智力成果经济效益

没有直接的作用效应，需要通过创新功能布局的发展作为桥梁对知识产权特色小镇智力成果经济效益间接产生效应，且其间接效应为 0.151。可见，在知识产权特色小镇智力成果经济效益的影响变量中，创新功能布局是重点建设的对象。

4.4.4 假设检验与结果讨论

各路径作用强度的估计将依据统计显著性分析，采用标准化路径系数来进行。标准化处理可以将路径系数的取值控制在 $-1 \sim 1$。表 4-47 较为全面地归纳和总结了知识产权保护与知识产权特色小镇智力成果经济效益协同模型的路径系数和假设验证情况，见表 4-47。

表 4-47 　　　　　知识产权保护与小镇智力成果经济效益协同作用
结构方程模型路径系数与假设检验

路径	变量间关系	标准化路径系数	显著性水平	对应假设	检验结果
γ_1	IPPS←IPP	0.780	***	假设 1	支持
γ_2	IRPS←IPP	0.790	***	假设 2	支持
γ_3	EBKA←IPP	0.340	***	假设 3	支持
β_4	ILF←IPPS	0.520	***	假设 4	支持
β_5	EBKA←IPPS	0.380	0.001	假设 5	支持
β_6	ILF←IRPS	0.360	***	假设 6	支持
β_7	EBKA←IRPS			假设 7	不支持
β_8	EBKA←ILF	0.420	***	假设 8	支持

注：*** 表示 $p < 0.01$。

由表 4-47 可以看出，在知识产权保护与知识产权特色小镇智力成果经济效益作用机制的路径系数中，$\gamma_1 = 0.780$，$p < 0.01$，这一 p 值说明了显著性效果明显。基于这一结果可以得出"知识产权保护水平的提升对知识产权保护体制的发展有显著正向作用"的结论。

知识产权保护到创新资源保护系统之间关系的路径系数计算结果为 $\gamma_2 = 0.790$，$p < 0.01$。因此，可以得出"知识产权保护水平的提升对创新资源保护系统有显著正向作用"的结论。

知识产权保护到知识产权特色小镇智力成果经济效益之间关系的路径系数计

算结果为 $\gamma_3 = 0.340$，$p < 0.01$。因此，可以得出"知识产权保护水平的提升对小镇智力成果经济效益有显著正向作用"的结论。

知识产权保护体制到创新功能布局之间关系的路径系数计算结果为 $\beta_4 = 0.520$，$p < 0.01$。因此，可以得出"知识产权保护体制的发展对创新功能布局具有显著正向作用"的结论。

知识产权保护体制的发展到知识产权特色小镇智力成果经济效益之间关系的路径系数计算结果为 $\beta_5 = 0.380$，$p < 0.05$。因此，可以得出"知识产权保护体制的发展对小镇智力成果经济效益有显著正向作用"的结论。

创新资源保护系统到知识产权特色小镇创新功能布局之间关系的路径系数计算结果为 $\beta_6 = 0.360$，$p < 0.01$。在此基础上，可以得出"创新资源保护系统的完善对小镇智力成果经济效益有显著正向作用"的结论。

创新资源保护系统到知识产权特色小镇智力成果经济效益的路径，通过路径估计发现此路径不能通过显著性检验，因此在结构方程与数据匹配的过程中将其删除。可以得出"创新资源保护系统对知识产权特色小镇智力成果经济效益没有直接的显著正向作用"的结论。

创新功能布局到知识产权特色小镇智力成果经济效益之间关系的路径系数计算结果为 $\beta_8 = 0.420$，$p < 0.01$。因此，可以得出"创新功能布局的提升对小镇智力成果经济效益有显著正向作用"的结论。

通过以上结论，可以分别验证假设 HC1、HC2、HC3、HC4、HC5、HC6 和 HC8 的合理性以及假设 HC7 的不合理性。

本章通过构建知识产权保护与知识产权特色小镇智力成果经济效益协同作用的结构方程模型，得出知识产权保护对知识产权特色小镇智力成果经济效益的影响路径系数，并通过对假设进行验证，判断原假设是否成立。研究结果表明，首先，知识产权保护体制、创新功能布局和知识产权保护对知识产权特色小镇智力成果经济效益的发展具有显著的正向作用，直接效应依次为 0.380、0.420、0.340，这说明在知识产权特色小镇发展智力成果经济效益的过程中，知识产权保护体制的完善、创新功能布局的完善和知识产权保护水平的提高在很大程度上影响着智力成果经济的效益发展，同时也反映出本书对知识产权保护的基本功能、对象明确、审查范围和战略性四个维度构成对智力成果经济效益产生作用的机制构建具备合理性。其次，在智力成果经济效益的提升过程中，知识产权保护体制、知识产权保护水平、创新功能布局三者的直接效应的数值在 0.4 左右，具有一致性特征，说明了知识产权保护水平、知识产权保护体制和创新功能布局是未来知识产权特色小镇提升智力成果经济效益必须着重考虑的三个因素。最后，创新资源保护系统中的人力、物力、财力虽然没有直接对智力成果经济效益发展产生作用，但是通过创新功能布局这一桥梁使其对智力成果经济效益也产生了影响，即间接效应，数值为 0.151。这说明在智力成果经济效益的提升过程中，需要合理构建小镇创新功能布局，保障创新资源发挥重要作用。

通过总结和分析上述路径系数的计算结果，获得两个启示：一是对在知识产权链条与知识产权特色小镇建设协同作用的研究过程中，应该深入分析知识产权保护这一重要的影响因素，强化对知识产权保护重要性的认识，准确把握知识产权保护作为知识产权链条核心环节的作用，从知识产权保护角度进行打通知识产权链条一站式服务模式规划，应把握好小镇知识产权保护水平，将其与知识产权保护体制、创新资源保护以及创新功能布局相结合，促进小镇智力成果经济效益的提升；二是可以看出在创新功能布局对智力成果经济效益的直接效应最大，同时创新资源保护系统还将通过创新功能布局对智力成果经济效益的提升产生间接效应，因此要加强对创新功能布局的重视和规划。

第 5 章

知识产权链条与知识产权特色
小镇的 SPS 案例实证研究

5.1 案例研究设计

5.1.1 协同理论

当两个及两个以上的不同个体或资源，为了实现双赢而向着同一个目标相互协作时，协同发展就产生了。为了研究如何使得一个领域内的子系统之间由原来的无序状态，通过某种非线性的作用实现向有序状态的转变，德国学者哈肯创立了如今广泛应用于多个学科领域的协同学。

按照协同学的相关理论可知，在一个开放的复杂系统中，如果在其内部各子系统之间形成相互作用，则说明一种内在机制在该复杂系统中已经形成，这一内在机制可以推动其所在系统从无序至有序的转变，从而促进该系统在结构、性质等多个方面发生质变。同时，在协同理论中，序参量作为确定系统的宏观行为并表征系统有序化程度的参数变量，决定了系统的最终状态和结构，在系统演化过程中起主导作用。因此，序参量的选择至关重要，同时参照相关研究可以看出，对于协同度的测算普遍从科学合理的序参量出发，本书围绕各个子系统，严格按照数据可得性、科学性等原则，构建复合系统协同度测量模型进行分析。

协同理论具备适用范围广、适应性普遍等特征，使其在复杂系统的研究方面获得了广泛应用。因此，本章使用协同理论的相关原理和方法来进行知识产权链条与知识产权特色小镇建设协同关系的研究，主要包括序参量和支配原理。然后，在知识产权链条与知识产权特色小镇建设目前协同状况的基础上，同时考虑内外部因素的影响作用，建立协同理论的子系统。根据知识产权链条与知识产权特色小镇建设协同的维度划分和分析框架，协同措施主要包括知识产权特色城镇的知识产权创造与创新产业聚集协同、知识产权特色城镇的知识产权运用与创新功能开发的协同效应、知识产权保护与知识产权特色城镇的智力成果经济效益协同的三个方面。首先确定各子系统的序参量，其次对序度进行计算，最后对整体系统以及各个子系统的协同度进行计算，并根据计算结果分析它们之间的关系。

5.1.2 SPS 案例研究方法

SPS 案例研究方法具有三个优点：操作程序的科学系统化，研究步骤的标准化，以及建模方法的科学性，这决定了 SPS 案例研究方法更加实用和规范。同时，在开发新概念以及多层次研究等方面，SPS 案例研究方法优势较明显。同时还可以在分析案例的过程中，对理论模型进行构建。其中，包括结构化、实用化以及背景化在内的三个基本原则共同组成了 SPS 案例研究方法的科学内涵。在分析步骤方面，这一方法可以大致被分为以下几个步骤：第一步需要对应用程序的访问现象进行概念化和规范化，第二步为对理论观点进行构建模型，第三步在上一步的基础上根据实际情况对其进行改进，第四步需要进行校对数据和理论模型，第五步是在上述步骤的基础上进行研究报告的撰写工作；此外，简介、文献综述、研究方法、案例说明、讨论和结论共同组成了 SPS 案例研究方法的六个标准模块。本书基于这六个模块规范案件研究的范式，确定目标案例的切入点、步骤和方法，使用抽象的理论概念（包括静态和动态理论模型）建立理论模型。静态理论模型包括分类模型、过程模型和转换模型。在建模的过程中有四种建模模式是可以被用于依赖路径的建模的。与静态理论模型相对的，分类、布局、对比以及多级建模四种方式共同组成了动态理论模型。

目前，知识产权特色小镇的建立还在起步阶段，因此从知识产权特色小镇实践角度挑选多个典型且发展态势良好的知识产权特色小镇作为案例，这可以忽略"幸存者偏差"的影响，在案例选取后的单例研究过程中可以运用 SPS 案例研究范式。案例研究的方法可以被解释为一种对现实中所发生的具体事件或者某种现象进行深度检查的一种科学研究方法。这一过程首先需要在大量且细致描述所研究现象的基础上进行，在此之后结合现有的理论知识对所研究现象或者案例进行验证，从而推动理论框架的创新和新规律的发展。本书在进行案例分析时所涉及的理论概念将通过 SPS 模型方法进行模型化，在此基础上充分结合相关经典理论以及所构建的概念模型深入分析案例地的发展状况。在此过程中案例地相关事件所处的发展阶段应根据研究现象来准确把握，在此基础上，需要对上述过程中所涉及的各个变量或要素进行逻辑安排，在整个过程中应始终对知识产权特色小镇的现实政策优势进行科学的分析，还应该明确区分创新经济的发展基础以及未来导向，因此本书在研究过程中选取 SPS 案例分析的方法具备合理性。

5.1.3 案例选取

本书是对知识产权链条与知识产权特色小镇协同的研究，研究重点在于知识产权特色小镇与知识产权链条的协同作用机制。习近平总书记在《党的十九大报告》中指出，要加快创新型国家建设，促进国家创新体系的加强建设工作，进而促使战略科技力量进一步强化。同时还要通过支持中小企业创新来促进科技成果转化。深化科技体制改革，建立以企业为主体、市场为导向、产学研深度融合的技术创新体系。倡导创新文化，强化知识产权创造、保护、运用。为了能够有效地打通知识产权创造、保护、运用全链条，我国采取建设知识产权特色小镇的方式对知识产权链条进行统筹管理，并取得了初步的较好成果，足以说明建设知识产权特色小镇打通知识产权链条的道路具有巨大潜力。案例研究包括武汉岱家山、天津华明镇、成都菁蓉镇的知识产权链条与知识产权特色小镇的协同作用。在对单个案例进行选择时应充分考虑案例研究是否具有典型性，进而分别对武汉岱家山知识产权特色小镇、天津华明知识产权特色小镇、成都菁蓉知识产权特色小镇进行案例分析。在对所选取案例地分别进行"知识产权链条"与"知识产权特色小镇"协同现状分析之后，充分结合前文所构建的理论基础，从二者的划分维度出发，对武汉岱家山知识产权特色小镇进行知识产权创造与知识产权特色小镇创新产业聚集的协同作用分析、对天津华明知识产权特色小镇进行知识产权运用与知识产权特色小镇创新功能开发的协同作用分析、对成都市菁蓉知识产权特色小镇进行知识产权保护与知识产权特色小镇智力成果经济效益的协同作用分析。

武汉岱家山知识产权特色小镇由岱家山科技创业园挂牌成立，科技创业园的发展基础为岱家山知识产权特色小镇创新产业聚集提供了良好的产业基础，主要表现在地产规划、劳动力水平发展、创新产业发展等方面。

在地产规划方面，岱家山科技创业园是中环线以内集约式环保型的绿色科技园区，创建于 2004 年，是岱家山村集体所有制企业，也是 2008 年武汉市政府重点支持的科技园项目。其伙伴地产园区规划占地 266400 平方米，园区分三期开发，这三期规划逐渐为岱家山知识产权特色小镇创建知识产权创造服务体系以及形成创新产业聚集提供了客观条件。

在劳动力水平的发展方面，在岱家山科技创业园建设的初期，建设园区所涉及的经营管理以及建设开发等工作均由岱家山科技创业园自身承担，而此时的岱家山科技创业园的劳动力大部分来自岱家山当地村民，这为人员集中管理提供了便利，为岱家山科技创业园的发展提供了稳定的劳动力资源，为日后知识产权特色小镇劳动力水平的提升奠定基础。

在创新型产业发展方面，岱家山所具有的区位优势为岱家山建成知识产权特色小镇前后的创新型企业发展提供了长足动力，岱家山科技创业园在武汉市的中环线内，交通十分便捷，因此可以非常紧密地将武汉市各个城区联系起来，产学研深度融合水平也因发达的交通网络得到显著提升。在武汉市进行城中村改造过程中，岱家山科技创业园作为科技创新创业基地，可以被称之为一个典型案例向社会展示成功经验。此外，武汉市本身所具备的突出区位优势也为岱家山的发展提供了外部动力。自知识产权小镇成立以来，知识产权链条的管理在小镇发展中的地位逐渐上升，为了更好地发展小镇创新企业，政府不断加大知识产权的服务工作，使岱家山创新产业繁荣发展。

天津华明知识产权特色小镇由天津市东丽区华明街道办事处挂牌成立，具有鲜明的区域特点，其位于天津市东丽区，拥有方圆 156 千米的占地面积。华明街道办事处的前身为华明镇，其从最开始的一个小山村逐渐发展壮大起来，俨然成为新农村建设的领军者，在其还是华明镇的时期，便以城市最佳实践项目的姿态在上海世博会上将其建设成果展示给全世界。新农村建设取得显著成果之后，华明镇开始将发展目光投向了对华明镇创新功能的开发，地处京津冀协同发展的核心地带，为华明镇吸收周边区域创新资源、开发创新功能提供了良好的区位优势。2012 年，华明小镇的发展眼光开始转向更高层次，"122 计划"开始由天津政府在东丽区进行推行，这一计划的目标是在 5~7 年推动创新主体的进一步开拓，具体来看为计划引进科研机构（市级以上）100 家，培育亿元规模企业（科技性）1000 家，发展 10000 家科技型中小企业，为促进华明镇创新经济的高质量发展提供了可持续动力。同年，为推动东丽区转型升级从而带动天津市创新发展，华明高新区获批成立，高新区的成立使华明镇带动东丽区开始对知识产权运用效率提出了更高的需求。2017年，华明街道地区创造出高达103.5亿元的生产总值，在此之前几年的发展过程中，市级实力小镇的荣誉被授予华明智能制造小镇，这反映了当时的华明镇已然成为天津智能产业密集的地区之一，说明对于华明镇知识产权运用带动的创新功能开发变得非常重要。

菁蓉镇的建设主要依托成都市郫都区政府规划，与岱家山和华明镇有所不同的是，菁蓉知识产权特色小镇的建设并不依托于其原有的产业基础，而是定位于对郫都区知识产权服务的集中管理，因此选取菁蓉镇作为案例进行分析时，应将分析重点放在成都郫都区上。一方面，郫都区是成都市辖区，位于四川省成都市西北部，东北与彭州市、新都区，东南与金牛区毗邻，南面与青羊区相连，西南与温江区、西北与都江堰市接壤。成都市郫都区作为四川农家乐旅游的发源地，拥有许多美称，其中就包括蜀绣之乡、豆瓣之乡、盆景之乡等，由于这些传统特色产业的存在，郫都区对菁蓉镇所提供的知识产权保护服务的需求则越发突出，豆瓣、蜀绣等传统特色产品也应作为智力成果的一种，郫都区的经济发展的一个重要影响因素为智力成果的经济效益。另一方面，由于郫都区历史文化悠久，其孕育了严君平、扬雄、何武、张俞等历史名人，因此从独特文化背景的角度也可以看出，传统特色产业所产出的智力成果在郫都区的经济发展中起了主导作用。在知识产权的发展方面，郫都区境内有西南交通大学、电子科大等大中专院校19所、国家级实验室31个，被评为2018年全国科技创新百强区，不断为知识产权保护提供技术支持，尤其自菁蓉知识产权特色小镇成立之后，通过知识产权特色小镇对知识产权服务的集中管理和输出，为创新传统特色产业的发展模式提供帮助，促进保护创新资源，推动传统特色产业形成新的品牌特色，产出新的智力成果并保障智力成果经济效益。

5.1.4　案例数据收集

数据的收集作为SPS案例研究范式的一个环节，在案例的数据收集过程中有很多方法，其中就包括一手资料及二手资料的方法，在本次的案例分析研究中，便采用以上两种方法进行案例资料的收集工作。以时间为依据，可以将整个收集数据资料的过程分为两个阶段。2018年12月28日开始进行第一阶段的资料收集工作，在这一阶段，以整合互联网上的相关资料与信息为主要工作内容，具体内容包括但不限于最新有关"打通知识产权链条"以及"知识产权特色小镇"的新闻报道、新闻评论、媒体文章、期刊论文以及人物访谈记录等内容。其中，在本书的撰写过程中所用到的参考文献主要来源于中国知网（CNKI）以及 Web of Science 等国内外的权威数据库。其中对本书撰写提供帮助最大的多为 2013 年后出版的相关文献或书籍。完成这一阶段的工作之后，自 2018 年 12 月 30 日开始进行第二阶段的资料收集工作，在这一阶段，以线下资料的收集作为主要工作内容，对于这一阶段线下材料的收集工作主要集中于各类书籍或者会议资料的整理，主要获取的场所集中于国家及大学图书馆，涉及领域主要包括知识产权创造、保护、运用、传统特色小镇的发展建设相关问题等领域，同时这一过程中做到图文结合。在时间方面，上述两个阶段持续时间均为两天，在具体分工方面不仅有相互重叠的部分，更要做到有所侧重，做到两个阶段的资料收集工作可以相互协调。在主题倾向的确立方面，对所收集到的资料进行分析，并进行案例计划书的制定工作。为了能够全面深刻地理解本书所研究的主题，在相关材料进行分析的过程中还时刻查阅管理学、社会学、制度经济学、发展经济学、城市经济学和区域经济学相关书籍。

因为案例分析的过程不能是一个纸上谈兵的过程，需要对当地实际发展情况有明确的认识，因此在进行案例研究之前还应对案例地进行深入的实地考察。基于知识产权特色小镇理论研究匮乏的问题，以及知识产权特色小镇建设处于起步阶段的实践需求，本书主要对目前较为典型的知识产权特色小镇实践结果进行科学系统的分析，对知识产权链条与知识产权特色小镇的协同作用机制进行验证分析。因此，首先需要对武汉岱家山知识产权特色小镇进行实际调研和考察，结合小镇发展状况，对武汉岱家山知识产权特色小镇的知识产权的创造、创新型企业、劳动力以及创新产业聚集情况进行了详细的实地考察。其次，本书以天津华明小镇为案例，用于验证知识产权特色小镇对知识产权链条的作用机制，通过对天津华明小镇的知识产权运用水平与小镇创新功能开发情况的分析来对二者的协同机制进行优势验证以及分析不足，验证在知识产权特色小镇探索性发展初期，知识产权链条与知识产权特色小镇建设的结合有怎样的现实需求，二者又该以何种状态和机制接入以及小镇发展对知识产权运用和小镇创新功能开发的影响因子以及影响途径和方式。最后，第三个案例地选择的是成都郫都区，成都郫都区拥有传统的品牌资源，对于知识产权保护的需求以及便利条件具有相对优势，以品牌或智力成果带动知识产权链条打通以及知识产权小镇发展具有巨大潜力。本书通过对成都郫都区的实际考察和调研，重点分析了成都郫都区知识产权保护状况和未来发展趋势，对知识产权保护体制在小镇内目前的发展状况进行调查，验证在推动知识产权特色小镇建设发展的基础上，成都郫都区的知识产权保护如何与知识产权特色小镇的智力成果经济效益实现协同。

本章在进行研究的过程中，所使用的重要手段为案例分析及其数据的处理，这就要求在将所研究案例的分析与所收集材料进行结合之前，需要对收集到的数据进行缜密的筛选与分析。在具体过程中应着重注意两个方面：一是数据是否全面以及其覆盖面是否广泛，这就要求在对数据进行分析的时候，首先要进行有效的数据分类，确保数据可以涵盖武汉岱家山知识产权特色小镇、天津华明知识产权特色小镇以及成都郫都区菁蓉知识产权特色小镇的各个方面；二是要与本书研究案例的实际情况相结合，基于这样的前提，将数据进行有效的整理，在分析和对比数据做到有所侧重，归纳和选择数据时应做到牢牢把握研究的重点，避免不必要工作的增加，提高数据筛选等工作的效率。

5.2 知识产权链条与知识产权特色小镇的协同度测算

5.2.1 知识产权创造与创新产业聚集的协同度测算

知识产权创造与知识产权特色小镇创新产业聚集的协同作用和影响效果可以通过评价知识产权与知识产权特色小镇的协同性来反映。对知识产权创造与知识产权特色小镇创新产业聚集的协同性进行评价需要构建相应的指标体系，在知识产权创造与知识产权特色小镇创新产业聚集协同的实证研究中，将第4章所设度量指标作为构建协同模型相对应的各因变量和自变量，因此本书在进行知识产权创造与知识产权特色小镇创新产业聚集的协同度测算时直接采用前文所用调查数据进行分析。在前文对知识产权创造与知识产权特色小镇创新产业聚集的实证研究中，得出创新型企业、劳动力水平以及生产成本三个子系统对知识产权特色小镇创新产业聚集都具有显著的直接影响作用。只有创新型企业、劳动力水平以及生产成本协同发展，才能较好地促进知识产权特色小镇创新产业聚集模式的发展。同时，从知识产权创造的源头性、激励性、指导性、独特性的度量指标来看，知识产权创造在一定程度上影响着创新型企业、劳动力水平和生产成本等各个子系统，在这一过程中存在直接影响和间接影响。通过评价创新型企业、劳动力水平、生产成本、知识产权创造和知识产权特色小镇创新产业聚集等子系统相互的作用关系，进行知识产权创造与知识产权特色小镇创新产业聚集协同性评价，从而使具有制约效应的子系统被进一步找出，在充分考虑各个子系统所具备的特征的基础上，进行相应策略的改进。

根据协同学的相关原理和理论，本书建立知识产权创造、创新型企业、劳动力水平、生产成本和知识产权特色小镇创新产业聚集五个子系统间协同度模型。首先，确定知识产权创造、创新型企业、劳动力水平、生产成本和知识产权特色小镇创新产业聚集五个子系统的序参量，见表 5-1。

表 5-1 子系统参量

子系统	测量指标	序参量
知识产权创造	源头性、激励性、指导性、独特性	OIPC11、 OIPC12、 OIPC21、 OIPC22、 OIPC23、 OIPC31、OIPC32、OIPC41、OIPC42
创新型企业	创造性、经济性、品牌化	IE11、IE12、IE13、IE21、IE22、IE23、IE31、IE32、IE33
劳动力水平	劳动力数量、劳动力质量	LFL11、LFL12、LFL21、LFL22
生产成本	资源成本、区域政策支持	EBIA11、 EBIA12、 EBIA13、 EBIA21、 EBIA22、EBIA23
创新产业聚集	动机、节奏、范围	IIA11、IIA12、IIA13、IIA21、IIA22、IIA23、IIA31、IIA32、IIA33

在上述过程将各个子系统的序参量确定好的基础上，还应计算各个子系统的有序度。首先，计算开始应先将研究中所涉及的子系统设为 S_i，$i \in [1, 5]$，同时将复合系统发展过程中所涉及的序参量设为 $e_i = (e_{i1}, e_{i2}, \cdots, e_{in})$，其中 $n \geqslant 1$，$\beta_{ij} \leqslant e_{ij} \leqslant \partial_{ij}$，$j = 1, 2, \cdots, n$，$\beta_{ij}$ 和 ∂_{ij} 为系统稳定临界点上序参量分量 e_{ij} 的下限和上限。假设伴随系统有序度上升而上升的正向指标为 $e_{i1}, e_{i2}, \cdots, e_{in}$，同理可以将特征相反的负向指标假设为 $e_{i1+1}, e_{i2+1}, \cdots, e_{in+1}$。因此，可以将知识产权创造这一子系统的序参量表示为 $e_{OIPC} = (e_{OIPC1}, e_{OIPC2}, \cdots, e_{OIPCn})$，其中用 e_{OIPCj} 来表示的序参量分量有序度通式如下：

$$u_{OIPC}(e_{OIPCj}) = \begin{cases} \dfrac{e_{OIPCj} - \beta_{OIPCj}}{\partial_{OIPCj} - \beta_{OIPCj}} & (j = 1, 2, \cdots, n) \\ \dfrac{\partial_{OIPCj} - e_{OIPCj}}{\partial_{OIPCj} - \beta_{OIPCj}} & (j = n+1, n+2, \cdots, n+n) \end{cases} \quad (5-1)$$

根据前文中对参序量等概念的定义，通过 $u_{OIPC}(e_{OIPCj}) \in [0, 1]$ 来对系统有序度受到序参量影响的程度进行表示，因此序参量 e_{OIPCj} 对系统有序度的贡献程度，随着 $u_{OIPC}(e_{OIPCj})$ 的取值增大而增大，随着 $u_{OIPC}(e_{OIPCj})$ 的取值减小而减小。序参量对知识产权创造子系统有序度的总贡献主要通过加权平均法和几何平均法来计算，鉴于对知识产权创造子系统的权重确认难有较为权威的标准，因此本书进行总贡献计算时采用几何平均法，其公式如下：

$$u_{OIPC}(e_{OIPC}) = \sum_{j=1}^{n} u_j u_{OIPC}(e_{OIPCj}) \quad u_j \geq 0, \quad \sum_{j=1}^{n} u_j = 1$$

$$u_{OIPC}(e_{OIPC}) = \sqrt[n]{\prod_{j=1}^{n} u_{OIPC}(e_{OIPCj})} \qquad (5-2)$$

通过上述原理以及计算公式，可以有效计算出知识产权创造之外的各个子系统的序参量和有序度。

在得到序参量与有序度的基础上进行复合系统的协同度测算，从动态视角出发将子系统的有序度进行重新测量，得到整个复合系统的协同度。将 $u_{OIPC}^0(e_{OIPC})$ 设为系统有序度在知识产权创造这一子系统取均值情况下的表达式。同样的，在创新型企业这一子系统中也存在对应的有序度表达式，即 $u_{IE}^0(e_{IE})$，同理，当样本为 n 时，有 $u_{OIPC}^n(e_{OIPC})$ 和 $u_{IE}^n(e_{IE})$，只有当 $u_{OIPC}^n(e_{OIPC}) \geq u_{OIPC}^0(e_{OIPC})$ 且 $u_{IE}^n(e_{IE}) \geq u_{IE}^0(e_{IE})$ 同时成立的情况下，则称知识产权创造子系统与创新型企业子系统具有协同发展的特性，具体协同模型如下：

$$T(t) = \sqrt[\theta]{\left| \left[u_{OIPC}^n(e_{OIPC}) - u_{OIPC}^0(e_{OIPC}) \right] \left[u_{IE}^n(e_{IE}) - u_{IE}^0(e_{IE}) \right] \right|} \quad (5-3)$$

当且仅当 $u_{OIPC}^n(e_{OIPC}) \geq u_{OIPC}^0(e_{OIPC})$ 且 $u_{IE}^n(e_{IE}) \geq u_{IE}^0(e_{IE})$ 时，$T(t) > 0$，其中，调节系数 θ 的表达式如下所示：

$$\theta = \frac{\min[u_i^n(e_i) - u_i^0(e_i) \neq 0]}{|\min[u_i^n(e_i) - u_i^0(e_i) \neq 0]|} \quad (i = 1, 2) \qquad (5-4)$$

将上述一系列的计算过程同样应用至其他子系统上，同样可以得出其他各个子系统之间的协同度，具体计算结果如表5-2所示。

表5-2　　　　　　　　　　各个子系统间的系统协同度

子系统	OIPC	IE	LFL	EBIA	IIA
知识产权创造（OIPC）	—				
创新型企业（IE）	0.68	—			
劳动力水平（LFL）	0.46	0.58	—		
生产成本（EBIA）	0.65	0.45	0.21	—	
创新产业聚集（IIA）	0.55	0.50	0.53	0.57	—

本书的研究过程中，在对协同学领域的相关文献进行过充分学习与参考的基础上，还综合考量了相关理论在实际生活中的应用情况，划分出四个协同度分布区间，划分结果如表5-3所示。将这一划分标准与前文中计算所得的各子系统协同度进行结合，可以判断出知识产权创造与知识产权特色小镇创新产业聚集的协同中，创新型企业、劳动力水平、生产成本、创新产业聚集和知识产权创造这五个子系统的协同度大都属于中度协同和高度协同的范围，其中只有生产成本子系统和劳动力水平子系统处于低度协同，可以得出知识产权创造与知识产权特色小镇创新产业聚集具有良好的协同性的结论。

表5-3　　　　　　　　　　　　　协同度区间划分

协同度大小	协同程度
(0, 0.3]	低度协同
(0.3, 0.5]	中度协同
(0.5, 0.8]	高度协同
(0.8, 1.0]	极度协同

5.2.2　知识产权运用与创新功能开发的协同度测算

对知识产权运用与知识产权特色小镇创新功能开发的协同程度进行评价时，首先需要把相应的指标体系构建起来，在知识产权运用与知识产权特色小镇创新功能开发协同的实证研究中，将前文中进行实证分析时所用到的度量指标应用于本章自变量及因变量的构建，进而可以将之前使用过的问卷数据应用于测算知识产权运用与知识产权特色小镇创新功能开发的协同度。在前文知识产权运用对知识产权特色小镇创新功能开发的实证研究中，得出知识产权特色小镇创新功能开发这一系统的发展明显受到知识产权交易市场和创新经济这两个子系统的影响，而智力成果同样作为其中一个子系统将通过对创新经济这一子系统来间接影响知识产权特色小镇创新功能开发，且作用效果显著。因此，可以认为只有相互协同的发展模式在智力成果、创新经济以及知识产权交易市场这三个子系统之间形成时，知识产权特色小镇创新功能开发才能得到稳定的可持续发展动力。同时，从知识产权运用的目的性、以人为本、服务经济、社会进步的度量指标来看，知识产权运用在很大程度上影响着包括智力成果、创新经济和知识产权交易市场三个子系统，直接与间接影响相结合成为这种影响。在这样的研究现状下，可以认为在进行知识产权运用与知识产权特色小镇创新功能开发协同性评价时，可以通过评价包括智力成果、创新经济、知识产权交易市场、知识产权运用和知识产权特色小镇创新功能开发在内的各子系统在小镇建设发展过程中所呈现出的内在联系与作用机制，从而使得这些系统之中具有制约效应的那一部分被进一步找出，同时在充分考虑各个子系统特征的基础上进行相应策略的改进。

建立研究所需的各个子系统（智力成果、创新经济、知识产权交易市场、知识产权运用和知识产权特色小镇创新功能开发）之间的协同度模型，在这一过程中需充分理解相关协同学知识。此时需要确定知识产权运用、智力成果、创新经济、知识产权交易市场和知识产权特色小镇创新功能开发五个子系统的序参量，见表5-4。

表5-4　　　　　　　　　　　　子系统参量

子系统	测量指标	序参量
知识产权运用	目的性、以人为本、服务经济、社会进步	AIPR11、AIPR12、AIPR21、AIPR22、AIPR23、AIPR31、AIPR32、AIPR41、AIPR42
智力成果	专利、商标、版权	KA11、KA12、KA13、KA21、KA22、KA23、KA31、KA32、KA33
创新经济	创新体系、供给结构	CE11、CE12、CE21、CE22
知识产权交易市场	规划体系、交易效率、交易中心、交易规模	IPM11、IPM12、IPM13、IPM21、IPM22、IPM23、IPM31、IPM32、IPM33、IPM41、IPM42、IPM43
创新功能开发	利用效率、创新动力、创新环境	DIF11、DIF12、DIF13、DIF21、DIF22、DIF23、DIF31、DIF32、DIF33

根据表5-4所示，各个子系统的序参量均已确定，进而可以计算各系统之间的有序度，采用公式（5-1）中的计算方法，结合知识产权运用与知识产权特色小镇创新功能开发协同理论模型的相关分析，则可得出其他子系统的有序度及序参量，在此之后，便可计算系统协同度，重新测量子系统的有序度便可得到总系统的协同度。重复上述计算过程，运用相同的原理，便可计算出知识产权运用与知识产权特色小镇协同中其他子系统（智力成果、创新经济、知识产权交易市场等）之间的系统协同度，如表5-5所示。

表5-5 各个子系统间的系统协同度

子系统	AIPR	KA	CE	IPM	DIF
知识产权运用（AIPR）	—				
智力成果（KA）	0.60	—			
创新经济发展（CE）	0.51	0.52	—		
知识产权交易市场（IPM）	0.62	0.46	0.58	—	
创新功能开发（DIF）	0.51	0.56	0.60	0.53	—

将表5-5中显示的各子系统协同度的计算结果与前文所制定的协同度划分区间进行对比，可以判断出知识产权运用与知识产权小镇创新功能开发产生相互协同的作用关系中，所有子系统均没有出现低度协同的情况，这样的协同状态可以判断出知识产权运用与知识产权特色小镇创新功能开发具有良好的协同性的结论。

5.2.3 知识产权保护与智力成果经济效益的协同度测算

对知识产权保护与知识产权特色小镇智力成果经济效益的协同性进行评价需要构建相应的指标体系，在知识产权保护与知识产权特色小镇智力成果经济效益协同作用关系进行实证分析研究的过程之中，所涉及的各类变量均在第4章的实证研究分析过程中已经进行了度量，因此在此基础上进行知识产权保护与知识产权特色小镇智力成果经济效益的协同度测算时，直接采用其调查数据进行分析。在前文对知识产权保护对知识产权特色小镇智力成果经济效益的实证研究中，得出知识产权保护体制和创新功能布局两个子系统对知识产权特色小镇智力成果经济效益所产生的直接影响较为显著。在间接影响方面，创新资源保护系统没有直接对知识产权特色小镇智力成果经济效益产生影响，但是其通过影响创新功能布局发展，对知识产权特色小镇智力成果经济效益产生了间接影响，且作用效果显著。因此，可以认为只有相互协同的发展模式在创新资源保护系统、创新功能布局以及知识产权保护体制这三个子系统之间形成时，知识产权特色小镇智力成果经济效益才能得到稳定的可持续发展动力。同时，从知识产权保护的基本功能、对象明确、审查范围、战略性的度量指标来看，知识产权保护在很大程度上影响着创新资源保护系统、创新功能布局和知识产权保护体制三个子系统，这其中包括了直接与间接影响。基于分析所得的研究现状，可以判断在进行知识产权保护与知识产权特色小镇智力成果经济效益协同性评价时，可以通过评价创新资源保护系统、创新功能布局、知识产权保护体制、知识产权保护和知识产权特色小镇智力成果经济效益各子系统在小镇建设发展过程中所呈现出的内在联系与作用机制，从而使得这些系统之中具有制约效应的那一部分被进一步找出，同时在充分考虑各个子系统特征的基础上进行相应策略的改进。

建立研究所需的各个子系统（创新资源保护系统、创新功能布局、知识产权保护体制、知识产权保护和知识产权特色小镇智力成果经济效益）之间的协同度模型，在这一过程中需充分理解相关协同学知识。此时需要确定知识产权保护、创新资源保护系统、创新功能布局、知识产权保护体制和知识产权特色小镇智力成果经济效益五个子系统的序参量，见表5-6。

表5-6 子系统序参量

子系统	测量指标	序参量
知识产权保护	基本功能、对象明确、审查范围、战略性	IPP11、IPP12、IPP21、IPP22、IPP23、IPP31、IPP32、IPP41、IPP42
创新资源保护系统	人力、物力、财力	IRPS11、IRPS12、IRPS13、IRPS21、IRPS22、IRPS23、IRPS31、IRPS32、IRPS33
创新功能布局	社会功能、经济功能	ILF11、ILF12、ILF21、ILF22
知识产权保护体制	依法保护、人民意识、制度精简、宏观调控	IPPS11、IPPS12、IPPS13、IPPS21、IPPS22、IPPS23、IPPS31、IPPS32、IPPS33、IPPS41、IPPS42、IPPS43
智力成果经济效益	受保护效率、成果数量、成果质量	EBKA11、EBKA12、EBKA13、EBKA21、EBKA22、EBKA23、EBKA31、EBKA32、EBKA33

根据表5-6所示，各个子系统的序参量均已确定，进而可以计算各系统之间的有序度，采用公式（5-1）中的计算方法，结合知识产权保护与知识产权特色小镇智力成果经济效益协同的理论模型的相关分析，则可使得其他子系统的有序度及序参量可以得出，在此之后，便可计算系统协同度，重新测量子系统的有序度便可得到总系统的协同度。重复上述计算过程，运用相同的原理，便可计算出知识产权保护与知识产权特色小镇智力成果经济效益协同中其他子系统（创新资源保护系统、创新功能布局、知识产权保护体制等）之间的系统协同度，如表5-7所示。

表5-7   各个子系统间的系统协同度

子系统	IPP	IRPS	ILF	IPPS	EBKA
知识产权保护（IPP）	—				
创新资源保护系统（IRPS）	0.68	—			
创新功能布局发展（ILF）	0.54	0.50	—		
知识产权保护体制（IPPS）	0.65	0.46	0.56	—	
智力成果经济效益（EBKA）	0.45	0.52	0.60	0.63	—

将表5-7中显示的各子系统协同度的计算结果与前文所制定的协同度划分区间进行对比，可以判断出知识产权保护与知识产权小镇智力成果经济效益的协同中，各子系统均没有出现低协同度的情况，呈现成较好的协同状态，因此判断知识产权保护与知识产权特色小镇智力成果经济效益具有良好的协同性。

5.3 知识产权创造与知识产权特色创新产业聚集的协同：以武汉岱家山知识产权特色小镇为例

5.3.1 案例地发展状况

从总体发展状况的角度分析岱家山知识产权创造与创新产业聚集协同的现状。根据前文的分析可知，岱家山具备良好的区位优势，有赖于这一优势，岱家山知识产权特色小镇的知识产权创造水平不断上升。对这一方面进行深入分析可以看出其主要表现在以下几个方面，首先武汉地区具备雄厚的科研力量，为知识产权创造提供动力，从相关数据（截至2018年）上便可直观看出这一结论，数据概述如下：在科研机构方面，武汉地区已经建立有111家科技研究机构；在人才方面，武汉地区拥有的中国科学院及工程院院士数量分别为31人和36人；在资金投入方面，全年共投入1337.9亿元创投资金，同比增长9.1%；在知识产权运用方面，武汉地区全年有1072项重大科技成果顺利转化，获得371.4亿元的签约总金额，认定登记17541项技术合同，达到722.54亿元的技术合同成交额，取得19.8%的同比增长；在知识产权的创造方面，取得突出成效的是专利领域，武汉地区的"四上"高新技术企业实现超万亿的全年高新技术产值，同比增长16.1%，同时，武汉地区还产生60511件专利申请量，同比增长21.7%，其中有32397件取得授权，同比增长26.9%。以上几点均说明武汉知识产权创造水平在不断攀升。自岱家山知识产权特色小镇建成之后，对于武汉知识产权资源进行统筹服务、集中管理使岱家山知识产权特色小镇知识产权创造水平日益提升。湖北省知识产权局于2016年将首家知识产权服务站授予岱家山，一站式办理知识产权相关业务的运行机制开始在岱家山实现。在知识产权创造水平与创新产业不断协调的趋势下，结合区域知识产权以及创新产业的发展需求，2017年4月21日，湖北省知识产权局正式为岱家山知识产权特色小镇授牌，岱家山就此成为我国在进行知识产权特色小镇实践过程中的首个案例。在小镇的建设实施方面，由湖北省知识产权局、武汉市科技局、江岸区政府共同进行合作建设，反映了当地政府对小镇建设的重视。在选址方面，由于小镇由岱家山挂牌成立，其选址则依托岱家山科技创业城的已有规模，在此基础上，当地政府提出了2000亩的规划面积用来建设岱家山知识产权特色小镇，小镇的建设将围绕引进知识产权源头企业并促进其转化为核心进行建设，同时针对知识产权链条的各个环节，在小镇内在服务与资金方面为引入的企业提供支持。知识产权特色小镇区域内逐渐开始形成一种密集的知识产权转化区域，进而带动小镇所在区域知识产权创造水平提升，促进区域创新发展。

从知识产权创造推动创新型企业发展，进而促进创新产业聚集出发。岱家山知识产权特色小镇依托岱家山科技创业园的积累，在创新产业聚集方面已经初具规模，再加之自知识产权特色小镇成立之后，岱家山集知识产权全链条服务、创新产业聚集、技术创新为一体，享受岱家山科技创业园多年底蕴，已具备成为国家级知识产权特色小镇品牌的潜力。又由于优质的区域政策，吸引大量企业入驻岱家山知识产权特色小镇，同时借助其丰富的创新资源，良性循环开发创新资源，促进小镇成为创新资源的富集地。所以，优质的生存环境、合理的政府扶持政策催生了大批优质企业在岱家山知识产权特色小镇扎根发展。岱家山知识产权特色小镇能够形成创新产业聚集，离不开这些优质企业在小镇的高速发展。岱家山知识产权特色小镇创新产业的发展按其不同时期的侧重内容可以划分为知识产权特色小镇成立前与成立后两个时期，共三个阶段。

知识产权特色小镇成立前，创新产业发展为知识产权特色小镇奠定产业基础。

第一阶段——创新产业的初步发展。改革之初，岱家山科技创业城所在区域隶属于岱家山村，农田和菜地是当地村民的主要收入来源。改革开放的春风席卷华夏大地，激励拼搏奋斗的江岸人积极探索转型发展新路子。21世纪初，可持续发展战略开始在江岸区进行落地实施，使得以"三区一带"作为发展特色的先进发展模块构建起来，从而建设起江岸经济开发区、堤角都市工业园区等特色园区。最终，全体村民用项目征地补偿款，开发建设岱家山工业园。根据江岸区发展规划，为探索园区创新、科学、可持续发展的道路，岱家山村委先后到北京、上海、广东等地区科技园学习。2007 年，岱家山村委作出把工业园转型为科技创业园的决定，并筹建岱家山科技企业孵化器，引进和孵化培育科技型小微企业。2008 年，湖北省首个由城中村自建、自营、自管的科技企业孵化器应运而生。岱家山科技创业城为大学生创业者量身打造创业苗圃，组建科技企业加速器，形成以岱家山科技企业孵化器为核心的全链条创业孵化模式。通过科技企业孵化器与入驻小镇的创新型企业相互联动，为知识产权创造服务体系构建、吸引创新型企业入驻小镇奠定了基础。

第二阶段——创新产业的进一步发展。科技创业园成立之后，武汉市政府对岱家山科技创业园的园区建设规划分为三期，岱家山人民建设岱家山科技创业园带动其创新产业进一步发展也可以相应分为三期。政府规划的一期是建设总建筑面积为 10 万平方米的多功能通用厂房，包括单层厂房和多层厂房，又因为岱家山科技创业园是岱家山村集体所有制企业，这些厂房便成了村民这一时期维持生计的主要手段，村民在租赁厂房维持生计的同时，不忘继续对自身进行深造，村委继续带动村民积极学习科技创业园相关工作内容。政府规划的二期是建设总面积为 20 万平方米的孵化器大楼，随着孵化器大楼的落成，岱家山科技创业园的发展也开始逐渐步入正轨，岱家山村民开始将工作投入科技创业园的正常运作中，慢慢由出租厂房维持生计转变为全心全意投入岱家山科技创业园的发展建设中。政府规划的三期是建设面积为 20 万平方米的配套场所，随着政府规划的一步步落实，岱家山科技创业园稳定发展，岱家山科技创业园的开发、建设、经营与管理均由其自己承担，经过多年的发展，岱家山科技创业园的经营管理团队逐渐发展成一支高素质的队伍。科技创业园中 80% 的就业岗位由当地或周边村民担任，前沿科技产品及其制造开始走入村民的生活，通过切实参与其中，岱家山村民的专业技能不断攀升。对岱家山原村民的合理安置，为知识产权特色小镇奠定了劳动力基础，可以使知识产权特色小镇在建立之初便可以较好地服务入驻小镇的创新型企业，促进创新型企业的发展。

知识产权特色小镇成立后，知识产权创造水平的提升推动创新产业聚集的发展模式逐渐成形。

第三阶段——创新产业的成熟。岱家山科技创业园的年产值开始超过 10 亿元，一跃变成我国科技创业孵化链条之一，在此过程中，它先后被评为国家级

"科技企业孵化器""小微企业双创示范基地"以及"众创空间"。作为我国首个经由城中村自己建设且自己管理的科技企业孵化器，岱家山科技创业园将众多知识产权、投资等方面的服务机构和科研机构或高校聚集在一起，成功孕育出武汉市"黄鹤英才"8位、大学生"创业先锋"18位，以及江岸区"有影响的高水平人才"企业家12位。在优质区域政策以及良好的创新资源推动下，岱家山科技创业园于2017年率先实现知识产权特色小镇的建设，以企业知识产权转化的促进以及知识产权源头企业的引进为主要手段，构建出集约资源、集成技术、集聚企业、集群产业和集中服务的知识产权服务孵化体系，以下简称"五集体系"，从而完成以"专利成果转化生产基地"以及"知识产权聚集区"为定位的知识产权特色小镇的建设。自知识产权特色小镇成立之后，一套具有知识产权特色、小镇特色的服务标准被设立出来，这一标准要求对企业知识产权进行全链条式服务，因此小镇的企业创新得以发展，从而使得越来越多的创新型企业被培育出来，进而形成创新性产业聚集。事实上，一个微集群（中心为智能机电产业）已经在岱家山知识产权特色小镇中逐渐形成，这一过程离不开针对技术含量较高的知识产权在转化过程中做出的加大力度的举措，同时还离不开对专利导航体系的不断探索。基于这样的产业发展趋势，岱家山知识产权特色小镇的发展应注重对智能机电企业的高质量服务，进一步加强小镇对于智能机电企业的吸引力，基于这一现实需求，岱家山知识产权特色小镇采取了充分运用互联网技术的措施，通过互联网的手段针对企业核心环节（包括但不限于质量检测、研发测试、科技信息、产品装配等），运用线上结合线下的方式高效整合资源，使技术创新服务可以个性化地由小镇独特的技术服务平台提供给相关企业。在上述发展模式的推动下，岱家山知识产权创新型产业取得高质量发展，进而吸引更多企业入驻小镇，例如在小镇中迅速发展的"武汉康立优医疗发展有限公司"，在小镇的优质政策以及服务体系的支持下，逐渐通过专利这一知识产权创造的主要成果开始打开市场。在岱家山知识产权小镇还有很多类似的初创型公司，在小镇进行不同阶段的孵化之后，这些企业在小镇均获得了良好发展。截至2018年，入驻岱家山知识产权小镇的创业企业（科技型）以及高新技术企业（国家备案）分别为200家和12家，湖北省知识产权示范企业及武汉市科技小巨人企业分别有2家、15家。由此可以看出，岱家山知识产权特色小镇依托岱家山科技创业园的发展基础发展态势良好，创新产业集群已逐渐形成，小镇创新产业发展前景可观。

从岱家山劳动力水平不断提升推动创新产业聚集的发展状况出发。首先，岱家山知识产权的发展对劳动力水平提出较高的要求。这主要是由于岱家山知识产权的发展历史相比其创新产业的发展历史较短，自2017年岱家山知识产权特色小镇成立,岱家山知识产权特色小镇发展重心开始向知识产权偏移,以打通知识产权全链条的服务方式带动知识产权特色小镇企业、经济以及社会发展。岱家山知识产权特色小镇围绕"一芯驱动",使知识产权特色小镇的建设不断推进,进而促进科技创新的高质量发展,同时加强对"瞪羚企业谷""专业软件园"以及"军民融合创新园"的建设力度,促进小镇创新型产业的多角度发展。此外,为了使知识产权创造更好地服务于小镇的产业规划建设,链条式的知识产权孵化体系被不断完善的同时配以高价值专利挖掘中心提升知识产权创造质量。因为有岱家山科技创业园的沉淀,岱家山知识产权特色小镇的发展起点较高,基于这样的先天优势,其已经成长为一个为企业提供全链条式孵化服务的新型特色小镇。大量的知识产权创造服务需求对劳动力水平提出了更高的要求,截至 2018 年底,岱家山知识产权小镇 80% 的工作人员是本村村民和周边村庄的村民,这样的人才供给制度决定了岱家山知识产权特色小镇可以被称为一个在人才层面上极具意义的特色小镇。以岱家山村民为基础发展的小镇劳动力解决了岱家山知识产权创造服务的需求,随着村民不断学习进步,岱家山劳动力水平得到提高,使孵化服务体系逐渐成熟,使岱家山知识产权特色小镇将成为知识产权创造高质量密集区、专利成果转化生产力的基地和服务集聚区域,形成了创新产业聚集。在依托原有村民发展人才培养的基础上,小镇大力引入高端专业人才,小镇挂牌成立以来受到了来自政府的大力支持,例如《武汉市知识产权运营服务体系建设实施方案(2018-2020)的通知》中特别提到了岱家山知识产权特色小镇建设的推进工作。知识产权服务站有专业人才进行管理,大量的知识产权导师、业内专家被聘请至小镇,对企业进行一对一服务,从而促进小镇创新产业进一步聚集发展。

5.3.2 案例发现与讨论

第一,在岱家山知识产权特色小镇建设发展过程中,知识产权创造如何影响创新产业聚集。岱家山知识产权特色小镇依托岱家山科技创业园挂牌成立,小镇具备十分优质的区域政策服务机制,知识产权链条打通式服务体系在小镇的建设中相对完善。通过将知识产权创造与知识产权特色小镇创新产业聚集的协同作用机制与岱家山知识产权特色小镇实际知识产权运营服务状况和创新产业发展情况结合,基于区域经济学理论的相关内容,总结归纳出岱家山知识产权特色小镇知识产权创造对创新产业聚集的协同作用机制模型,见图 5-1。

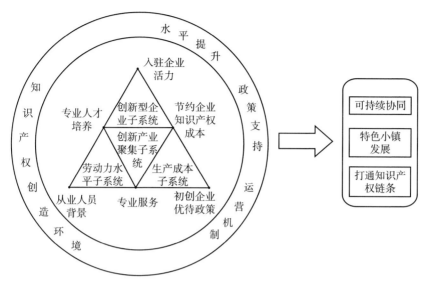

图 5 – 1　岱家山知识产权特色小镇知识产权创造对创新产业聚集的协同作用机制

岱家山科技创业园发展已久，坚实的发展基础为岱家山知识产权特色小镇的快速崛起提供了良好的发展环境。岱家山良好的发展环境使小镇知识产权链条打通式服务体系不断完善，带动知识产权创造水平的提升，同时依托岱家山科技创业园多年来产业发展积淀，配合政府合理的扶植政策，在这样的大环境下使得创新型企业、劳动力水平、生产成本、创新产业聚集以及知识产权创造五个子系统联结更加紧密。岱家山知识产权特色小镇把握知识产权源头企业，提高知识产权水平，促进了岱家山知识产权特色小镇创新型企业发展，包括初创企业、新入驻企业以及稳定发展中的企业，促进企业活力在岱家山知识产权特色小镇中被充分激发，进而通过小镇企业的良好发展态势吸引更多的优质企业入驻知识产权特色小镇。不断提高的劳动力水平保障了对小镇入驻企业的服务质量，曾经的岱家山村民经过十几年的不断学习，已经发展成为不可替代的专业人才。从岱家山科技创业园继承下来的一大批专业人才投入岱家山知识产权特色小镇的建设中，为知识产权特色小镇培养人才节省了大量的时间成本和资金成本，同时引入的知识产权专业人员继续带动原有劳动力继续提升，极大促进了小镇劳动力水平的提升，逐渐专业化的劳动力促进了小镇创新企业集群，也为新引进劳动力的学习提供了很大的支持。区域政策的贯彻落实使知识产权创造的激励性显著提高，一站式服务体系为知识产权特色小镇创新型企业知识产权创造提供了长足动力，小镇企业知识产权创造能力不仅因此得到了提升，在知识产权创造过程中产生的成本也因在小镇服务下少走弯路而不断降低，这就从侧面减轻了知识产权小镇内各企业间的竞争压力，从而吸引更多的企业入驻小镇，入驻壁垒逐渐降低。岱家山知识产权特色小镇发展创新产业聚集存在一个核心问题，即小镇创新型企业的发展，作为知识产权的源头企业，其连接了知识产权链条的源头与小镇创新产业的发展，通过上述分析不难看出，在岱家山知识产权特色小镇围绕知识产权链条展开的服务运营体制下，创新型企业的发展空间良好，知识产权创造水平不断提升，促进了知识产权创造与小镇创新产业发展协同作用关系的科学可持续性，进而带动岱家山的建设发展。

在实地分析岱家山知识产权特色小镇案例的过程中，综合考量知识产权创造水平，结合创新型企业发展的结果对于小镇创新产业聚集发展前景的分析具有非常重要的影响作用，知识产权创造水平作为知识产权特色小镇知识产权创造的评价指标，其发展情况与岱家山知识产权特色小镇的创新型企业紧密相关。在对岱家山知识产权特色小镇知识产权创造环境进行分析的基础上，对岱家山知识产权特色小镇创新型企业、劳动力水平以及生产成本的发展情况进行结合，可以发现创新型企业的特征不单单可以决定小镇构建知识产权创造服务机制的模式，还可以决定企业发展方向。二者的联合考虑对于武汉岱家山知识产权特色小镇的知识产权创造对创新产业聚集的协同程度都产生了深刻的影响，同时还将影响知识产权创造和创新产业聚集的协同发展，并且在很大程度上影响协同发展的可持续性。在长期发展的角度看，岱家山知识产权特色小镇的建设发展将被知识产权创造与小镇创新型产业聚集协同创新模式的构建与完善所推动，这样的发展趋势体现了本书研究主题的前瞻性以及长远性，伴随着岱家山知识产权特色小镇经济不断发展，岱家山知识产权特色小镇的知识产权创造和知识产权特色小镇创新产业聚集在初步实现协同的基础上会越来越实现紧密连接，进而吸引其他地区对这一模式进行效仿，促进知识产权创造与创新产业聚集的协同在全国范围内的知识产权特色小镇建设中普遍实现，也恰当地验证了知识产权特色小镇的建立对于打通知识产权链条各环节所构建出的服务管理体系具有促进作用。

第二，岱家山知识产权特色小镇创新产业聚集对知识产权创造的作用。在综合考虑岱家山知识产权特色小镇目前知识产权创造服务体制与创新产业的基础上，结合知识产权链条与知识产权特色小镇建设的协同发展模式，从知识产权创造水平与创新产业聚集理念和发展模式出发，基于创新产业聚集的构成维度，对小镇知识产权创造服务的实施力度、质量、难度等因素如何受到岱家山知识产权特色小镇创新产业影响进行分析，最终获得小镇知识产权创造水平的作用机制模型，从岱家山知识产权特色小镇创新产业发展特性的角度入手，通过知识产权特色小镇创新产业对知识产权创造服务体制的层层影响，最后作用于小镇知识产权创造水平，促进岱家山知识产权特色小镇知识产权链条的打通。结合岱家山知识产权特色小镇实际创新产业聚集状况和知识产权创造发展情况，结合区域经济学理论的相关内容，总结归纳出岱家山知识产权特色小镇创新产业聚集对知识产权创造的作用机制模型，见图5-2。

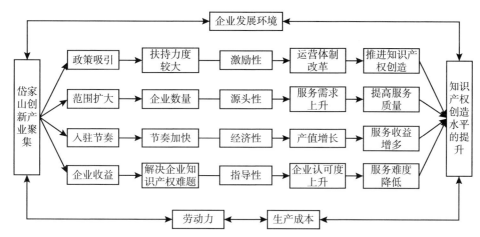

图5-2　岱家山知识产权特色小镇创新产业聚集对知识产权创造的作用

从政策吸引的角度，岱家山知识产权特色小镇优良的发展基础和区域政策影响着投资者以及创业者的决策偏好和入驻动机，这种决策偏好表现为投资者或创业者对岱家山知识产权特色小镇合理服务体制和便利资源的追求与期望。投资者和创业者将自身发展需求与岱家山的产业规划模式和知识产权服务体制结合，将知识产权特色小镇的发展需求以及创新产业聚集的客观需要紧密结合，促进具备针对性和前瞻性的区域政策落实，使进驻小镇的企业得到更好的服务，发挥扶持政策的激励性，进而提升知识产权创造水平。企业入驻壁垒逐渐降低，新入驻企业与知识产权特色小镇原有企业进行良性竞争，形成良性循环，有利于小镇知识产权运营机制完善，推进知识产权创造的进步。新的企业源源不断地进入岱家山知识产权特色小镇，新企业将持续带动小镇原有企业获得稳定长久的发展动力，从而营造出具有小镇特色的知识产权创造环境，提升其产出质量与数量，因此，岱家山知识产权特色小镇的知识产权创造依托于这一大环境稳定发展。

从范围扩大的角度，岱家山知识产权特色小镇政府提供优质的区域政策，使知识产权特色小镇具备先进的知识产权服务以及坚实的产业发展基础，岱家山知识产权特色小镇创新产业集群初步形成规模，范围逐渐扩大，根据创新产业聚集的条件和一般规律，创新产业将向岱家山知识产权特色小镇不断汇聚，创新型企业数量随之逐渐增加。正因如此，小镇对于知识产权创造的服务需求便随着逐渐增多的创新型企业而增加，这就促使知识产权特色小镇应制定合理的规划方案，避免随企业数量增加导致配套服务效率过低，影响知识产权的创造。对于岱家山知识产权特色小镇的知识产权服务来说，知识产权创造的服务需求增加将促进小镇相关部门对于知识产权创造提供的服务力度加大，进而推动知识产权创造服务质量的显著提升。从长远发展来看，有利于岱家山知识产权特色小镇创新型企业的知识产权创造，知识产权特色小镇创新产业聚集在不断发展的同时，不断涌入的企业需求在很大程度上督促了知识产权创造服务质量的提升，从而促进其创造水平的提升。

从企业入驻节奏的角度，主要表现为入驻节奏的加快。由于知识产权特色小镇的特殊性以及起步初期入驻效用处于递增阶段，没有入驻岱家山知识产权特色小镇的企业通过对已入驻企业发展状况的评估，产生比较好的心理预期，带动新的创新型企业入驻岱家山知识产权特色小镇，极大提升了小镇创新产业聚集的经济性发挥空间。随着创新型企业入驻节奏的不断提升，企业之间的良性竞争环境逐渐趋于稳定，加之企业发展环境的不断调整，劳动力水平稳健提升以及生产成本不断降低，岱家山知识产权特色小镇创新产业聚集的经济性大幅度提高，这就为岱家山知识产权特色小镇创新产业产值的提升奠定了基础。岱家山知识产权特色小镇创新产业聚集经济性的提升也使得与之对应的知识产权特色小镇知识产权服务运营部门收益增加，随着岱家山知识产权特色小镇知识产权服务运营部门的收益增加，小镇在知识产权服务运营的投入也随之增加，更加专业的人员培训制度，更加完善的服务体制，也将接踵而至。这种大趋势就要求对岱家山知识产权特色小镇的知识产权创造和创新产业聚集二者的协同作用关系进行新一轮的审视，岱家山知识产权特色小镇相关政府部门应合理控制创新型企业入驻小镇节奏，及时调整和完善知识产权服务运营体制，充分发挥创新产业聚集的经济效用，带动岱家山知识产权特色小镇不断提升创新产业产值，带动小镇其他部门提高经济收益，进一步促进岱家山知识产权特色小镇创新产业聚集与知识产权创造的协同发展。

从企业受益的角度，创新产业聚集得以较好发展的一个重要影响因素则是入驻知识产权特色小镇的创新型企业从小镇服务中受益情况良好，小镇因此能够吸引更多的企业入驻小镇，逐渐形成产业聚集。在岱家山知识产权特色小镇知识产权创造水平不断提升的过程中，企业对知识产权特色小镇的政策优势和知识产权服务优势的认知程度也更加深化，入驻小镇的企业在岱家山知识产权特色小镇更容易获得良好的经济收益。当知识产权创造水平的提升和岱家山知识产权特色小镇创新产业二者的完美融合极大地满足了入驻企业的发展需求，并且在知识产权方面为企业解决难题，岱家山知识产权特色小镇创新产业稳定发展，入驻小镇的企业对知识产权特色小镇政府的认可程度不断加深。因此，入驻小镇的企业将更加积极主动寻求知识产权特色小镇知识产权创造服务，为小镇相关部门节省精力，使知识产权特色小镇知识产权创造服务难度降低。服务难度的大大降低为岱家山知识产权特色小镇知识产权创造水平和创新产业发展向着更好的方向发展提供了条件。

第三，岱家山知识产权特色小镇创新产业聚集与知识产权创造的协同机制。根据实证模型分析结果，结合案例地区实际情况，基于区域经济理论等相关理论和内容，构建出岱家山知识产权特色小镇的知识产权创造与创新产业聚集的协同作用机制，见图5-3。

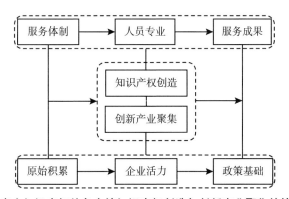

图5-3 岱家山知识产权特色小镇知识产权创造与创新产业聚集的协同作用机制

在结合实地考察与理论文献的基础上，充分考虑岱家山地区的实际发展情况，本书提出岱家山创新产业聚集的构成要素主要从三个方面出发：一是原始积累，即岱家山知识产权特色小镇创新产业具有良好的原始积累，这是因为岱家山知识产权特色小镇由岱家山科技创业园挂牌成立，在此之前岱家山科技创业园产业发展已经取得了一定的成绩；二是企业活力，即入驻小镇的企业多为创新型企业，同时因为企业孵化园的存在，使很多初创企业入驻小镇，这就使岱家山知识产权特色小镇的企业整体活力较高，发展动力较足；三是政策基础，即武汉地方政府对岱家山知识产权特色小镇创新产业发展提供了强有力的政策支持，从企业服务管理模式到当地居民80%从事科技创业园相关专业工作，岱家山的地方政府对岱家山成立知识产权特色小镇以来在产业发展方面起到了不可替代的作用。在知识产权全链条打通式服务体系加速构建的核心机制下，岱家山政府不断推动小镇知识产权服务体制的完善，综合人力和物力的改造，促进了岱家山知识产权特色小镇创新产业聚集的形成与发展。

同时，根据案例背景中对岱家山知识产权现状的详细分析，岱家山知识产权链条的打通已初步进入正轨，知识产权服务规划逐渐完善，在此过程中企业对这一方面的需求逐渐增加，进而带动了企业知识产权创造与小镇知识产权创造的融合。结合岱家山知识产权创造现状，本书在实地考察的基础上提出三个主要的原因和要素：一是服务体制，即岱家山政府积极研究制定具体政策措施，优化知识产权创造服务体制，在对岱家山知识产权特色小镇给予的大力政策支持下，将小镇打造成为地区经济转型升级的全新载体；二是人员专业，即相关从业人员的专业性，从最初建立岱家山科技创业园到如今成立岱家山知识产权特色小镇，曾经的岱家山村民不断学习进步，成为了科技创业园的专业人才，同时引入岱家山的知识产权专业人才，进一步提升了岱家山知识产权从业人员的专业性；三是服务成果，即小镇知识产权创造的服务成果已初见成效，已经有 200 余家创新创业企业入驻小镇，做到年均产出超过 200 件的各类知识产权申请。

综合来看，岱家山知识产权特色小镇在其发展过程中，创新产业具有深厚的原始积累，同时在当地政府的优质区域政策帮助下，企业活力不断被激发，其创新产业聚集的发展极具前瞻性。同时岱家山知识产权特色小镇知识产权的产出呈现上升的趋势，借助当地政府的大力支持政策，岱家山知识产权特色小镇已经逐渐形成围绕打通知识产权链条建设的知识产权创造服务体制，不断提高岱家山的知识产权创造水平。在岱家山知识产权特色小镇创新产业聚集与知识产权创造的协同作用机制中，岱家山知识产权创造服务体制的建立和完善是连接小镇知识产权创造与创新产业的中间桥梁。岱家山在现有的产业发展基础上，不断加大创新产业建设力度，创新企业不断涌入小镇，促使创新产业聚集的同时也在不断考验岱家山的知识产权创造能力，所以岱家山创新产业聚集与知识产权创造能够进行恰当的协同和相互作用。因此，从知识产权创造和创新产业聚集两个方面出发，可以看出二者协同作用机制的实现离不开这两个方面各自的良好发展，最终为实现岱家山知识产权创造与创新产业聚集的有效协同提供了连接通道，使小镇知识产权创造与小镇创新产业聚集的协同得以实现，验证了知识产权链条与知识产权特色小镇建设的协同关系。

5.3.3 案例验证分析

选取岱家山知识产权特色小镇作为案例地，对岱家山知识产权特色小镇的建设和知识产权链条之间关系进行实地考察，首先对岱家山知识产权特色小镇的发展历史进行分析，其次在进行岱家山知识产权链条发展状况分析的过程中，将近年来小镇的知识产权创造水平作为重点进行分析，最后探讨案例地的产业发展背景，得到了知识产权创造水平由岱家山的发展所带动的重要背景。其中，通过构建理论模型说明岱家山的知识产权创造水平的提升和服务的发展与创新产业聚集是分不开的，在此基础上说明岱家山创新产业聚集进一步带动当地知识产权创造水平的提升和知识产权服务的科学合理化，说明岱家山创新产业聚集会带动岱家山当地政府对当地知识产权链条打通方式的重新考量，以岱家山创新产业发展的实际情况对知识产权创造水平进行评估，并不断完善知识产权创造的服务机制，从知识产权链条的源头上推动知识产权链条在知识产权特色小镇发挥重要作用，促进岱家山创新产业的新一轮大发展。

根据知识产权链条与知识产权特色小镇协同关系的理论及实证模型分析结果，结合岱家山自成立科技创业园以来积累的优质资源，带动岱家山创新经济发展的实际情况，分别从知识产权链条与知识产权特色小镇的构成维度出发，验证岱家山知识产权创造对知识产权特色小镇创新产业聚集的作用、岱家山知识产权特色小镇创新产业聚集对知识产权创造的作用以及知识产权创造与知识产权特色小镇创新产业聚集的协同作用，案例研究的过程中始终把握知识产权特色小镇的特殊性和探索性，以突出打通知识产权链条推动与小镇建设协同发展为目的，以开拓知识产权特色小镇创新建设模式为大背景，对知识产权特色小镇发展的驱动要素进行探讨，探讨过程中将"知识产权链条与知识产权特色小镇建设的协同作用"放在重点位置进行分析，进而初步探索这一协同作用实现的路径，从而构建出一个静态理论模型，有利于更加全面地分析"知识产权链条与知识产权特色小镇建设协同作用"。

5.4　知识产权运用与创新功能开发的协同：以天津华明小镇为例

5.4.1　案例地发展状况

从华明镇基本状况出发，华明镇目前面积约为 156 平方千米，依托天津市东丽区华明街道办事处而建。在创新功能开发的创新环境方面，华明镇四面资源丰富、交通发达的地理位置在创新环境的营造上起到了巨大作用。地处京津冀协同发展区域，使华明镇在吸收京津冀区域创新资源、开发创新功能方面具备较好潜力。在城镇建设方面，良好的城镇建设为华明知识产权特色小镇的建立奠定基础，早在华明街道办事处还是一个小镇的时期，华明镇便以其领先全国甚至世界的城中村改建成果登上了世博会的舞台。城中村改造时的"宅基地换房"政策充分保障了当地农民在小镇建设过程中的权益。"宅基地换房"政策高效集中并复耕宅基地的同时，创新了城镇化的建设思路，不仅如此，过程中通过集约利用土地，还充分保障了生态环境的稳定，明显提高了当地居民的整体生活水平，成功降低了改建过程中的不必要损失。在工业区开发方面，天津市东丽区华明街道内拥有华明高新产业园区，高新产业园区的建设可以很好地连接华明小镇知识产权运用与创新功能开发，承载区域创新经济水平的提升。

从华明镇发展历史出发，华明镇经过多年的发展转型，发展重心逐渐向知识产权高效运用、推动创新经济发展的方向靠近。智能产业的聚集带动大量优质智力成果产出，带动区域创新经济不断攀升，从而有效开发华明镇创新功能。不过在改革开放初期，华明街道的前身"荒草坨乡"依然如同其名。1994年，荒草坨乡更名为华明镇，开始了华明镇的转型之路。2001年，赤土镇并入华明镇，为华明镇发展建设提供动力。2005年，天津滨海新区成为国家级新区被国家列为发展的重点支持对象，华明镇所处的地理位置因此显得尤为重要。通过对这一发展机遇的把握，华明镇以"宅基地换房"等方式迅速城镇化。2006年，华明街道办事处在华明镇撤镇之后以一个新的姿态开始迎接未来的挑战。2007年，村民开始迁入新建设的城镇，华明镇的城镇化水平继续不断攀升。2010年登上上海世博会的舞台可以被视为一个重要的发展转折点。经历了漫长的基础建设时期，2012年华明镇开始向城镇化的更高层次进军，这一时期，知识产权运用水平带动创新经济的发展开始成为重点，大量的高新技术企业生产出大量的智力成果，对知识产权的运用能力提出了更高的要求。2012年开始，在与各大高校进行合作方面，华明高新区的相关团队做了非常大的努力。2014年起，中科院、清华大学、武汉大学、哈尔滨工业大学、南开大学、国家知识产权局等多家知名科研单位的产业化项目密集落户于此。2016年，华明高新区成为"中科院北京分院天津创新产业园""清华校地合作基地（天津）"，科技项目的密集落户不仅仅是产业的发展，更是华明的城镇化以及知识产权运用进入更高阶段的体现。随之而来的知识产权运用服务需求增多问题也更加重要，在如今华明街道逐渐形成的高新技术产业集群的大环境下，对于华明街道的建设规划需求以及创新功能开发需求不断提高。如何合理统筹众多产业,科学管理诸多产业化项目?众多高新技术单位的智力成果是否得到高效运用?创新经济是否稳定发展,从而最大程度上开发华明街道现有创新功能?这些问题成为了华明街道未来发展的重点方向。华明街道打通知识产权链条的工作自2018年成立知识产权特色小镇开始,被列入小镇发展的重点工作。这一决策体现了天津市政府在推动《天津市知识产权"十三五"规划》,以及落实《关于加快推进知识产权强市建设的实施意见》等方面做出的努力,上述措施将有助于天津市知识产权创造、运用、保护和管理能力的进一步提升。

从华明镇智力成果运用情况出发,华明知识产权特色小镇依托国家知识产权局、专利局、专利审查协作天津中心和国家知识产权出版社等优势资源,进一步完善东丽区专利综合服务平台功能,集聚知识产权服务业品牌机构,不断开展涵盖资讯信息、政务服务、检索分析、法律维权、评估交易、质押融资、布局导航等知识产权的全链条一站式服务。小镇建成后,围绕区域产业特点,以问诊式服务为高新企业的智力成果运用提供帮助,取得一定成效。目前通过《企业知识产权管理规范》认证企业数量超过60家;实现有专利的企业数量超过60家;实现有效专利超过600件,专利企业销售收入占全镇总销售收入比重超过40%。智力成果的高效运用带动了华明镇创新经济的发展,对华明镇创新环境、创新动力以及创新功能利用效率均有帮助,进而推动华明镇的创新功能开发。

从知识产权交易市场的发展状况出发,华明街道以建设知识产权特色小镇为契机,使华明街道的知识产权创造、运用、保护、管理和服务等综合能力得到了全面提升,为天津市以及东丽区取得知识产权领域的重大突破提供动力,推动知识产权交易市场趋于成熟。具体措施体现在被称为"四个一工程"的专利运营体制,其中"四个一"分别指的是"运营实体""特色产业知识产权示范园区""工程技术中心"以及"知识产权运营基金"。在交易市场的具体规划方面,华明街道打造了东丽区专利综合服务平台,由此专利一站式服务为小镇企业带来了发展的可持续动力,这样的发展空间反映了小镇在专利层面上的绿色市场环境。基于上述发展前景,众多企业入驻小镇,目前已有三十余家来自世界各地的知名服务机构、企业协会、知识产权管理部门、金融机构入驻加盟。在配套服务方面,包括海外维权援助、政务审查、企业托管、专利信息和业务培训在内的各类服务项目以小镇为中心向周边地区扩散。特别值得注意的是,华明小镇还引进了国家知识产权局专利局专利审查协作天津中心,该中心到2020年底形成了一支70名左右的管理干部队伍、1500人左右的专利审查队伍、60人左右的行政保障队伍,发明专利申请年结案量超过12万件。华明小镇在一系列打通知识产权链条推动小镇发展的措施推动下，知识产权发展取得了显著成效，于2019年上榜"新一批国家知识产权运营服务体系建设城市公示名单"，反映出知识产权市场环境的优化以及华明小镇创新功能开发的不断深入。

5.4.2 案例发现与讨论

第一，华明知识产权特色小镇知识产权运用对创新功能开发的协同作用。从华明知识产权特色小镇发展过程中的功能定位分析来看，知识产权创新功能开发成为华明小镇知识产权运用与小镇建设协同的重要节点。华明知识产权特色小镇创新功能开发将有助于充分发挥华明街道产业优势，科学管理协调华明小镇各科技园与各产业之间的关系，尤其是在华明知识产权特色小镇计划引入三个百亿级产业集群同时引入大量科技创新产业的大环境下，构建知识产权服务产业聚集区就要求小镇的知识产权运用服务应与小镇自身创新功能开发的现实需求紧密结合起来。可见，知识产权特色小镇创新功能开发伴随小镇知识产权运用提升而不断深入是科学合理的。华明知识产权特色小镇的知识产权服务运营体制发展与小镇创新功能开发有着复杂而紧密的联系，具体联系过程见图5-4。

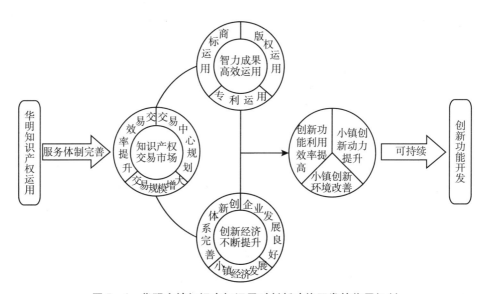

图5-4 华明小镇知识产权运用对创新功能开发的作用机制

华明知识产权特色小镇相较于岱家山知识产权特色小镇，不仅拥有原始积累的产业优势以及政府的大力扶持政策，还拥有更强的区位优势。华明镇位于京津冀协同发展的重要组成部分——天津市，北京大量的优质资源向华明知识产权特色小镇涌入，为小镇知识产权高效运用奠定基础，有利于华明小镇的经济发展。因此，华明小镇经济发展的一个重要动力来源，是通过科学的创新功能开发系统对小镇内部创新资源进行有效整合及配置。随着知识产权运用服务制度的不断完善，知识产权市场的效率不断提升，交易规模不断增大，交易中心规划不断合理，将带动小镇智力成果运用效率的提升，推动小镇创新经济的发展。智力成果的高效运用以及创新经济的不断提升以知识产权交易中心为依托共同构成了华明小镇创新功能开发系统。

从实际情况来看，通过建立东丽区专利综合服务平台，引进国家知识产权局专利局专利审查协作天津中心等措施，华明小镇有效提高了知识产权交易市场中智力成果的交易效率，降低了交易成本，从而吸引了更多知识产权人进入华明小镇进行知识产权交易。为此，围绕政府相关部门的服务政策进行知识产权交易中心的规划将更加合理化，从而进一步扩大知识产权交易规模。知识产权交易作为智力成果运用的重要途径，交易效率的提升以及交易规模的扩大必将带来智力成果运用效率的提升，华明小镇专利综合服务平台等相关部门在发明专利、商标以及版权等智力成果运用过程中提供的服务，使智力成果能够在小镇创造出最大化的经济价值。这反映出华明小镇在智力成果层面上提升了小镇创新功能利用效率，良好的知识产权运用环境推动了华明小镇创新环境的进一步改善，不断吸引新的企业在华明小镇实现知识产权的运用，为小镇创新提供持续动力，实现华明小镇创新功能的可持续开发。

第二，华明知识产权特色小镇创新功能开发对知识产权运用的作用。在综合考虑华明小镇目前知识产权运用与创新产业现状的基础上，结合知识产权链条与知识产权特色小镇建设的协同发展模式，从知识产权运用与创新功能开发的模式和理念出发，围绕创新功能开发的影响，分别探讨创新功能开发与华明小镇知识产权运用的变化趋势和如何影响知识产权运用服务以及最终小镇知识产权运用水平的作用机制模型，结合区域经济学理论的相关内容，总结归纳出华明知识产权特色小镇创新功能开发对知识产权运用的作用机制模型，见图5-5。

总的来看，因为创新经济一个突出特点是区域经济的拉动作用，所以华明小镇的创新功能开发程度的提升不但可以完善创新经济体系，同时还可以优化经济结构，促进相关产业的发展。一方面，华明小镇的创新功能开发本质上是一种综合反映活动，这一活动的过程中可以将科技创新、社会、经济等多个方面综合起来。因此，小镇创新经济的发展与小镇创新功能开发密不可分。另一方面，小镇创新功能的开发作为小镇发展经济的重要手段，政府部门、小镇企业以及投资者等核心利益相关者之间也存在着一定相互作用和影响机制，华明小镇的经济发展将受到小镇各方利益相关者自身或联动作用的影响，经济发展促进知识产权运用服务体制的完善。

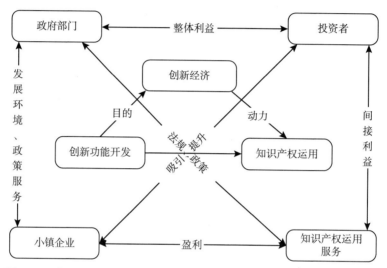

图5-5　华明知识产权特色小镇创新功能开发对知识产权运用的作用机制

　　从核心利益相关者的角度看，在对小镇核心利益相关者进行划分的时候，需要充分考虑华明小镇创新经济发展的实际状况，在此基础上划分为四类受益者：政府部门、小镇企业、投资者以及知识产权运用服务者。首先，在政府部门方面，政府部门是最主要的政策制定和小镇知识产权交易市场建设方，在政策实施以及建立知识产权交易市场中出现的政策落实难、知识产权交易效率提升、知识产权交易中心规划等多方面都扮演着举足轻重的作用。为了保障投资者对华明小镇创新功能进行开发的方式合理、合法和公平，政府部门将制定相关服务规定和地方法规来合理约束和引导投资者。合理的创新功能开发所带来的创新经济增长使得华明小镇当地政府成为华明小镇创新功能开发最直接的受益者。其次，在小镇企业方面，政府在合理引导与支持企业发展的同时还监督着小镇企业的合理发展，通过华明小镇独有的知识产权运用服务，企业的发展与小镇的发展相协调，不断进步，稳定向前。再次，在投资者方面，投资者作为小镇经济发展的重要参与者，进入小镇前会对小镇发展前景进行预判，进而决定是否入驻小镇投资，小镇内部政府部门的政策支持为企业发展提供了良好的环境，使企业发展状况良好，可以吸引投资者进入小镇，提升投资力度。投资者入驻小镇参与创新功能开发的过程中，必然带动创新经济发展，将为小镇知识产权服务提出需求，推动小镇知识产权服务能力的提升。因此，投资者与小镇经济发展之间存在的联系不仅仅有直接产生的利益关系，同时还可以通过当地政府、相关部门间接作用于知识产权特色小镇的经济发展。最后，在知识产权运用服务者方面，知识产权运用服务是小镇政府引导企业科学运用知识产权的重要纽带，而知识产权运用服务的提供者也可以在其中获得相应利益，知识产权运用的状况将引发政府部门对于知识产权运用服务部门的管理模式变化，进而影响服务者的就业以及收入。

第三，华明知识产权特色小镇知识产权运用与创新功能开发的协同机制。根据知识产权链条与知识产权特色小镇建设的协同的分析框架、研究假设和作用机制，结合华明知识产权特色小镇的发展状况，在充分考察案例地的实际发展情况的基础上，推断出对创新功能开发产生影响的动因。同时在分析华明小镇知识产权运用与创新功能开发协同机制的过程中，创新经济、智力成果以及知识产权交易市场的发展均是不可避免的考虑因素，其中智力成果与知识产权交易市场协调作用于创新经济，形成小镇创新经济发展系统，通过分析知识产权运用、创新经济发展系统以及创新功能开发情况三者之间的关系和相互影响机制模拟出华明小镇知识产权运用与创新功能开发的协同机制，见图5-6。

首先，创新功能开发主要受到内外两种动力的影响，华明小镇政府以及当地企业对小镇产值增加以及经济收益的需求构成了小镇创新功能开发的主要内在动力，与之相反，结合华明小镇的实际情况，京津冀协同发展的现实需求是小镇创新功能开发的主要外在动力。当华明小镇创新功能开发程度加深时，一方面会提高华明小镇政府的财政收入，另一方面有助于京津冀创新协同发展。

其次，创新经济发展主要受到小镇智力成果高效运用、知识产权交易市场稳定发展、智力成果与知识产权交易市场相结合等三个方面的影响。其一，华明小镇借助知识产权服务政策，在引入大量知识产权人才以及服务知识产权的配套机构后，对发明专利、商标等企业产出的智力成果进行合理管理，很大程度上提升了智力成果的运用效率。这就使知识产权的持有者以及使用者在享受智力成果所带来收益的同时，避免了浪费智力成果的情况发生。因此在智力成果高效运用的情况下，小镇企业或个人等知识产权主要持有者通过知识产权获得的收益显著提升，促进了小镇创新经济的发展。而创新经济的发展又能反过来作用于智力成果的运用，形成智力成果运用效率和创新经济发展的良性循环。其二，大量的知识产权在小镇内产出并运用，运用的过程中必然伴随着知识产权持有者的更替，因此便涉及大量的知识产权交易，这就要求华明小镇构建一个良好的知识产权交易

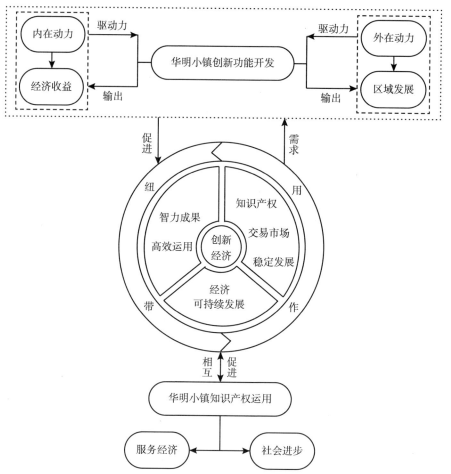

图 5-6 华明知识产权特色小镇知识产权运用与创新功能开发的协同机制

市场维持健康的知识产权交易生态，以保障知识产权可以有效运用，避免智力成果的浪费。借助小镇优质的区域政策，知识产权交易市场的规划趋于完善，知识产权在小镇交易市场中可以进行科学合理的交易，形成知识产权的供求均衡。在知识产权交易中产生的经济效益促进了创新经济的可持续发展。同样的，创新经济的可持续发展也将作用于知识产权交易市场，这是由于经济发展会为小镇政府管理知识产权交易市场提供更加优越的条件，进而形成知识产权交易市场与创新经济可持续发展的良性循环。其三，知识产权交易市场的构建在智力成果高效运用的过程中起到了很大的作用，只有知识产权交易市场健康发展，智力成果才可以有效运用，而智力成果的质量保障也是知识产权交易市场的重要前提，所以在创新经济的发展中，二者缺一不可，形成一个完整的系统。

最后，以创新经济发展系统为纽带，华明小镇创新功能开发与知识产权运用实现协同发展。一方面，华明小镇创新功能开发程度的不断加深，可以很好地促进创新经济的发展，进而带动整个创新经济发展系统发展，同时创新经济发展系统中智力成果的运用效率以及知识产权市场的构建都要求深入的创新功能开发；另一方面，创新经济的发展水平与小镇知识产权运用的相关服务水平密切关联，创新经济发展为小镇政府财政收入增加提供帮助，进而为政府提供知识产权运用服务奠定了经济基础，知识产权运用水平的提升体现了小镇优质知识产权服务的创新功能开发环境。因此，创新经济发展系统的纽带作用可以使小镇创新功能开发与小镇知识产权运用相互协同。

5.4.3　案例验证分析

选取天津市华明街道为案例地，对华明知识产权特色小镇的建设和知识产权链条之间关系进行实地考察。首先对华明知识产权特色小镇的发展历史进行分析，其次在进行华明镇知识产权链条发展状况分析的过程中，应将近年来小镇的知识产权运用水平作为重点进行分析，然后探讨案例地的创新经济发展背景，得出了小镇创新经济的发展由华明镇的发展所带动的重要背景，最后要全面深入地分析知识产权特色小镇在各维度下与知识产权链条进行协同的模式。其中，通过分析所构建的理论模型可以看出，华明镇知识产权运用服务的发展在很大程度上受到当地创新功能开发程度的影响，因而说明创新经济的飞速发展可以带动小镇知识产权运用效率的提升及其服务体系的完善，因此政府可以通过加大知识产权运用的发展力度来促进小镇创新功能开发的进步，进而使华明镇成为优秀的知识产权特色小镇。

根据华明知识产权特色小镇知识产权链条与小镇建设发展的实际情况，分别从华明小镇知识产权运用对创新功能开发的作用、华明小镇创新功能开发对知识产权运用的作用以及华明小镇知识产权运用与创新功能开发的协同作用关系出发，对知识产权特色小镇知识产权运用与小镇创新功能开发的协同作用进行案例验证，得出了知识产权特色小镇知识产权运用对小镇创新功能开发具有协同作用、知识产权特色小镇创新功能开发的加深对知识产权运用的完善具有积极的促进作用。在分析"华明镇创新功能开发与知识产权运用协同机制"的过程中，将这一过程中所涉及相关利益者的分析放在了首位，通过分析内部互动状况可知，华明镇的创新经济发展受到其创新功能开发程度的影响。基于此结论，本节通过对创新经济如何影响知识产权运用进行分析，进一步验证了华明镇知识产权运用受到创新功能开发的影响。

5.5 知识产权保护与智力成果经济效益的协同：以成都市郫都区菁蓉知识产权特色小镇为案例

5.5.1 案例地发展状况

菁蓉镇原名德源镇，隶属于成都市郫都区，在其建设发展的过程中主要出现两个重要的转折点：第一个是处于传统农业时期的菁蓉镇被设立为省市重大产业项目生活配套区，第二个是创业小镇的设立使其成为我国首家双创示范基地，引领区域创新创业进一步发展。"创新创业示范区"的发展目标在小镇发展过程中被时刻谨记，因此当地政府不断努力提升以菁蓉镇为焦点打造的创新创业中心国际影响力，推动小镇向全国一流基地的方向迈进，进而带动小镇所在区域的创新建设整体发展。菁蓉镇有较大面积的空置房产，这些房产不仅是承载创新创业的重要客体，还是菁蓉镇知识成果经济效益产出的重要阵地。当地政府基于这些有形资源合理保护及规划，充分整合区域内大中专院校的人才资源以及科技资源等无形资源，使菁蓉镇迅速崛起。因此人才资源的科学管理以及保护要求菁蓉镇建立完善的知识产权保护服务体系。为此，当地政府大力推动校地合作工程，高水准的大学生创业园通过当地政府与周边大学的合作共建，其中包括电子科技大学、西华大学在内的19所高校均已同政府签署了合作协议。在企业方面，"企业需求发布＋科技人员成果展示"信息互通平台通过郫都区工业创新联盟搭建起来，科技人才承接课题、企业选购成果均可以在这一平台中进行，这样的方式在促进知识产权交易的同时极大地促进了小镇智力成果经济效益的提升。2016年11月25日，四川县域经济网报道：截至当时，加入创新联盟的企业已达127家，各岗位专家已达105名，45项研发和成果转化项目得以开展，这则新闻侧面说明了这一平台的实践可行性，在很大程度上促进了科技类智力成果经济效益的提升。

在知识产权保护水平提升推动智力成果经济效益发展方面，菁蓉镇依托郫都区的相关政策，在知识产权保护制度以及创新资源保护系统的完善等方面取得了较大进步。首先，2017 年，由郫都区知识产权促进委员会在菁蓉镇举行"成都市郫都区知识产权服务中心推介会"，会上郫都区正式对外宣布：成都市郫都区知识产权服务中心在经历过 3 个多月的试运行之后效果良好，进一步全面投入运行。这一中心是四川省继"国家知识产权局专利局成都代办处"成立以来的第一家面向四川省内所有企业以及个人的综合服务机构，为知识产权保护不断提供更加专业的服务。这一举措反映了在成都国家中心城市产业发展大会召开之后，郫都区政府的积极态度，体现其切实在创新要素供给方式进行了思考。知识产权保护水平不断提升带动了菁蓉镇知识产权制度的不断完善以及创新资源保护系统的完善，促进了智力成果经济效益的发展。其次，菁蓉镇建立成都市郫都区知识产权服务中心，采取大厅窗口式集中服务，开设有五个服务窗口，其中包括版权、商标、专利、质押融资登记、投诉维权 12330 等，查询区、自助服务区等便捷服务设置在大厅明显位置，为企业办理相关事宜提供了极大的便利，此外知识产权保护体制得到不断完善，从而促进智力成果创造其应有的价值。菁蓉镇目前正不断加快建设郫都区知识产权服务中心，使其可以高效运行。最后，郫都区建设知识产权特色小镇的申请在 2018 年正式得到国家知识产权局的批复，小镇选址则位于菁蓉镇。成都市郫都区作为成都年轻的新城区，积极融入国家知识产权强国战略和成都知识产权强市战略，敢于创新，率先在全国启动知识产权综合管理改革，努力解决知识产权权利保护的瓶颈问题。自 2017 年 3 月成都市郫都区知识产权局成立以来，知识产权改革的各项事业在区域内得到了快速推进，小镇智力成果经济效益在知识产权保护制度、创新资源保护系统以及创新功能布局的共同影响下，不断提升。经过不懈努力，依托菁蓉小镇，郫都区知识产权综合管理改革取得初步成效，得到了国家、省、市的充分肯定。中央电视台、中国改革报等40 多家媒体进行了宣传报道，为成都建设知识产权强市、形成综合知识产权提供了许多有效经验，管理"郫都模式"，在省内外推广。郫都区政府正是通过知识产权保护、创新功能布局、最大化智力成果经济效益等方面着力将菁蓉镇打造成一个合格的知识产权特色小镇，同时在菁蓉镇发展中郫都区起到了决定性作用，因此本节将结合对郫都区的发展状况对菁蓉镇发展进行分析。

5.5.2 案例发现与讨论

第一，成都市郫都区菁蓉镇"知识产权保护"对"智力成果经济效益"的作用。知识产权保护作为知识产权链条中的最重要一环，在打通知识产权链条中扮演着重要角色，在知识产权特色小镇建设发展的大趋势下，知识产权保护的功能也在逐渐延伸和扩张，除了传统的保护方式以外，结合知识产权链条其他环节形成一体式服务的运营方式被进一步挖掘，知识产权保护逐渐演变为知识产权特色小镇经济发展的重要助力。这样的大趋势下揭示了知识产权特色小镇知识产权保护对智力成果经济效益的作用，其作用原理和运行机制见图 5-7。

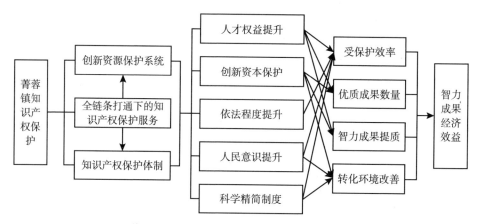

图 5-7　菁蓉镇知识产权保护对智力成果经济效益的作用机制

菁蓉镇在成都市郫都区的大力发展建设下，逐渐形成了以全链条打通为指导路线的知识产权保护服务系统，知识产权综合管理改革试点工作开始迈入改革的"深水区"。在此基础上，菁蓉镇所在区域的知识产权综合管理改革需要进一步深化，这就需要以建设"知识产权强区"为准则，牢牢把握创新创业发展过程中知识产权链条的激励作用，推动智力成果经济效益的大幅度提升。在上述发展背景下，以建设知识产权特色小镇为契机，促进菁蓉镇的整体规划，推动基础设施建设的不断完善，构建出包含知识产权文化元素的知识产权保护氛围，提升小镇智力成果经济效益。小镇建设过程中可以通过服务机构的大量引进来实现知识产权链条各环节的功能完善，其中创新活力的激发可以在知识产权的严格保护下得到进一步激发，从而形成良性的生存环境，维护智力成果经济效益的稳定增长。

依托上述强力发展的小镇知识产权保护环境，小镇逐渐建立起以先进知识产权保护服务为核心的知识产权保护系统，主要包括创新资源保护系统的协调发展以及知识产权保护制度的创新完善。创新资源保护系统全面保护知识产权产出到转化所有环节的资源，在源头上对知识产权所产生的智力成果经济效益进行保护，对知识产权人才的权益保护可以使知识产权人才克服维权难的困境，激励其持续创造高质量知识产权。对知识产权涉及的物力与财力等创新资本的保护，可以在最大程度上减少创新成本，为区域创新提供持续性动力。知识产权保护制度基于知识产权特色小镇的特殊性以及便利性应作出相应调整，根据知识产权创造、运用、保护全链条打通的需求，科学精简制度，提升制度实施效率，加大落实力度，为制度实施节约成本。同时保护制度的推行应由政府向人民大力宣传，切实提升人民在知识产权保护方面的主动意识。

基于上述分析，菁蓉镇知识产权人才权益的提高带动更多知识产权人才进入小镇，人才权益的提升还意味着知识产权人所创造的智力成果受到保护的有效程度进一步提升，促进小镇智力成果的受保护效率，从而提升智力成果经济效益。而吸引进入小镇的大量知识产权人才又为小镇带来了更多的优质智力成果，同时知识产权人权益得到很好的保障，其创新动力也将提升，从而使小镇优质智力成果的数量逐渐增加，智力成果的质量逐渐提升，而数量与质量双发展的智力成果必然会带来更多的经济收益，从而促进小镇智力成果经济效益的发展。菁蓉镇创新资本保护的提升意味着智力成果的生产环境得到了很好的保障，稳定的资金投入可以为小镇创新提供可持续发展的动力，知识产权将更好地转化成智力成果，从而改善知识产权的转化环境，进而提升智力成果经济效益。同时创新资本的保护还将为智力成果的生产提供支持，也在一定程度上促进了智力成果的质量与数量的提升。菁蓉镇知识产权保护体制依法程度的提升、人民保护知识产权意识的提升以及科学精简知识产权保护制度可以大大降低知识产权人的维权难度，很大程度上提高了知识产权的受保护效率，改善了知识产权转化环境，为小镇攻克维权难的问题提供了必要条件，而知识产权保护效率的提升又带动了智力成果经济效益的提升。

第二，成都市郫都区菁蓉知识产权特色小镇智力成果经济效益对知识产权保护的作用。根据前文分析的郫都区区域政策以及近年来郫都区对于菁蓉镇的产业规划等实际情况，郫都区对菁蓉镇智力成果的经济效益非常重视，对知识产权特色小镇的建设力度在不断加大，致力于将菁蓉知识产权特色小镇建设成为我国第一个可以高度整合知识产权链条各个环节的知识产权特色小镇，从而使知识产权特色小镇所在区域双创工作深入推进，发挥其服务功能，服务郫都区创新资源的利用和保护，充分开发郫都区创新经济。相比于高新技术产业入驻郫都区的发展，如郫县豆瓣等传统特色产业的产品，也应属于智力成果的范围，更加需要菁蓉知识产权特色小镇的服务，尤其是小镇的知识产权保护服务。所以本节从郫都区特色产业的品牌化和知识产权保护的角度出发，分析菁蓉知识产权特色小镇智力成果经济效益的提升对小镇知识产权保护的发展具有促进作用，详细的协同机制见图5-8。

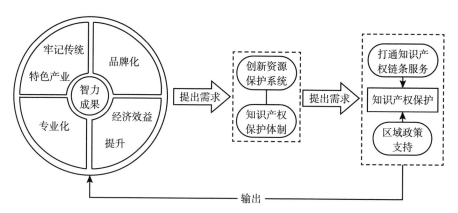

图5-8 郫都区智力成果经济效益对菁蓉知识产权特色小镇知识产权保护的作用机制

郫都区物产丰富，拥有诸多优质特色农产品，其中就包括著名的郫县豆瓣，面对党的十九大提出加快推进农业农村现代化的现实需求，农产品如何发挥其传统特色创新发展、实现现代化发展成为关注重点。尤其在国家知识产权局批示同意郫都区建立知识产权特色小镇后，菁蓉知识产权特色小镇集中高效的知识产权服务，有助于政府部门更好地开展工作。此前郫都区知识产权局深入调研了包括郫县豆瓣在内的特色产业，其分析结果为政府深入贯彻乡村振兴战略提供参考，建立了传统特色产业的知识产权培育体系，通过区域农业生产力布局进一步优化，以品牌化的手段对智力成果进行保护，进而促进区域农业发展向高质量发展时期迈进。在上述期间，郫都区政府首先将发展重点放在郫县豆瓣上，围绕这一特色产业的产品，通过知识产权特色小镇向外推广，实现了以知识产权带动区域内乡村振兴战略的贯彻落实。同时，对于一些具有深厚历史背景以及在区域内影响力较高的村庄，小镇从多个方面对这类村庄的产品进行品牌规划，打造出独具地域特色的品牌产品，推动此类村庄对其自身产品知识产权的保护意识有效激活，重点对郫县豆瓣、德源大蒜等品牌进行具体规划，有助于突出知识产权优势，抓住发展机遇，进而使传统特色产业的产品作为智力成果促进了经济效益提升。

在智力成果经济效益不断提升的情况下，为了经济能够可持续发展，智力成果经济效益的发展就向郫都区提出了新的要求，而菁蓉知识产权特色小镇作为承担服务郫都区智力成果核心部门，也将面临知识产权发展的新要求。一方面，此时的创新资源保护系统应做出适当调整，服务对象应由创新型产业辐射至知识产权特色小镇所服务的所有产业，这就需要加大保护系统的建设力度，投入更多的专业人员，配合知识产权保护制度，为传统特色产业产品的品牌化以及专业化提供保障。因此菁蓉知识产权特色小镇的创新资源保护系统必须更加完善，而创新资源保护系统的完善又需要小镇知识产权保护系统的完善，因此小镇创新资源保护系统的发展又向菁蓉镇知识产权保护提出了要求。在新的要求下，郫都区对菁蓉知识产权特色小镇的区域政策落实力度将继续增大，同时加深小镇知识产权保护为核心的知识产权链条打通，从而使菁蓉知识产权特色小镇的知识产权保护水平不断提升，以满足不断涌现的智力成果经济效益增长新需求。另一方面，传统特色产业品牌化、专业化的不断推行，也对知识产权保护制度提出了新的要求。由于传统特色产业不同于新兴产业，现代化程度普遍较低，在知识产权的认知方面会有稍微落后的情况发生，更易出现知识产权问题，这就需要知识产权保护制度针对传统特色产业进行合理、科学的调整。为此郫都区需要对知识产权制度进行合理精简，提高制度实施效率，做到准确、依法实施制度，保障传统特色产业的合法权益。

第三，菁蓉镇知识产权保护与智力成果经济效益的协同作用机制。菁蓉镇知识产权保护与智力成果经济效益之间存在着密切的相关性，合理地科学地进行知识产权保护建设能够提升小镇产业发展，而菁蓉镇由于其所处区域所造成的不利因素可以在很大程度上通过小镇智力成果经济效益的提升而有所减缓。一方面，智力成果经济效益的增加意味着小镇创新经济在不断发展，另一方面，智力成果经济效益提升所带动的小镇其他方面经济发展，将不断吸引更多的优质资本进入小镇，促进小镇知识产权发展，促进小镇经济可持续发展。基于相关知识产权保护和智力成果经济效益分析的文献期刊，在综合前文分析的基础上，探索并建立成都市郫都区菁蓉知识产权特色小镇知识产权保护与智力成果经济效益协同关系的作用机理图，如图5-9所示。

根据图5-9所示，在菁蓉镇响应郫都区建设知识产权特色小镇政策的背景下，知识产权保护与智力成果经济效益相互作用、相互影响。知识产权保护的功能作用包括对知识产权人权益的维护，保护智力成果经济效益不受侵害，提高小镇区域发展地位等基本功能、经济功能和社会功能，知识产权保护作为打通知识产权全链条的核心环节，其发展状况及其与知识产权链条其他环节的协调程度均对知识产权小镇的建设具有重要影响。菁蓉镇知识产权保护的经济功能和社会功能是伴随知识产权链条的打通而逐渐发展起来的，它对菁蓉镇创新资源的开发利用和传统特色产业在新时期的进一步发展都将产生深刻的影响。同时，菁蓉镇的产业及经济发展水平将在不同程度上受到不断完善的知识产权保护制度的影响，为菁蓉镇贯彻落实知识产权特色小镇发展方针、打通知识产权全链条提供了坚实基础。只有当菁蓉镇的知识产权保护水平与当地智力成果经济效益的各自子系统相互影响并在相互渗透中共同提升时，知识产权保护与智力成果经济效益的协同作用关系才越紧密。

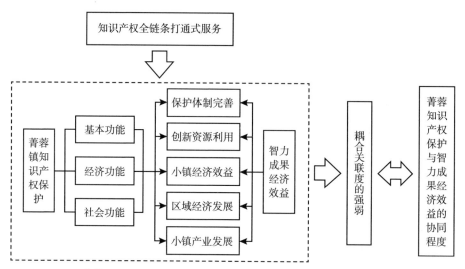

图 5 - 9　菁蓉知识产权特色小镇知识产权保护与智力成果经济效益的协同机制

菁蓉镇紧紧围绕"天府水源地、电子信息城"战略定位，以知识产权特色小镇建设为抓手，建立健全了与成都市郫都区全区经济社会事业协调发展的知识产权保护体系，促进了郫都区经济高质量发展。在知识产权链条打通的环境下，知识产权保护制度不断完善，创新资源利用效率不断提高，从而有效带动菁蓉镇经济、产业发展。在综合发展水平不断提高的情况下，菁蓉知识产权特色小镇的发展为郫都区的发展分担了重要压力，带动郫都区及周边范围的区域经济发展，在此过程中所产生的智力成果得到了很好的利用、保护以及管理，从而使得小镇智力成果经济效益不断提升。同时，智力成果经济效益不断提升表明目前菁蓉镇对于知识产权链条的建设模式较为合理。基于菁蓉镇的知识产权保护和创新功能都得到良好开发的现状，根据构建的菁蓉镇的知识产权保护与智力成果经济效益协同作用机制，可以得出菁蓉镇的知识产权保护与智力成果经济效益的耦合关联度较强的结论，验证了菁蓉镇知识产权保护与智力成果经济效益的协同作用关系。

5.5.3　案例验证分析

选取成都市郫都区菁蓉镇为案例地，对知识产权保护与知识产权特色小镇智力成果经济效益的协同作用进行案例验证，在基于知识产权链条对知识产权特色小镇协同的实践基础上对菁蓉镇的案例背景进行深入分析。对菁蓉镇的发展历史进行详细的说明，应着重在知识产权链条各环节打通发展、各环节建设以及当地相关产业的实际发展情况等方面进行较为详细的案例分析。分析时应注意菁蓉镇作为知识产权特色小镇，与岱家山、华明小镇区别在于其前身不是科技创业园，并非由科技创业园挂牌成立的发展模式就决定了其功能性较强，主要为郫都区知识产权提供服务，因此对于小镇发展的分析应从郫都区的发展入手，传统特色产业的发展在郫都区发展中起到了重要作用，这也说明了菁蓉镇的选择对于智力成果经济效益的研究更具价值。

运用SPS案例研究方法对成都市郫都区菁蓉知识产权特色小镇与知识产权链条的协同作用进行案例验证，结合前文对知识产权链条与知识产权特色小镇的构成维度、分析框架、研究假设和实证分析，基于菁蓉知识产权保护的发展现状和知识产权特色小镇的智力成果经济效益状况，分别从菁蓉镇知识产权保护对智力成果经济效益的作用、菁蓉镇智力成果经济效益对知识产权保护的作用以及二者的协同作用三个角度出发，构建菁蓉镇知识产权保护对智力成果经济效益的作用、菁蓉镇智力成果经济效益对知识产权保护的作用以及二者协同的作用机制图，用单案例验证了知识产权保护与小镇智力成果经济效益的协同关系，得出的结论表明知识产权保护对知识产权特色小镇智力成果经济效益具有促进作用，知识产权特色小镇智力成果经济效益对知识产权保护的建设将产生正面的积极影响。

5.6　案例延伸

5.6.1　案例验证结果

本书进行案例分析的方法为SPS案例研究，对知识产权特色小镇知识产权链条与知识产权特色小镇建设的协同关系进行案例验证。根据前文所构建的一系列理论框架及分析模型，在案例验证时通过研究对象双方所划分出的构成维度入手，验证知识产权创造与知识产权特色小镇创新产业聚集的协同作用关系、知识产权运用与知识产权特色小镇创新功能开发的协同作用关系、知识产权保护与智力成果经济效益的协同作用关系。

以武汉岱家山知识产权特色小镇为案例对知识产权创造与知识产权特色小镇创新产业聚集的协同作用关系进行验证，从知识产权创造与知识产权特色小镇创新产业聚集协同发展的核心目标入手，运用科学的理论与方法，对知识产权链条与知识产权特色小镇的协同关系进行深入分析。从小镇知识产权创造水平对创新产业聚集的作用、小镇创新产业聚集对知识产权创造的作用、小镇知识产权创造与小镇创新产业聚集的协同作用等三种机制出发，结合当地的实际情况静态地模拟出知识产权创造对创新产业聚集的作用、创新产业聚集对知识产权创造的作用、知识产权创造与创新产业聚集的协同三种机制模型，成功地验证了在建设知识产权特色小镇过程中，知识产权创造与知识产权特色小镇创新产业聚集模式的发展具有积极的协同作用。

以天津华明知识产权特色小镇为案例对知识产权运用与知识产权特色小镇创新功能开发的协同作用关系进行验证，从知识产权运用与知识产权特色小镇创新功能开发协同发展的主线出发，对知识产权链条与知识产权特色小镇建设的协同关系进行深入分析。通过知识产权运用对创新功能开发的作用、创新功能开发对知识产权运用的作用以及二者协同的作用三种关系入手，结合当地发展的实际情况与现实需求，静态地模拟出知识产权运用对创新功能开发的作用机制、创新功能开发对知识产权运用的作用机制、知识产权运用与创新功能开发的协同三种机制模型，成功验证了在建设知识产权特色小镇过程中，小镇知识产权运用与其创新功能开发的协同作用显著。

以成都郫都区菁蓉知识产权特色小镇为案例对知识产权保护与知识产权特色小镇智力成果经济效益的协同作用关系进行验证，从知识产权保护与知识产权特色小镇智力成果经济效益协同发展的主线出发对知识产权链条与知识产权特色小镇的协同关系进行深入分析。从知识产权保护对智力成果经济效益的作用机制、智力成果经济效益对知识产权保护的作用机制、知识产权保护与智力成果经济效益的协同作用三种关系入手，结合实际发展情况与现实需求，静态地模拟出知识产权保护对智力成果经济效益的作用、智力成果经济效益对知识产权保护的作用、知识产权保护与智力成果经济效益的协同等三种协同机制模型，成功验证了在建设知识产权特色小镇过程中，知识产权保护与知识产权特色小镇智力成果经济效益的发展具有积极的协同作用。

5.6.2 理论贡献和现实意义

本章在对知识产权发展的新时期和知识产权特色小镇建设的相关理论进行深

入学习的基础之上，采用 SPS 案例研究方法对本书所选取的研究对象进行分析，在对案例地区产业、制度以及经济发展等问题进行了深入分析的基础上，结合区域经济学、制度经济学以及产业经济学等相关理论，详细分析知识产权链条与知识产权特色小镇建设的协同作用机制，归纳总结共性因素。知识产权链条与知识产权特色小镇建设协同模式的建立具有重要的意义，从理论上弥补了我国打通知识产权链条与知识产权特色小镇建设的理论空白，对打通知识产权链条创新模式构建以及知识产权特色小镇建设提供初步的理论支撑。

从实用性角度看，本章集中对知识产权链条与知识产权特色小镇的协同机制进行研究和探索，并结合区域经济学、产业经济学等相关理论，对武汉岱家山知识产权特色小镇、天津华明知识产权特色小镇以及成都郫都区菁蓉知识产权特色小镇等案例地的知识产权链条与小镇建设过程进行分析，对研究尚在起步阶段的知识产权链条与知识产权特色小镇建设协同方面的研究，具有理论指导的作用。本章的研究成果为实现"知识产权创造与小镇创新产业聚集的协同""知识产权运用与小镇创新功能开发的协同""知识产权保护与智力成果经济效益协同"提供了技术理论基础和模型借鉴，为全国各地进一步实践知识产权特色小镇建设提供了有力的支撑。

通过选取目前知识产权特色小镇建设的实践过程中具有代表性的小镇作为案例研究对象，对知识产权特色小镇发展的特性进行归纳总结，提出知识产权特色小镇建设的突出特色内容，对我国知识产权特色小镇的未来建设方向具有重要的指导意义。把握知识产权特色小镇建设独特性的一个重要方法是要认识到知识产权特色小镇所处的发展阶段，知识产权特色小镇较短的发展时间决定了它还有很大的发展空间与发展潜力。未来知识产权特色小镇的建设可以围绕以下三个方面的特色功能展开：

第一，创新驱动发展。传统的特色小镇往往依托传统乡镇建立，这样的模式使其与周边大城市中心区的联动较少，而知识产权特色小镇作为一种新型特色小镇，多依托于科技创业园进行建设，因而知识产权特色小镇相比于传统特色小镇而言在发展创新型产业方面具有比较优势。因此，对于知识产权特色小镇来说，应充分发挥其小镇特色，在创新链的强化过程中，鼓励企业使用新业态与新模式，从而提升价值链，这一过程中生产出的产品具备较强的市场竞争力和良好的品牌形象，同时还应切实形成产学研深度融合发展的区域经济格局。例如，岱家山知识产权特色小镇所依托的基础是岱家山科技创业园，科技创业园为知识产权特色小镇建设提供了大量优质的科研机构以及科技创新产业，而知识产权特色小镇的知识产权服务体制较科技创业园进步许多，为小镇科研机构以及科技创新产业提供了良好的知识产权创造环境，为小镇的创新发展提供了长足动力，使知识产权特色小镇带动区域创新向更高层次发展。天津华明知识产权小镇由华明街道高新技术产业园挂牌成立，借助京津冀区域的高效优势，小镇也吸引了大批产学合作的科研机构，有比较深厚的创新产业积累，而知识产权特色小镇的成立为华明小镇创新功能的开发提供了新思路，不断促进区域创新能力的提升。成都郫都区菁蓉知识产权特色小镇由于传统特色产业的优势，重视传统产业的创新发展，不断提升品牌形象，形成经济持续发展态势。

第二，独特的产业发展优势。建设知识产权特色小镇，主要是针对具有地方特色的主导产业。这些产业的发展要以知识产权服务为基础，挖掘最基本、最具发展潜力的产业，加强特色主导产业。重点为传统产业、新兴产业和历史经典产业创造创新创业生态圈，培养知识型人才，从而形成完整的产业链或控制高端核心环节。为实现这一目标，政府窗口部门提供一站式服务，如风险投资、办公空间使用、路演和风险项目的技术对接，为创新型初创企业或符合着陆条件的个人提供法律和专利支持；创新实现和转移知识产权的方式，促进行业知识产权的发展。在应用层面和企业层面，发挥主导产业相互关联、共存、促进的各种创新功能、服务功能、社区功能、文化功能等拓展功能。知识产权特色小镇高效的知识产权服务体制为小镇产业发展提供了优质的发展环境，为形成产业聚集提供了基础。

第三，特有的知识产权服务体制。在特色小镇发展过程中，政府往往在发展之初就提供明确的指导性规划，指明了当地发展的方向，通过建立健全运营中所涉及的各项制度，帮助知识产权特色小镇在发展过程中不仅可以充分面向市场，还可以得到政府政策保障。基于上述区域政策，建设知识产权特色小镇的工作逐步展开，其中，起到重要的服务引导作用的环节是政府的合理规划。知识产权特色小镇作为极具开创意义的新型特色小镇，其最重要的一个特点就是具备完整的知识产权链条打通服务体制，这样的一站式服务，为知识产权特色小镇产业发展提供了有利的发展环境，为小镇企业在创新创造过程中少走弯路提供基础保障。小镇建设在推动知识产权高质量创造、健全知识产权保护体系、促进知识产权高效运用、提供知识产权优质服务、着力推进人才队伍建设和打造知识产权文化高地等6个方面，着力推进知识产权创造、保护、运用等重点工作，打通知识产权全链条，发挥知识产权整体效应。

5.6.3 局限性和未来研究展望

通过SPS案例研究，探讨了岱家山知识产权特色小镇知识产权链条与知识产权特色小镇建设的协同作用机制、天津华明知识产权特色小镇建设与知识产权链条的协同作用机制、成都郫都区菁蓉知识产权特色小镇知识产权链条与知识产权特色小镇建设的协同作用机制。通过案例分析验证了知识产权创造与小镇创新产业聚集的协同作用关系、知识产权运用与小镇创新功能开发的协同作用关系以及知识产权保护与智力成果经济效益的协同作用关系。然而，本书研究仍然存在一定的局限性。具体体现在以下几个方面：

首先，本书仅从知识产权链条各环节和知识产权特色小镇经济、产业发展的角度来研究，视角相对单一，既没有考虑对知识产权链条的整体管理等因素，也没有从主观动态发展的角度，考虑知识产权链条与知识产权特色小镇建设协同作用过程中，可能碰到的可变因素和其他内生性变量的拉动作用。

其次，在对知识产权链条与知识产权特色小镇建设的协同作用机制进行案例验证时，采取的方法是单案例研究，对岱家山小镇、华明小镇以及菁蓉小镇分别单一探讨了知识产权创造与小镇创新产业集聚协同、知识产权运用与小镇创新功能开发协同以及知识产权保护与小镇智力成果经济效益协同。然而，单一案例地的实地调研和考察，难以统一考量不同知识产权特色小镇与知识产权链条的协同机制的差异与共性。

再次，知识产权特色小镇的建设自岱家山知识产权特色小镇成立以来实践时间较短，本书对知识产权小镇建设的分析在未来的长时间发展过程中，可能会出现误差。

最后，由于部分信息资料通过回顾的方式进行分析，在相关模型的构建以及理论分析方面，研究结果可能会产生认知偏差，还缺少系统工程方法的使用，这就不可避免会出现遗漏研究对象内部各要素间内在联系的完整性、系统性问题。

展望未来研究的发展方向，具体可以分为以下几点：

第一，从研究视角的角度来看，未来的研究可以采取更加丰富的研究视角。首先，可以进一步考虑本书之外因素的影响，实现知识产权链条与知识产权特色小镇建设协同作用机制的多角度探究。其次，可以强化知识产权链条与知识产权特色小镇建设协同作用机制的理论支撑，针对性地开展理论体系的研究。最后，可以扩大研究区域，不局限于少数案例地的研究，通过系统动力学等普适性更强的方法对更广的区域进行研究，使研究结论更具普适性。通过以上研究角度的丰富，可以加强知识产权链条与知识产权特色小镇协同作用机制的研究深度。

第二，从实证检验的角度来说，未来的研究应继续对实证部分进行完善拓展，在现有研究的基础上加入新的变量进行分析，结合定性与定量的研究方法，在理论支撑的层面丰富知识产权链条与知识产权特色小镇协同创新模式的研究，结合小镇发展的实际情况提出更加具有针对性、实用性的政策建议。

第三，持续关注包括岱家山、华明以及菁蓉镇在内的三个案例地的后期发展状况，不断在新的经济背景下对案例地进行新的分析，同时结合本书理论，不断完善研究内容。

第四，随着知识产权特色小镇的建设实践工作在我国不断深入，在可获取资料更加广泛的情况下，对案例地的发展现状把握更加准确，不断发掘更加典型的新案例，更加准确地验证知识产权链条与知识产权特色小镇建设的协同作用机制。

第6章

知识产权链条与知识产权特色小镇
协同创新模式的路径规划

6.1 基于知识产权链条打通式服务体系建设的
知识产权特色小镇的路径规划

6.1.1 知识产权特色小镇的创新资源开发

知识产权特色小镇往往不是以某一特定的行政区划单位而存在，而是将知识产权作为特色或者依托的某一特定空间范围。知识产权特色小镇将小镇中部综合功能中心打造为"主体"，"两翼"为西部工业产权和东部文化版权的科学布局，以"一体两翼"布局知识产权全生态，致力打造知识产权生态环境，完善知识产权特色小镇建设。

在知识产权特色小镇创新型企业技术创新过程中所投入的人力、物力、财力等要素组成了知识产权特色小镇创新资源。这些既是需要流动的商品，也是需要加以保护的重要资源。对于知识产权特色小镇来说，从以下几个方面进行知识产权特色小镇的创新资源开发：

第一，在创新资源的开发过程中需要将知识产权特色小镇创新资源的独特性放在核心位置。中心资源和周边要素对知识产权特色小镇创新资源的开发起到不可替代的作用，具备原生性特征的资源以及具备现代性特征的后期建设两者的有机结合共同决定了知识产权特色小镇并不是纯粹的人工设施所建造的现代化场所。在知识产权的创新资源开发中，首先，要重视创新链的提高和强化，将知识产权特色小镇打造成为新业态、新模式的集合体，原生性和现代性、多样性和单一性的统一体，积极发挥企业效用，以商业模式创新赢得市场，以管理创新增强效益，在资源整合方面充分发挥小镇作为创新功能开发系统中心的首要作用。在此基础上，应该充分考虑小镇在其发展过程中不同阶段的发展状况，但是每一个阶段的新业态和新模式都与小镇的商业模式息息相关，将商业模式与管理模式紧密结合，促进创新链的提高和强化。其次，是要在资源的开发中提高企业价值链，对于价值链的提高可以通过加强产品的自主知识产权、附加值以及市场竞争力等方面着手，充分聚集高端知识产权资源，从而打造知识产权保护高地。价值链是分析企业内部条件的工具之一，通过分析价值链，可以寻找到企业重要的增值环节。重要的增值环节为企业竞争力提供了来源，对于这些环节进行深入研究，将反映竞争力的指标进一步提取，进一步促进企业发展。在企业发展的过程中，其自身所含的众多资源决定了企业的发展方向，因此，一个定制的能力体系应该在针对企业资源的基础上被建立起来，从而提升企业的竞争优势。企业核心能力对于企业整体来说，可以看作其整体资源，它是包括但不限于企业人才、技术、管理等多个方面的相关部门及人员的一致行为。此外，企业的发展还可对市场的占领产生积极影响，带动企业经济效益的逐渐提高。这就要求知识产权资源得到尽可能高效的统筹聚集，因此需要开发建设创新资源，通过深入开发创新资源的手段，使得知识产权拥有量在核心领域及关键产业中稳步提升，促进企业走向世界舞台，从而形成自主知识产权丰富且国际影响力较大的创新性产业聚集。再次，还应注意与国际相关组织的合作，支持世界知识产权组织所指定的国际规则，积极推动相关国际组织进驻知识产权特色小镇，使知识产权特色小镇真正成为创新资源开发的首选地，使其能更好地服务全国。最后，知识产权特色小镇创新资源的开发还需要对创新资源进行可塑性构建：一是知识产权的制度创新。知识产权特色小镇如今已成为各类产业进行创新资源开发的代表与典范，作为围绕知识产权为核心而打造的特色小镇，知识产权制度更是推动知识产权小镇知识产权创造的强劲动力，其作用不可小视。小镇可以从知识产权制度供给与支撑的角度，尝试将"四位一体"的思想融入小镇知识产权制度中，其中"四位一体"指的是"专利、版权、商标、商业秘密"，与此同时，还可以通过设立知识产权管理公共服务平台和知识产权交易市场来支撑小镇知识产权制度，在建设知识产权管理公共服务平台时，应注重服务制度的建设，包括服务机制、行政执法环境、服务保障等方面的建设。二是在知识产权特色小镇的背景下，注重文化型特色小镇的构建。随着我国新型城镇化战略的推进，知识产权特色小镇已成为凝聚新兴产业与城市功能的新型发展区域，处于方兴未艾的发展热潮中。其中，文化型特色小镇更是别具特色，作为知识产权特色小镇中的特殊类型，它通过对将知识产权发展成为一种文化资源进行深度整合与加工，营造出具有鲜明知识产权文化特色的城镇环境，具有知识产权密集型产业集聚度高、知识产品附加值大、创新动力充足的优势。因此，如何有效地营建知识产权文化氛围，应受到知识产权特色小镇建设发展的关注，成为关注热点之一。但由于我国知识产权特色小镇尚处起步阶段，我国知识产权特色小镇的知识产权文化品牌尚未得到有效的推动、扩展和传播。因此在对知识产权特色小镇所具备的创新资源进行合理开发的同时还应重点关注构建一个具有知识产权特色小镇特色的知识产权文化环境，为知识产权特色小镇的创新资源提供可持续动力以及社会效益，让知识产权特色小镇的建设更饱满，更好地发挥知识产权特色小镇的作用。在此基础上，还应该有效融合各种不同的创新资源，通过联合其他创新资源对其进行互补开发，从而实现创新资源开发的效用最大化。

第二，高效率的知识产权服务应该被视为开发知识产权特色小镇所具备的创新资源过程中的一项基本原则。知识产权特色小镇的科学可持续发展是创新资源开发的最终目标，运用现代化商业模式重新整合小镇所具备的原生性资源则显得尤为重要，在这一过程中优质高效的知识产权服务可以推动形成优质的商业模式，提升小镇的经营效益，促进小镇的科学可持续发展。

首先，知识创新有利于知识产权资源聚集，更好地打造知识产权保护高地，进而能够加快知识产权特色小镇在各方面的建设发展速度，基于这样的现实需求，对于知识产权创新的不懈坚持则成为特色小镇创新资源开发中必须坚持的原则。现在我国的知识产权行业发展已经到达一定水平，在诸如天津、武汉等知识产权相对发达的城市，已经开始了知识产权特色小镇的建设工作，并取得了良好的实践成果。其次，要注重地方政策创新，特色小镇的发展历程可以追溯至2015年4月，彼时首个关于特色小镇的地方指导性文件由浙江省颁布，浙江省在特色小镇发展进程中发挥着重要的作用。2015年12月的中央经济工作会议上，对特色小镇给予了大篇幅的讲述，自此之后，中央开始着手拟订开展特色小镇培育的相关政策，并于2016年7月由中央三部委联合下发了第一项针对特色小镇建设的指导性政策。政府政策与特色小镇的发展相辅相成，特色小镇为了得到快速发展而进行政策创新，这些政策的传播和扩散对于地方特色小镇产生持续性作用，因此中央政府开始关注并肯定了成功实践的地方特色小镇政策，并对此制定了相关政策，而政府提出的相关政策又进一步促进特色小镇的建设与发展，在相关政策实施效果良好的情况下对其他地方政府进行推广。因此，特色小镇建设中的地方政策创新有着不可替代的作用。同时，政策创新也有利于知识产权特色小镇的知识创新，在保护知识产权方面起着至关重要的作用，在我国由于知识产权研究起步较晚，因此知识产权保护还处于发展阶段，对于知识产权的保护相对来说还比较薄弱。通过政策创新，可以在很大程度上带动知识产权保护水平的不断提升，进一步提高知识产权创新水平。最后，要注重经济创新。经济创新指的是新产品的开发、新市场的开拓、新生产要素的发现、新生产方式的引进和新企业组织形式的实施。创建知识产权特色小镇的根本目的就是发展经济，正因为我国在发展经济的道路上不断创新，才取得了今天瞩目的成就。知识产权特色小镇的建设也应如此，要促进小镇所在区域的高校及相关科研机构的深入合作，形成一批知识产权领军企业和产业集群，促进小镇经济发展，加快知识产权公共服务的完善进度，大量引进和认真培养创新创业人才，打造运营方式、建设方式、政府服务方式等体制机制再创新的创业创新共同体。

第三，知识产权特色小镇的创新资源开发模式是创新资源开发的重要路径。由于知识产权特色小镇在创新资源以及经济基础等方面所存在的普遍差异，在管理模式等方面对知识产权特色小镇进行分析时也应考虑存在的较大差异，这样的发展方式推动了小镇创新资源开发模式的多样化进程。只有紧紧把握知识产权特色小镇的发展基础和现状分析，才能选择合适的创新资源开发模式。从知识产权特色小镇的相关政策文件和地方实践来看，知识产权特色小镇建设至少需要具备产业元素、创新元素、服务元素和文化元素。产业元素指的是小镇的特色主导产业，特色主导产业指的是基础较好、潜力较大和成长值最高的一些当地产业，以知识产权为依托服务于特色产业是建设小镇最根本的途径。创新元素的意义在于，针对不同类型的产业形态，需要制定不同的知识产权特色打造计划，从而汇聚创新创业企业、机构和人员，集成知识产权创造、保护、管理、运用和服务，实现产业发展和人才汇集的"产城融合共生"新型城镇化发展，加快企业与科创平台对接，重点培育一批品牌产品和龙头企业。服务元素的意义在于，在知识产权特色小镇发展过程中，政府的职责应主要侧重于"供给侧"，提出明确规划为知识产权特色小镇的发展指导方向，不断完善各项政策措施，使得市场力量和制度力量均对知识产权特色小镇的发展提供助力。文化元素的意义在于，知识产权特色小镇作为新型载体承载了新型城镇化建设的价值，因此其核心理念也应为

"以人为本"。

6.1.2　知识产权特色小镇的建设规划重点

知识产权特色小镇在中国特色为核心标准的基础上，将"高端知识产权集聚区＋新型国际化特色城市"作为其战略定位。将知识产权特色小镇打造成为全球知识产权高地，汇聚大量高端资源，提供优质的知识产权进出口服务。

特色小镇的创建对我国产业及经济发展带来巨大的效益，而创建知识产权特色小镇，有助于整合区域资源以及聚集产业发展，进而提升知识产权的运用效率，通过打通式的知识产权服务体系促进区域智力成果经济效益发展，从而带动区域经济发展。

第一，将构建创新产业聚集作为规划重点。产业聚集是一个动态过程，具体表现为在一个特定的空间内，产业资本要素不断聚集进而使得某一产业在该范围内高度聚集。一方面，创新可以由产业集聚所促进，这是由于在产业聚集过程中企业间或企业与用户间的联系催生了创新。新的技术及管理模式可以在产业聚集的过程中得到迅速传播，这样便使得生产过程中出现的产品或服务缺口更易被企业发现，从而提示企业抓住市场机会进行符合市场规律的新产品研发。在创新人才的进步方面，各公司员工将由于产业聚集而增加接触机会，从而促进更多的思想交流，提升人才的进步动力。知识产权特色小镇内的相关从业人员可以通过定期交流将创新灵感带回各自企业，这一过程恰好体现了知识技术的外溢性。另一方面，区域内行业的分工与合作可以通过企业的集中来促进。这一过程主要通过以下几点体现：一是这一过程可以有效控制企业的原料产品成本以及交易费用，从而降低企业成本（包括但不限于交易成本等）；二是可以通过细化的生产链分工来提高企业在集群内的合作效率，这样的状态可以提高企业群的劳动生产率；三是这一过程可以使供应商提供更稳定且高效的服务给厂商，这就使得配套的服务与产品更易获取，从而及时获取信息提升竞争力；四是企业的谈判能力可以通过创新产业聚集的形成进行提升，从而使其获得政府服务所付出的代价降低；五是这一过程可以为社会提供更多的就业机会，对外地相关人才产生吸引，从而使更多的专业人才在区域内聚集，这样的趋势可以为企业寻找人才缩短时间，从而使其用人成本大幅度降低。

第二，注重知识产权交易市场构建。知识产权交易市场是使知识产权运用效率得到保障的基础。有效运用知识产权并实现智力成果的顺利转化，其最重要环节为知识产权交易，只有知识产权交易可以顺利高质量进行，区域经济发展和产业升级才有机会实现，具体解释可以从几方面进行：

一是知识产权的价值可以得到发挥，知识产权作为新的经营资源，区别于人力、财力以及物力，因而得到了"第四经营资源"的别称。特别是在进入后WTO时代之后，世界各国及企业均将知识产权视为"兵家必争之地"。一方面，基于知识产权所具有的排他性等特性，国家和企业可以巧妙地合理运用知识产权的相关特性来对竞争对手加以合理的限制，从而促进自身的相对优势进一步扩大；另一方面，知识产权的发展应充分考虑实际，它的价值需要通过实际应用来体现。因此需要进行知识产权的交易活动，通过这一活动，可以有效促进知识产权的合理配置，优化其应用的价值。例如，对于专利的交易就是为了推动智力成果产业化的进程，从而提升社会经济的发展水平，对于商标的交易就是为了实现商标的价值，著名的商标所承载的无形资产是巨大的，它作为文化、商业资源来说是稀缺的，同时，商标的注册时间通常远高于其转让的时间，由此这条打造自主品牌的捷径被企业广泛应用，这一应用过程还可使商标拥有者获得巨大收益。文学、艺术作品的出版发行有赖于著作权的交易，这一交易可以在一定程度上促进文化市场的繁荣。

二是企业等创新主体的创新热情可以得到更好的激发。根据前文分析可知，知识产权作为无形资产的一种，巨大的商业价值可以在其交易的过程中得以实现，在这一过程中，知识产权所有人可以在收回创新投入的基础上获得超额利润，基于这一巨大利益吸引，创新的热情可以得到有效的激发，从而使更多人才愈发倾向于提升其自主创新能力。

三是知识产权交易相关行业的发展可以得到推动。知识产权交易作为一个动态过程将涉及众多环节，其中就包括合同管理、法律咨询、价值评估等一系列的服务，每个服务环节都对应了一个行业，因而在实际进行知识产权交易的过程中，各个行业的相应服务机构便纷纷建立。因此完善的配套服务在知识产权交易过程中被各个机构所提供，这些机构的发展也将依赖于知识产权的交易，因此两者之间形成了互惠互利的关系，对于知识产权特色小镇而言，集中整合这些机构在小镇范围内，为知识产权交易提供了场所，从而形成更加合理的良性循环，所以更加说明了知识产权特色小镇的知识产权交易市场建设应为规划重点。

第三，注重知识产权保护体制服务系统的构建，保证知识产权发展促进可持续技术创新是经济持续增长的动力。知识产权保护是鼓励创新型人才进行知识产权创造的强劲动力，也是激励创新的重要制度安排。随着知识产权在国际上受到广泛关注，在国际经济竞争中的作用日益上升，许多国家开始重视自身知识产权在保护与产出等多个方面的全面发展，在战略高度上开始对知识产权给予高度关注，中国的知识产权发展战略的重点之一就是不断建设和完善由立法制规、司法和行政这三个维度组成的知识产权保护体系。首先立法制规，顾名思义就是通过创制法律和制定规矩来保护知识产权。任何法律法规都需要在实践中不断完善，并不是一开始制定就是完美无缺的，都会随着国情的变化或人民的需要做出相应的调整，因此各地区人民政府可根据地方具体情况在不违背"上位法优于下位法"的原则下制定适合地方发展的相关政策和规章制度等。知识产权特色小镇也可根据自身的发展特点与特性，制定相关的知识产权保护体制。其次是司法保护。司法保护是知识产权不被侵犯的有效保障，也是解决知识产权纠纷的有效途径。在进行司法保护过程中，知识产权权利人需要考虑的问题往往是司法流程中所耗费的成本和取得的收益，其所期望的结果必然是耗费低成本、获得高收益，其中流程成本既包括司法流程中的时间成本，也包括在司法流程中所产生的一些显性法律服务费用，收益指的是审判结果为原告带来的经济收益的期望，因此当地的司法保护机构应提高司法服务效率，公平公正且高效地维护被侵权人的合法权益，培养一支具有较高职业技能的司法保护队伍，让知识产权权利人在被侵权的第一时间能够得到快速的立案、采证与审理，得到公正的裁决，充分保障知识产权权利人的利益，对侵权行为进行严格管控，让侵权人得到相应的惩罚，给予潜在的知识产权侵权者一个警示作用，从而减少侵权行为的发生，有效保障知识产权特色小镇在其建设发展过程中各行业所涉及的知识产权进行合理科学的保护工作，从而对知识产权创造的主体产生积极的激励作用。

作为构建知识产权保护体制服务系统的最后关键一步是行政保护，行政保护是作为司法保护的补充被中国特色的"双轨制"知识产权保护体系引入的。行政保护之所以能作为司法保护的补充来构建知识产权保护体制的原因主要有以下几点：其一，司法机关在处理知识产权侵权行为时较为被动，这是由于司法机关处理知识产权侵权案之前需要被侵权人向其寻求援助，才能触发法律流程，这一制度在某些紧急情况发生时会产生一定的影响，司法机关不能在第一时间处理侵权案件；其二，对处理知识产权侵权案的办案人员要求较高，因为知识产权作为一种无形资产，评定其是否遭到损害或者判定损害程度的大小都存在一定的难度，因此需要一些在知识产权领域有较深研究的人或者机构参与到知识产权侵权案中，通过他们的协助更高效地处理侵权案件。针对以上两点，若单纯依靠知识产权权利人向司法机关需求援助去解决侵权案件，或者仅依靠司法机构提供的司法保护，不仅效率低，也可能产生较高的成本，况且目前随着知识产权保护体系的不断完善，知识产权侵权方式也在不断发生改变，职业化、暴力化是知识产权侵权的发展趋势，不仅损害了知识产权权利人的利益，还扰乱了知识产权交易市场的秩序，更给知识产权特色小镇的经济发展带来严重威胁，因此，将行政保护作为司法保护的补充是极为重要的。知识产权局、公安部门、海关等政府机构可以主动发起知识产权行政保护，采取相应措施，充分发挥各政府部门的作用，有效地制止和惩戒知识产权侵权行为，如责令停止侵权、查封侵权公司、扣押违法产品、对侵权人进行罚款等措施。同时由于知识产权行政保护涉及的内容较为复杂、专业技术性较强，为了取得更好的效果，小镇知识产权局与政府各个职能部门间的合作是必不可少的。小镇知识产权局与各政府职能部门以及相关的司法机构共同组成了知识产权保护体制服务系统。实施知识产权保护机制必须依靠强有力的服务系统的支撑，因此，构建知识产权保护体制服务系统后再对其进行完善是必不可少的一环，能够更有效地发挥知识产权保护法的效用，可以很大程度上推动知识产权资源快速地流入小镇中，形成知识产权聚集区，而知识产权聚集区又能吸引更多的知识产权资源，进而能够充分带动其知识产权可持续发展。

第四，注重知识产权管理模式的优化，保证小镇智力成果经济效益最大化。知识产权是企业无形资产的重要组成部分，也是知识产权特色小镇发展不可分割的一个部分。知识产权战略、组织以及价值管理共同构成了知识产权管理体系，其发展模式与企业的发展模式具有十分相近的形式。因此，在知识产权特色小镇整体对知识产权管理模式的优化完善方面，可以借鉴传统企业对知识产权的管理方式。在充分考虑小镇实际情况的基础上，结合前文所提到的知识产权管理体系，对知识产权特色小镇的知识产权管理体系进行优化，保证小镇智力成果经济效益最大化。首先，在知识产权战略管理方面，应该从战略高度上找准知识产权特色小镇知识产权管理模式的定位，对知识产权链条各大环节的打通模式进行统筹管理与战略规划，之后整合多方资源，形成知识产权特色小镇的知识产权战略管理体系。这一体系的合理构建，将对知识产权特色小镇提升核心竞争力产生深远影响。小镇知识产权管理体系应将知识产权战略管理纳入小镇发展战略。其次，小镇知识产权管理体系的基础是知识产权的组织管理，它由管理制度和组织结构两部分构成。其中管理机构和工作人员组成了管理组织，主要通过小镇管理机构的部门职能划分、结构设计以及人员的职责分工来建立知识产权特色小镇的管理组织，进而提升知识产权链条打通式服务体系的效率。最后，在知识产权管理的过程中，知识产权管理制度包括了规范管理这一过程中各环节的相关规章，这些规章是知识产权特色小镇各部门相关人员均应严格遵守的。

6.1.3 知识产权特色小镇的设计规划体系

本节将通过发展设计、总体设计以及详细设计三个层面，对知识产权特色小镇的规划体系进行设计，构建知识产权特色小镇的设计规划体系如图 6 – 1 所示。

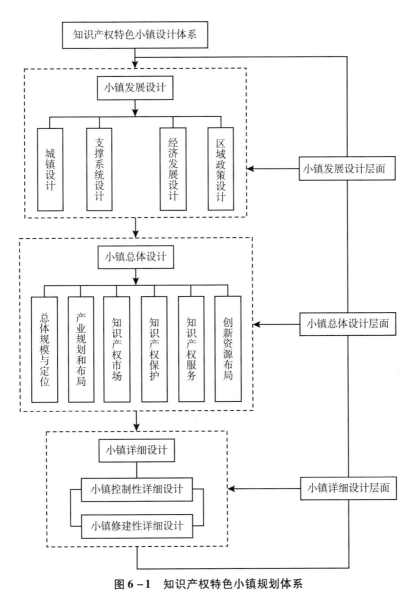

图 6 – 1 知识产权特色小镇规划体系

首先，小镇发展设计层面是通过全局性谋划实现小镇发展的主要手段。城镇设计、支撑系统设计、经济发展设计以及区域政策设计四个方面共同构成了知识产权特色小镇的发展设计。通过全面的系统划分，知识产权特色小镇的发展设计可以通过不同层面相结合而获得良好的发展方向与目标。其中，城镇设计奠定了小镇发展方向和目标的基础，小镇的各方面发展均需依托城镇建设这一客观载体。支撑系统设计为小镇的发展设计搭起了骨架，小镇的发展不是单一维度的发展，而是人口、经济、社会等多个维度的共同发展。经济发展设计是小镇发展的核心，为知识产权特色小镇的可持续发展提供基本保障与动力。区域政策的设计则为小镇发展提供了外在的基本保障。

其次，小镇总体设计是把握小镇建设方向的关键。总体规模与定位、产业规划和布局、知识产权市场、知识产权保护、知识产权服务以及创新资源布局等方面的规划设计共同构成了知识产权特色小镇的总体设计层面。促进知识产权特色小镇的发展与当地的知识产权发展与保护是密不可分的，小镇的发展方向和总体规划主要依靠其自身定位、交易市场和产权保护这三个方面来设计。其中，自身定位包括知识产权特色小镇的产业规划和布局，如创新资源布局；交易市场包括市场的设计与保护；产权保护则包括知识产权保护的司法体系和服务体系，这就使得小镇的总体设计既要将知识产权核心要素包括在其中，也要充分考虑知识产权特色小镇的发展规模、发展定位和创新产业等相关问题。在知识产权特色小镇的设计体系构建中，总体设计体系内容全面，能够对建设中的知识产权特色小镇进行指导，满足知识产权特色小镇的发展需求。

最后，小镇详细设计层面是小镇总体设计落实的关键。基于总体设计的指导，进行详细设计来满足小镇建设过程中的近期需求，指导一定区域内的开发建设，控制性与修建性详细设计组成了小镇规划体系的详细设计。知识产权特色小镇的设计应在对知识产权特色小镇进行详细分析和规划的基础上进行。设计过程中需要特别注意的一点，虽然在设计体系方面知识产权特色小镇与传统小镇的相似程度较高，但是目前知识产权特色小镇所处的发展阶段还在不断拓展探索，由于知识产权这一特色的核心因素很大程度上受到国家相关政策的影响，因此目前知识产权特色小镇的发展是一个相对不稳定的持续动态过程，在每个发展阶段均有其鲜明的阶段性特点。

6.1.4 知识产权特色小镇的规划实施路径

知识产权特色小镇的规划是建设知识产权特色小镇的前提，设计方案必须符合小镇发展的实际状况及发展方向，因此需要从多方面、多角度考虑问题，采用宏观定位、中观调控、微观设计相结合的设计方法对其可持续发展进行合理规划。选择此种设计方法的主要原因是基于知识产权链与知识产权特色小镇的协同发展。

第一，宏观层面——定位。知识产权特色小镇有其自身的特殊性和独特性，包括独特的产业布局和知识产权服务体系。知识产权特色小镇的规划定位要从整体上进行，不能局限于具体的建设节点。只有将知识产权特色小镇的总体规划定位在宏观层面，才能在主题分析的框架内，对知识产权特色小镇的各个方面进行相关的建设规划工作，对整个知识产权特色小镇的运营和后续发展起着重要作用。具体路径包括：

一是突出产业优势。知识产权特色小镇的产业优势主要表现为创新型产业的原始积累，知识产权特色小镇多为创新产业园区挂牌成立，对于知识产权特色小镇的建设，最突出的产业类型便是创新型产业，这也是小镇知识产权全链条打通式服务系统的主要服务对象，所以规划重点应突出创新产业特色，再结合产业规划定位与知识产权发展的需求，规划出全链条打通式知识产权服务体制，促进小镇创新功能开发，充分发挥知识产权特色小镇的创新型产业优势。

二是牢握知识产权链条功能。紧紧结合当地的产业基础和区域特色，应该进行创意开发，并进行科学的规划，以武汉岱家山为例，通过对岱家山科技创业园原有产业进行归纳和定位，可以推出相应的区域政策，如大量引入知识产权专业人才，构建知识产权服务中心，完善企业孵化中心，以岱家山村民为基础发展出一批专业的知识产权从业人员，从而使知识产权特色小镇充分发挥其知识产权服务职能。

第二，中观层面——空间结构与规划控制。中观层面的规划大致概括为规划和控制知识产权特色小镇空间结构的过程。具体来看，这一过程的运作应该区别于一般情况下的单体建设设计，需要在全局视角上对空间布局进行科学规划，这就要求在规划过程中始终将产业布局和延伸作为重要的考虑依据，整个过程中应该将一致性与整体性体现在结构布局与规划方针方面，但是基于这样的总体方针下不能抛弃知识产权特色小镇的自身特色，在保留小镇特色的基础上，注重创新资源对小镇发展的重要性。具体规划路径可以分为以下几个方面：

一是用地现状和条件。对知识产权特色小镇进行空间结构布局设置时，需要考虑备选地是否适合，例如需要考虑拆迁工作是否能顺利进行、人才是否能够有效安置等问题。可以借鉴岱家山的先进经验，培育村民成为服务小镇建设的专业人才，在开发初期涉及土地征用、房屋拆建等工作时，要始终将当地人民利益放在首位，这不但有助于开展工作的顺利进行，也可以为未来知识产权特色小镇的发展奠定人才基础。其次，对于已经具有良好发展基础，类似岱家山知识产权特色小镇在原有的科技创业园的基础上挂牌成立的知识产权特色小镇，在小镇发展过程中也要结合小镇新的需求，合理规划用地，在不断引入新的企业入驻小镇的同时，在企业选址布局上做到科学合理。在促进小镇创新产业聚集形成的同时，可以很便利地接受小镇知识产权方面的服务，这样才可以使新入驻知识产权特色小镇的企业迅速发展，不断吸引新的企业进入小镇。

二是在最大化地利用政府政策资源的基础上，对知识产权特色小镇的知识产权全链条服务系统进行规划和控制。根据知识产权特色小镇的产业环境、发展趋势、现有条件以及未来规划方向等多方因素，合理地对小镇的知识产权服务体系相应部门进行明确划分和统筹管理。比如，知识产权创造服务中心，深入学习小镇区域政策，使政策对于小镇企业的激励作用最大化；知识产权保护相关的司法部门、咨询部门、审查部门，在结合知识产权创造服务以及知识产权运用服务的基础上，分工明确、密切合作，为知识产权特色小镇创新经济发展提供一个良好的发展环境，催生出更多的创新产物。提高知识产权转化服务质量，知识产权交易中心的合理规划，为知识产权交易提供了良好的市场环境，同时结合知识产权服务以及保护系统，充分开发知识产权特色小镇创新功能。

第三，微观层面——政策与部门设计。对知识产权特色小镇进行微观层面的设计主要是指对政策和部门的设计，知识产权特色小镇特色功能应体现在知识产权链条打通式服务体系上，让企业更深入地感受到小镇的特色功能，对于提高知识产权特色小镇投资吸引力、经济发展、创新功能开发以及促进创新产业聚集将产生很大的助力。具体的路径包括：

一是为了使知识产权特色小镇的区域政策充分发挥其在知识产权服务和扶持企业创新的作用，在对知识产权特色小镇进行规划时，应该积极地对知识产权特色小镇的区域政策进行挖掘，把政策制定和政策执行有关的府际关系定位为一种机制，从而提高区域政策的效果和协调区域关系。知识产权特色小镇作为一个新兴的特色小镇类型，在小镇发展初期，政府的政策指引将起到很大的作用。

二是通过对现有的较为成功的知识产权特色小镇的政策以及部门规划特点进行归纳和探索，对整个知识产权特色小镇的政策及部门规划提出了建设性的建议：一方面，规划建设以知识产权为核心的科技产业服务小镇或产业园区。这个小镇或产业园区的核心产业包括四类：第一类为科技知识产权服务中心；第二类为知识产权的交易中心；第三类为知识产权的管理、大数据、维权中心；第四类为知识产权金融中心。通过打造"知识产权特色小镇——产业园区——知识产权全链条服务区"的协调运作方式，打通所有相关产业链条，同时利用特色小镇，组织世界范围的科技创新大会或比赛，在小镇内规划建设创新发明公园等，不断提升其影响力。另一方面，加强科技服务政策小镇扶持，集聚创新要素与优势。出台相关优惠政策，健全服务体系、税收政策，构建科技服务生态系统。如岱家山知识产权特色小镇，利用现有岱家山科技创业园的优势，发展科技金融产业。

6.2 基于知识产权特色小镇建设的知识产权链条打通式服务体系规划

6.2.1 知识产权链条各环节规划战略目标

战略规划目标的合理制定在对知识产权特色小镇的知识产权链条各环节建设规划过程中非常重要，这一过程需要在充分分析内外部环境的基础上进行。结合知识产权特色小镇的知识产权链条发展现状和相关规划研究，本书在进行战略目标的规划时，将通过知识产权链条中创造、运用和保护三个环节进行展开。

一是知识产权创造水平的提升。知识产权创造是通过技术创新形成自主知识产权的过程。知识产权创造主要体现在知识创新和技术进步两方面，技术进步和知识创新是经济增长的源泉。在知识产权链条的建设中，知识产权创造是知识产权链条建设的基础，一方面，知识产权创造通过各种智力创造（发明、外观设计、文学和艺术作品），以及在商业中使用的标志、名称、图像等方式进行，有利于知识产权资源的有效聚集，进而引入了大量的创新型企业，形成创新产业聚集，促进知识产权特色小镇经济的快速发展，为知识产权的创造提供经济支持。另一方面，创新产业聚集，将在很大程度上通过促进成本降低和劳动力水平的提升反作用于知识产权的创造。"创新—赢利—再创新"的良性循环是创新者追求的目标，这一目标需要通过技术创新成果产权化，推动技术创新成果扩散传播来实现。同时，要想达到知识产权的创造这一战略目标，首先要注重人才的引进，为知识产权特色小镇提供大量的高端技术人才。其次要注重创新型企业的发展，在员工、资金和政策上给予帮助。最后在知识产权保护方面，当地政府及企业要予以充分的重视，在我国目前的发展阶段，知识产权的保护工作愈来愈受到国家政府的高度重视，这样的国家政策背景将很大程度上促进知识产权链条各环节的打通，还可以鼓励更多的技术性人才投入到知识产权开发的行动中来，在知识产权特色小镇的建设中发挥着重要作用。

二是知识产权运用效率的提升。建设知识产权特色小镇的主要目的之一就是为了将知识产权的作用得到充分发挥。在知识产权运用过程中，知识产权交易不仅是知识产权运用的重要方式，也是知识产权转化的桥梁，因此，形成一个完善的知识产权交易市场，为知识产权提供完善的服务平台，如增强专利、版权、商标等知识产权进行转让的交易环境的安全性等，是提升知识产权运用效率的重要手段，让知识产权创新成果更有效、快速地落实到实际的发展建设中。知识产权交易市场是为处于初创期、成长期的科技型中小企业解决其融资难问题的创新性新途径，知识产权交易有利于拓宽科技型中小企业融资渠道，有利于科学引导民间资本开拓新的投资领域。随着知识产权交易市场的正常运行，知识产权利用效率逐渐提高。知识产权运用效率又与知识产权的交易市场体制密不可分，交易市场体制越完善，知识产权运用效率就越能得到更大幅度的提升。相对于知识产权特色小镇而言，完善知识产权效益市场体系要正确处理好企业、当地政府和产业之间的关系，让知识产权运用得到一个良性的发展，一方面从知识产权质量及交易方式方面入手，另一方面可从市场内部管理、网络沟通与运营和政策方面入手，提高知识产权的交易质量，规范交易主体、创新交易方式、改进交易配套服务以及加大政策扶持力度等。

三是提升知识产权保护水平。对于这一问题，如今已成为一个国际性的话题。而知识产权特色小镇作为一个以知识产权为主要特色的小镇，加大对知识产权的保护力度是建设小镇必不可少的一步，同时知识产权保护作为构建知识产权链条打通式服务体系的最重要环节。首先，知识产权的创造引发了大量的创新型企业，形成了创新产业聚集，知识产权保护机制的健全是形成上述关系的前提，这一前提还保障了知识产权创造与创新资源的开发能有一个良好的环境。其次，高效高质的知识产权运用离不开知识产权的保护，而实施知识产权战略的主要载体为企业，因此在提高企业自主创新能力的同时，还应加强知识产权的保护水平，营造一个公平的企业创新市场环境。最后，完善的知识产权保护体系是知识产权创造的保障。小镇技术进步以及经济发展均依赖于良好的知识产权保护体系，因此应该不断提升知识产权保护意识和保护力度来促进小镇经济持续发展。

6.2.2　知识产权链条各环节发展定位规划

随着经济的发展，国家对创新型企业的充分重视，知识产权链条的发展在知识产权特色小镇以较快的速度扩散开来，这就对知识产权特色小镇的知识产权链条的建设过程提出了更高的要求。知识产权链条各环节均在知识产权特色小镇建设发展过程中扮演着重要角色，在技术创新大浪潮的发展局势下也应该提出相应的发展定位。知识产权链条蕴含着丰富的、先进的知识资源，不仅关系着国家经济的发展，还可以促进民生幸福，同时也关系着知识产权特色小镇的创新与发展。在此基础上，可以从知识产权链条的发展定位依据及其构成维度进行拆分，可以从三个方面进行发展定位的规划。

第一，知识产权创造方面。在本书的上一小节中已经对知识产权的定义和作用以及战略目标进行了详细的阐述，基于此，根据知识产权特色小镇的独特性以及知识产权创造在知识产权特色小镇扮演的角色，浅析知识产权链条中知识产权创造的发展定位。知识产权创造是打造知识产权链条的第一步，也是知识产权链条建设的基础，因此，知识产权特色小镇当地政府不仅要重视知识产权的创造，还需要进行产业规划和布局，形成完整的建设体系，不仅如此，还应该在鼓励知识创新的同时，进一步对知识产权创造成果加大监管力度，切实地严格保障知识产权的创造质量。

第二，知识产权运用方面。知识产权链条建设的目的是知识产权的运用，其主要的实现形式是知识产权交易市场，但由于目前特色小镇对于知识产权的运用还存在着许多的问题：知识产权实施率低，知识产权转让与许可较少；存在较大难度的知识产权质押融资，在这一对知识产权成果进行转化的过程中往往伴随着市场与政府的失灵；知识产权布局能力不强，缺乏运用专利文献信息意识；知识产权保护力度较弱，社会中介服务体系较为匮乏。知识产权特色小镇是指在某一空间范围内以知识产权为特色、以知识产权为依托的特定功能区域或中心，因此便为知识产权特色小镇中知识产权链条的建设提供了有利条件，提升运用效率。基于此，在知识产权的运用上，一方面要充分重视知识产权交易市场的内部建设，保证知识产权交易效率和质量。另一方面，要实时监测知识产权交易市场中知识产权的转化率，总结相关经验，并作出相应调整，努力提升科技成果的转化率。

第三，知识产权链条中知识产权保护的发展定位。党的十九大报告指出"倡导创新文化，强化知识产权创造、保护、运用"。这指导了我国新时代下知识产权强国建设的方向，也为知识产权保护的加强制定了科学的行动纲领，这也使得新时代的工作内涵在知识产权保护方面得到新的定义，是知识产权保护工作在新时代下受到党中央的更高要求，因此要切实落实知识产权的保护工作。目前，我国知识产权保护的不足主要表现在：知识产权概念模糊，知识产权保护意识淡薄；知识产权侵权行为屡见不鲜，如侵犯商标权、专利权以及著作权等侵权行为；企业管理水平低下，知识产权保护能力不足；现行法律对于知识产权侵权惩罚力度不强，难以发挥震慑作用；执法机关执法不够严格，管理分散，缺乏协调机制；知识产权内容不完善，立法程序透明度低，征求意见不广泛；知识产权从业人员缺失，人才队伍建设不健全等。但值得高兴的是，我国执法水平随着相关法律体系的完善逐渐提高；知识产权能力在市场中的运用也在不断攀升；快速增长的知识产权拥有量继续稳定发展。

根据知识产权链条各环节发展定位，基于本书对知识产权链条的维度划分、分析框架构建、作用机制、研究假设、实证研究以及案例验证的相关内容，对知识产权链条各环节的发展定位重点主要从知识产权创造、运用和保护三个方面来进行规划。

一是知识产权创造的规划。完善的知识产权政策体系是知识产权创造规划的重要抓手，提升知识产权创造水平是规划的重要组成部分。首先，可以将知识产权的创造情况作为评价相关创新活动水平的重要指标。在规划过程中明确企业在知识产权创造过程中所具备的主体地位，使企业充分聚集创新要素，在知识产权数量与质量两方面都能得到显著提高和发展，从整体上提升知识产权创造水平。其次，应将合作重点放在企业的外部影响上，可以通过构建知识产权信息服务平台，帮助企业充分利用信息技术获取知识产权相关信息资源，根据获取的信息资源进行知识产权创造，既能提高知识产权的创造速度，又能提升知识产权的创造水平。再次，可以通过知识产权收益分配机制来激励企业或机构进行自主知识产权创造，根据机制的实施情况不断完善知识产权收益分配机制，让这一机制在提升知识产权创造中充分发挥其作用。通过鼓励小镇企业进行自主知识产权创新活动，使知识产权市场体系得到统一开放式构建，从而在知识产权特色小镇内形成一种公平的竞争环境。在这一环境下，科技人才的积极性将很大程度上被调动。最后，财政资金在小镇创新经济发展过程中的杠杆作用应得到充分重视，重点进行知识产权的创造，进而带动知识产权运用的效率及维护小镇知识产权市场基本秩序的知识产权保护，实施相关财政政策推动小镇中小企业的进一步发展。面向知识产权创造的现实需要，通过以上财政、产业、企业以及教育等多种渠道，培养发掘知识产权创造领域人才的同时，推动知识产权特色小镇构建起一套完整的知识产权创造体系，并对这一体系进行多领域、广视角的深入拓展。

二是对知识产权运用进行规划。知识产权运用的主要媒介是知识产权交易市场。首先，政策目标明确，对重点项目进行支持，避免在政策支持的效率上出现浪费的现象。例如发明专利方面，应严格筛选值得支持的优质专利，避免浪费政策资源。对于企业这一创新主体的发展，应注重企业结构的科学整合，时刻围绕企业品牌、专利等重点领域进行开展。其次，可以通过相关政策吸引更多小镇外人才进入小镇，促进自主知识产权向小镇汇集，集中创办企业，方便企业间合作与小镇的统筹管理，依托知识产权特色小镇促进知识产权运用高效运作。最后，知识产权转化融资应该作为知识产权运用的一项重要方式被高度关注，因此需要不断完善知识产权质押等方面的政策，充分调动相关机构开展相关知识产权融资业务的积极性。可以通过政府的正确引导，在小镇创新型企业与金融机构之间构建合作桥梁，促进知识产权转化的多渠道发展。以上分析都要求知识产权特色小镇有一个良好的知识产权交易市场，因此对于知识产权运用的规划重点在于知识产权交易市场的建设。

三是对知识产权保护进行规划。知识产权保护作为知识产权链条的最后一环，对其进行合理规划是知识产权链条发展的关键。应结合小镇自身的发展特点和需求及实际情况，对知识产权保护进行合理的规划。首先，可以加强行政执法力度，提升行政执法质量，完善执法机制，可通过建立专利调查分析制度，引进专利调查分析师，充分发挥相关专业人才的作用，从而提升办案效率与质量。其次，可以完善维权机制，有侵权就有维权，在加强侵权行为管理的同时，维权机制也应及时进行完善，加快知识产权维权一体化建设，构建健全的维权援助工作网络，让维权之路更便捷、更高效。再次，可以加大侵权行为的打击力度，进一步完善侵权惩罚机制，同时还应加强区域知识产权协作，知识产权特色小镇对知识产权的保护不仅是依靠小镇自身的保护机制，还可以通过区域协作来加强知识产权的保护。最后，可以加大知识产权保护的宣传力度，应建立坚实的群众基础，在人民之间广泛普及知识产权保护的相关内容，加强人民群众对知识产权的保护意识，从根源上减少知识产权侵权行为，多方面完善知识产权保护体制。

6.2.3 打通知识产权全链条服务的规划模式

知识产权特色小镇知识产权链条进行全链条打通式服务系统规划模式选择时需要充分考虑知识产权链条各环节的发展现状，并结合知识产权特色小镇自身的发展现状，提出以下几点规划措施：

首先是知识产权创造与其他环节打通规划模式。这是以创造为主导、运用和保护为辅的规划模式。第一，知识产权特色小镇在知识产权创造过程中，即在创新产业聚集、创新企业不断涌入市场时，应兼顾知识产权的运用和保护，充分开发创新功能，提高智力成果经济效益。例如，在产品的设计和开发上，不能只考虑产品本身的用途，还应该注重市场的需求和产品的经济效益。在鼓励知识产创造的同时，不仅要注重发明专利申请量和商标注册申请量，还要注重解决高质量智力成果少的问题。因为知识产权链条存在于小镇之中，所以小镇能够最大效率地进行知识产权成果转化，推动知识产权运用效率的提升。第二，知识产权审查及注册机制的不断完善有助于知识产权创造环节与知识产权运用环节的联动打通。可以充分发挥互联网的作用，将线上服务不断完善。第三，需要通过发明制度的完善来使发明人的权力得到保障，强化专利许可的对外扩散，进一步加强专利许可制度工作。第四，加强推进知识产权交易平台的建设。

其次是知识产权运用与其他环节打通的规划模式。这是以知识产权运用为主导、创造和保护为辅的规划模式。知识产权链条所包含的这三个环节是相辅相成的，缺一不可。在以知识产权运用为主导的规划模式中，应以提升知识产权运用为主要目的，同时应充分发挥知识产权创造与保护的作用。不仅要全面建设知识产权交易市场、深入开发创新功能来提高知识产权运用效率，还应关注知识产权创造水平发展和知识产权保护现状，并积极促进创新产业聚集的形成以及智力成果经济效益的提高。例如在实施知识产权转化相关鼓励政策时，应严格把握知识产权创造水平，保障知识产权质量，对知识产权成果进行保护，为知识产权运用提供保障，切实做到最大化专利以及商标等智力成果的经济效益。在小镇内部，重点建设知识产权交易平台，优化交易市场，打通知识产权进入小镇后的转化渠道，降低知识产权转化成本，有效促进各产业、资本与知识产权的有效融合。此外，充分利用小镇事业单位的知识产权运用能力，多方面地打通知识产权运用于其他环节的规划模式，具体规划可以分为以下几个方面：第一，通过政策规范的完善促进创新导向的形成。组织小镇内相关部门学习国家相关文件，推动知识产权特色小镇相关部门进一步提升知识产权运用水平。第二，注重知识产权交易平台的建设。只有小镇具备良好的知识产权交易环境，小镇各企事业单位才具备充分的知识产权运用空间。在政策支撑下促进众多知识产权通过知识产权交易平台顺利转化。第三，通过深入辅导企业，促进其创新产出。通过知识产权特色小镇的人才资源，为知识产权特色小镇企业提供技术支持等多种人才服务，为企事业单位在知识产权运用过程提供有力帮助，合理结合过程中知识产权创造及保护所产生的实际影响，进而构建知识产权链条打通式服务体系。

最后是知识产权保护与其他环节打通的规划模式。这是以知识产权保护为主导、创造和运用为辅的规划模式。在以知识产权保护为主导的规划模式中，应以提高知识产权保护能力为主要目的，同时应充分发挥知识产权创造与运用的作用，打造知识产权产业聚集高地。第一，完善知识产权保护的相关政策，既能够凸显知识产权保护在知识产权链条打通规划模式的主导地位，又能够有效保障知识产权创造和运用的顺利推行，知识产权立法工作作为组成我国特色社会主义法治国家建设的重要组成，在知识产权小镇的建设方面起到了关键性作用，为小镇提供了法律保障。知识产权特色小镇的经济发展进步有赖于完善的知识产权保护体制。对知识产权产生侵害的违法犯罪行为进行严格的惩治，维护知识产权人的正当利益。在此之外，还应从内部入手，培养知识产权人维权的主动性与积极性，知识产权人产权保护意识的提升有助于其及时有效地维权。商标、专利管理与执法过程中存在的重复执法及分头管理等问题，可以在知识产权特色小镇从知识产权保护环节出发的知识产权链条打通式服务体系下得到解决。第二，制定完善的知识产权综合管理体制，可以在考虑知识产权创造与运用的基础上，完善配套的知识产权保护制度。知识产权在我国发展的新时期所具备的引领作用受到了党中央的高度重视，"党中央全面深化改革领导小组第三十次会议"强调，要通过准确把握这一引领作用，满足创新发展的需求，在高效的知识产权综合管理体制的建设过程中，构建知识产权全链条的打通式发展模式，提升知识产权公共服务体系为人民服务的便利性，因此在知识产权特色小镇的建设过程中，也应该对知识产权链条机制的创新发展进行积极探索，从而建立依托小镇的管理体制。与此同时，企业已经成为当下经济环境中科技创新的主体，因此在完善知识产权特色小镇知识产权综合管理体制时也应充分考虑其对小镇企业的影响。

6.3　知识产权链条与知识产权特色小镇协同创新模式的路径规划

6.3.1　知识产权链条与知识产权特色小镇协同的产业布局规划

知识产权链条与知识产权特色小镇实现协同的一项重要内容就是对知识产权特色小镇的核心产业进行布局规划，核心是产业的布局升级与知识产权特色小镇的城市功能进行匹配，继续贯彻以"知识产权产业"为核心打造"一体两翼"布局的知识产权生态理念。合理布局规划知识产权特色小镇的核心特色产业，应包括知识产权密集型产业、创新型产业和知识产权服务业三个方面的布局。

　　首先是对知识产权特色小镇的知识产权密集型产业进行布局。通过十多年来国家相关政策的发展可以看出这一布局的重要意义，其中，"知识产权密集型产业"自《国家知识产权战略》于2008年颁布后，极大地促进了产业结构升级与区域经济发展，因此被认为是一种高附加值且具有较强创新能力的产业，在此之后，"培育知识产权密集型产业、探索制定知识产权密集型产业目录和发展规划"等战略目标通过国务院在2015年印发的《关于新形势下加快知识产权强国建设的若干意见》所提出，2016年10月，在《中国专利密集型产业主要统计数据报告（2015）》发布的同时，《专利密集型产业目录（2016试行）》由国家知识产权局首次发布，此后，"知识产权密集型产业培育工作调研座谈会"由国家知识产权局于2018年1月召开，会上部署了在基础研究和培育方面的知识产权密集型产业相关工作。我国目前正处于创新驱动发展的战略环境下，需要充分发挥知识产权特色小镇的作用，提升"知识产权密集型产业"在知识产权特色小镇经济结构中的比重，依靠密集的知识产权创造与运用带动区域经济发展。知识产权特色小镇当地政府须采取有力措施，主要包括以下三个方面的措施：（1）通过相关政策的实施，促进知识产权密集型产品市场化与产业化，当地政府提供资金方面的支持以及项目培育方面的支持；（2）重点投入建设先进的、科学的知识产权运营综合交易平台，通过这一平台的合理搭建有效促进知识产权运营的传统机制依托于平台的各种交易方式进行创新发展；（3）市场监管体系在小镇知识产权领域的建设，充分利用信息技术对小镇知识产权市场进行高效率的监管，为知识产权在小镇内的运营环境提供保障。

　　其次是对知识产权特色小镇的创新型产业布局。对于知识产权特色小镇来说，小镇的主要功能是促进区域创新经济发展，进而带动区域技术创新能力的进一步提升，基于这样的分析可以看出在知识产权特色小镇的产业规划中，创新型产业的布局规划尤为重要，不能直接规划某类产业的空间布局，而要从不同产业对空间要素的需求角度出发，研究各类产业布局规律，最后根据创新性产业发展的现实需求再提出针对性的规划对策。创新型产业发展更注重科技、创新资源、创新环境等方面因素的影响，规划应先分析这些要素的具体内涵以及能够吸引的产业特征，从而使得产业与空间要素通过全口径的层次进行一一对应。把小镇产业空间的发展重心放在科技创业产业园区，针对创业园区提出产业分类指导与功能引导策略。加强创新型产业布局与知识产权创造带动下的知识产权链条打通式服务体制的对接和协同，过程中需要将知识产权特色小镇总体规划以及知识产权链条战略定位充分结合起来对小镇发展方针进行指导，保证必要的产业空间以满足新兴产业的发展需求。在知识产权特色小镇进行创新型产业布局时，应注意以下三个方面。

第一，实体经济为投资布局的核心。我国经济的发展在很大程度上得益于实体经济的推动，目前，我国的科技发展正面临新科技革命的巨大挑战，人工智能、大数据等新技术在近年来不断开拓着科技领域的疆界，牢牢把握这一时期的重点机遇，将为我国实体经济的发展带来新一轮的发展动力，可以通过以下三点进行把握：在投资导向上，应该将主要的投资目光放在对实体经济以及社会资本上，重点激发中小型企业的创新活力；在产业导向上，应该将产业发展围绕现代服务业与制造业进行展开；在增长导向上，应该在产业链和价值链领域以经济增长为抓手，充分认识当今社会发展的重要工具，牢牢把握互联网在经济社会发展各个领域所起的重要作用。

第二，要充分利用知识产权特色小镇在知识产权服务体系上的优势。加快布局智能制造、特色产业等前沿领域。建设一批平台企业并使其具有生态控制力，向数据驱动的趋势上迈进。推动科技进步与产品、产业以及商业模式创新的有效结合，加快开发应用范围广的先进技术，用新技术、新工艺提高传统产业的能源利用效率和竞争力，创造新的经济增长点。

第三，重视创新研究的立体布局以及新型科研机构的集聚引导。通过优化知识产权链条打通式服务体系，吸引更加优质的科研机构进入知识产权特色小镇，从而带动小镇产业技术研发机构的转型。新型科研机构反馈给知识产权特色小镇的内容主要有两个方面，一是知识产权的创造，二是知识产权的运用，通过这两个方面带动区域创新经济进一步发展，推动不断优化的创新布局发展趋势形成。

最后是对知识产权特色小镇的知识产权服务业进行产业布局。知识产权服务业是推动知识产权事业发展的重要力量。这些年，为了进一步做大做强知识产权服务业，国家知识产权局牵头并联合国家发展改革委等9部委制定了《关于加快培育和发展知识产权服务业的指导意见》，这一指导意见全面规划和部署了知识产权服务业的发展，这对知识产权特色小镇建设知识产权服务业提供了建设性意见。知识产权服务业的产业布局作为知识产权链条与小镇建设协同的一项重要内容，在知识产权特色小镇建设中知识产权服务业产业布局的实现路径包括：一是对知识产权服务中心的布局，在知识产权特色小镇，知识产权服务中心应充分发挥地域优势，节约知识产权创造成本，提升知识产权创造水平；二是对知识产权交易市场的布局，知识产权交易市场是知识产权服务市场的重要组成部分，是实现知识产权链条与小镇建设协同发展的关键，因此知识产权特色小镇应加快建设知识产权交易市场，完善知识产权交易市场机制的建设，加快培养知识产权专业人才，为知识产权转化提供良好的市场环境，提升创新经济。

6.3.2　知识产权链条与知识产权特色小镇协同的产业发展规划

基于前文对知识产权链条与知识产权特色小镇的协同现状分析，结合知识产权链条与知识产权特色小镇协同的产业布局状况与发展现状，引进和发展创新性产业、知识产权密集型产业以及知识产权服务业是充分发挥特色小镇资源优势的必然途径。强化产业合作对接，提高企业自主创新能力，构建以知识产权产业为主导、创新型产业和知识产权密集型产业协调发展的知识产权链条与小镇建设协同的先进发展模式是促进知识产权链条与特色小镇协同的首要手段。具体的产业发展路径包括以下三方面。

一是加强知识产权特色小镇知识产权密集型产业发展。根据知识产权特色小镇的发展特点和发展现状，制定相关的知识产权密集型产业发展规划，其重点可以通过优势产业、潜力产业以及前瞻产业三方面进行，在其规划过程中还应充分结合小镇当地产业发展的实际情况，在此基础上做到深入研究，拟订出"知识产权密集型产业（知识产权特色小镇）目录"，这一目录应包含各个类型的知识产权，通过这一方式在一定程度上有助于分析知识产权密集型产业在知识产权特色小镇建设过程中对其经济发展的影响方式，为知识产权特色小镇规划发展这一产业奠定基础。通过分析知识产权特色小镇案例地的发展现状，知识产权密集型产业的发展需要有效的顶层设计。

二是促进强化知识产权密集型产业创新投入力度。在知识产权链条打通式服务体系的构建下，小镇知识产权链条的各环节与其所对应的产业应积极协调配合、制定阶段发展规划以及向上级部门按时汇报。同时在资金方面应推动小镇投入更多的资金，依托财政手段为小镇知识产权密集型产业的发展提供动力，带动小镇形成创新型产业聚集，采取相关的优质区域政策，运用专项基金等方式促进知识产权密集型产业的进一步发展。依托小镇建立知识产权全链条下的先进知识产权保护制度，避免小镇内创新型企业由于制度原因无法被纳入知识产权密集型产业而得不到相应的优质区域政策扶持，从而降低知识产权特色小镇创新型产业聚集的效果。最后对知识密集型产业进行合理、科学、集中的项目引导，为这些企业或者产业提供有效服务。同时积极构建具有小镇自身特色、符合自身发展的创新平台，激励企业和产业进行创新活动，高效整合各类知识产权成果、资源，提升知识产权创造水平、运用效率，充分发挥知识产权链条打通式服务体系在这一过程中的价值。

三是认真建立优质的人才团队。这要求一方面要大力培养各层次的知识产权人才；另一方面要重视从小镇外引入符合小镇发展需求的各领域知识产权人才。首先，将知识产权相关知识纳入教育体系中，在知识产权特色小镇所在区域内建设一批知识产权教育典型示范高校，同时在这些高校进行相关课程的开设工作，定向为小镇发展培养人才，通过与高校的深入合作，鼓励相关部门进行广泛参与，在这一过程中积极鼓励相关领域专家投入到小镇的研究建设中来，充分发挥人才效益作用，为小镇的知识产权发展提供理论研究支撑以及科学的政策建议。其次，依托知识产权特色小镇为主要平台，积极开展吸引广大学者参与相关交流工作中，直观探知小镇相关产业的发展规律，同时，还可以通过学习国外相关法律及理论，以知识产权密集型企业为桥梁，积极推动特色小镇创新文化氛围的营造及优化。最后，向当地人民、学生以及相关从业人员普及知识产权密集型产业相关的研究成果，可以在一定程度上整体提升小镇的人才基础，从而构建起从上至下整体发展的知识产权特色小镇，而不是简单地将小镇冠以知识产权的名号，做到真正意义上的以知识产权作为其发展特色。

创新型产业的大力发展是促进知识产权链条与知识产权特色小镇协同的重要途径。以"知识产权链条与知识产权特色小镇建设协同"的产业布局规划为依据，在发展知识产权特色小镇的创新型产业时具体路径包括以下三方面。

一是以知识经济为主，走绿色化发展道路。基于知识产权特色小镇独特的产业优势，以脑力劳动代替体力劳动作为知识经济的生产方式，这一方式需要建立在知识的使用、扩散以及生产的基础上。知识产权特色小镇多为高新技术园区或者科技创业园挂牌成立，具有深厚的创新型产业基础，有助于知识经济的发展，从而带动创新经济发展，实现绿色发展，这是带动区域转变经济发展方式的重要途径。结合知识产权特色小镇的建设，加强顶层设计，从宏观的角度制定好相关政策，为创新性产业聚集的规划与形成提供一条绿色化的发展道路。

二是依靠创新科学建设平台来促进协同创新。高新技术产业在小镇创新型产业发展中受到高度重视。这一点对于如天津华明知识产权特色小镇这样由高新技术园区挂牌成立的知识产权特色小镇而言，具有很大的发展优势。目前，小镇具有知识产权特色的创新产业大多是中小企业，其中不少是新办企业，在这些企业的发展过程中重复开发问题将严重影响它们的创新效率，因而公共技术的共享是有必要的。对于创新发展方面，随着日益增长的现实需求不断涌现，对于智力成本等资源的需求越来越不容易被得到满足。因此为了促进创新效率的持续提升以及创新成本的有效降低，可以通过在小镇内围绕区域内高校及科研机构为核心构建创新平台来解决。对于创新活动及绩效方面，可以通过各种类型的中介平台的构建来得以保障。其中，人才向知识产权特色小镇的汇聚与转移可以通过人才平台的相关服务得到很大程度上的保障；知识经济的有效运作往往直接依赖于知识产权交易平台合理建设所带动的知识产权交易市场优化，因此，中介服务平台的合理构建与良好发展，对于创新活动的发展具有积极的影响。而创新活动离不开优质的创新平台，知识产权特色小镇的建设为这些平台的构建提供了优质的生存土壤。

三是进一步提升企业的创新能力。首先，政府应通过政策引导推动创新企业培育工程的开展，在小镇内培育出一批具有可持续创新能力以及知识产权核心技术的创新型企业，为其他企业提供经验，促进小镇企业创新能力的提升。其次，要引导中小企业积极开展规范化的产学研活动，以小镇为平台，与区域内各大高校等科研机构集中进行产学研活动，为企业提供创新动力。再次，应积极引导小镇企业的知识产权保护意识，激励企业在重大专利开发方面取得发展。应加强企业的品牌意识，鼓励企业围绕专利、商标等重要知识产权展开构建企业运行机制。最后，可以通过把握知识产权特色小镇创新功能布局的发展方向，依托技术引进、人才引进等手段，充分整合区域内创新资源，为知识产权特色小镇中的创新型企业进行自主创新提供助力，进而促进小镇创新经济发展。

在知识产权特色小镇建设中，促进知识产权链条与其协同的重要手段之一就是积极促进知识产权服务业的发展。基于知识产权链条与知识产权特色小镇协同的产业布局规划，具体的实现路径包括以下两个方面：

一是不断健全知识产权服务行业管理体系。首先，要针对当前所存在的知识产权服务体系尚未碎片化的现实问题，及时对知识产权服务的相关部门进行整顿，完善服务管理体系。其次，应重视知识产权服务相关部门之间的协作，从整个知识产权服务行业的发展现状和发展方向出发，充分运用知识产权特色小镇的独特优势，制定部门之间的协调机制。再次，小镇政府应鼓励知识产权服务产业联盟的建立，通过产业联盟的方式，充分发挥联盟作用，主要体现在服务品牌的整合、标准的制定和服务产品的推广方面，在产业联盟过程中产生的联盟效应能够有效地促进知识产权服务水平的提高。最后，应注重对服务机构和服务人员的监管，制定相关的标准规范，对执业资格进行严格把关。要针对知识产权服务业的管理进行专门的人才培养，知识产权服务业的管理人才是引导企业健康发展的领军人物，专业化培养此类人才能够有效带动基层服务人员提升个人素质和专业修养，从而从整体上提高企业的服务质量。

二是不断优化知识产权服务环境。知识产权服务环境对知识产权运用效率的提升以及知识产权保护力度的提高具有促进作用，其核心在于优化知识产权服务市场，主要包括三个方面：一是对内；二是对外；三是内外融合。首先，对内可增加政府采购服务，培育知识产权服务品牌，支持服务机构自主开发专业知识产权分析工具和服务平台，推进知识产权服务托管项目，为中小企业创新活动提供全程服务，在高新技术企业认定、上市公司信用检查和信息披露、自主创新产品目录认定等活动中，提供优质的知识产权支持服务，丰富知识产权服务形式，完善知识产权市场服务机制，从而建立多元化的知识产权市场服务体系，促进知识产权服务市场的发展和成熟。其次，对外鼓励商业化服务组织提供高端专业化服务，支持知识产权服务组织向专业化、市场化、国际化和品牌化发展，打造一批具有国际影响力和品牌优势的知识产权代理、信息服务、商务咨询等服务企业。最后，应在融合国内外优秀经验方面进行规划，大力支持海外高水平相关机构与国内相关机构的交流合作，从而进一步促进混业经营模式的发展，充分考虑市场在资源配置中的作用，建立知识产权服务市场及机构，促进知识产权链条与知识产权特色小镇协同发展。

第 7 章

知识产权链条与知识产权特色
小镇协同创新模式的路径实施

7.1 基于知识产权链条建设的知识
产权特色小镇的实施路径

7.1.1 创新产业聚集模式的实施路径

目前，产业集聚区可以被视为一种新的产业组织形式，在其形成的过程往往伴随着知识和技术的溢出、规模经济等现象的出现，这在很大程度上推动了区域内产业创新能力的提升以及区域经济可持续发展。

第一，构建创新企业聚集。形成产业聚集必须具备以下几点：一是实现"产业突破"，即要具备较强的创新能力；二是具有高于其他部门的持续增长率；三是创新型产业聚集具备较强的扩散性，对其他产业产生较强的辐射带动作用；四是具有显著的产业规模和良好的发展潜力；五是随经济发展的不同阶段而不断转换，具有阶段性。因此，知识产权特色小镇创新产业聚集可以从以下几个方面实施。首先，激励创新，推动小镇发展新兴产业。建设小镇知识产权"众创空间"，发挥知识产权优势企业、创业投资机构、社会组织等社会力量的主力军作用。针对"互联网＋""大数据"等知识产权保护新需求，创新知识产权保护新模式。制定小镇新兴产业知识产权保护政策，运用所在省区市县的知识产权执法维权力量，建立小镇执法维权服务站，严厉打击各种侵犯知识产权的行为；在网络知识产权侵权方面，可以通过网络监管站的建立重点监控重要的电商平台来应对网络知识产权侵权；创新知识产权保护模式，探索建立小镇专利侵权纠纷投诉处理站，并协同所在省市开展专利行政执法专项行动，在电子商务等领域构建专利行政执法工作的长效机制。其次，大量引入创新型产业，注重知识产权的创新开发，完善小镇专利导航产业创新发展工作体系。组织实施产业规划类和企业运营类专利导航项目，来支撑小镇特色主导产业创新发展，可通过开展一批专利储备运营项目来达到这一效果。鼓励小镇企业通过组建知识产权联盟这一形式，推动市场化主体开展知识产权协同运用。明确小镇产业发展方向、格局定位和升级路径，实现专利布局突破，为实现这一突破可通过专利导航来确定产业创新的重点方向，引导企业进行新的专利布局，从而形成一批基础核心专利。最后，建设小镇知识产权密集型产业集聚区。结合小镇特色主导产业特点和优势，开展知识产权密集型产业培育工作。进而，可以培育出一批依托知识产权密集型产业聚集区所形成的先进制造产业，这就需要时刻注重集群化的小镇知识产权管理模式优化。在相关产品方面应注重融合标准与专利，从而构建出一个依托知识产权特色小镇体系的技术标准来引领国内产业发展，小镇重点产业及其自主知识产权优势均应通过这一标准向国际与国内产业发展平台进行展示，强化知识产权特色小镇主导产业的打造，重点打通知识产权链条各环节。

第二，提升创新产业规划合理性。对创新型产业进行规划时，应时刻注意知识产权特色小镇的特殊性，判断知识产权特色小镇是如岱家山知识产权特色小镇一样由科技创业园挂牌成立，还是如成都郫都区菁蓉镇一样传统特色产业优势突出，在准确判断小镇产业基础的情况下，再对知识产权特色小镇的创新型产业进行规划，有助于保障规划的合理性。在此基础上，首先，对创新产业的现状、发展战略、产业定位、产业体系、产业链条、建议项目、环境影响、实施方案等进行全面的调研和总结。其次，要对知识产权特色小镇创新型产业的规划给予充分的重视，在深入分析产业集群发展需求的基础上，围绕其构建出一个创新生态系统，在此之后，产业竞争力和要素吸引力将在很大程度上受到这一系统的正面影响。根据本书对知识产权特色小镇创新型企业、劳动力以及生产成本对知识产权特色小镇创新产业聚集的作用机制，可以将创新生态系统的结构分为三个层次：核心层、中间层和外围层。核心层主要由创新型企业和高校等创新机构在进行创新研究中所获得的创新成果构成。中间层是由一些支持性机构构成，如知识产权服务机构和政府机构等。外围层主要由创新环境要素构成，创新环境的组成要素包括与创新相关的资源、基础设施、激励措施以及文化要素等方面。这三个层次互为因果、相辅相成，对创新生态系统的发展具有重要作用。关于如何合理建设核心层方面，知识产权特色小镇应将重点放在巩固创新主体地位上，尤其对于创新产业基础优势较大的科技创业园挂牌成立的知识产权特色小镇而言，应继续巩固创新型企业在小镇经济发展中的主体地位，依托知识产权特色小镇的特殊优势，深化产学研相结合的创新体系。为提升创新主体实力，可通过大学科技园等形式聚集大量不同类型层次的专业型人才，如企业创新中心人才、高校创新研究团队的人才等，进而提升科技成果产出数量与质量，同时也推动了科技成果的应用。关于如何合理建设中间层方面，应注重创新人才的培育，同时为创新人才打造一个优质的创新环境也十分重要，并且要不断完善支持机构的数量和类型。在知识产权特色小镇设立高等人才工作站，引入院士、博士团队成为知识产权特色小镇创新产业规划咨询团队。同时加大对新企业的吸引力度，如与银行合作开展相应的金融服务，持续吸引优质企业入驻小镇，为小镇创新提升创新活力，促进小镇创新经济可持续发展。关于如何合理建设外围层方面，主要致力于创新环境的建设，如构建创业系统便于企业进行创业规划，搭建服务平台更好地服务于创新企业及创新型人才，制定激励机制以鼓励更多的企业投身于创新型产业中，以及通过营造丰富的创新文化和配置创新资源等方法，打造良好的创新环境。知识产权特色小镇应建设完备的创业服务体系，对于成都郫都区菁蓉镇这样创新产业基础较薄弱的小镇，应建立科学的企业孵化器和加速器，尽快摆脱以传统特色产业主导经济发展的单一发展路径，充分发挥知识产权特色小镇的作用，吸引各个类型的科技型中小企业找到适合自身发展的空间。

第三，从企业及政府政策计划入手，提升知识产权特色小镇创新型企业发展活力。具体路径包括：一是适当加大人才激励政策力度，保障劳动力水平。对知识产权特色小镇而言，区域人口红利仍然存在，吸引小镇外人才进入小镇，可以为小镇创新型企业增添持续动力，虽然如岱家山知识产权特色小镇大部分从业人员均为原岱家山村民，对村民专业的培训为知识产权特色小镇早期发展提供了很大帮助，但是受限于村民的受教育程度等问题，面对知识产权特色小镇的长远发展来看，仍需吸引大量高端人才进入小镇，带动原住居民继续学习，提高专业素养，提升小镇劳动力水平。首先应设立创新人才的相关奖项，对小镇建设和发展有突出贡献创新型企业家应进行表彰和鼓励，通过表彰及宣传，树立创新典型；其次应从实际问题入手，建设人才公寓、专家楼、博士楼来吸引小镇外人才进驻小镇。统一协调小镇培训资源，加大人才培养力度。一是根据企业中主导产业的发展需求量身定制一套培训体系，注重人才素质的提升，培养人才的自主创新能力，将人才培训机制向专业化、高端化发展。二是根据企业的类型和发展阶段来制订企业成长促进计划。如在知识产权特色小镇创新型企业建设的过程中，针对知识产权特色小镇创新型企业的需求，定制企业成长促进计划。知识产权特色小镇主要企业类型为中小型企业，针对这一类型的企业，为了使其能在特色小镇中更好更快的发展，一方面建立对创新企业辅导的长效机制，提高创业成功率；另一方面可通过分享交流的形式，促进同领域企业间的沟通与合作。三是政府在政策制定和执行上要具有统一性、连贯性。知识产权特色小镇所在地区各级政府应该制定具备高度一致性的政策目标，这一目标应围绕知识产权特色小镇创新性产业聚集这一规划重点进行展开，并为企业做好各项服务工作，为减轻高新技术企业的负担，给予适当的财政支持。

7.1.2 创新功能开发的实施路径

知识产权特色小镇创新产业聚集的必然成果是创新功能开发，也是知识产权特色小镇建设的目的，通过创新功能开发，才能将创新产业转化为经济实力。大量创新产业的引入形成了创新产业聚集，培育出大量的创新成果，通过创新功能开发以交易或合同的方式将创新成果进行全面开发，大批量生产引入市场。

首先，需要在小镇内建立一个知识产权运营平台，在这一平台的合理运作之下，着重构建知识产权领域的产学研融合运营机制，从而带动小镇企业提升运营能力。通过知识产权的收储、许可、转让、诉讼、证券化等方式的运营，实现科技向现实生产力的转化，实现创新投入的经济收益。其次，建立企业知识产权联盟，构建企业专利池，构建专利池是企业用来保护其自主知识产权成果的一个重要手段，在国外有许多公司都建立了专利池，因此小镇企业可以对国外的专利池进行深入的了解，了解其建立和运作方式，并结合自身的发展特点，建立知识产权特色小镇专利池，一方面能够提升小镇在知识产权布局方面的能力以及对知识产权成果的保护能力；另一方面有效提升了小镇企业的竞争力，帮助小镇企业拥有与国际知识产权企业相抗衡的能力。知识产权特色小镇科技型企业大部分是中小型企业，所以规模较小，专利运用的能力较大规模企业来说较低，因此，小镇企业在建立专利池之前必须充分考虑各方面的因素，做好调研工作，明确自身定位，明确小镇建立专利池的目的和目标，在建立专利池的过程中，对每个环节都要进行严格把控，将知识产权特色小镇专利池的作用发挥到最大。同时要选择适合的专利池构建模式，不同企业的专利池构建模式自然不同，因此在选择专利池的构建模式过程中，企业要充分考虑自身因素，包括企业研发团队的研发实力和技术能力以及知识产权成果数量和质量等因素，根据企业自身发展现状和需求来选择合适的专利池构建模式。再次，应加强知识产权平台的建设，让知识产权创造平台的作用得到充分发挥。常见的知识产权创造平台有科技园区、创业基地和孵化器等，在知识产权特色小镇中大部分的企业属于中小型企业，建立科技园区及创业基地等知识产权创造平台是为了给其提供更具有针对性且专业及技术能力高度集中的知识产权服务，同时，要将知识产权创造平台与企业的技术创新活动相结合，让知识产权创造平台以直接参与的形式帮助企业进行知识产权创造，搭建知识产权拥有者与投资者之间的桥梁，让投资者更为直观地感受到投资效益，并且有利于知识产权成果的转化，对知识产权的运用能力也有很大的提升。最后，加快小镇企业获取专利信息平台的建设，小镇企业在制定知识产权战略和知识产权创造活动计划时，必须有相关专利信息的支撑，为确保企业知识产权创造活动顺利进行、知识产权发展战略符合当前趋势，加快建设专利信息获取平台极为关键，是促进知识产权创造的一个有效手段，如知识产权信息服务平台、知识产权中介机构等。尤其是对于一些专利试点的技术实力较强的中小企业，进行知识产权中介机构建设是实现知识产权商业化的重要方法。

7.1.3 智力成果经济效益提升的实施路径

经济效益的产生过程实际上是一种社会劳动产生节约的过程，这一过程是通过商品和劳动的对外交换完成的，也就是说在经营成果创造的过程中应最大化劳动效率。知识成果是知识产权特色小镇建设的产物，其经济效益反过来又促进知识产权特色小镇的经济发展，是知识产权特色小镇建设的关键。智力成果经济效益好就代表了知识成果经过创造、开发后取得了较大的经济效益，对知识产权特色小镇的经济发展贡献了一分力量。

对知识成果的保护涉及诸多方面，包括政府方面、市场方面和企业方面等。第一，政府方面。首先，完善知识产权保护法的相关法律法规。制定知识产权保护的法律是保护知识成果最有效的途径，让人们有法可依，违法必究，且对于任何形式的知识产权保护行为都应在合法的基础之上进行，因此政府应结合小镇知识产权保护现状和中国国情、遵循国际惯例，采取先探索后试验的方法，逐步完善法规体系。一是推出改革试点，可以围绕知识产权的归属及利益分享制度进行改革，改革试点的推出必定会为今后完善知识产权法律积累经验；二是强化执法措施和手段，目前国家对于侵权产品的相关处理手段与行政执法的有关规定还需进一步完善，这就需要相关机构加快启动现有的知识产权法律法规修订工作；三是将知识产权法典统一化，现有的知识产权法律较为分散，较难整理，缺乏统一性，且对执行知识产权相关法规时有一定的影响，为解决这一问题，应适时启动统一的知识产权法典制定工作，形成统一完整的知识产权法；四是对知识产权滥用行为的相关法律法规进行修订和完善，加强反垄断执法建设，健全反垄断监管机制。其次，要加强行政执法能力。加强小镇行政执法能力能够有效增强知识产权的保护力度，这要从两方面入手：其一是完善行政执法体系，完善行政执法体系是提升执法能力最直接也是最有效的方法，目前通过行政执法来应对知识产权保护问题的过程中，存在着许多不足之处，例如重复执法、各类知识产权分头管理等复杂现象，且这些现象较为普遍，严重影响执法效率，为了使得知识产权特色小镇的集中管理制度可以解决这一现象，当地政府应当着力构建标准统一化的集中管理体系，确保行政执法在知识产权特色小镇中的高效率完成。其二是促进知识产权行政执法机制的不断完善，这是由于在具备完善的行政执法体系之后没有切实落实执行力的有效机制也是行不通的，具体的完善方案可以从以下两个方面进行，一方面，要大幅度提升人员的投入以及执法措施的丰富程度，针对知识产权特色小镇实际情况制定切实可行的执法机制，以此为依托促进执法手段的不断丰富，细化执法机制。对智力成果的保护来说，具有强有力的执法机制和执法手段还远远不够，还应大幅度提高执法水平与效率，全方位地完善知识产权行政执法机制。另一方面，涉外知识产权也是对智力成果进行知识产权保护的过程中一项不可分割的一部分，基于这样的现实情况应当向海关及时提出关于涉外知识产权保护的相关需求，进一步完善涉外知识产权保护机制，做到智力成果的全方位保护。第二，市场方面。市场是知识成果转化为经济发展的场所，因此知识产权交易市场应该被视为知识产权特色小镇市场发展中一项重要内容。建设符合知识产权特色小镇实际情况的知识产权交易市场服务平台体系，规范知识产权交易市场服务，完善知识产权交易市场的配套服务机制等。第三，企业方面。企业是知识产出的摇篮，是知识成果保护的第一道防线。企业要与内部人员一起学习知识产权保护法律法规，增强知识成果的保护意识。

7.2　基于知识产权特色小镇建设的知识产权链条实施路径

7.2.1　知识产权创造水平提升的实施路径

著作、商标和专利均属于技术创新成果，技术创新成果可以转化为知识产权价值从而推动国家发展，促进国家经济快速发展，通过将技术创新成果商品化、市场化、产业化和资本化这一途径就能够将其转化为知识产权价值。因此，提升知识产权创造的水平具有重大的意义。本书通过以下几点对知识产权创造的实施路径进行说明。

第一，激励知识产权特色小镇企业内部的知识产权创造。当地政府可以充分发挥其指导作用，颁发相关激励政策，激励知识产权创造。首先，为了对知识产权的创造进行支持，应该加大相关鼓励政策的出台力度。当地政府的有力推动是提升知识产权创造能力的重要手段，参与国际竞争的外贸企业尤其需要政府的有力推动来提升国际竞争力，其中，资金问题是在知识产权创造中需要面临的一个常见问题，大部分的知识产权创造不仅需要技术支撑更需要资金的辅助，因此为提升知识产权特色小镇的知识产权创造能力，小镇政府可根据实际情况出台相应的政策，给予研发企业专项补贴。其次，可以通过制定知识产权创造的奖励政策，积极实行以增加知识价值为导向的分配政策，包括提高科研人员成果转化收益分享比例，探索对创新人才实行股权、期权、分红等激励措施。最后，为了给企业提供更好的服务，政府还可以给小镇企业的知识产权创造提供保险，鼓励企业进行知识产权创造。

第二，不断完善创新产业人才市场建设，努力培养相关专业人才。小镇知识产权创造归根结底的落脚点应该在人才的培养上，之后知识产权专业人才技术过硬才能从根本上推动知识产权创造的发展。因此，企业在提高自身知识产权创造水平的过程中，一方面要加强知识产权意识，另一方面则是要加大力度培养创新型人才和知识产权人才。目前我国仍严重缺乏知识产权方面的人才，故而培养知识产权专业型人才、完善创新产业人才市场刻不容缓。做好人才培养工作可以从以下几个方面入手：其一，从学历入手，就目前发展情况而言，培养知识产权人才主要通过学历人才培养的方式进行，目前已有 30 多所大学在我国高等教育中开设知识产权这一专业，可以进行知识产权管理研究生培养的大学有 50 多所，开展的知识产权研究方向大多是法律方向，很难满足现实需要，因此我国应探索培养符合社会需要的知识产权学历人才的新模式来解决这一问题。对小镇而言，可以借助知识产权特色小镇的独特优势，吸引高端人才进入小镇后，集中进行知识产权统筹工作，使知识产权相关人才可以在实践过程中不断学习新的知识，提升专业素养，有助于创建具有小镇特色的创新产业人才市场。其二，从培训的形式入手。要想培养出知识产权专业型人才，则需要明确培训知识产权人才的重要意义，同时，作为一门新兴学科，知识产权的发展速度是惊人的，应该持续保持对知识产权的学习，以维持知识产权创新力，与此同时，弥补目前以大课或讲授的培训形式的不足，开展形式多样的知识产权培训，全方面地培养知识产权专业人才，不断提升知识产权人才核心竞争力。其三，将知识产权相关知识纳入职称考试，推行知识产权特色小镇专利工程师考试，从而提升知识产权人才水平，完善创新人才市场建设。知识产权特色小镇的建设发展定位不应局限于知识产权链条与小镇建设本身的发展，对人才政策的完善尤为重要，因此对于知识产权特色小镇而言，应建设完善专利工程师考试考点，切实推动知识产权人才的培养。在未来知识产权特色小镇建设越来越多的情况下，尽可能形成知识产权特色小镇专利工程师的特色考点，进行统筹安排。

第三，建立高效的企业知识产权管理机制。专业性强是知识产权管理的重要特征，因此构建专职负责知识产权管理的机构和人员是非常有必要的。首先，应启用具有知识产权管理经验的人作为管理带头人，带领其他成员共同完善知识产权管理机制，提升管理效率和质量。其次，应制定针对海外知识产权战略的企业管理机制，对于小镇中的外贸企业而言，非外贸企业制定的知识产权战略并不适用，因此海外知识产权战略制定过程中充分考虑企业自身发展的实用价值。最后，企业在制定知识产权管理机制时应对积极响应国家号召，认真学习并贯彻落实相关政策建议，如《企业知识产权管理规范》等。《企业知识产权管理规范》是我国颁发的第一部专门针对企业进行知识产权管理的规范，其目的在于通过规范企业知识产权管理来提升企业的知识产权创造能力，进而促进企业的自身发展，提升我国经济实力。

7.2.2　知识产权运用水平提升的实施路径

知识产权运用是知识产权链条中的第二环节，提升知识产权运用水平能够有效促进企业知识产权的创造。提升知识产权特色小镇的知识产权运用能力主要依靠政府、企业和社会三方面的共同作用来实现，政府引导、企业创新和社会参与的三方联动格局是提升知识产权运用水平、增强企业市场竞争力的重要途径。

第一，政府层面。其一，加强立法，加强立法是政府独有的作用，因此要善于把握且合理运用这一作用，完善关于知识产权成果转化运用方面的法律法规和实施细则，为提升小镇知识产权运用能力提供保障与支持，同时，将科技成果转化的程序更加明确化，创新知识产权管理机制，对各种知识产权侵权行为进行严厉的惩罚，优化知识产权市场风气，对于小镇中的外贸企业则应优化企业海外战略和海外知识产权预警体系，且为了预防及解决与其他国家的专利冲突，应加强海外知识产权维权援助，设立相应的缓解机制。其二，要营造良好的外部环境。首先是良好的资金环境，良好的资金环境主要通过政府制定一系列的财政政策来营造，如货币政策和政府补贴政策等，这些财政政策能够有效帮助正在进行创新尝试的企业缓解资金问题，并且能够激励小镇企业进行知识产权创造，加快专利产生进度，促进小镇知识产权建设，与此同时，良好的资金环境还能促进知识产权的转化与运用，从而提升小镇企业知识产权的运用能力。其次是良好的市场环境，一个良好的市场环境是需要市场机制来创造和维护的，因此，政府可通过对市场机制进行创新型改革来提升知识产权运用的水平。最后是投入力度，加大对小镇企业科技创新的投入力度能有效激发知识产权创造，提升专利数量与质量，从而使得知识产权成果可以受到积极的引导，进而获得有效转化，依托这样的良性发展态势，小镇知识产权的运用水平将在很大程度上得到提升，如知识产权质押融资，具体可以通过其对应业务、服务水平和风险管理机制三个方面进行完善。其三，科学合理地建设知识产权信息及中介平台。提升小镇的知识产权运用水平需要有效的现实载体供其依托，这就体现了知识产权信息平台和知识产权交易平台的桥梁作用，营造良好的知识产权市场环境，其中知识产权信息平台可以为企业制定知识产权创造战略提供信息支持，使专利信息能够及时传达以便于企业充分利用专利信息进行科学合理的知识产权创造和知识产权战略部署。而知识产权的中介机构可以在知识产权交易双方中间构建桥梁，为双方提供即时信息，依托这样的平台可以使知识产权在进行商业化的过程可以顺利进行。因此，提升知识产权运用水平的有效实施路径之一是加快知识产权信息平台和知识产权中介机构的建设。

第二，企业层面。一是推进企业进行自主创新，主要是技术创新，企业在进行自主创新的过程中，需要企业相关研发部门进行技术创新，进而推进知识产权创造，在自主创新之前，企业必须对其自身的专业技术领域、专利信息有充分的了解及全面的分析，才能进行自主创新，开发企业的核心技术，这样才能保障知识产权成果的质量，让小镇企业拥有一批具有自主知识产权的产品和技术，质量得到了保障，企业才能得到长足发展，使得知识产权创造过程中所得到的智力成果进行转化的顺利进行，进而使得企业可以在知识产权市场中实现自己应有的价值。二是加强知识产权转化，提升小镇知识产权运用水平的关键一步就是要加强企业知识产权的转化，对于企业而言，知识产权的转化往往是通过知识产权信息平台和中介机构向企业传递专利信息来实现的，知识产权信息平台的建设越完善，知识产权的转化越高效，因此，小镇企业应充分利用信息平台资源，获取及时的专利信息，并将有效的专利信息传递给供需双方，完成供需双方的信息对接，为知识产权成果的市场化提供有效助力，从而提升知识产权运用水平。三是管理能力的不断提升，特别是在知识产权管理方面，企业应加强对知识产权创造、运用和保护方面的管理，同时知识产权的有效保护也在很大程度上依赖于知识产权管理能力的提升，因此这项能力对每个企业的发展都起到很大的促进作用，企业应充分重视自身知识产权管理能力，完善相关管理规定，努力提升管理质量和效率，从而提升知识产权成果保护能力，进而对知识产权成果的有效转化提供保障，知识产权的运用水平也相应得到提升。对于知识产权特色小镇企业而言，若自身没有专业的知识产权管理部门，可以通过中介机构将知识产权事务外包给一些专业机构，如律师事务所、专利事务所等，与此同时还应加大对知识产权人才的培育力度，制定有效的培育计划。四是提升企业自身知识产权保护意识，完善的知识产权保护机制能够保障企业专利成果的完整性，从而提升知识产权运用水平，因此，为了更好地维护企业自身的自主知识产权，企业在知识产权保护措施方面应采取积极的态度来制定有效机制。

第三，社会层面。知识产权专门的服务机构、中介机构以及各类创新机构均在社会层面上对知识产权运用水平具有很强的促进作用，同时在智力成果运用能力方面也有相应的促进作用。首先要准确把握科技园以及创业基地等平台的发展价值，充分开发此类知识产权创造的主要输出平台的价值，不断推动其知识产权能力的进一步发展，与此同时还应提升其知识产权服务质量，不仅能为入驻小镇的企业提供专业化的知识产权指导，还能为其提供高质高效的知识产权服务；同时，在企业进行技术创新活动过程中，知识产权创造平台应充分发挥其桥梁作用，帮助小镇内企业不断进行创造知识产权的活动，在此基础上不断推动小镇企业智力成果转化的高效进行，进而不断推动知识产权运用能力在小镇内得到显著提升。其次是注重知识产权文化氛围的培育。培育知识产权文化氛围需要凝聚社会各界的力量，目前已有多所高等院校开设知识产权相关课程，也出现了知识产权相关内容的培训机构，因此高等院校与相关的培训机构应完善知识产权的相关课程内容，丰富教学机制，为培育知识产权专业性人才不断努力，努力打造理论与实践能力并存的高素质人才，为国家知识产权发展提供高质人才，为小镇企业带来掌握经济、法律和技术的全方位人才，从而促进小镇经济快速发展；知识产权部门应加强知识产权宣传，提升企业和人民的知识产权保护意识，形成知识产权文化，在全社会形成尊重和保护知识产权的良好氛围。

7.2.3 知识产权保护的实施路径

在知识产权链条中，知识产权保护具有举足轻重的地位，知识产权保护不仅是提升小镇知识产权发展、经济效益提升的重要途径，更是对知识产权拥有者的责任，让其智力成果得到有效的保护，进而促进更多的企业和专业人才进行知识产权创造活动，提升智力成果数量与质量，促进小镇经济发展，为小镇知识产权发展制造了一个良性的发展链。对于知识产权特色小镇而言，知识产权便是小镇的核心特点，从中心要素及周边要素两方面打造知识产权链条。不论是大到国家，还是小到城镇，知识产权保护都是经济发展的重要影响因素，小镇的经济要想得到长足发展，知识产权保护就是小镇发展的首要任务，因此，知识产权保护显得尤为重要。具体规划路径包括以下几个方面：

第一，明确区域知识产权发展问题。发展知识产权特色小镇经济，不能盲目地发展，不能完全以国家发展层面或其他特色小镇的发展模式来看待知识产权特色小镇的发展，虽然近几年随着我国国际地位不断提升，知识产权发展取得了不错的成绩，知识产权的保护工作也达到了不错的效果，但我国在知识产权保护方面还存在着很大的改进空间，知识产权特色小镇在制定发展战略时，应做好全方位的调研工作，客观地看待我国知识产权发展问题，对适合小镇自身特色发展的方法应积极借鉴采纳，其实，我国在知识产权保护方面还存在着一系列待解决问题，如举证难、周期长、成本高、赔偿低、效果差等实际问题，且实际的知识产权保护效果并不符合社会期待的结果，这说明相关的保护法律还需要进一步完善来满足知识产权保护的现实需要，需要我们加大工作力度，深入分析目前遇到的实际问题，对问题进行分类，对较为突出和相对棘手的问题先重点解决，再逐个击破，这样既能提高知识产权保护质量，又能提升知识产权保护效率。此外，提升企业和个人的知识产权保护意识是十分重要的，目前由于人民的知识产权保护意识不够强，进而让侵权行为频繁出现，因此，应加强知识产权舆论宣传，让每个人都对知识产权有一定的了解，提升人民的知识产权保护意识，为知识产权的创造和发展提供一个良好环境。知识产权特色小镇的建立是解决我国目前存在的知识产权维权问题的一条重要途径，借助其集中的知识产权服务条件，可以以点带面地解决小镇中存在的深层次矛盾，但这种矛盾在不同的知识产权特色小镇就有不同的表现形式，这是由于知识产权特色小镇的区域局限性，各知识产权特色小镇所在区域存在的知识产权保护深层次矛盾又有所差异，这就需要知识产权特色小镇在发展建设中科学认识所在地区的知识产权维权问题，只有在正确认识知识产权特色小镇所在地区突出问题的情况下，才能准确地制订解决方案，解决知识产权保护的关键问题，提高知识产权的保护效果。在明确区域知识产权发展问题之后，需要根据不同的发展情况作出适合的知识产权保护方案，打造一支政治素质高、业务能力强的专业化保护队伍，从而进一步提升知识产权的保护效果。

第二，建设高效服务平台，对知识产权进行保护。每个特色小镇都有其独特的优势，因此，在其发展过程中，要充分发挥小镇的特色功能，知识产权特色小镇亦是如此，要发挥知识产权特色小镇独特优势，借助服务平台对小镇知识产权保护进行统筹管理，不仅是保护企业知识产权的主体利益，更应对小镇创新资源进行保护，形成一个完善的知识产权特色小镇创新资源保护系统，从而优化知识产权特色小镇创新功能布局。首先，应搭建知识产权特色小镇产业发展知识产权信息共享平台，建立专利应急、保护和预警机制，通过追踪产业主要龙头企业、国际先进专利技术、布局模式动向，分析可能对小镇产业发展带来的影响，及时预告和预警。建设小镇传统知识、文化遗产和民间文艺资料数据库，加强传统知识、文化遗产和民间文艺的知识产权保护。其次，要重点规划知识产权保护服务体制，深化专利保护专项行动，加强对知识产权交易市场的监督工作，保障知识产权交易的顺利进行，为知识产权转化提供一个安全的环境，充分发挥小镇知识产权整合优势，与小镇周边区域开展知识产权保护协作，从而以知识产权特色小镇为中心，带动整个区域的知识产权行政保护与司法保护的有机衔接。再次，小镇应不断提升知识产权维权援助服务能力。知识产权维权援助服务平台主要包括知识产权维权援助中心服务热线和微信公众服务平台，因此小镇应重点加强对这两个平台的建设，保持维权援助中心服务热线的及时性和流畅性，加大微信公众服务平台的推广力度，打造知识产权特色小镇知识产权保护服务品牌形象，吸收周边区域的维权需求，形成具有知识产权特色小镇特色的高效知识产权维权援助平台。最后，推进区域知识产权保护一体化，在知识产权特色小镇所在区域内，以知识产权特色小镇为中心联合其周边地区知识产权相关部门制订协同工作方案，明确知识产权特色小镇所在区域内知识产权行政执法领域协作规则和操作办法，在知识产权特色小镇带动下，可采用跨区域协同办案的方式，建立新的合作机制，致力于将专利行政执法建设成为更高效、更顺畅的执法体系，共同维护小镇知识产权成果安全，使区域知识产权保护一体化，促进产业知识产权保护高端服务区域共享。

第三，提升知识产权保护体制依法程度。提升知识产权保护体制的依法程度是更进一步地提升了对知识产权的保护力度。提升知识产权保护体制依法程度可以从以下几个方面实施：一是改革和完善传统的评价机制，知识产权评价机制也叫科技成果评价机制，是评价科技成果质量和水平的一种方法，完善评价机制就能够更精确地对科技成果做出评价，对每一个科技成果的质量进行严格把关，给企业和智力成果创造者营造一个公平公正的环境，不仅能够保证科技成果的质量，又能激励企业和专业人才进行知识产权创造，提高对知识产权成果的保护力度。二是要提高政府对知识产权保护的重视程度，保护知识产权成果的大部分途径都需要政府的大力支持才能够顺利进行，达到预期的效果。政府的作用是十分强大的，有了政府的大力支持，保护知识产权的工作必然会取得不错的成绩，若政府能够大幅度地提升对知识产权保护的重视程度，相关部门制定相关政策的水平也会相应提升，进而进一步完善了专利保护政策和知识产权保护法，那么对于一些由知识产权保护法不完善而引发的知识产权纠纷也会随之减少。三是强化执法力度。不仅是在知识产权保护方面，强化执法力度在任何领域任何方面都是一个重要保障，要严格执法，更要加大执法力度，使知识产权法发挥应有的效力。虽然知识产权保护已被国家重视，知识产权保护法也已出台并在不断完善，但知识产权侵权的案件还是时有发生，这主要是由于执法力度不够或者公民、企业的知识产权保护意识不够引起的，这不仅对企业技术创新产生了影响，更阻碍了我国知识经济的发展和先进技术的引进，因此小镇应加大知识产权保护的执法力度，严厉打击侵权行为，让智力成果得到充分的法律保护。四是要加大资金方面的支持，加大资金支持力度，一方面可以激励知识产权专业人才或企业进行知识产权创造，另一方面还能加大对知识产权成果的保护力度，因为在知识产权转化过程中，一些知识产权成果投放市场的时间较长，需要一定的资金支持，若是在这个阶段给予相应的资金支持，那么知识产权成果就有更大的机会进行知识产权转化，因此知识产权特色小镇可以设立相关的知识产权保护支持资金，对符合条件的项目给予资金支持。

第四，构建知识产权平等保护体系。应进一步强化法治在产权保护中的核心作用。法律是国家发展的重要武器，对于知识产权特色小镇而言，产权保护为其服务对象的劳动成果和智力成果提供了安全的保障，从而带动知识产权特色小镇所在地区社会成员的基本利益得到了尊重和有效的保障。知识产权特色小镇作为先进的知识产权服务载体，需要有效的法律体系与区域政策以增强市场交易主体的安全感和获得感，促进区域经济发展，将知识产权保护法治化提高到国家战略层面，从而为知识产权特色小镇实施知识产权平等保护提供动力。

7.3　知识产权链条建设与知识产权特色小镇协同的实施路径

7.3.1　知识产权特色小镇知识产权创造与小镇创新产业聚集协同的实施路径

在对知识产权链条和知识产权特色小镇的维度划分、研究假设、实证分析和案例验证的基础上，对知识产权链条与知识产权特色小镇协同的发展现状和影响因素进行认真合理的分析，结合研究结果，从知识产权创造和知识产权特色小镇创新产业聚集两个维度出发，以劳动力水平、生产成本、创新型企业三个中介变量为路径节点，构建出知识产权创造与知识产权特色小镇创新产业聚集协同的路径图，如图 7-1 所示。

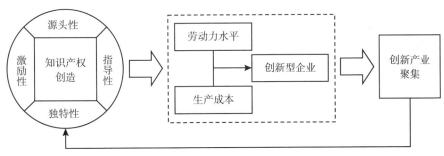

图 7-1　知识产权创造与知识产权特色小镇创新产业聚集协同路径图

根据图 7-1 所构建的知识产权创造与知识产权特色小镇创新产业聚集协同的路径图，实现知识产权创造与知识产权特色小镇创新产业聚集协同可以从五条路径出发：

以提升小镇知识产权创造水平为目的进一步促进其知识产权创造服务体系的发展是实现知识产权创造与知识产权特色小镇创新产业聚集协同的第一条路径。以知识产权创造的组成结构和层次为出发点，深入探讨促进其服务体系发展的实施路径，具体从四个方面着手：一是知识产权创造主体的知识产权源头性，把握知识产权创造在知识产权链条中的源头作用，正确认识其在创新发展中的重要性，对知识产权源头企业进行重点服务，构建以知识产权发展源头为重点导向的知识产权创造服务体系，设立专门的服务部门，为知识产权源头企业提供优质的服务，在其进行知识产权创造时营造一个良好的创造环境，提升知识产权成果产出效率。二是充分利用知识产权创造服务体系对知识产权创造主体的激励作用，由于溢出效应将引起知识产权特色小镇在发展过程中出现技术创新活动减少的问题，因此应在知识产权创造服务体系中加入相应的激励政策，可以提供相应的资金支持和有力的制度保障，明确知识产权人对其成果的所有权，从而提高人们对技术创新投入的积极性。三是充分把握和发挥知识产权创造服务体系对知识产权创造的指导作用，注重量与质的结合。知识产权成果的数量并不能完全代表小镇的知识产权创造水平，知识产权成果数量和质量都得到相应的提升才能够反映出小镇的知识产权创造水平的提高，因此小镇更应注重知识产权创造质量的提升，从而真正带动区域技术创新，促进知识产权特色小镇创新经济发展，因此构建知识产权创造服务体系的作用便更加重要，知识产权创造服务体系的建设应包括在知识产权特色小镇定期举行知识产权创造动员讲座，引导小镇企业或个人将工作重点放在知识产权创造质量的提升上，同时可以通过对某一领域技术创新的奖励政策来促进知识产权创造。四是把握知识产权创造的独特性，即知识产权创造的创新性，应深刻认识知识产权创造是知识产权特色小镇的创新主体，而知识产权创造的主体是小镇中的创新型企业，把握知识产权创造服务体系对知识产权独特性的服务就是把握知识产权对区域创新的发展，特别是在我国深入实施创新驱动发展战略以来，知识产权已成为创新驱动的基础保障和创新创业的重要支撑。因此，小镇应时刻围绕知识产权创造所具有的独特性来开展其知识产权创造服务体系的构建。

通过发展知识产权创造服务体系对知识产权特色小镇产业发展中的劳动力水平进行控制是实现知识产权创造与知识产权特色小镇创新产业聚集协同的第二条路径。从知识产权创造的层次和组成结构出发，通过对知识产权创造的源头性、激励性、指导性和独特性进行规范引导来提高知识产权特色小镇劳动力的综合水平，从而达到为知识产权特色小镇的创新型产业发展提供动力的目的。在源头性方面，知识产权创造的专业人才就是知识产权特色小镇劳动力的源头，把握知识产权的源头性，在知识产权创造服务体系中应设立专门的人才培养与引进部门，负责引进知识产权专业人才和创新型人才，同时对知识产权特色小镇内相关从业人员进行培训，提升知识产权特色小镇劳动力水平；在激励性方面，把握知识产权创造的激励性，对于知识产权特色小镇劳动力而言，就是激励劳动力充分发挥其创新动力，为知识产权特色小镇专业人员设置奖项，鼓励创造知识产权的知识产权人提升技术创新能力，生产更高质量的智力成果，在提升小镇知识产权创造水平的同时，提升劳动力水平。在指导性方面，把握知识产权创造的指导性，对于知识产权特色小镇劳动力而言，就是对劳动力的生产创造进行正确的引导，通过建立完善的知识产权创造服务体系，结合源头性及激励性，在小镇形成以创造高质量知识产权为导向的创新环境，引导知识产权特色小镇劳动力以生产高质量知识产权为目标，提升自身能力，同时吸引更多专业人才进入小镇，提升知识产权创造水平的同时，促进劳动力水平的提升。在独特性方面，保障知识产权的创新可以不断促进知识产权特色小镇劳动力专业化，准确把握知识产权创造所具有的独特性帮助知识产权特色小镇对劳动力进行系统管理，便于采取相应的政策提升劳动力水平。

通过促进知识产权创造带动知识产权特色小镇创新型企业生产成本的降低是实现知识产权创造与知识产权特色小镇创新产业聚集协同的第三条路径。充分发挥在打通知识产权链条一站式服务的知识产权创造服务体系的优势，随着知识产权创造服务体系不断完善，在良好的知识产权创造环境下，知识产权特色小镇的知识产权创造水平将不断提升，从而产生更多高质量的智力成果，带动区域技术进步与创新发展。而技术进步与创新发展又是降低企业生产成本的一项重要内容，知识产权创造水平的提升，可以对生产上一些高耗能、低效率、污染重的落后设备进行有计划的淘汰，同时引进相应的低耗能、高效率、无污染的设备，同时知识产权创造水平的提升代表更高质量的知识产权产出，在一定程度上有助于小镇投入更加实用的高新科技，利用高新科技生产出优质产品，降低生产成本。

通过对劳动力水平以及生产成本进行管理来增强知识产权特色小镇创新型企业的发展潜力是实现知识产权创造与知识产权特色小镇创新产业聚集协同的第四条路径。劳动力水平的提升从劳动力数量与劳动力质量两个方面进行。劳动力数量的提升代表更多专业人才进入知识产权特色小镇，虽然目前在全国范围内的人口红利不断降低，但是由于知识产权特色小镇的区域局限性，吸收其他区域人才进入小镇对于创新型企业本身来讲，可以不断为创新型企业提供人才支撑，也可以为知识产权创造服务体系提供不断的人力支撑；劳动力质量的提升代表知识产权特色小镇劳动力开始向专业化人才的方向发展，借助知识产权创造服务体系对劳动力的引导、激励与培养，对小镇相关从业人员进行专业化培训，使知识产权特色小镇劳动力质量不断提升，促进知识产权创新型企业员工不断提升专业素养。此外，生产成本是企业运营需要考虑的重要因素，如何降低生产成本和对生产成本进行合理控制是企业要追求的目标，也是企业生存和发展的重要保障，企业应把成本控制贯穿到整个经营管理的全过程，以此来提高经济效益。

通过对创新型企业的管理来促进知识产权创新产业聚集的形成是实现知识产权创造与知识产权特色小镇创新产业聚集协同的第五条路径。创新型企业发展所带动的区域发展以及吸引更多企业入驻小镇对形成创新产业聚集具有驱动作用，一方面小镇原有的创新型企业不断发展壮大配合合理的布局规划，对现有创新产业的发展具有促进作用，同时创新型企业的良好发展环境吸引更多企业入驻小镇，对创新产业聚集具有促进作用；另一方面创新产业聚集的形成和不断完善也对知识产权特色小镇的知识产权创造发展有着根本的推动作用。对于知识产权特色小镇创新产业聚集的形成应把握以下几点：一是重视小镇创新产业的创新能力，采取相应手段，提高企业的知识产权创造水平，积极培育创新产业聚集，鼓励创新型企业带动创新产业在小镇内集群式发展，从而提高知识产权特色小镇创新产业聚集水平，进而带动周边区域提升地区技术创新能力。二是防止区域间技术创新能力的差距进一步扩大，在知识产权特色小镇以自身优势为基础，培育具有区域特色和竞争力的创新型产业，同时也应适当向周边区域辐射输送科技人员及成果，帮助周边区域共同发展，充分发挥人才和资金对技术创新的推动作用，将知识产权特色小镇建设成区域创新发展的重要枢纽，带动整个地区的可持续发展，形成以点带面的发展模式，最终再与其他地区知识产权特色小镇形成联动，从而促进全国范围内的技术进步与创新发展。

7.3.2 知识产权特色小镇知识产权运用与小镇创新功能开发协同的实施路径

在对知识产权链条和知识产权特色小镇的维度划分、研究假设、实证分析和案例验证的基础上，对知识产权链条与知识产权特色小镇协同的发展现状和影响因素进行合理分析，结合研究结果，从知识产权运用和知识产权特色小镇创新功能开发两个维度出发，以知识产权交易市场的发展、智力成果高效运用、小镇创新经济增长、小镇创新环境四个中介变量为路径节点，构建出知识产权运用与知识产权特色小镇创新功能开发协同的路径图，如图 7 - 2 所示。

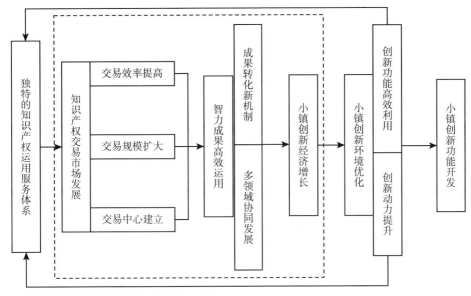

图 7 - 2　知识产权特色小镇知识产权运用与创新功能开发协同路径图

根据图 7 - 2 所构建的知识产权特色小镇知识产权运用与创新功能开发协同路径图，结合其发展现状，实现知识产权运用与知识产权特色小镇创新功能开发协同可以从四条路径出发：

合理的知识产权运用服务体系的构建是实现知识产权运用与知识产权特色小镇创新功能开发协同发展的第一条路径。在知识产权链条中，知识产权运用处于核心地位，因此，提升知识产权运用水平是建设知识产权链条十分重要的一环，只有通过对知识产权的合理高效运用，才是对知识产权创造进行最大化效用的处理。基于知识产权特色小镇的特殊规划模式，完善知识产权运用服务体系是提升小镇知识产权运用水平的重要途径，对知识产权特色小镇的知识产权运用服务体系进行合理的布局首先要与知识产权链条中其他环节相结合，合力完善基于小镇现实情况和发展状况的知识产权运用服务体系；其次在运行知识产权运用服务体系时应综合考虑不同类型知识产权的特殊性，将解决知识产权深层次矛盾与突出问题融合在知识产权运用服务体系的实施过程中，从重要的突出问题出发，重点解决知识产权转化难的问题，为知识产权特色小镇的创新经济发展提供动力。构建具有小镇特色的知识产权运用服务体系，可以有效促进知识产权的运用在效益方面逐渐脱离单一效益，开始形成综合效益。知识产权小镇可通过"四位一体"的理念来建设知识产权运用服务体系，不仅对知识产权的运用有强化作用，对知识产权的转化也有很好的促进作用，其中"四位一体"指的是平台、机构、资本和产业。

知识产权运用和知识产权交易市场的协同是实现知识产权运用与知识产权特色小镇创新功能开发协同的第二条路径。知识产权运用服务体系的完善与建设可以促进知识产权交易市场稳定发展，有效降低知识产权的交易成本。在知识产权交易市场不断完善以及市场环境不断优化的情况下，小镇的知识产权交易效率逐渐提高，交易规模逐渐扩大，同时，随着知识产权交易的主要载体——"知识产权交易中心"在知识产权特色小镇建成，配合合理完善的知识产权运用服务体系，交易中心得以稳定运作，为知识产权特色小镇的知识产权转化提供场所，为知识产权交易市场的管理提供保障。

在知识产权交易市场发展下小镇智力成果的高效运用是实现知识产权运用与知识产权特色小镇创新功能开发协同的第三条路径。在知识产权特色小镇中，知识产权交易环境的逐渐优化很大程度上取决于知识产权交易市场的不断发展，而知识产权交易环境的优化让交易市场中的主要产品——智力成果的运用效率在知识产权交易市场的发展过程中，将得到很大提升，基于知识产权特色小镇的特殊性，在小镇所实施的知识产权运用服务体系具有高效整合的能力，这就为知识产权特色小镇的智力成果转化提供了新的机制，为知识产权特色小镇智力成果的转化效率提升提供了帮助。在新机制中，依托知识产权全链条打通的服务，智力成果权利人在知识产权特色小镇不仅可以享受知识产权保护服务，还可以享受知识产权创造服务，为知识产权运用提供保障。此外，由于小镇的知识产权服务高度集中，智力成果权利人在小镇进行知识产权运用转化过程中所遇到的问题可以在小镇得到统一处理，避免多地办理的低效率。在知识产权特色小镇进行高效率的智力成果运用时，应注意协调各领域知识产权共同发展，知识产权特色小镇完善的知识产权交易市场为此提供基础，综合专利、商标、版权等多领域知识产权的运用，做到每个领域的知识产权运用服务都相对完善，形成多领域协同发展。

在知识产权交易市场发展与智力成果高效运用带动下知识产权特色小镇创新经济增长是实现知识产权运用与知识产权特色小镇创新功能开发协同的第四条路径。创新经济是时代发展催生的产物，一条路径是由传统经济通过业态融合而产生，另一条路径是通过新型知识产权成果引领催生的一些新型产业活动，其中，新型知识产权指的是一些新发明、新知识等，新型产业活动则包括知识产权密集型产业、高新技术产业等，这都是我国常见的新兴产业类型。随着创新经济的不断发展，一些新的经济现象应运而生，这是我们所不了解的新型产物，因此我们要对这些经济现象进行研究分析，挖掘并掌握新的经济规律。从这个意义上说，适应创新经济带来的影响和变化是推动创新经济发展的关键，而适应创新经济的方法就是不断加深对创新经济的研究和分析，挖掘出隐藏在创新经济之下的新型产业发展规律和经济规律，更好地服务于中国经济的发展，从而引领世界经济的发展趋势。

7.3.3　知识产权特色小镇知识产权保护与小镇智力成果经济效益协同的实施路径

在对知识产权链条和知识产权特色小镇的维度划分、研究假设、实证分析和案例验证的基础上，对知识产权链条与知识产权特色小镇协同的发展现状和影响因素进行合理分析，结合研究结果，从知识产权保护和知识产权特色小镇智力成果经济效益两个维度出发，以创新资源保护系统、知识产权保护体制建设、小镇创新功能布局三个中介变量为路径节点，构建出知识产权保护与知识产权特色小镇智力成果经济效益协同的路径图，如图7－3所示。

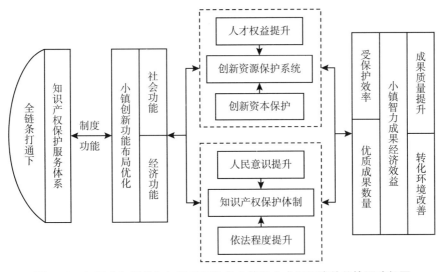

图7－3　知识产权保护与知识产权特色小镇智力成果经济效益协同路径图

知识产权全链条打通式服务在知识产权保护中更容易实现，在知识产权特色小镇全链条打通式服务的基础上，小镇应充分利用这一优势，在知识产权保护服务体系的基础上，构建特色知识产权保护服务体制，强化知识产权保护能力，带动知识产权特色小镇创新功能布局优化，从而形成知识产权特色小镇创新资源保护系统以及完善的知识产权保护体制，进而影响知识产权特色小镇智力成果经济效益的相关因素，根据图7-3所构建的知识产权保护与知识产权特色小镇智力成果经济效益协同的路径图，实现知识产权保护与小镇智力成果经济效益协同可以通过知识产权保护服务体系的构建、创新功能布局优化、创新资源保护系统建设以及知识产权保护体制完善四条建设路径出发，最终与包括智力成果受保护效率、优质成果数量、智力成果质量、智力成果转化环境四个知识产权特色小镇智力成果经济效益相关因素相互作用。

小镇知识产权保护服务体系在知识产权全链条打通式服务下的高效发展是实现知识产权保护与知识产权特色小镇智力成果经济效益协同的第一条路径。依托知识产权特色小镇的优势，打通知识产权全链条式服务，结合小镇特色构建知识产权保护服务体系，并根据小镇的发展情况不断对其进行改进和完善，建立知识产权保护服务平台，可以更好地为知识产权创造与运用保驾护航，同时还对知识产权特色小镇智力成果经济效益起到维护作用，从而推动知识产权特色小镇智力成果经济效益增长。智力成果经济效益的增长又可以通过对知识产权保护的更大需求继续刺激知识产权特色小镇知识产权保护水平的稳定提升，形成良性循环。在建设小镇知识产权服务体系时，要抓住重点，对重点问题进行深入研究并找寻解决方案，知识产权保护平台是保护知识产权成果的重要途径，因此要充分重视知识产权保护平台的建设，为知识产权特色小镇知识产权人维权提供持续发展的宣传载体和工作网络，建立知识产权维权援助中心，同时适当向周边区域设立知识产权工作站，为知识产权人提供知识产权保护建议和对策，满足区域知识产权保护服务需求，进一步完善知识产权保护服务。

通过发展知识产权保护服务体系对知识产权特色小镇发展中的创新功能布局进行管控是实现知识产权保护与知识产权特色小镇智力成果经济效益协同的第二条路径。充分发挥知识产权保护服务体制的制度功能，可以引导知识产权特色小镇创新功能布局趋向合理化。小镇的知识产权保护水平随着知识产权保护的服务体系的不断发展而不断提升，很大程度上帮助了知识产权特色小镇的创新发展。对于知识产权特色小镇而言，其不同于其他类型特色小镇的一大特点就是小镇基于知识产权发展的需求，其发展以创新发展为主导。在小镇知识产权保护水平不断提高的过程中，小镇的功能定位逐渐明晰。随着知识产权交易市场环境的不断优化、智力成果的保护能力不断提升，政府的重视程度不断加深以及人才的不断引进等因素，知识产权特色小镇的生产环境得到进一步优化，持有知识产权的技术创新工作者的根本利益得到有效保障，表明了知识产权特色小镇独特的经济功能得到充分发挥。在知识产权特色小镇创新功能布局的路径实施过程中，应始终把握知识产权特色小镇相较其他地区的特殊性，充分发挥知识产权特色小镇的特色功能，在知识产权保护服务体系方面，加大建设力度，不断完善小镇的知识产权保护体制，与此同时，还应加大知识产权宣传力度，提高全民知识产权保护意识，从而提高知识产权保护效率，以知识产权特色小镇为中心，带动区域创新发展不断深入。

通过合理的创新功能布局，在知识产权保护服务体系不断完善的情况下，建立具有小镇特色的知识产权保护体制是实现知识产权保护与知识产权特色小镇智力成果经济效益协同的第三条路径。基于知识产权特色小镇大部分从业人员均为原住民的实际情况：首先应在小镇范围内进行知识产权保护的教育与普及宣传工作，以提高保护知识产权意识为目标，进一步完善知识产权保护体制，确保知识产权保护相关举措顺利实施。其次在建设知识产权保护体制时，应以知识产权保护服务体系为指导，建立相应的配套法律服务机构，帮助知识产权保护体制在小镇中顺利实施，便于知识产权保护工作的开展，同时，还应加强知识产权保护的依法程度和执法力度，做到有法可依、有法必依。知识产权特色小镇智力成果受到保护的效率与知识产权保护体制的完善有相互依存、相互作用的关系，小镇知识产权保护体制不断完善，智力成果受到保护的效率也随之提高，从而催生出更多优质的智力成果，进而又促进小镇知识产权保护机制的完善，形成了一个良性循坏，而知识产权成果质量在这一循环中也不断得到提升，同时知识产权转化环境也能得到进一步优化，从而促进知识产权特色小镇智力成果经济效益的提升。

通过知识产权保护服务体系带动创新功能布局优化，从而建立具有小镇特色的创新资源保护系统是实现知识产权保护与知识产权特色小镇智力成果经济效益协同的第四条路径。知识产权特色小镇创新资源保护系统可以分为对于人力资源的保护以及对于创新资本的保护，两者协调统一形成知识产权特色小镇创新资源保护系统，为小镇的知识产权成果权益提供保护基础。小镇人才权益以及创新资本的保障途径是知识产权特色小镇创新功能布局的不断优化，知识产权特色小镇人才权益以及创新资本的保障途径逐渐明晰，这就要求知识产权特色小镇在建设知识产权保护服务体系时，不应只针对知识产权成果进行保护，应该充分贯彻知识产权全链条打通式服务，结合知识产权创造与运用，从知识产权的源头、资源以及成果全方位进行保护。因此完善知识产权保护体制之余，对创新资源保护系统的建设也刻不容缓。知识产权特色小镇建设中应设立专门的知识产权保护服务部门，针对知识产权人才以及创新所需资本进行专门服务，为知识产权人的维权以及咨询提供专门服务，同时监督小镇知识产权创造服务部门对知识产权人激励政策的实施情况。在创新资本方面，应设立专门部门与创新型企业进行对接，为企业创新发展中所需资金以及设备的保护提供政府帮助。结合人才服务与资本服务两方面的要求，形成集人力保护、物力保护以及财力保护的知识产权特色小镇创新资源保护系统，企业在知识产权创造过程中的资源保护水平得到了有效提升，进而促进知识产权智力成果的质量与数量提升以及转化环境的改善，从而促进知识产权特色小镇智力成果经济效益的提升。智力成果经济效益提升又激励创新资源保护系统的深入发展，从而与小镇知识产权保护水平的提升形成良性循环。

第8章

结　论

　　本书以研究知识产权链条与知识产权特色小镇建设的协同创新模式为主要目标。首先，运用文献计量学的方法对本书所研究领域的研究现状进行分析；其次，通过对知识产权链条与知识产权特色小镇进行维度划分构建本书分析框架，然后，对知识产权链条与知识产权特色小镇建设的协同作用关系的演化过程以及内外部影响因素进行分析，进而构建本书的理论模型并提出研究假设；再次，依靠数据分析方法以及结构方程模型，实证检验知识产权链条与知识产权特色小镇建设的协同作用关系，并选择三个知识产权特色小镇作为案例地，运用SPS案例研究方法进行案例验证，综合实证检验以及案例分析的结果，对知识产权链条与知识产权特色小镇的协同作用路径提出对策和策略；最后，对知识产权特色小镇知识产权链条与小镇建设协同的创新模式进行路径规划，并提出实施路径。本书的创新性工作和结论如下：

　　第一，运用文献计量学的原理，采用统计学的分析方法，运用Citespace软件对"知识产权链条""知识产权特色小镇"以及"知识产权链条与知识产权特色小镇建设协同"三个领域的国内外研究文献进行了分析，包括各自领域的发文量分析、国家分析、期刊分析、研究团队分析、重点文献分析以及前沿热点分析，最终得出了这三个领域内相关研究的权威国家、权威期刊以及权威团队等重要信息，为本书在进行研究时选取参考文献提供了指导建议，同时前沿热点分析有助于说明本书研究的前瞻性及科学性。

　　第二，构建了知识产权链条与知识产权特色小镇的分析框架。分析框架由知识产权链条与知识产权特色小镇构成维度的子系统框架和总分析框架构成。对于知识产权链条与知识产权特色小镇构成维度的划分，本书先从知识产权链条的各个环节中的源头环节、关键环节和核心环节三个方面出发，结合习近平总书记在党的十九大报告中提出的加强建设知识产权创造、保护、运用的指导思想，将知识产权链条分为创造、保护、运用三个维度。然后从知识产权特色小镇的产业规划模式、发展目的、建设发展成果三个方面出发，将知识产权特色小镇分为创新功能开发、创新产业聚集和智力成果经济效益三个构成维度。

第三，构建了知识产权链条与知识产权特色小镇协同演化过程的理论模型。首先描述了主动和被动的知识产权链条与知识产权特色小镇协同作用演化过程。认为两种演化过程相辅相成、缺一不可，不具备明显的冲突，反而以相互补充的形式共同作用于知识产权链条与知识产权特色小镇建设的协同演化模型之中。然后，分析了两者之间的协同关系的影响因素，分析的结果表明产业规划、发展模式、创新资源、知识产权服务优势和区域创新是影响知识产权链条与知识产权特色小镇的协同发展的重要内部要素。国家和区域政策、企业发展状况的好坏、技术发展状况以及小镇建设各部门之间的协调程度都是影响知识产权链条与知识产权特色小镇协同的重要外部要素。

第四，构建了结构方程模型实证检验知识产权链条与知识产权特色小镇的协同关系。首先，对量表数据进行了信度和效度检验，检测结果显示通过问卷所收集得到的数据是可用的；其次，构建了知识产权创造对创新产业聚集的作用、知识产权运用对小镇创新功能开发的作用、知识产权保护对小镇智力成果经济效益的作用三组结构方程模型；再次，运用适配度检验结合路径系数分析，估计和检验了各结构方程的初始模型，并根据检验结果调整了初始模型，得到最终的结构方程模型；最后，将路径系数的检验结果与前文提出的研究假设进行对比，得出实证结论。实证结果表明：创新型企业发展、劳动力水平提升、知识产权创造水平提升以及生产成本的降低均对创新产业聚集的发展具有直接显著的正向作用；创新经济发展、知识产权交易市场建设和知识产权运用水平提升对知识产权特色小镇创新功能开发具有显著的正向作用，智力成果运用对创新功能开发具有间接作用；知识产权保护、创新功能布局和知识产权保护体制对智力成果经济效益有着显著的正向作用，创新资源保护系统对智力成果经济效益虽然没有直接作用，但其可以通过作用于创新功能布局对智力成果经济效益产生间接作用。

第五，运用 SPS 案例分析方法对知识产权链条与知识产权特色小镇协同关系进行案例验证。分别将武汉岱家山知识产权特色小镇、天津华明知识产权特色小镇、成都郫都区菁蓉镇作为案例地以确保案例选址的全面性。首先，通过构建出岱家山小镇知识产权创造对创新产业聚集的作用机制、岱家山小镇创新产业聚集对知识产权创造的作用机制以及岱家山小镇创新产业聚集与知识产权创造的协同作用机制验证知识产权创造与小镇创新产业集聚的协同关系；其次，通过构建出华明小镇知识产权运用对创新功能开发的作用机制、华明小镇创新功能开发对知识产权运用的作用机制以及华明小镇知识产权运用与创新功能开发的协同作用机制验证知识产权运用与创新功能开发的协同关系；最后，通过构建出菁蓉镇知识产权保护对智力成果经济效益的作用机制、菁蓉镇智力成果经济效益对知识产权保护的作用机制以及菁蓉镇知识产权保护与智力成果经济效益的协同作用机制验证知识产权保护与智力成果经济效益的协同关系。

第六，构建了知识产权链条与知识产权特色小镇建设协同的规划路径。分别提出了基于知识产权链条打通式服务体系建设的知识产权特色小镇规划路径、基于知识产权特色小镇建设的知识产权链条打通式服务体系规划路径、知识产权链条与知识产权特色小镇协同的规划路径。

第七，构建了知识产权链条与知识产权特色小镇协同的实施路径。首先，根据知识产权特色小镇建设的构成维度，通过创新产业集聚模式的实施路径、创新功能开发的实施路径以及智力成果经济效益提升的实施路径，提出了基于知识产权链条建设的知识产权特色小镇实施路径；其次，根据知识产权链条的构成维度，通过知识产权创造水平提升的实施路径、知识产权运用水平提升的实施路径以及知识产权保护的实施路径，提出了基于知识产权特色小镇建设的知识产权链条实施路径；最后，通过两者构成维度之间的协同作用关系，提出了知识产权链条与知识产权特色小镇协同的实施路径。

限于自身的理论素养和学术水平，本书较为深入地研究了知识产权链条与知识产权特色小镇的协同关系及其模式的实现路径，但是依旧有很多不足，具体还可进一步开展的研究如下：

第一，由于知识产权链条各环节与知识产权特色小镇的建设均与其他形象因素仍有联系，在今后进行两者协同的实现路径创新研究中，可以适度地扩大构成维度，不局限于现有的构成维度进行协同机制研究，例如可以把对知识产权链条整体的把握管理以及知识产权服务本身也纳入考虑范围，为知识产权链条各环节指标的量化限定条件。

第二，由于本书在进行知识产权链条和知识产权特色小镇的研究中始终是与发展现状和特点相适应的，将知识产权链条的构成维度划分为知识产权创造、知识产权运用和知识产权保护三个维度，将知识产权特色小镇分别划分为创新产业聚集模式、创新功能开发和智力成果经济效益三个维度，具有较为明显的目的性，对小镇发展模式的判断存在一定主观偏差。在今后的研究中，可以适度地扩大研究重点的范围，从知识产权特色小镇建设的更多方面进行研究。

第三，由于知识产权特色小镇的建设仍处于起步阶段，最早成立的武汉岱家山知识产权特色小镇也仅有两年的发展历史，因此知识产权特色小镇的建设仍处在不断发展变化的动态环境中，同时我国对于知识产权链条打通服务模式的实践也正处于摸索中前行的阶段。例如本书选取的天津华明小镇，政府出台规划计划由 2018 年开始，至 2020 年结束，虽然本书研究华明小镇时小镇正处于发展上升期，将其作为案例进行研究具有一定科学性，但是在今后的研究中，仍需将重点放在其完成政府规划计划后，再对其整个发展过程进行分析。同时，从长期来看，知识产权特色小镇的实践结果已经表明其巨大的发展潜力，因此在今后的研究中对知识产权特色小镇的研究仍需继续深入，有必要对研究地进行长期观察和展开长期的时间序列数据收集与分析。

附录一　知识产权特色小镇知识产权创造与小镇创新产业聚集协同作用状况调查问卷

亲爱的朋友：

您好！

我是"知识产权特色小镇：知识产权链条与小镇建设协同创新模式研究"课题组的调查员，为了完成相关研究工作，希望您抽出一点时间，以自身的实际经验填写以下内容，您的回答将是本研究的重要依据，敬请您耐心作答，避免错漏。

我郑重向您承诺，本问卷只用于学术研究分析，绝不做他用。问卷不会涉及您的隐私，且获得的全部数据也将绝对保密，敬请安心作答。再次感谢您的支持！请在所选项上打√即可。

（一）被访问者的基本情况

1. 请问您是否是当地原居民：

A. 是　　　　　　　B. 否

2. 请问您属于：

A. 创业者　　　　　B. 从业者　　　　　C. 投资者　　　　　D. 其他

3. 您的年龄：

A. 14 岁及以下　B. 15～24 岁　　C. 25～44 岁　　D. 45 岁及以上

4. 您在本地居住的时间：

A. 5 年及以下　B. 6～10 年　　C. 11～20 年　　D. 21～30 年

E. 31 年及以上

5. 您的职业：

A. 工人　　　　　　B. 普通职员　　　C. 教育工作者　　D. 农民

E. 自由职业者　　F. 管理人员　　G. 律师　　　　H. 学生

I. 服务人员　　　J. 技术人员　　K. 政府工作人员　L. 退休人员

M. 其他

6. 您的家庭人口数：

A. 5 人以上　　　B. 2～5 人　　　C. 单身

7. 您的家庭年收入是：

A. 3000 元以下　B. 3001～5000 元　C. 5001～10000 元　D. 10001～20000 元

E. 20001～30000 元　F. 30001～50000 元　G. 50001 元以上

（二）被访者从事知识产权相关工作的情况

8. 您和您的家庭是否有从事知识产权相关工作的成员：

A. 是　　　　　　B. 否

9. 您和您的家庭成员主要从事的知识产权及创新相关工作：

A. 技术研发　　　B. 企业管理　　　C. 维权服务　　　D. 产业规划

E. 知识产权交易　F. 孵化器　　　　G. 政府相关部门　H. 其他相关工作

10. 您和您的家庭成员是否曾申请过专利、商标或版权等智力成果：

A. 是　　　　　　B. 否

（三）被访者对知识产权特色小镇建设的感知情况

请您根据您的判断进行选择，1 表示最低（最少、最不好、最不满意），2 表示较低（较少、比较不好、比较不满意），3 表示中等（一般、无所谓高也无所谓低），4 表示较高（较多、较好、较为满意），5 表示最高（最多、最好、最满意）。

第一部分：知识产权创造质量状况

序号	测量指标	现在的状态				
		1	2	3	4	5
1	知识产权创造的源头性与创新企业引入状况结合符合创新产业聚集发展的要求程度					
2	知识产权创造的源头性与资源成本状况结合符合创新产业聚集发展的要求程度					
3	知识产权创造的激励性对创新产业生产成本降低符合创新产业聚集发展的要求程度					

续表

序号	测量指标	现在的状态				
		1	2	3	4	5
4	知识产权创造的激励性与劳动力数量规模结合符合创新产业聚集发展的要求程度					
5	知识产权创造的激励性与区域政策结合符合创新产业聚集发展的要求程度					
6	知识产权创造的指导性与引入企业的结合符合创新产业聚集发展的要求程度					
7	知识产权创造的指导性对解决产业链信息不对称符合创新产业聚集发展的要求程度					
8	知识产权创造的独特性与创新企业品牌化结合符合创新产业聚集发展的要求程度					
9	知识产权创造的独特性与专业化技术提升结合符合创新产业聚集发展的要求程度					

第二部分：创新产业聚集状况

序号	测量指标	现在的状态				
		1	2	3	4	5
1	创新型企业产品定位符合创新产业聚集发展的要求程度					
2	创新型企业的企业文化符合创新产业聚集发展的要求程度					
3	创新型企业发展战略符合创新产业聚集发展的要求程度					
4	创新企业生产水平符合创新产业聚集发展的要求程度					
5	创新企业周边经济符合创新产业聚集发展的要求程度					
6	创新企业对经济的拉动作用符合创新产业聚集发展的要求程度					
7	创新企业的品牌策略符合创新产业聚集发展的要求程度					
8	创新企业的产品销售符合创新产业聚集发展的要求程度					
9	创新产业的技术研发符合创新产业聚集发展的要求程度					

第三部分：创新型企业发展状况

序号	测量指标	现在的状态				
		1	2	3	4	5
1	创新型企业产品定位符合创新产业聚集发展的要求程度					
2	创新型企业的企业文化符合创新产业聚集发展的要求程度					
3	创新型企业发展战略符合创新产业聚集发展的要求程度					
4	创新企业生产水平符合创新产业聚集发展的要求程度					
5	创新企业周边经济符合创新产业聚集发展的要求程度					
6	创新企业对经济的拉动作用符合创新产业聚集发展的要求程度					
7	创新企业的品牌策略符合创新产业聚集发展的要求程度					
8	创新企业的产品销售符合创新产业聚集发展的要求程度					
9	创新产业的技术研发符合创新产业聚集发展的要求程度					

第四部分：生产成本状况

序号	测量指标	现在的状态				
		1	2	3	4	5
1	固定资产折旧率符合创新产业聚集发展的要求程度					
2	人力资源成本发展趋势符合创新产业聚集发展的要求程度					
3	生产维持成本节约符合创新产业聚集发展的要求程度					
4	对于创新型企业的政策符合创新产业聚集发展的要求程度					
5	对于劳动力的政策符合创新产业聚集发展的要求程度					
6	对于知道政府工作的政策符合创新产业聚集发展的要求程度					

第五部分：劳动力水平状况

序号	测量指标	现在的状态				
		1	2	3	4	5
1	劳动力市场规模符合创新产业聚集发展的要求程度					
2	劳动力吸引力符合创新产业聚集发展的要求程度					
3	劳动力专业化符合创新产业聚集发展的要求程度					
4	劳动力市场优化符合创新产业聚集发展的要求程度					

附录二 知识产权特色小镇知识产权运用与小镇创新功能开发协同作用状况调查问卷

亲爱的朋友：

您好！

我是"知识产权特色小镇：知识产权链条与小镇建设协同创新模式研究"课题组的调查员，为了完成相关研究工作，希望您抽出一点时间，以自身的实际经验填写以下内容，您的回答将是本研究的重要依据，敬请您耐心作答，避免错漏。

我郑重向您承诺，本问卷只用于学术研究分析，绝不做他用。问卷不会涉及您的隐私，且获得的全部数据也将绝对保密，敬请安心作答。再次感谢您的支持！请在所选项上打√即可。

（一）被访问者的基本情况

1. 请问您是否是当地原居民：

A. 是   B. 否

2. 请问您属于：

A. 创业者   B. 从业者   C. 投资者   D. 其他

3. 您的年龄：

A. 14 岁及以下   B. 15～24 岁   C. 25～44 岁   D. 45 岁及以上

4. 您在本地居住的时间：

A. 5 年以下   B. 6～10 年   C. 11～20 年   D. 21～30 年

E. 31 年以上

5. 您的职业：

A. 工人   B. 职员   C. 教育工作者   D. 农民

E. 自由职业者   F. 管理人员   G. 律师   H. 学生

I. 服务人员   J. 技术人员   K. 政府工作人员   L. 退休人员

M. 其他

6. 您的家庭人口数：

A. 5 人以上   B. 2～5 人   C. 单身

7. 您的家庭年收入是：

A. 3000 元以下   B. 3001～5000 元   C. 5001～10000 元   D. 10001～20000 元

E. 20001～30000 元   F. 30001～50000 元   G. 50001 元以上

（二）被访者从事知识产权相关工作的情况

8. 您和您的家庭是否有从事知识产权相关工作的成员：

A. 是   B. 否

9. 您和您的家庭成员主要从事的知识产权及创新相关工作：

A. 技术研发   B. 企业管理   C. 维权服务   D. 产业规划

E. 知识产权交易   F. 孵化器   G. 政府相关部门   H. 其他相关工作

10. 您和您的家庭成员是否曾申请过专利、商标或版权等智力成果：

A. 是   B. 否

（三）被访者对知识产权特色小镇建设的感知情况

请您根据您的判断进行选择，1 表示最低（最少、最不好、最不满意），2 表示较低（较少、比较不好、比较不满意），3 表示中等（一般、无所谓高也无所谓低），4 表示较高（较多、较好、较为满意），5 表示最高（最多、最好、最满意）。

第一部分：知识产权运用状况

序号	测量指标	现在的状态				
		1	2	3	4	5
1	知识产权运用的目的性符合小镇创新功能开发的要求程度					
2	知识产权的滥用程度造成的社会影响符合小镇创新功能开发的要求程度					
3	知识产权运用对其创造者产生的经济效益符合小镇创新功能开发的要求程度					

续表

序号	测量指标	现在的状态				
		1	2	3	4	5
4	知识产权运用对其使用者产生的经济效益符合小镇创新功能开发的要求程度					
5	知识产权运用产生的社会效益符合小镇创新功能开发发展的要求程度					
6	知识产权运用为小镇企业带来的经济效益符合小镇创新功能开发的要求程度					
7	知识产权运用对提高小镇创新经济符合小镇创新功能开发的要求程度					
8	知识产权运用为社会提供新技术符合小镇创新功能开发的要求程度					
9	知识产权运用带动小镇周边技术进步符合小镇创新功能开发的要求程度					

第二部分：创新功能开发状况

序号	测量指标	现在的状态				
		1	2	3	4	5
1	小镇创新功能利用效率的提高符合小镇创新功能开发的要求程度					
2	小镇创新功能利用稳定符合小镇创新功能开发的要求程度					
3	小镇战略发展方向符合小镇创新功能开发的要求程度					
4	小镇扶持创新政策符合小镇创新功能开发的要求程度					
5	小镇创新动力与智力成果交易符合小镇创新功能开发的要求程度					
6	创新动力提升对于小镇产业规划符合小镇创新功能开发的要求程度					
7	创新经济发展带动创新环境符合小镇创新功能开发的要求程度					
8	创新环境对于改善知识产权交易市场符合小镇创新功能开发的要求程度					
9	创新环境对于智力成果合理运用符合小镇创新功能开发的要求程度					

第三部分：智力成果发展状况

序号	测量指标	现在的状态				
		1	2	3	4	5
1	专利的申请数量符合小镇创新功能开发的要求程度					
2	专利的交易数量符合小镇创新功能开发的要求程度					
3	专利本人或他人运用带来的经济效益符合小镇创新功能开发的要求程度					
4	商标的合理注册数量符合小镇创新功能开发的要求程度					
5	商标本人运用带来的经济效益符合小镇创新功能开发的要求程度					
6	商标他人运用带来的经济效益符合小镇创新功能开发的要求程度					
7	版权运营合理性符合小镇创新功能开发的要求程度					
8	版权保护合理性符合小镇创新功能开发的要求程度					
9	版权运营带来的经济效益符合小镇创新功能开发的要求程度					

第四部分：知识产权交易市场状况

序号	测量指标	现在的状态				
		1	2	3	4	5
1	知识产权交易市场与小镇规划体系结合符合小镇创新功能开发的要求程度					
2	小镇规划体系完善符合小镇创新功能开发的要求程度					
3	小镇规划体系与小镇发展现实需求结合符合小镇创新功能开发的要求程度					
4	知识产权交易成功率提升符合小镇创新功能开发的要求程度					
5	知识产权交易效率对交易市场合理化影响符合小镇创新功能开发的要求程度					
6	交易中心有效运营符合小镇创新功能开发的要求程度					
7	交易中心对知识产权合理利用的影响符合小镇创新功能开发的要求程度					
8	交易中心合理管理制度影响合理运用知识产权符合小镇创新功能开发的要求程度					

序号	测量指标	现在的状态				
		1	2	3	4	5
9	交易规模增大对于促进创新经济增长符合小镇创新功能开发的要求程度					
10	交易规模增大对于完善小镇知识产权运营制度符合小镇创新功能开发的要求程度					
11	交易规模增大对于带动小镇周边技术进步符合小镇创新功能开发的要求程度					

第五部分：创新经济状况

序号	测量指标	现在的状态				
		1	2	3	4	5
1	创新经济发展对于完善小镇创新体系符合小镇创新功能开发的要求程度					
2	创新经济发展对于提高小镇创新效率符合小镇创新功能开发的要求程度					
3	知识产权供给结构改善对于提高智力成果质量符合小镇创新功能开发的要求程度					
4	知识产权供给结构改善促进小镇技术资源整合符合小镇创新功能开发的要求程度					

附录三 知识产权特色小镇知识产权 保护与小镇智力成果经济效益 协同作用状况调查问卷

亲爱的朋友：

您好！

我是"知识产权特色小镇：知识产权链条与小镇建设协同创新模式研究"课题组的调查员，为了完成相关研究工作，希望您抽出一点时间，以自身的实际经验填写以下内容，您的回答将是本研究的重要依据，敬请您耐心作答，避免错漏。

我郑重向您承诺，本问卷只用于学术研究分析，绝不做他用。问卷不会涉及您的隐私，且获得的全部数据也将绝对保密，敬请安心作答。再次感谢您的支持！请在所选项上打√即可。

（一）被访问者的基本情况

1. 请问您是否是当地原居民：

A. 是　　　　　　　B. 否

2. 请问您属于：

A. 创业者　　　　　B. 从业者　　　　　C. 投资者　　　　　D. 其他

3. 您的年龄：

A. 14 岁及以下　　　B. 15 ~ 24 岁　　　C. 25 ~ 44 岁　　　D. 45 岁及以上

4. 您在本地居住的时间：

A. 5 年以下　　　　B. 5 ~ 10 年　　　C. 11 ~ 20 年　　　D. 21 ~ 30 年

E. 31 年以上

5. 您的职业：

A. 工人　　　　　　B. 职员　　　　　C. 教育工作者　　　D. 农民

E. 自由职业者　　　F. 管理人员　　　G. 律师　　　　　H. 学生

I. 服务人员　　　　J. 技术人员　　　K. 政府工作人员　L. 退休人员

M. 其他

6. 您的家庭人口数：

A. 5 人以上　　　　B. 2～5 人　　　　C. 单身

7. 您的家庭年收入是：

A. 3000 元以下　　B. 3001～5000 元　　C. 5001～10000 元　D. 10001～20000 元

E. 20001～30000 元　F. 30001～50000 元　G. 50001 元以上

（二）被访者从事知识产权相关工作的情况

8. 您和您的家庭是否有从事知识产权相关工作的成员：

A. 是　　　　　　　B. 否

9. 您和您的家庭成员主要从事的知识产权及创新相关工作：

A. 技术研发　　　　B. 企业管理　　　C. 维权服务　　　D. 产业规划

E. 知识产权交易　F. 孵化器　　　　　G. 政府相关部门　H. 其他相关工作

10. 您和您的家庭成员是否曾申请过专利、商标或版权等智力成果：

A. 是　　　　　　　B. 否

（三）被访者对知识产权特色小镇建设的感知情况

请您根据您的判断进行选择，1 表示最低（最少、最不好、最不满意），2 表示较低（较少、比较不好、比较不满意），3 表示中等（一般、无所谓高也无所谓低），4 表示较高（较多、较好、较为满意），5 表示最高（最多、最好、最满意）。

第一部分：知识产权保护状况

序号	测量指标	现在的状态				
		1	2	3	4	5
1	知识产权保护对小镇智力成果的影响符合小镇智力成果经济效益的要求程度					
2	知识产权保护对知识产权人的影响符合小镇智力成果经济效益的要求程度					

序号	测量指标	现在的状态				
		1	2	3	4	5
3	知识产权保护对象的明确程度符合小镇智力成果经济效益的要求程度					
4	对优势产业的保护力度符合小镇智力成果经济效益的要求程度					
5	对吸收、创新引进技术企业的保护符合小镇智力成果经济效益发展的要求程度					
6	专利审查范围的合理扩大符合小镇智力成果经济效益的要求程度					
7	智力成果审查的地域限制符合小镇智力成果经济效益的要求程度					
8	知识产权保护对小镇经济发展的制胜作用符合小镇智力成果经济效益的要求程度					
9	知识产权保护对小镇发展的重要性符合小镇智力成果经济效益的要求程度					

第二部分：小镇智力成果经济效益状况

序号	测量指标	现在的状态				
		1	2	3	4	5
1	发明专利受保护效率的提高符合小镇智力成果经济效益的要求程度					
2	商标受保护效率的提高符合小镇智力成果经济效益的要求程度					
3	版权受保护效率的提高符合小镇智力成果经济效益的要求程度					
4	发明专利数量的提升符合小镇智力成果经济效益的要求程度					
5	商标注册数量的提升符合小镇智力成果经济效益的要求程度					
6	版权数量的提升符合小镇智力成果经济效益的要求程度					
7	发明专利质量的提升符合小镇智力成果经济效益的要求程度					
8	新注册商标对应商品质量的提升符合小镇智力成果经济效益的要求程度					
9	正版商品占市场比例的提高符合小镇智力成果经济效益的要求程度					

第三部分：创新资源保护系统发展状况

序号	测量指标	现在的状态				
		1	2	3	4	5
1	知识产权人的权益保护符合小镇智力成果经济效益的要求程度					
2	创新型人才的引进政策符合小镇智力成果经济效益的要求程度					
3	服务知识产权人对智力成果产出的影响符合小镇智力成果经济效益的要求程度					
4	创新企业对投入物力管理模式符合小镇智力成果经济效益的要求程度					
5	政府对物力创新资源的管理模式符合小镇智力成果经济效益的要求程度					
6	创新企业与政府配合程度符合小镇智力成果经济效益的要求程度					
7	政府对创新项目资金投入管理符合小镇智力成果经济效益的要求程度					
8	创新项目资金与知识产权保护结合符合小镇智力成果经济效益的要求程度					
9	创新项目资金的投入规划符合小镇智力成果经济效益的要求程度					

第四部分：知识产权保护体制发展状况

序号	测量指标	现在的状态				
		1	2	3	4	5
1	小镇知识产权保护体制依托国家法律符合小镇智力成果经济效益的要求程度					
2	知识产权保护体制实施依托法律符合小镇智力成果经济效益的要求程度					
3	依法程度与知识产权保护的需求结合符合小镇智力成果经济效益的要求程度					
4	政府相关从业人员保护知识产权意识的提升符合小镇智力成果经济效益的要求程度					
5	企业相关从业人员保护知识产权意识的提升符合小镇智力成果经济效益的要求程度					

序号	测量指标	现在的状态				
		1	2	3	4	5
6	制度精简对知识产权保护效果的影响符合小镇智力成果经济效益的要求程度					
7	精简制度实施与小镇实际情况结合符合小镇智力成果经济效益的要求程度					
8	精简制度的有效性符合小镇智力成果经济效益的要求程度					
9	政府相关部门在知识产权保护中的作用符合小镇智力成果经济效益的要求程度					
10	企业相关部门在知识产权保护中的作用符合小镇智力成果经济效益的要求程度					
11	知识产权保护体制的完善符合小镇智力成果经济效益的要求程度					

第五部分：创新功能布局发展状况

序号	测量指标	现在的状态				
		1	2	3	4	5
1	创新功能布局促进创新资源的合理分布符合小镇智力成果经济效益的要求程度					
2	创新功能布局促进知识产权保护环境符合小镇智力成果经济效益的要求程度					
3	创新功能布局与完善知识产权保护制度结合符合小镇智力成果经济效益的要求程度					
4	创新功能布局与增加创新经济收入结合符合小镇智力成果经济效益的要求程度					

参 考 文 献

[1] 鲍贵. 我国外语教学研究中的统计分析方法使用调查 [J]. 外语界, 2012 (1): 44－51, 60.

[2] 鲍新中, 霍欢欢. 知识产权质押融资的风险形成机理及仿真分析 [J]. 科学学研究, 2019, 37 (8): 1423－1434.

[3] 曹致玮, 董涛. 新形势下我国知识产权保护问题分析与应对思考 [J]. 知识产权, 2019 (7): 66－74.

[4] 陈加奎, 徐宁. 共享经济下知识产权如何驱动中小企业创新 [J]. 科研管理, 2018, 39 (S1): 200－209.

[5] 陈蕾, 徐琪. 知识产权交易市场建设态势与路径找寻 [J]. 改革, 2018 (5): 119－130.

[6] 陈丽娴. 知识溢出、创新与区域经济增长——基于知识产权保护视角的门槛回归分析 [J]. 当代经济管理, 2017, 39 (8): 63－69.

[7] 陈明星, 叶超, 陆大道, 隋昱文, 郭莎莎. 中国特色新型城镇化理论内涵的认知与建构 [J]. 地理学报, 2019, 74 (4): 633－647.

[8] 陈荃, 罗爱静. 国家综合配套改革试验区城市 (群) 知识产权与综合建设的相关性分析 [J]. 科技进步与对策, 2012, 29 (8): 24－28.

[9] 陈伟, 李金秋. 基于 Brusselator 模型的我国知识产权管理系统耗散结构生成机制 [J]. 科技进步与对策, 2017, 34 (21): 7－15.

[10] 陈晓刚, 王苏宇, 张元富. 客家特色小镇的乡土文化及其景观建设路径探析 [J]. 城市发展研究, 2018, 25 (11): 130－134.

[11] 陈耀, 陈钰. 资源禀赋、区位条件与区域经济发展 [J]. 经济管理, 2012, 34 (2): 30－39.

[12] 陈一静. 中国城镇化创新发展探究: 特色小镇发展模式及机遇 [J]. 天津行政学院学报, 2018, 20 (5): 11－18.

[13] 陈宇. 论企业发展与专利、商标的关系 [J]. 山西财经大学学报，2008 (S1)：210.

[14] 陈悦，陈超美，刘则渊，胡志刚，王贤文. CiteSpace 知识图谱的方法论功能 [J]. 科学学研究，2015，33 (2)：242 –253.

[15] 陈泽欣. 我国知识产权发展状况的国际比较研究 [J]. 科技促进发展，2017，13 (10)：792 –797.

[16] 陈振明. 寻求政策科学发展的新突破——中国公共政策学研究三十年的回顾与展望 [J]. 中国行政管理，2012 (4)：12 –15.

[17] 成良斌，牛婧红. 隐性知识产权保护的可能性与实现路径分析 [J]. 科技进步与对策，2014，31 (21)：17 –22.

[18] 崔国斌. 知识产权确权模式选择理论 [J]. 中外法学，2014，26 (2)：408 –430.

[19] 代刚，仇军. 基于结构方程模型（SEM）的体育消费意识量表信、效度分析与维度识别 [J]. 天津体育学院学报，2012，27 (2)：97 –102.

[20] 邓金钱. 新中国 70 年城乡收入结构变迁：历史演进与时代抉择 [J]. 社会科学研究，2019 (5)：42 –50.

[21] 丁涛，盖锐，顾晓燕. 我国知识产权市场发展与经济增长关系实证分析——基于 1992~2013 年的数据 [J]. 经济体制改革，2015 (5)：185 –190.

[22] 董豪，曾剑秋，沈孟如. 产业创新复合系统构建与协同度分析——以信息通信产业为例 [J]. 科学学研究，2016，34 (8)：1152 –1160.

[23] 董志勇. 科技创新与现代化经济体系 [J]. 经济科学，2018 (6)：11 –17.

[24] 窦丽琛，程桂荣，陈晓永. 京津冀区域创新资源整合的路径研究 [J]. 经济与管理，2015，29 (6)：13 –17.

[25] 杜兰顿，Puga D. Diversity and Specialisation in Cities：Why, Where and When, Does It Matter? [J]. Urban Studies，1999，37 (3).

[26] 杜伟. 高校知识产权应用型人才培养路径探究 [J]. 政法论丛，2013 (6)：121 –126.

[27] 段瑞春. 创新型企业：知识产权与品牌战略 [J]. 中国软科学，2005 (12)：1 –5.

[28] 范红忠，胡草. 政府管制与新建企业选址——来自中国工业企业的微观证据 [J]. 经济经纬，2017，34 (5)：81 –86.

[29] 范佳佳，叶继元. 基于结构方程的科技网站信息质量评价模型构建及

应用 [J]. 图书馆杂志, 2016, 35 (9): 66-75.

[30] 范如国, 张宏娟. 民生福祉评价模型及增进策略——基于信度、结构效度分析和结构方程模型 [J]. 经济管理, 2012, 34 (9): 161-169.

[31] 范宇. 知识产权改革的郫都实践 [J]. 四川党的建设, 2018 (11): 70-71.

[32] 方敏, 杨胜刚, 周建军, 雷雨亮. 高质量发展背景下长江经济带产业集聚创新发展路径研究 [J]. 中国软科学, 2019 (5): 137-150.

[33] 方叶林, 黄震方, 李经龙, 王芳. 中国特色小镇的空间分布及其产业特征 [J]. 自然资源学报, 2019, 34 (6): 1273-1284.

[34] 费艳颖, 任文华, 凌莉. 专利制度中国化及其实现路径 [J]. 东北大学学报 (社会科学版), 2017, 19 (5): 512-517.

[35] 冯晓青. 基于技术创新与知识产权战略实施的知识产权服务体系构建研究 [J]. 科技进步与对策, 2013, 30 (2): 112-114.

[36] 冯晓青, 刘淑华. 试论知识产权的私权属性及其公权化趋向 [J]. 中国法学, 2004 (1): 63-70.

[37] 冯晓青. 论企业知识产权管理体系及其保障 [J]. 广东社会科学, 2010 (1): 181-186.

[38] 冯晓青. 我国企业知识产权产业化转化平台和交易平台建设研究 [J]. 河北法学, 2013, 31 (6): 20-28.

[39] 冯晓青. 我国企业知识产权运营战略及其实施研究 [J]. 河北法学, 2014, 32 (10): 10-21.

[40] 冯晓青. 知识产权法中专有权与公共领域的平衡机制研究 [J]. 政法论丛, 2019 (3): 55-7.

[41] 冯晓青, 周贺微. 知识产权的公共利益价值取向研究 [J]. 学海, 2019 (1): 188-195.

[42] 付瑶, 徐维林. 创新人才对区域经济发展贡献度的实证分析——以山东半岛蓝色经济区为例 [J]. 理论探索, 2014 (4): 98-101.

[43] 傅元海, 陈丽姗. 不同技术引进方式对我国经济增长效率的影响 [J]. 当代财经, 2016 (11): 14-22.

[44] 甘静娴, 戚湧. 双元创新、知识场活性与知识产权能力的路径分析 [J]. 科学学研究, 2018, 36 (11): 2078-2091.

[45] 高俊阳, 洪亮平, 刘合林, 甘圆圆. 小城市总体城市设计技术体系与策略 [J]. 规划师, 2019, 35 (2): 20-25.

［46］葛尧．基于空间视角的产业聚集对创新绩效影响研究［J］.统计与决策，2019，35（16）：111-114.

［47］苟尤钊，吕琳媛，陈永伟．专利质量分析的研究进展与述评［J］.电子知识产权，2019（2）：59-65.

［48］顾晓燕．论知识产权创造对区域经济增长的影响——基于省际数据的检验［J］.南京社会科学，2011（12）：139-143.

［49］顾晓燕，史新和，刘厚俊．知识产权出口贸易与经济增长——基于创新溢出和要素配置的研究视角［J］.国际贸易问题，2018（3）：12-23.

［50］顾晓燕．五大发展理念视角下知识产权促进民生幸福的举措［J］.经济问题，2016（12）：7-10，16.

［51］顾晓燕，严文强．知识产权创造与高技术产业增长互动效应研究［J］.科技进步与对策，2013，30（24）：139-142.

［52］顾晓燕．中国高技术产业知识产权创造影响因素的实证检验［J］.经济学家，2012（11）：62-67.

［53］顾晓燕．自主创新模式对高技术产业知识产权创造影响的实证研究［J］.软科学，2014，28（1）：11-14.

［54］关成华，袁祥飞，于晓龙．创新驱动、知识产权保护与区域经济发展——基于2007~2015年省级数据的门限面板回归［J］.宏观经济研究，2018（10）：86-92.

［55］关永红．论知识产权权利体系的解构与重构［J］.学习与探索，2012（2）：64-68.

［56］管育鹰．关于我国知识产权司法保护战略实施的几点思考［J］.法律适用，2018（11）：42-49.

［57］郭春野，庄子银．知识产权保护与"南方"国家的自主创新激励［J］.经济研究，2012，47（9）：32-45.

［58］郭建军．知识产权战略与商业生态系统［J］.知识产权，2015（7）：80-85.

［59］郭莉．科技创新与科技成果转化中的知识产权问题研究［J］.科学管理研究，2010，28（2）：117-120.

［60］郭孟珂．中国推进新型城镇化问题研究［J］.中国人口·资源与环境，2016，26（S1）：340-342.

［61］韩沈超．地区知识产权创造与保护对企业OFDI的影响——来自中国省级面板数据的经验证据［J］.当代财经，2016（11）：89-96.

[62] 韩秀成, 谢小勇, 王淇. 构建知识产权大保护工作格局的若干思考 [J]. 知识产权, 2017 (6): 83-86.

[63] 韩玉雄, 李怀祖. 关于中国知识产权保护水平的定量分析 [J]. 科学学研究, 2005 (3): 377-382.

[64] 何鹏. 知识产权立法的法理解释——从功利主义到实用主义 [J]. 法制与社会发展, 2019, 25 (4): 21-34.

[65] 何文韬, 黄宝磊. 中国知识产权海关保护的技术创新激励效应研究 [J]. 财经问题研究, 2019 (5): 33-40.

[66] 赫尔曼·哈肯. 协同学: 大自然构成的奥秘 [M]. 上海: 上海译文出版社, 2005.

[67] 洪群联. 我国知识产权服务体系发展现状与战略思路 [J]. 经济纵横, 2011 (11): 44-49.

[68] 胡彬, 万道侠. 产业集聚如何影响制造业企业的技术创新模式——兼论企业"创新惰性"的形成原因 [J]. 财经研究, 2017, 43 (11): 30-43.

[69] 胡汉辉, 倪卫红. 集成创新的宏观意义: 产业集聚层面的分析 [J]. 中国软科学, 2002 (12): 36-38.

[70] 胡祖才. 以改革创新推动新型城镇化高质量发展 [J]. 宏观经济管理, 2019 (8): 1-4, 10.

[71] 华劼. 区块链技术与智能合约在知识产权确权和交易中的运用及其法律规制 [J]. 知识产权, 2018 (2): 13-19.

[72] 黄非. 专利制度发展阶段及其特点试析 [J]. 知识产权, 2016 (2): 89-92.

[73] 黄国群, 肖乐乐. 区域文化创意产业知识产权政策走向与创新路径研究 [J]. 情报杂志, 2018, 37 (3): 86-93.

[74] 黄建洪. 中国城镇化战略与国家治理现代化的建构 [J]. 苏州大学学报 (哲学社会科学版), 2016, 37 (2): 47-54.

[75] 黄杉, 朱云辰. 浙江省特色小镇的域外效应——兼议特色小镇"浙江模式"走出去的路径逻辑 [J]. 规划师, 2019, 35 (11): 63-68.

[76] 姬鹏程, 李红娟. 知识产权促进经济增长存在的问题及建议 [J]. 宏观经济管理, 2018 (7): 16-22.

[77] 季景书, 孙力舟. 关于"一带一路"专利区的设想及简要论证 [J]. 人民论坛·学术前沿, 2018 (21): 116-119.

[78] 贾佳, 李美桂. 知识产权密集型产业的内涵和测算方法——以中关村

核心区为例 [J]．技术经济与管理研究，2019（4）：23 - 27．

　　[79] 贾开，徐婷婷，江鹏．知识产权与创新：制度失衡与"互联网+"战略下的再平衡 [J]．中国行政管理，2016（11）：88 - 93．

　　[80] 蒋天颖，华明浩，许强，王佳．区域创新与城市化耦合发展机制及其空间分异——以浙江省为例 [J]．经济地理，2014，34（6）：25 - 32．

　　[81] 焦敬娟，王姣娥，刘志高．东北地区创新资源与产业协同发展研究 [J]．地理科学，2016，36（9）：1338 - 1348．

　　[82] 金春阳．信托在知识产权运用中的地位与作用 [J]．电子知识产权，2009（12）：47 - 50．

　　[83] 金强．知识产权保护与美国的技术霸权 [J]．国际展望，2019，11（4）：115 - 134，156 - 157．

　　[84] 金三林，曹丹丘，林晓莉．从城乡二元到城乡融合——新中国成立70年来城乡关系的演进及启示 [J]．经济纵横，2019（8）：13 - 19．

　　[85] 菁蓉镇：建双创示范基地　促经济转型升级 [J]．中国科技产业，2018（2）：47．

　　[86] 康添雄．专利强制许可的公共政策研究 [J]．科技进步与对策，2013，30（6）：103 - 107．

　　[87] 康卫敏，宋伟，赵树良．近十年中国知识产权研究的知识图谱分析——基于 CSSCI 数据库 [J]．科技管理研究，2018，38（17）：127 - 135．

　　[88] 孔令兵，宋伟．知识产权服务供给机制实效性探寻——基于结构方程模型的量化分析 [J]．科技管理研究，2019，39（16）：191 - 198．

　　[89] 兰吉颖，张宝建．互联网经济下流通创新推动产业集群发展的运行机制 [J]．商业经济研究，2019（14）：173 - 175．

　　[90] 黎恒，李智．基于高阶微分的 EMD 均值计算方法 [J]．电子学报，2015，43（6）：1073 - 1077．

　　[91] 李斌，裴大茗，廖镇．国家科技创新平台建设的思考 [J]．实验室研究与探索，2016，35（4）：170 - 173，178．

　　[92] 李彩华．中国经济转向高质量发展阶段的历史必然性 [J]．中南财经政法大学学报，2019（1）：9 - 17．

　　[93] 李琛．论《民法总则》知识产权条款中的"专有" [J]．知识产权，2017（5）：12 - 16．

　　[94] 李法宝．论创意出版的版权保护 [J]．编辑之友，2011（4）：103 - 104．

［95］李高扬，刘明广．基于结构方程模型的区域创新能力评价［J］．技术经济与管理研究，2011（5）：28 - 32.

［96］李虹，张希源．区域生态创新协同度及其影响因素研究［J］．中国人口·资源与环境，2016，26（6）：43 - 51.

［97］李建中．科学与技术的离散和自洽：我国高校科技成果转化率低的根源与对策［J］．科技管理研究，2018，38（11）：260 - 266.

［98］李金华．中国高新技术企业、产业集群、企业孵化器的发展及政策思考［J］．经济与管理研究，2019，40（7）：32 - 45.

［99］李俊杰，李昌胜．军民融合知识产权转移转化机制研究［J］．知识产权，2018（12）：82 - 86.

［100］李莉．论知识产权质权人权利保护规则的局限与突破［J］．东方法学，2014（2）：115 - 122.

［101］李黎明，刘海波．知识产权运营关键要素分析——基于案例分析视角［J］．科技进步与对策，2014，31（10）：123 - 130.

［102］李丽．企业创新人才需求及其影响因素的区域差异研究——基于改进的企业创新需求模型［J］．东岳论丛，2019，40（8）：91 - 104.

［103］李良成，魏双双．自主创新中知识产权中介服务体系的政策关联性研究［J］．科技管理研究，2015，35（18）：27 - 31.

［104］李琳，刘莹．区域经济协同发展的驱动机制探析［J］．当代经济研究，2015（5）：67 - 73.

［105］李玲娟，温珂．新形势下我国知识产权全球治理环境挑战与对策建议［J］．中国科学院院刊，2019，34（8）：847 - 855.

［106］李杉杉，高莹莹，鲍志彦．面向协同创新的知识产权服务联盟研究［J］．图书馆工作与研究，2018（3）：41 - 46.

［107］李爽．专利制度是否提高了中国工业企业的技术创新积极性——基于专利保护强度和地区经济发展水平的"门槛效应"［J］．财贸研究，2017，28（4）：13 - 24，42.

［108］李顺德．知识产权保护与防止滥用［J］．知识产权，2012（9）：3 - 11，106.

［109］李涛．产业集聚视角下我国特色小镇创新体系研究［J］．科学管理研究，2017，35（6）：61 - 64.

［110］李涛．经济新常态下特色小镇建设的内涵与融资渠道分析［J］．世界农业，2017（9）：75 - 81.

[111] 李伟，董玉鹏．产业自主创新视角下的知识产权服务业发展问题研究 [J]．改革与战略，2015，31（10）：142 - 146.

[112] 李伟民．人工智能智力成果在著作权法的正确定性——与王迁教授商榷 [J]．东方法学，2018（3）：149 - 160.

[113] 李炜，赵泽月．中国 OFDI 的逆向动态产业升级效应研究——基于知识产权保护的视角 [J]．经济问题，2019（7）：29 - 36

[114] 李西良．企业知识产权管理体系成熟度评价研究 [J]．知识产权，2018（3）：80 - 87.

[115] 李西良．企业知识产权管理体系与 QES 三体系融合研究 [J]．知识产权，2017（10）：92 - 96.

[116] 李翔，邓峰．科技创新、产业结构升级与经济增长 [J]．科研管理，2019，40（3）：84 - 93.

[117] 李旭辉，朱启贵．基于"五位一体"总布局的省域经济社会发展综合评价体系研究 [J]．中央财经大学学报，2018（9）：107 - 117，128.

[118] 李扬．知识产权请求权与诉讼时效制度的适用 [J]．知识产权，2012（10）：14 - 23.

[119] 李阳，原长弘，王涛，陈志强．政产学研用协同创新如何有效提升企业竞争力？[J]．科学学研究，2016，34（11）：1744 - 1757.

[120] 李永华．大型产业基地入驻背景下的小城镇产城融合策略——以成都市石板滩镇总体规划为例 [J]．规划师，2015，31（S1）：10 - 13，30.

[121] 李悦等．产业经济学（第四版）[M]．大连：东北财经大学出版社，2015.

[122] 李志军．提高专利对经济增长的贡献率 [N]．中国经济时报，2017 - 02 - 07（005）.

[123] 梁国强，侯海燕，任佩丽，王亚杰，黄福，王嘉鑫，胡志刚．高质量论文使用次数与被引次数相关性的特征分析 [J]．情报杂志，2018，37（4）：147 - 153.

[124] 廖媛，林佳，陈清．中国社会信用体系研究：基于知识产权领域的分析 [J]．中国科技论坛，2019（8）：150 - 160.

[125] 刘超，路正南，王国栋．产业集聚程度与劳动生产率间关系的实证研究——基于江苏省纺织业的数据 [J]．技术经济，2012，31（1）：60 - 66.

[126] 刘刚．中国经济发展的新动力 [J]．华东经济管理，2014，28（7）：1 - 7.

[127] 刘光富，张士彬，鲁圣鹏．中国再生资源产业知识产权运用机制顶层设计 [J]．科学学与科学技术管理，2014，35（10）：3－12.

[128] 刘海波，刘亮．知识产权商用与创新驱动发展 [J]．中国科学院院刊，2016，31（9）：1026－1035.

[129] 刘慧媛，吴开尧．城镇化对扩大内需的实证研究 [J]．工业技术经济，2015，34（7）：145－152.

[130] 刘介明，杨祝顺．我国知识产权服务业发展的法律环境分析及其完善建议 [J]．知识产权，2016（4）：96－101.

[131] 刘婧，占绍文，王敏．文化创意企业知识产权能力的影响因素——基于西安市园区企业问卷调查的分析 [J]．中国科技论坛，2018（3）：124－134，142.

[132] 刘婧，占绍文．文化创意企业知识产权创造能力的影响因素研究——来自126家上市企业的经验证据 [J]．研究与发展管理，2017（4）.

[133] 刘军，李廉水，王忠．产业聚集对区域创新能力的影响及其行业差异 [J]．科研管理，2010，31（6）：191－198.

[134] 刘军，杨浩昌，李廉水．产业聚集对技术创新能力的影响及其区域差异 [J]．中国科技论坛，2015（6）：65－69.

[135] 刘凯宁，樊治平，李永海，戴相全．基于价值链视角的企业商业模式选择方法 [J]．中国管理科学，2017，25（1）：170－180.

[136] 刘磊．产业集群生态化的内涵、路径与政策——基于交易成本视角的探讨 [J]．宏观经济研究，2018（6）：87－96.

[137] 刘丽萍，刘家树．生产性服务业集聚、区域经济一体化与城市创新经济增长 [J]．经济经纬，2019，36（5）：25－32.

[138] 刘霖芯，张韬，杨珉．利用多水平模型计算及校正Cronbach alpha系数 [J]．中国卫生统计，2018，35（6）：838－842.

[139] 刘龙繁，李彦，侯超异，李文强．基于功能基的专利信息挖掘与自动分类实验研究 [J]．四川大学学报（工程科学版），2016，48（5）：105－113.

[140] 刘锐．产业集聚与区域经济增长的模型分析 [J]．商业经济研究，2019（2）：165－167.

[141] 刘劭君．知识产权国际规则的内在逻辑、发展趋势与中国应对 [J]．河北法学，2019，37（4）：62－71.

[142] 刘朔，蓝海林，柯南楠．转型期后发企业核心能力构建研究——格力电器朱江洪的管理之道 [J]．管理学报，2019，16（9）：1265－1278.

［143］刘晓萍．科学把握新时代特色小镇的功能定位［J］．宏观经济研究，2019（4）：153－161.

［144］刘新竹．知识创新驱动经济发展方式转变的机理［J］．技术经济与管理研究，2016（3）：104－108.

［145］刘亚军．"一带一路"倡议下企业走出去的知识产权价值实现［J］．社会科学辑刊，2017（6）：119－125.

［146］刘英基．高技术产业技术创新、制度创新与产业高端化协同发展研究——基于复合系统协同度模型的实证分析［J］．科技进步与对策，2015，32（2）：66－72.

［147］刘永超，史冉．浅析知识产权保护中心建设的国际经验借鉴［J］．科技促进发展，2017，13（4）：273－277.

［148］刘玉飞，汪伟．城市化的消费结构升级效应——基于中国省级面板数据的分析［J］．城市问题，2019（7）：17－29.

［149］刘运华．知识产权强国背景下专利权经济价值外延界定［J］．科技进步与对策，2016，33（10）：96－100.

［150］刘志强，白雪飞．规模经济对创新型企业出口行为的影响研究［J］．软科学，2018，32（5）：14－17.

［151］龙小宁，易巍，林志帆．知识产权保护的价值有多大？——来自中国上市公司专利数据的经验证据［J］．金融研究，2018（8）：120－136.

［152］罗翔，沈洁．供给侧结构性改革视角下特色小镇规划建设思路与对策［J］．规划师，2017，33（6）：38－43.

［153］马小燕，郑晓齐．高等教育文献研究范式的嬗变、问题及反思［J］．高教探索，2019（8）：37－43.

［154］毛汉英．京津冀协同发展的机制创新与区域政策研究［J］．地理科学进展，2017，36（1）：2－14.

［155］毛牧然．提升我国高校协同创新能力的知识产权环境建设举措［J］．高等工程教育研究，2018（1）：62－66.

［156］孟广文，盖盛男，王洪玲等．天津市华明镇土地开发整理模式研究［J］．经济地理，2012，32（4）：143－148.

［157］苗硕，盛喆．大学城科技创新功能推动区域经济转型增长——以郑州高新区大学城为例［J］．河南师范大学学报（哲学社会科学版），2014，41（6）：107－110.

［158］倪鹏飞，徐海东，沈立，曹清峰．城市经济竞争力：关键因素与作用

机制——基于亚洲 566 个城市的结构方程分析 [J]. 北京工业大学学报（社会科学版），2019，19（1）：50 - 59.

[159] 牛冲槐，张帆，封海燕. 科技型人才聚集、高新技术产业聚集与区域技术创新 [J]. 科技进步与对策，2012，29（15）：46 - 48，50 - 51.

[160] 牛士华. 知识产权与区域经济发展耦合协调度研究 [J]. 技术经济与管理研究，2018（3）：125 - 128.

[161] 潘善琳，崔丽丽. SPS 案例研究方法：流程、建模与范例 [M]. 北京：北京大学出版社，2016.

[162] 潘天怡，谭琪瑶. 著作权中的"人格权、财产权"二元分立论 [J]. 知识产权，2012（8）：30 - 37.

[163] 彭茂祥. 我国世界一流专利审查机构建设战略取向探讨——试以广义专利审查机构建设为视角 [J]. 科学管理研究，2017，35（3）：13 - 17.

[164] 蒲兵. 四川省成都市郫都区：着力打造"双创"培训区 [J]. 中国战略新兴产业，2018（41）：59.

[165] 钱俊，王永波. 几种统计软件建立 ARIMA 模型的应用比较 [J]. 统计与决策，2018，34（16）：80 - 84.

[166] 乔磊，陈凡. 科技进步与知识产权变迁 [J]. 科学学研究，2011，29（3）：337 - 342.

[167] 邱均平，董克. 作者共现网络的科学研究结构揭示能力比较研究 [J]. 中国图书馆学报，2014，40（1）：15 - 24.

[168] 邱均平，段宇锋，陈敬全，宋恩梅，嵇丽. 我国文献计量学发展的回顾与展望 [J]. 科学学研究，2003（2）：143 - 148.

[169] 饶世权，陈家宏. 论中国高铁"走出去"的内在知识产权联盟机制 [J]. 科技管理研究，2017，37（13）：162 - 166.

[170] 任太增. 政府主导、企业偏向与国民收入分配格局失衡——一个基于三方博弈的分析 [J]. 经济学家，2011（3）：42 - 48.

[171] 阮开欣. 论知识产权的地域性和域外效力 [J]. 河北法学，2018，36（3）：81 - 97.

[172] 申长雨. 全面开启知识产权强国建设新征程 [J]. 知识产权，2017（10）：3 - 21.

[173] 申俊喜，鞠颖. 后起发达国家技术发展战略转向经验值得借鉴 [J]. 经济纵横，2015（4）：110 - 114.

[174] 沈小平，李传福. 创新型产业集群形成的影响因素与作用机制 [J].

科技管理研究，2014，34（14）：144-148.

[175] 盛世豪，张伟明．特色小镇：一种产业空间组织形式 [J]．浙江社会科学，2016（3）：36-38.

[176] 施学哲，杨晨，蔡芸．专利政策融入产业经济发展路径分析：来自江苏专利政策的实证研究 [J]．科技进步与对策，2018，35（2）：129-133.

[177] 石超，余晓春．区块链的知识产权保护模式与战略布局研究 [J]．科技与法律，2019（4）：41-47.

[178] 宋河发．激励知识产权创造运用和创新的增值税优惠政策研究 [J]．知识产权，2016（12）：76-81.

[179] 宋河发，沙开清，刘峰．创新驱动发展与知识产权强国建设的知识产权政策体系研究 [J]．知识产权，2016（2）：93-98.

[180] 宋河发．我国知识产权运营政策体系建设与运营政策发展研究 [J]．知识产权，2018（6）：75-81.

[181] 宋河发，吴博，吕磊．促进科技成果转化知识产权实施权制度研究 [J]．科学学研究，2016，34（9）：1319-1325.

[182] 宋晓明．新形势下我国的知识产权司法政策 [J]．知识产权，2015（5）：3-9.

[183] 宋洋．创新资源与高新技术企业研发投入——基于资源基础理论的实证分析 [J]．中国科技论坛，2018（4）：101-111.

[184] 苏喆．知识产权质权的债权化研究 [J]．法学杂志，2013，34（7）：68-77.

[185] 孙建，吴利萍，齐建国．中国区域创新对宏观经济影响的计量研究——东中西部三大区域实证分析 [J]．研究与发展管理，2013，25（2）：66-73.

[186] 孙涛，杜鹏东．统计软件 SPSS 在试卷再测信度计算中的应用 [J]．实验技术与管理，2008（3）：89-91.

[187] 孙卫东．产业集群内中小企业商业模式创新与转型升级路径研究——基于协同创新的视角 [J]．当代经济管理，2019，41（6）：24-29.

[188] 孙旭玉．中国知识产权保护水平与影响因素的实证分析 [J]．理论学刊，2010（7）：54-59.

[189] 孙莹琳，唐恒．基于 REQCP 模型的国家高新区知识产权驱动创新态势研究 [J]．情报杂志，2018，37（10）：126-133.

[190] 汤兆云．风险管理中的社会协同问题——基于人口风险管理的研究 [J]．中国软科学，2010（S1）：185-192.

[191] 唐保庆，仲崇高，王绮．服务贸易进口下的知识产权保护最适强度研究 [J]．统计研究，2014，31（10）：43-48．

[192] 唐伟成，罗震东，耿磊．重启内生发展道路：乡镇企业在苏南小城镇发展演化中的作用与机制再思考 [J]．城市规划学刊，2013（2）：95-101．

[193] 唐兆涵，陈璋．区域经济差距的形成动因、演变路径和发展趋势——基于技术引进视角的研究 [J]．上海经济研究，2019（2）：46-57．

[194] 陶爱萍，马金龙，蒯鹏．R&D 资金投入结构对技术创新效率的影响研究——基于中国工业行业的实证分析 [J]．华东经济管理，2019，33（5）：83-90．

[195] 万龙，赵良金，牛保伦，王振华．专利战略研究与创新型油田企业建设 [J]．断块油气田，2017，24（4）：596-598．

[196] 汪川．农业与工业化：新经济增长理论的视角 [J]．经济学动态，2014（7）：97-105．

[197] 王博雅，蔡翼飞．创新产业支持政策体系研究 [J]．宏观经济研究，2018（10）：93-104，120．

[198] 王长松，贾世奇．中国特色小镇的特色指标体系与评价 [J]．南京社会科学，2019（2）：79-86，92．

[199] 王大为，李媛．特色小镇发展的典型问题与可持续推进策略 [J]．经济纵横，2019（8）：69-75．

[200] 王锋正，刘宇嘉，孙玥．制度环境、开放式创新与资源型企业转型 [J]．科技进步与对策，2020，37（5）：114-123．

[201] 王宏起，王珊珊．高新技术企业集群综合优势发展路径与演化规律研究 [J]．科学学研究，2009，27（7）：999-1004．

[202] 王宏起，徐玉莲．科技创新与科技金融协同度模型及其应用研究 [J]．中国软科学，2012（6）：129-138．

[203] 王江哲，刘益，陈晓菲．产学研合作与高校科研成果转化：基于知识产权保护视角 [J]．科技管理研究，2018，38（17）：119-126．

[204] 王坤，李春成．知识产权创造与高技术产业发展关系研究——以京津冀地区为例 [J]．科技管理研究，2017，37（13）：138-143．

[205] 王黎萤，虞微佳，王佳敏，等．影响知识产权密集型产业创新效率的因素差异分析 [J]．科学学研究，2018，36（4）：662-672．

[206] 王娜．论知识产权的保护期限 [J]．情报资料工作，2008（2）：25-27，31．

［207］王淇. 知识产权特色小镇探析［J］. 科技促进发展，2017，13（7）：523－528.

［208］王绍芳，王岚，石学军. 创新驱动视角下县域新型城镇化发展对策研究［J］. 经济纵横，2017（7）：69－73.

［209］王仕忠. 加大科技投入促进特色农业小镇持续发展［J］. 中国行政管理，2018（9）：158－159.

［210］王文普. 环境规制、空间溢出与地区产业竞争力［J］. 中国人口·资源与环境，2013，23（8）：123－130.

［211］王小明，王蕾，杨宏恩. 区域经济一体化的经济增长效应基于欧盟的理论与实证研究［J］. 商业经济研究，2016（7）：113－115.

［212］王晓亚. 知识密集型产业协同发展与企业技术创新——作用机理与实证研究［J］. 科学学与科学技术管理，2017，38（4）：96－104.

［213］王玉. 德源镇（菁蓉镇）新型城镇化政策分析［J］. 中国市场，2017（2）：167－168.

［214］王兆华. 新时代我国农业农村现代化再认识［J］. 农业经济问题，2019（8）：76－83.

［215］王知津，李博雅. 我国情报学研究热点及问题分析——基于2010～2014年情报学核心期刊［J］. 情报理论与实践，2016，39（9）：7－13.

［216］王智新，梁翠. 知识产权保护支撑创新驱动发展评价体系研究［J］. 科学管理研究，2018，36（5）：12－14，77.

［217］卫龙宝，史新杰. 浙江特色小镇建设的若干思考与建议［J］. 浙江社会科学，2016（3）：28－32.

［218］魏浩，巫俊. 知识产权保护、进口贸易与创新型领军企业创新［J］. 金融研究，2018（9）：91－106.

［219］魏玲丽. 基于价值链的农业产业化龙头企业竞争力培育战略［J］. 农村经济，2011（2）：47－49.

［220］温荣. 知识创新背景下国内知识产权研究的主要发展趋势分析［J］. 科技管理研究，2014，34（2）：120－123.

［221］温芽清，南振兴. 知识产权特性新探［J］. 河北法学，2010，28（7）：116－121.

［222］温忠麟，叶宝娟. 测验信度估计：从 α 系数到内部一致性信度［J］. 心理学报，2011，43（7）：821－829.

［223］文宁，陈鑫铭. 区域知识产权保护理论与实证研究——基于复杂科学

管理理论的视角 [J]. 图书情报工作, 2011, 55 (16): 59 – 62, 81.

[224] 吴汉东. 经济新常态下知识产权的创新、驱动与发展 [J]. 法学, 2016 (7): 31 – 35.

[225] 吴汉东. 论知识产权一体化的国家治理体系——关于立法模式、管理体制与司法体系的研究 [J]. 知识产权, 2017 (6): 3 – 12.

[226] 吴汉东. 试论知识产权制度建设的法治观和发展观 [J]. 知识产权, 2019 (6): 3 – 15.

[227] 吴汉东. "一带一路"战略下知识产权保护的中国选择 [J]. 人民论坛, 2017 (3): 94 – 96.

[228] 吴汉东. 知识产权保护论 [J]. 法学研究, 2000 (1): 68 – 79.

[229] 吴汉东. 知识产权的私权与人权属性——以《知识产权协议》与《世界人权公约》为对象 [J]. 法学研究, 2003 (3): 66 – 78.

[230] 吴汉东. 知识产权法的制度创新本质与知识创新目标 [J]. 法学研究, 2014, 36 (3): 95 – 108.

[231] 吴汉东. 知识产权基本问题研究 [M]. 北京: 中国人民大学出版社, 2005.

[232] 吴汉东. 知识产权理论的体系化与中国化问题研究 [J]. 法制与社会发展, 2014, 20 (6): 107 – 117.

[233] 吴汉东. 中国知识产权法律变迁的基本面向 [J]. 中国社会科学, 2018 (8): 108 – 125, 206 – 207.

[234] 吴洁仑, 王智源. 知识产权交易形式解析与风险控制问题研究 [J]. 科技管理研究, 2010, 30 (10): 147 – 150.

[235] 吴静, 张冬平. 国家科技政策对农业创新型企业发展影响的实证分析 [J]. 技术经济与管理研究, 2018 (6): 104 – 111.

[236] 吴离离. 浅析我国知识产权公共服务体系的构建 [J]. 知识产权, 2011 (6): 63 – 66.

[237] 吴明隆. 结构方程模型: AMOS 的操作与应用 [M]. 重庆: 重庆大学出版社, 2010.

[238] 吴一洲, 陈前虎, 郑晓虹. 特色小镇发展水平指标体系与评估方法 [J]. 规划师, 2016, 32 (7): 123 – 127.

[239] 武伟. 新时代背景下的知识产权强国建设问题思考 [J]. 科技促进发展, 2018, 14 (4): 258 – 263.

[240] 夏玮, 刘晓海. 中小企业知识产权使用情况分析与政策建议——从中

小企业创新现状、分类与模式的角度［J］．科学学与科学技术管理，2010，31
（6）：148－152，193.

［241］向征，张晓辛．中国省域知识产权保护能力研究［J］．技术经济与管
理研究，2015（11）：50－54.

［242］肖京．经济转型、经济创新与经济法的"刚柔并济"［J］．法学论坛，
2017，32（1）：90－98.

［243］肖尤丹．中国知识产权行政执法制度定位研究［J］．科研管理，
2012，33（9）：138－145.

［244］谢地．试论国有科技成果知识产权管理制度的完善思路［J］．中国行
政管理，2018（1）：70－75.

［245］谢伏瞻．中国经济发展与发展经济学创新［J］．中国社会科学，2018
（11）：5－11.

［246］谢小勇，刘淑华，韩秀成．知识产权强国建设基本问题初探［J］．中
国科学院院刊，2016，31（9）：998－1005.

［247］辛士波，陈妍，张宸．结构方程模型理论的应用研究成果综述［J］．
工业技术经济，2014，33（5）：61－71.

［248］新型城镇化建设课题组．创新城镇规划方式——新型城镇化建议之一
［J］．宏观经济管理，2014（4）：31，33.

［249］邢斐，孙兴．聚集形式、规模与企业创新——基于我国城市制造业微
观数据的实证研究［J］．商业研究，2017（6）：154－162.

［250］熊琦．著作权集体管理中的集中许可强制规则［J］．比较法研究，
2016（4）：46－59.

［251］徐芳，杨国梁，郑海军，李晓轩，刘文斌．基于知识创新过程的科技
政策方法论研究［J］．科学学研究，2013，31（4）：510－517.

［252］徐江，董保宝．民营企业创建与东北区域经济发展研究［J］．技术经
济与管理研究，2019（1）：105－109.

［253］徐维祥，舒季君，唐根年．中国工业化、信息化、城镇化和农业现代
化协调发展的时空格局与动态演进［J］．经济学动态，2015（1）：76－85.

［254］许媛，李靖华．浙江软件企业自主创新能力构建分析［J］．科学学研
究，2007（S1）：114－119.

［255］严永和，彭伟．论我国少数民族传统设计知识产权保护的法律模式
［J］．民族研究，2016（3）：15－28，123.

［256］杨晨，王杰玉．中国知识产权政策的演进及协同运行机制研究［J］．

中国科技论坛, 2016 (6): 75 - 80, 107.

[257] 杨传喜, 丁璐扬, 张珺. 基于 CiteSpace 的科技资源研究演进脉络梳理及前沿热点分析 [J]. 科技管理研究, 2019, 39 (3): 205 - 212.

[258] 杨浩昌, 李廉水, 刘军. 产业聚集与中国城市全要素生产率 [J]. 科研管理, 2018, 39 (1): 83 - 94.

[259] 杨红军. 反不正当竞争法过度介入知识产品保护的问题及对策 [J]. 武汉大学学报 (哲学社会科学版), 2018, 71 (4): 116 - 125.

[260] 杨建锋, 张磊. 知识产权交易市场发展的国际经验及对我国的启示 [J]. 科技进步与对策, 2013, 30 (19): 6 - 8.

[261] 杨开忠. 区域经济学概念、分支与学派 [J]. 经济学动态, 2008 (1): 55 - 60.

[262] 杨龙. 中国区域政策研究的切入点 [J]. 南开学报 (哲学社会科学版), 2014 (2): 88 - 102.

[263] 杨舒博, 黄健. 改革开放 40 年中国知识产权制度变迁的动因分析 [J]. 中国科技论坛, 2019 (4): 35 - 41.

[264] 杨思莹, 李政, 孙广召. 产业发展、城市扩张与创新型城市建设——基于产城融合的视角 [J]. 江西财经大学学报, 2019 (1): 21 - 33.

[265] 杨仪青. 新型城镇化进程中的我国生态文明建设路径探析 [J]. 生态经济, 2017, 33 (10): 221 - 225.

[266] 杨永胜. 全球竞争力培育: 新时代中国企业如何高质量"走出去" [J]. 经济理论与经济管理, 2019 (6): 114.

[267] 姚娟, 刘鸿渊, 刘建贤. 科技创新人才区域性需求趋势研究——对四川、陕西、上海的预测与比较分析 [J]. 科技进步与对策, 2019, 36 (14): 46 - 52.

[268] 姚艳玲. 2017 年国际人工智能领域研究前沿的分析与研究 [J]. 计算机科学, 2018, 45 (9): 1 - 10.

[269] 叶初升, 李慧. 以发展看经济增长质量: 概念、测度方法与实证分析——一种发展经济学的微观视角 [J]. 经济理论与经济管理, 2014 (12): 17 - 34.

[270] 叶晓东. 知识产权公共服务平台建设与企业专利管理人才培养研究 [J]. 法制与经济, 2016 (4).

[271] 易继明, 初萌. 全球专利格局下的中国专利战略 [J]. 知识产权, 2019 (8): 38 - 56.

［272］易倩，卜伟．知识产权保护执法力度、技术创新与产业升级［J］．经济经纬，2019，36（3）：95－101．

［273］由雷，王伟光．创新网络中非核心企业技术创新能力评价［J］．经济问题探索，2017（7）：59－68．

［274］游景如，黄甫全．新兴系统性文献综述法：涵义、依据与原理［J］．学术研究，2017（3）：145－151，178．

［275］于海瀛，姜明辉，程奎．产业集群对企业绩效的实证影响研究［J］．工业工程与管理，2016，21（3）：153－158．

［276］于欣华，王世苗．我国企业专利人才缺失原因及解决措施［J］．知识产权，2014（12）：74－78．

［277］于杨，金玥．《情报科学》的文献计量研究：热点主题与知识基础［J］．情报科学，2019，37（9）：126－132．

［278］余波，潘晓栋，赵新宇．产业园区型特色小镇创建分析及对义乌云驿小镇的思考［J］．城市规划学刊，2017（S2）：235－239．

［279］余长林．知识产权保护与中国企业出口增长的二元边际［J］．统计研究，2016，33（1）：35－44．

［280］余维新，熊文明，魏奇锋，王彬彬．关系产权、知识溢出与产学研协同创新的稳定性研究［J］．软科学，2018，32（12）：24－28．

［281］郁建兴，张蔚文，高翔，李学文，邹永华，吴宇哲．浙江省特色小镇建设的基本经验与未来［J］．浙江社会科学，2017（6）：143－150，154－160．

［282］郁俊莉，孔维，宗一鸣．新型城镇化建设中"安居难题"解决的理念、机制与路径研究——以天津华明示范镇"宅基地换房"实践为例［J］．中国行政管理，2015（10）：119－123．

［283］袁晓东，鲍业文．"中兴事件"对我国产业发展的启示：基于专利分析［J］．情报杂志，2019，38（1）：23－29．

［284］袁星．区域特色经济发展前瞻——以商贸流通特色小镇为例［J］．商业经济研究，2019（1）：152－155．

［285］臧敦刚，李后建．破解企业核心能力悖论：以企业家精神导向和市场导向的视角［J］．华东经济管理，2016，30（3）：122－130．

［286］臧玉珠，杨园园，曹智．大城市郊区乡村转型与重构的典型模式分析——以天津东丽区华明镇为例［J］．地理研究，2019，38（3）：713－724．

［287］曾江，慈锋．新型城镇化背景下特色小镇建设［J］．宏观经济管理，2016（12）：51－56．

［288］曾鹏，曹冬勤．西南民族地区高速公路交通量与特色旅游小城镇慢旅游模式协同研究［J］．数理统计与管理，2018，37（5）：761－777．

［289］张春红．人力资本、研发投入对区域创新能力的影响［J］．统计与决策，2019（18）：181－184．

［290］张贡生．中国区域发展战略之70年回顾与未来展望［J］．经济问题，2019（10）：10－18．

［291］张广良．知识产权价值分析：以社会公众为视角的私权审视［J］．北京大学学报（哲学社会科学版），2018，55（6）：142－149．

［292］张海波，李纪珍，余江，曾路．创新型企业：概念、特征及其成长［J］．技术经济，2013，32（12）：15－20，39．

［293］张红辉，周一行．"走出去"背景下企业知识产权海外维权援助问题研究［J］．知识产权，2013（1）：83－85．

［294］张绘．城镇化进程中促进西部地区经济可持续发展的策略［J］．经济纵横，2017（9）：117－122．

［295］张慧颖，邢彦．知识产权保护、外国直接投资与中国出口技术进步研究——基于行业特征的实证分析［J］．中国科技论坛，2018（8）：119－128．

［296］张吉福．特色小镇建设路径与模式——以山西省大同市为例［J］．中国农业资源与区划，2017，38（1）：145－151．

［297］张杰．中国关键核心技术创新的特征、阻碍和突破［J］．江苏行政学院学报，2019（2）：43－52．

［298］张丽萍．我国特色小镇发展的理论与实践脉络分析［J］．调研世界，2018（6）：3－7．

［299］张乾元，苏俐晖．新中国现代化建设道路的探索与道路自信［J］．新疆师范大学学报（哲学社会科学版），2019（6）：1－10．

［300］张钦昱．论许可人破产时对知识产权许可协议的处理［J］．经济纵横，2014（2）：90－93．

［301］张勤．论知识产权之财产权的经济学基础［J］．知识产权，2010，20（4）：3－20．

［302］张婷，肖晶．知识产权质押融资：实践、障碍与机制优化［J］．南方金融，2017（2）：86－90．

［303］张先锋，陈琦．知识产权保护的双重效应与区域经济增长［J］．中国科技论坛，2012（9）：105－111．

［304］张雪玲，叶露迪．新型城镇化发展质量提升创新驱动因素的实证分析

[J].统计与决策，2017（9）：93-96.

［305］张轶.知识产权转让不破许可之证伪［J］.知识产权，2019（5）：16-24.

［306］张永良，刘科伟.论小城镇企业聚集发展与制度创新［J］.农业现代化研究，2005（4）：251-254.

［307］张永敏，李丽艳.城镇化背景下失地农民就业问题探究［J］.农业经济，2018（5）：72-73.

［308］张玉超.我国体育知识产权的基本法律问题研究［J］.中国体育科技，2014，50（2）：103-111.

［309］张月花，高敏，薛平智.陕西省高新技术产业知识产权创造能力评价研究［J］.科技进步与对策，2017，34（14）：59-65.

［310］张月花，薛平智，储有捷.科技型小微企业知识产权能力建设研究［J］.科技进步与对策，2013，30（18）：93-98.

［311］张志成.简论新时代严格知识产权保护的若干问题［J］.知识产权，2019（8）：23-27.

［312］张志成.中国创新经济与知识产权严格保护［J］.文化纵横，2018（6）：128-135.

［313］张志杰，彭文祥，周艺彪，庄建林，姜庆五.空间点模式分析中离散趋势的描述研究及应用［J］.中国卫生统计，2008（5）：470-473.

［314］张智敏，黄为.高职院校办学资源配置效能与绩效诊断——基于湖北省50所高职院校的数据分析［J］.教育与经济，2016（3）：58-68.

［315］赵丹.企业知识产权保护研究——基于全面推进依法治国的背景［J］.山西财经大学学报，2015，37（S2）：52-53.

［316］赵凯.信息不对称时产业链企业研发投资行为及产业集群效应分析［J］.产业经济研究，2015（4）：21-31.

［317］赵龙文，邹莹莹.大数据趋势下的专利服务体系创新［J］.现代情报，2019，39（7）：102-108.

［318］赵佩佩，丁元.浙江省特色小镇创建及其规划设计特点剖析［J］.规划师，2016，32（12）：57-62.

［319］赵蓉英，许丽敏.文献计量学发展演进与研究前沿的知识图谱探析［J］.中国图书馆学报，2010，36（5）：60-68.

［320］赵世芳，闫文彤.检索词和逻辑运算符［J］.情报杂志，2010，29（S1）：202-204.

［321］钟家雨，柳思维．基于协同理论的湖南省旅游小城镇发展对策［J］．经济地理，2012，32（7）：159－164．

［322］钟卫，陈彦．政府如何促进大学科技成果转化：基于发达国家的经验总结［J］．中国科技论坛，2019（8）：170－178．

［323］周彩云．科技型中小微企业的成长环境分析——以天津为例［J］．科技管理研究，2014，34（16）：126－130．

［324］周方召，曲振涛．法经济学研究方法的新思路——基于结构方程模型的简介［J］．商业研究，2007（12）：8－11．

［325］周国林，李耀尧，周建波．中小企业、科技管理与创新经济发展——基于中国国家高新区科技型中小企业成长的经验分析［J］．管理世界，2018，34（11）：188－189．

［326］周均旭，胡蓓．产业集群人才引力效应与成因分析——以佛山为例［J］．管理评论，2010，22（3）：101－107．

［327］周文静，李凌，张瑞林，王恒利．体育特色小镇建设与新型城镇化耦合发展机理、演化模式与发展路径［J］．武汉体育学院学报，2019，53（2）：33－39．

［328］朱雪忠，胡锴．中国知识产权管理40年［J］．科学学研究，2018，36（12）：2151－2153，2159．

［329］朱雪忠，贾辰君．知识产权的垄断性及其与反垄断规制的关系研究［J］．知识产权，2016（2）：36－43．

［330］朱岩梅，吴霁虹．我国创新型中小企业发展的主要障碍及对策研究［J］．中国软科学，2009（9）：23－31．

［331］朱一青．我国知识产权人才支撑体系建设研究［J］．中国人力资源开发，2015（21）：79－85．

［332］祝建辉．公民知识产权法律意识培育的研究与展望［J］．理论与改革，2013（1）：187－189．

［333］宗良，范若滢．宏观调控理论的创新思维、模型构建与中国实践［J］．国际金融研究，2018（11）：3－13．

［334］左为，吴晓，高源，张春叶．面向城市设计的产业规划思路架构——以南京宁高高科技产业园启动区为例［J］．规划师，2014，30（3）：43－49．

［335］Bjørn Asheim，Boschma R，Cooke P．Constructing Regional Advantage：Platform Policies Based on Related Variety and Differentiated Knowledge Bases［J］．Regional Studies，2011，45．

［336］ Chiu Y J, Chen Y W. Using AHP in patent valuation ［J］. Mathematical and Computer Modelling, 2007, 46 （7 – 8）: 1054 – 1062.

［337］ Cohen W M, Levinthal D A. Innovation and Learning: The Two Faces of R&D ［J］. Economic Journal, 1989, 99 （397）: 569 – 596.

［338］ Combes P P , Duranton G , Gobillon L , et al. The Productivity Advantages of Large Cities: Distinguishing Agglomeration From Firm Selection ［C］. University of Toronto, Department of Economics. University of Toronto, Department of Economics, 2012.

［339］ Conoyer S J, Lembke E S, Hosp J L, et al. Getting More from Your Maze: Examining Differences in Distractors ［J］. Reading & Writing Quarterly, 2017, 33 （2）: 1 – 14.

［340］ Davis J C, Henderson J V. Evidence on the Political Economy of the Urbanization Process ［J］. Journal of Urban Economics, 2003, 53 （1）: 121 – 125.

［341］ Dijkstra L, Garcilazo E, Mccann P. The Economic Performance of European Cities and City Regions: Myths and Realities ［J］. European Planning Studies, 2013, 21 （3）: 334 – 354.

［342］ Ginarte J C, Park W G. Determinants of Patent Rights: A Cross-national Study ［J］. Research Policy, 1997, 26 （3）: 283 – 301.

［343］ Glaeser E L, Steinberg B M. Transforming Cities: Does Urbanization Promote Democratic Change? ［J］. Regional Studies, 2017, 51 （1）: 58 – 68.

［344］ Green J R, Scotchmer S. On the Division of Profit in Sequential Innovation ［J］. Ramd Journal of Economics, 1995, 26.

［345］ Hall BH. Business Method Patents, Innovation, and Policy – Scholarship ［J］. NBER Working Papers, 2003.

［346］ Harhoff D, Narin F, Vopel SK. Citation Frequency and the Value of Patented Inventions ［J］. The Review of Economics and Statistics, 1999, 81 （3）: 511 – 515.

［347］ Hell BH, Ziedonis RH. The Patent Paradox Revisited: An Empirical Study of Patenting in the US Semiconductor Industry ［J］. Rand of Economics, 2001, 32 （1）: 101 – 128.

［348］ Heller, M. A. Can Patents Deter Innovation? The Anticommons in Biomedical Research ［J］. Science, 1998, 280 （5364）: 698 – 701.

［349］ Helpman Elhanan. Innovation, Imitation, and Intellectual Property Rights

[J]. Econometria, 1993, 61 (6): 1247.

[350] Hoeks S, Kardys I, Lenzen M, et al. Tools and Techniques – Statistics: descriptive statistics [J]. Eurointervention Journal of Europe in Collaboration with the Working Group on Interventional Cardiology of the European Society of Cardiology, 2013, 9 (8): 1001 – 1003.

[351] Iain Osgood, Yilang Feng. Intellectual property provisions and support for US trade agreements [J]. The Review of International Organizations, 2018, 13 (3).

[352] Lai L. C. , Qiu L. D. . The North's Intellectual Property Rights Standard for the South? [J]. Journal of International Economics, 2002, 59 (1): 183 – 209.

[353] Liang L K, Chang J, Wu C F, et al. A Study on Land System Innovations in the Construction of Small Towns in China [J]. Chinese Geographical Science, 2002, 12 (1): 80 – 85.

[354] Long H, Liu Y, Hou X, et al. Effects of land use transitions due to rapid urbanization on ecosystem services: Implications for urban planning in the new developing area of China [J]. Habitat International, 2014, 44: 536 – 544.

[355] Maskus KE, Penubarti M. How Trade-related Are Intellectual Property Rights? [J]. Journal of International Economics, 1995, 39 (3 – 4): 227 – 248.

[356] Qian Y. . Do National Patent Laws Stimulate Domestic Innovation in a Global Patenting Environment? A Cross-country Analysis of Pharmaceutical Patent Protection, 1978 – 2002 [J]. The Review of Economics and Statistics, 2007, 89 (3): 436 – 453.

[357] Schumpeter, J. A. Theory of Economic Development [M]. Harvard University Press, 1911.

[358] Scotchmer S. Protecting Early Innovators: Should Second-generation Products be Patentable? [J]. Land Journal of Economics, 1996, 27 (2): 322 – 331.

[359] Shiau W C, Zaleha I, Bambang S. A Rasch Model Analysis on Secondary Students' Statistical Reasoning Ability in Descriptive Statistics [J]. Procedia – Social and Behavioral Sciences, 2014, (129): 133 – 139.

[360] Teece D J. Firm organization, industrial structure, and technological innovation [J]. 1996, 31 (2): 1 – 224.

[361] The process and driving forces of rural hollowing in China under rapid urbanization [J]. Journal of Geographical Sciences, 2010, 20 (6): 876 – 888.

后　记

　　在过去一年多的时间中，新冠肺炎疫情给我国人民的工作和生活带来了重大的冲击。在写这本书的后记时，我们已经进入了常态化的疫情管理模式，尽管疫情给我的工作和生活都带来了诸多不便，以至于本书的撰写工作与计划时间相比有所延迟，但我相信境由心造，事在人为，态度决定成败，最终顺利地完成了本书的撰写。回想起整本书的撰写过程，虽有不易，却使我更加坚定了科研的信心。这本著作是我们团队共同努力的研究成果，从选题到确定写作提纲，从实地调研到论文撰写，从数据处理到理论分析，既有艰辛和不易，也有快乐和成就。

　　在本书即将付梓之际，我国著名经济学家、长江学者、山东大学经济研究院院长黄少安教授、北京大学城市治理研究院执行院长沈体雁教授和广西民族大学研究生院院长曾鹏教授等三位老师欣然为本书作序。在此，谨向三位老师表示我最衷心的感谢。

　　感谢经济科学出版社的李晓杰编辑对本书出版所付出的辛勤劳动，感谢在本书的校对和出版过程中所有付出心血的朋友们。

杨莎莎

2021 年 8 月

330